第五章　古籍校勘

陈漱渝
姜异新 主编
何巧云 副主编

鲁迅版本书话

（修订本）

下

国家图书馆出版社

鲁迅的辑校古籍

陈漱渝

  鲁迅既是作家、思想家，也是学者。他一生的学术研究都跟中国现代急遽的社会变革和中国文化的现代化进程紧密相连，跟中国先进文化的承传和发展紧密相连。鲁迅一方面执着于对中国封建传统文化痼疾的抨击和批判，另一方面又以顽强的毅力、谨严的态度、持久的热情从事传统学术和文化研究。

  鲁迅在研究古代文化的同时也致力于古籍的辑校工作。他辑校古籍手稿共 50 种，其中经部 1 种，史部 16 种，子部 27 种，集部 6 种。在这些古籍中，《古小说钩沉》占有十分重要的位置。该书共辑录周至隋代散佚小说 36 种，1400 余则，近 20 万字。虽多属"丛残小语"，但真实反映了中国小说萌芽期的历史面貌。这部小说史料汇编规模宏大，搜罗广博，征引古籍凡 60 余种，参校本 10 多种，总计有 80 种左右，其完备程度远远超过马国翰的《玉函山房辑佚书》、胡珽的《琳琅秘室丛书》、叶德辉的《观古堂所著书》等前人辑本。此外，鲁迅以乾嘉诸大师辑校先秦古籍的方法辑校古代小说，去伪存真，取舍审慎。所辑作品如见诸不同古籍，必选善本为底本，以他本互校，并附以简明扼要的

《古小说钩沉》，1939 年 11 月鲁迅全集出版社初版

校记。这种做法在小说研究界亦属首创。鲁迅辑录《古小说钩沉》酝酿于赴南京求学之前，主要工作完成于 1909 年秋至 1911 年间。由于内容太专而印资甚巨，鲁迅生前未能付梓，也未做最后的加工整理。鲁迅逝世后一年零八个月，这本书才被收入 1938 年版《鲁迅全集》。由于《古小说钩沉》是未完成之作，自然会留下一些学术遗憾：一、全书分集虽然大体以史书的著录为准，但既无总序，亦无小序，无目录，不分卷，每种之下亦不著撰人名氏。只留存下一份未完成的《说目》手稿 39 页，介绍了《古小说钩沉》等书中所辑小说在史书上的记载情况。二、钩沉辑佚有遗失之处。如南朝梁殷芸的《小说》，原有 30 卷，至明代已佚。鲁迅从 47 种古籍中钩稽了 136 条，成为殷芸《小说》的最早辑本。但与此后余嘉锡父女的辑本和周楞伽的辑本相比，可知尚有遗珠之憾。三、校勘亦有失误，如所辑《裴子语林》，就误引金代王朋寿所著《类林杂说》，以致年代错乱，张冠李戴。特别是该书的排列顺序有时头绪不清，确有适当调整的必要。

除《古小说钩沉》之外，鲁迅为撰写《中国小说史略》而钩稽的小说史料还有《唐宋传奇集》和《小说旧闻钞》。鲁迅辑录《唐宋传奇集》大体始于 1912 年，成于 1927 年，共八卷，收录小说 48 篇，唐宋传奇名篇基本收集在内；卷末附鲁迅自撰《稗边小缀》，对所收各篇作者生平及文本做精详考证，共 14 万字。该书分辨伪作，廓清谬误，考证源流，用力极勤，澄清了明清"妄"书制造的混乱，使被视为小道的唐宋传奇拨云雾而显真面。比如经过鲁迅考证，澄清了《杨太真外传》《梅妃传》《开河记》《迷楼记》《海山记》并非唐代传奇，而实为宋人所作；澄清了《异梦录》《秦梦录》的作者并非任蕃而是沈亚之。然而，限于当时搜寻古籍的条件，该书亦有观览未周之处。特别是钩稽宋代传奇参考资料稍嫌不足，对宋传奇的评价也有些过苛。《小说旧闻钞》是鲁迅撰写《中国小说史略》时辑录的另一资料集，1920 年开始搜集，1926 年印行，收录了从宋代的《宣和遗事》到晚清《二十年目睹之怪现状》等 41 种旧小说史料。另有"源流""评刻""禁黜""杂说"四单元，通论宋元以降的说部问题，全书约 8 万字。本书特点是将小说考证与戏曲考证做了严格区分，迥别于近人蒋瑞藻编选的《小说考证》。此外，本书所引资料"皆摭自本书，未尝转贩"，对原字句多有校正，使人读其书知其渊源演变。上述特色，均非寻常拟掇之书所能比拟。书中汇集了明清以来士大夫阶层对小说的各种观点，使研究者"省其复重寻检之劳"。

　　鲁迅校勘最勤、耗时最长的古籍是《嵇康集》。鲁迅在反复比较之后，确定以明代藏书家吴宽的丛书堂钞本为底本——该本源出宋刊本，又经吴宽手校，较他本为优。又参校明代黄省曾、汪士贤、张溥、张燮、程荣等五家刻本雠对比勘，并取《〈三国志〉注》《晋书》《世说新语》《六臣注文选》等古籍中的引文考其异同，旁及《太平御览》《北堂书钞》等类书用以互校。甚至日本的医学专著《医心方》中所引的《嵇康集》文，鲁迅也用以校出异文 11 处。全书分十卷：第一卷是四言诗和五言诗，第二卷是赋和书信，第三卷至第九卷是论文，末卷是箴诫文，共约六万字。据统计，从 1913 年至 1931 年的 18 年间，鲁迅至少反复校勘十次，存留手稿四部，使经他整理的这部《嵇康集》成为最为精审的校本。"中散遗文，世间已无更善于此者矣。"（鲁迅：《〈嵇康集〉跋》）

鲁迅辑录的古籍中，出版最早的是《会稽郡故书杂集》，内收谢承《会稽先贤传》、虞预《会稽典录》、钟离岫《会稽后贤传记》、贺氏《会稽先贤像赞》四种史传和朱育《会稽土地记》、贺循《会稽记》、孔灵符《会稽记》、夏侯曾先《会稽地志》等四种地志。全书有总序，所辑各书前另有小序，是一部被人评为搜集广博、编次精审、体例极善的古代会稽郡史地逸书的辑本。鲁迅幼时，曾读到清代著名学者张澍辑录的甘肃乡邦文献《二酉堂丛书》，为编者笃恭乡里的精神所感。为了用先贤的言行和故乡的风土激励后人，使邦人不忘于故，鲁迅于 1909 年即着手辑录唐以前的小说逸文和越中史地典籍，1914 年又重加审定，1915 年木刻印行。这个辑本提供了一些正史阙失的材料，为后来各地编修方志提供了借鉴。

《会稽郡故书杂集》，1946 年鲁迅全集出版社版封面页及版权页

《云谷杂记》是南宋张淏撰写的一部以考史论文为主的笔记。《宋史·艺文志》《文献通考》《直斋书录解题》皆不载，明《文渊阁书目》有之，云一册，然亦不传。鲁迅辑录此书虽然只有49条，但引据书目却多达170余种。原钞讹夺甚多，经鲁迅校补百余字，始可通读。张淏祖籍河南开封，后迁浙江，举绍兴二十七年（1157）进士。鲁迅辑校此书，目的在于保存越中故实，跟辑录《会稽郡故书杂记》相似。鲁迅辑校的乡邦文献，还有三国时越人谢承撰写的《后汉书》，西晋时越人虞预撰写的《晋书》，相传是范蠡与其师计然讨论农业问题的问答集《范子计然》，东汉时越人魏朗撰写的《魏子》，东汉时越人任奕撰写的《任子》等。

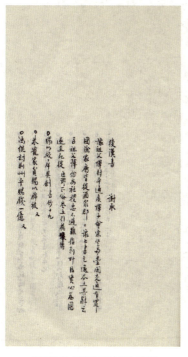

鲁迅辑校《谢承后汉书》手稿 　　　　　鲁迅辑校《谢承后汉书》

鲁迅辑校古籍中还有《沈下贤文集》《说郛录要》《小说备校》《岭表录异》《百喻经》等。《沈下贤文集》是唐人沈亚之的诗文合集，但此书流传到宋代即已脱文漏句，舛错讹谬，不可卒读，1912 年初至 1914 年 5 月，鲁迅以影钞小草斋本为底本，校以清代丁丙八千卷楼钞本《沈下贤文集》和善化童氏刻本《沈下贤集》，使一部义取艰深，早在北宋年间即已"舛错讹谬，脱文漏句，十有二三"的书大致可读。鲁迅还从这部文集中抄录出《湘中怨辞》《异梦录》《秦梦记》三篇传奇小说，丰富了《唐宋传奇集》的内容。《说郛录要》是鲁迅从陶珽刻本《说郛》中抄录的有关花卉果木虫介菌藻之类文字，写成于 1911 年 3 月。这个抄本，表现出鲁迅当时对植物学、生物学的浓厚兴趣。

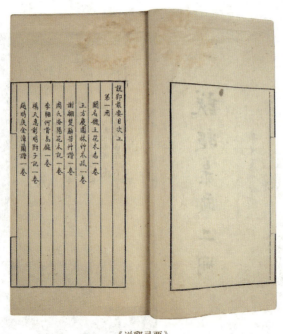

《说郛录要》

《小说备校》共收《神异经》《十洲记》《洞冥记》《搜神记》《搜神后记》《拾遗记》《异苑》七种，佚文散句约 350 条，系鲁迅 1911 年在绍兴府中学堂任教时所录，现存手稿 44 页。上述各书至今均有传本，但《北堂书钞》《初学记》及《酉阳杂俎》所引录的文字与传本或有出入。鲁迅采录异文，备今后校订之用，是他古籍校订工作的一部分。

《小说备校》

唐刘恂撰写的《岭表录异》，原本久佚，清代编修《四库全书》时从《永乐大典》辑出，刊于武英殿《聚珍版丛书》。鲁迅1910年至1911年间对这本记叙广东山川风物的典籍进行详尽校勘，于原书三卷之外又增加了《补遗》一卷，是此书现存的唯一善本。

《百喻经》，印度僧人伽斯那撰，南朝齐时印度留华僧人求那毗地译成古汉语。原出印度大乘佛经，实际上是98则佛教寓言故事。1914年秋鲁迅施洋六十元由金陵刻经处作为功德书印行。1915年7月鲁迅据日本翻刻的高丽宝永己丑年藏本重校。鲁迅校印此书，原因之一是为纪念母亲六十寿辰，另一原因是认为此书译笔较好，与《伊索寓言》相近。"佛藏中经，以譬喻为名者，亦可五六种，惟《百喻经》最有条贯。"（鲁迅：《集外集·〈痴华鬘〉题记》）

《岭表录异》校本

　　鲁迅辑校古籍，"废寝辍食，锐意穷搜"（《小说旧闻钞·再版序言》），爬梳钩稽，一丝不苟，真正继承了清代朴学的优良学风。为了使资料尽可能完备，他从目录学入手，广采博览。在现存鲁迅抄稿中，各种丛书目录的手稿有二三百页，其中包括《雅雨堂丛书》《汉学堂丛书》《式训堂丛书》《咫进斋丛书》《十万卷楼丛书》《平津馆丛书》《知不足斋丛书》《南菁书院丛书》等共五六十种。此外，鲁迅还自己编辑了一批书目或年表，如《采录小说史材料书目》《明以来小说年表》。这些书目，为鲁迅辑校古籍提供了指点迷津的向导。即以辑录《范子计然》为例，鲁迅就从《新唐书·艺文志》《齐民要术》《史书音义》《吴越春秋》《越绝书》《通志》了解此书的流传情况，再从《史记集解》《太平御览》《文选》《意林》《容斋随笔》《后汉书》《开元占经》《四字广韵》《书钞》《玉海》《初学记》《事类赋注》《励志诗注》《续博物志》《艺文类聚》《齐民要术》《大观本草》《列子释文》等大量典籍中钩稽出有关内容。

正因为发扬了这种竭泽而渔、无证不信的学风，鲁迅才能够在古籍整理工作中做出重大贡献。

人们还发现，在鲁迅辑录的古籍中，大都是魏晋时代会稽人的著作或有关魏晋时代会稽人的著作；当然，也有魏晋时代并非会稽人的著作，比如嵇康，就是谯郡（今安徽亳州）人。这就是说，鲁迅进行古籍辑录工作，是"以会稽郡为横坐标，以魏晋时代为纵坐标"（徐小蛮：《鲁迅辑校古籍手稿及其研究价值》，载《鲁迅研究动态》1987年第8期）。越文化之所以能成为鲁迅的思想艺术之根，是因为"于越故称无敌于天下，海岳精液，善生俊异，后先络驿，展其殊才；其民复存大禹卓苦勤劳之风，同勾践坚确慷慨之志，力作治生，绰然足以自理"（鲁迅：《集外集拾遗补编·〈越铎〉出世辞》）。正是越文化中卧薪尝胆、报仇雪耻的优秀传统，使他对名教危机下的魏晋士风给予了历史的追寻，从而使绍兴人的"浙东性"与魏晋人的叛逆性在精神上发生了有机联系。鲁迅的古籍整理工作，也从而获得了积极的现代意义。

除了从事古籍整理，鲁迅还辛勤搜集了大量两汉至隋唐石刻拓片（包括造像、石阙、钱拓、墓志、碑拓、砖拓、瓦当、镜拓等），至今保存的有4217种5900余张。已出版的有《俟堂专文杂集》（文物出版社1960年出版）、《寰宇贞石图》（上海书画出版社1986年出版）、《鲁迅藏汉画像（一）》（上海人民美术出版社1986年出版）、《鲁迅藏汉画像（二）》（上海人民美术出版社1991年出版）。现存鲁迅研究和整理金文石刻手稿有30余种3700多页，其中目录类有《汉石存目》《六朝造像目录》《唐造像目录》《六朝墓名目录》《直隶现存汉魏六朝石刻录》《越中金石记目录》《汉画像目录》等。1987年，上海书画出版社出版了《鲁迅辑校石刻手稿》（三函十八册），收鲁迅抄录校勘的石刻790余种，总计手稿1700多页。不仅抄录工整，堪称书法艺术珍品，而且校对勘误，用力甚勤。比如《汉群臣上酬刻石》，碑文仅存15字，而鲁迅从《交翠轩笔记》《畿辅碑目》《续寰宇访碑录》《求是斋藏碑目》《王树枬》《磁州府志》《畿辅通志》《光绪永年县志》等典籍中钩稽的有关史实及论述，就整整抄录了八页（纸 30 厘米 ×25 厘米）。

鲁迅的考碑文字已经发表的，有《〈大云寺弥勒重阁碑〉校记》《〈郑季宣残碑〉考》《会稽禹庙窆石考》《〈徐法智墓志〉考》《〈□肱墓志〉考》等（载《鲁迅研究资料》第三辑，文物出版社 1979 年 2 月内部发行）。这些文章，考证精审，一无泛语，功力深邃，允推独步。

鲁迅收集研究金石拓片的动机，是研究历史、民俗（如游猎、百伎、饮宴、礼仪）、神话、传说和文字变迁，为撰写《中国文学史》和《中国文字变迁史》积累素材。1935 年 5 月 14 日，鲁迅在致台静农信中说："收集画像事，拟暂做一结束，因年来精力体力，大不如前，且终日劳劳，亦无整理付印之望，所以拟姑置之。"

论《中国小说史略》的版本流变

鲍国华

　　鲁迅《中国小说史略》由初创到最终成书，经作者多次增补修订，历时近 20 年。从 1920 年陆续编印《中国小说史略》油印本，到 1935 年 6 月刊行北新书局第十版再次修订本（是为鲁迅生前最后修订的版本），对《中国小说史略》的修改完善贯穿了鲁迅的后半生。本文以鲁迅对《中国小说史略》的修改为中心，考察该书版本的流变过程。

　　《中国小说史略》经鲁迅多次增补修订，目前存世的有以下几个章节体例及文字互异的版本：

　　油印本；

　　铅印本；

　　1923、1924 年北京大学第一院新潮社初版上、下册本；

　　1925 年 2 月新潮社再版上、下册本；

　　1925 年 9 月北新书局合订本；

　　1931 年 9 月北新书局订正本；

　　1935 年 6 月北新书局第十版再次修订本。

　　各版本题名不一，有作《小说史大略》，有作《中国小说史略》，有作《中国小说史》，小说史章节体例及具体论断也不断修改。其中，1925 年 2 月新潮社再版上、下册本在迄今的《中国小说史略》版本研究论著中均未见提及[1]。

一、油印本

从 1920 年起，鲁迅在北京大学、北京高等师范学校讲授中国小说史课，并陆续编发油印本小说史讲义。讲义现存两件：一为北京鲁迅博物馆收藏，由常惠捐赠，题名《中国小说史》，北大国文系教授会印发；一为单演义收藏，题名《小说史大略》，单先生印行该书时，书名作《鲁迅小说史大略》。两件题名不一，但文字相同，后者尚无法确认是由北大抑或北高师印发。油印本讲义共 17 篇，各篇标题如下：

史家对于小说之论录

神话与传说

汉艺文志所录小说

---

[1] 迄今为止，《中国小说史略》版本研究的主要成果有荣太之《〈中国小说史略〉版本浅谈》（《山东师院学报（人文社会科学版）》1979 年第 3 期）、吕福堂《〈中国小说史略〉的版本演变》（见唐弢等著《鲁迅著作版本丛谈》，北京：书目文献出版社，1983 年）和杨燕丽《〈中国小说史略〉的生成与流变》（《鲁迅研究月刊》1996 年第 9 期）；日本学者中岛长文在其《"悲凉"の书——〈中国小说史略〉》（该文附录于中岛长文译注《中国小说史略》，东京：平凡社，1997 年）一文中，也辟专节讨论《中国小说史略》的版本。荣文和吕文从文献学层面对《中国小说史略》各版本予以简要介绍；杨文从鲁迅的资料准备工作开始，梳理了《中国小说史略》的成书过程；中岛的论文在简要介绍版本的同时，对《中国小说史略》编入《鲁迅三十年集》和各种《鲁迅全集》的情况也予以大致说明，并介绍了《中国小说史略》的日文和英文译本。但《中国小说史略》1925 年 2 月新潮社再版上、下册本在上述研究论著中均未见提及。

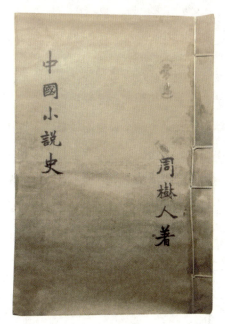

常惠收藏鲁迅《中国小说史》油印本封面

清之谴责小说[1]

油印本最初以散页的方式在每次课前发给学生，后由保存者装订成册，因此没有目录，于史料运用和作品分析也较简略，而且对作品的引录占据相当大的篇幅，只是一部小说史的梗概。不过，上引各篇的标题显示，油印本以小说发展的历史时期为背景，以小说类型为中心的论述方式，体现出以小说类型来概括一个时期小说发展的基本格局和艺术风貌的小说史意识[2]。可以说，在《中国小说史略》最初的版本中，鲁迅小说史写作的整体思路已经奠定。

二、铅印本

油印本陆续编印后，鲁迅在此基础上进行了大规模的增补修订，由北大印刷所铅印，题名《中国小说史大略》，鲁迅的学生常惠经手并负责校对[3]。铅印本讲义最初亦为散页，内容扩充至 26 篇，删去原第一篇《史家对于小说之论录》，新增 8 篇篇目如下：

第九篇　唐之传奇集及杂俎

第十篇　宋之志怪及传奇文

第十二篇　宋元之拟话本

第十四篇　明之讲史

---

[1] 参见鲁迅：《鲁迅小说史大略》，西安：陕西人民出版社，1981 年。

[2] 陈平原《鲁迅的小说类型研究》一文指出《中国小说史略》中蕴含的小说史意识是把中国小说的"艺术发展理解为若干主要小说类型演进的历史"。载《鲁迅研究月刊》1991 年第 9 期。

[3] 参见常惠：《回忆鲁迅先生》，见鲁迅博物馆鲁迅研究室编：《鲁迅诞辰百年纪念集》，长沙：湖南人民出版社，1981 年，第 515—516 页。

北京大学图书馆藏鲁迅《中国小说史大略》铅印本

北京鲁迅博物馆藏鲁迅《中国小说史大略》铅印本

第十九篇　明之拟宋市人小说及后来选本

第二十篇　清之拟晋唐小说及其支流

第二十一篇　清之讽刺小说

第二十三篇　清之以小说见才学者

　　此外，油印本中《明之历史的神异小说》更名为《明之神魔小说》和《明之人情小说》，由于篇幅增加，均扩充为上下两篇[1]。与油印本相比，铅印本讲义不仅在篇幅和内容上有很大扩充，对油印本中使用的小说类型也重新进行了划分和命名，个别作品也重新予以归类。如"传奇体传记"易名为"传奇文"，"历史的神异小说"易名为"神魔小说"。《儒林外史》从"谴责小说"中分离，作为"讽刺小说"独立成篇；油印本中归入"狭邪小说"的《孽海花》则转入"谴责小说"。在《中国小说史略》

[1] 参见许寿裳保存《中国小说史大略》（铅印本），见北京鲁迅博物馆鲁迅研究室编：《鲁迅研究资料》第17辑，天津：天津人民出版社，1986年。

版本的流变过程中，从油印本到铅印本是改动最大的一次。铅印本之后的各版本，只存在作品及相关史料的增补和论述文字的修改，小说类型的划分和命名至此基本确立。

三、1923、1924 年北大新潮社初版上、下册本

1923 年 12 月，《中国小说史略》上卷由北京大学第一院新潮社出版。下卷出版于次年 6 月。这是《中国小说史略》第一次正式出版（以下简称"初版本"）。与铅印本相比勘，初版本增加了《序言》《后记》和目录。目录印在下册书后，在每篇标题左侧列有细目提要。目录后附有正误表，订正上下册中文字和标点的错漏。初版本恢复了油印本原有、铅印本删去的第一篇《史家对于小说之论录》，并增补了若干材料。在油印本中，该篇稽考"小说"一词在中国古代典籍中的起源和含义，自东汉班固依据刘向、刘歆父子所撰之《七略》删改而成的《汉书·艺文志》始，初

《中国小说史略》新潮社初版

版本则上溯到《庄子·外物》，并新增明胡应麟《少室山房笔丛》中对小说的分类，成为鲁迅定义小说类型的重要理论资源。《明之神魔小说》由铅印本中的上下篇扩充至上中下三篇，使《中国小说史略》的篇章规模达到28篇。《中国小说史略》此后各版本均为28篇，篇章数量不复增删。

除篇章的增加外，初版本对铅印本中的部分引文和小说史论断也进行了增删修订。以第二篇《神话与传说》为例，该篇开头论述神话与传说为小说的起源，有云：

> 志怪之作，庄子谓有齐谐，列子则称夷坚，然皆寓言，不
> 足征信。《汉志》乃云出于稗官，然稗官者，职惟采集而非创作，
> "街谈巷语"自生于民间，固非一谁某之所独造也，探其本根，
> 则亦犹他民族然，在于神话和传说。

为以往各版本所无，是初版本新增。引文方面，增加《太平御览》三百七十八所录《琐语》佚文一则、《论衡》二十二所录《山海经》佚文一则；分析屈原《天问》中所载神话和传说时，对铅印本中引《天问》诗句也做了改换。初版本对材料不仅有所增补，也在铅印本的基础上有所删减。如第三篇《汉艺文志所载小说》（铅印本作为第二篇），铅印本引用《隋书·经籍志》所录《燕丹子》佚文三则，初版本删去，仅在正文中简要介绍该书。除此之外，初版本在材料的增删和具体论述上的修改，尚有多处，不一一列举。

四、1925年2月北大新潮社再版上、下册本

《中国小说史略》初版本印成后，很快售完，并由新潮社于1925年2月再版。再版本在迄今的《中国小说史略》版本研究论著中均未见

提及。笔者在北京鲁迅博物馆见到这一版本。再版本的开本和字体字号与初版本相同，封面的颜色为橙黄。删去初版本后所列正误表，错字均在原文中改正。再版本不限于错字的订正，也包括论述和材料的增删。论述方面，初版本第九篇《唐之传奇文（下）》中论及《谢小娥传》时说："明人则本之作平话（见《拍案惊奇》十九），后来记包拯施纶断案，类此者更多矣。"再版本改作："明人则本之作平话（见《拍案惊奇》十九）。"删去了后面的文字。初版本第十五篇《明之讲史》中论及《北宋三遂平妖传》中杜七圣卖符作法，遭弹子和尚戏弄一段情节的来源时说："此乃明嘉靖庆隆（原文如此，下同）间事，见《五杂组》（六）。"再版本改作："此盖相传旧话，尉迟偓（《中朝故事》）云在唐咸通中，谢肇淛（《五杂组》六）又以为明嘉靖庆隆间事。"材料方面，初版本第十三篇《宋元之拟话本》述《大宋宣和遗事》内容时说：

次二为文言而并杂以诗，如叙宣和七年凶兆云：

……十二月，有天神降坤宁殿；修神保观。神保观者，乃二郎神也，都人素畏之。自春及夏，倾城男女皆负土以献神，谓之"献土"；又有村落人装作鬼使，巡门催"纳土"者，人物络绎于道。徽宗乘舆往观之，蔡京奏道："'献土''纳土'，皆非好话头。"数日，降圣旨禁绝。诗曰：

道君好道事淫荒，稚意求仙慕武皇，

纳土识言无用禁，纵有佳识国终亡。

其四，则为梁山泺聚义本末，

再版本改作：

次二为文言而并杂以诗者[1]其四，则为梁山泺聚义本末，

---

[1]此处当有逗号，是再版本漏排。

同一篇引《大宋宣和遗事》中宋江于九天玄女庙见天书一段，三十六将姓名初版本只引至"九纹龙史进"，余下省略。再版本则增补了省略的姓名。

再版本中的修改不多，但却是《中国小说史略》版本流变过程中不可或缺的一环。由于在迄今的研究成果中鲜有论及，故用较多篇幅予以介绍。

五、1925 年 9 月北新书局合订本

再版本问世以后不久，由于新潮社解散，继续出版《中国小说史略》的工作由 1925 年 3 月组建的北新书局承担。1925 年 9 月，《中国小说史略》上、下卷合为一册由北新书局出版，是为"合订本"。

合订本并不是对上、下册本的简单合并，出版前经过了鲁迅的又一次修订，保留初版本中的《序言》和《后记》，在《序言》后新增《再版附识》。《中国小说史略》初版本印成后，胡适等人曾提出"论断太少"的意见[1]。鲁迅的老师寿镜吾之子寿洙邻（化名"钝拙"）和时任教于上海神州女校的谭正璧也分别来信，或指出《中国小说史略》中地名使用之误，或提供《水浒传》作者施耐庵的有关材料[2]。鲁迅在合订本中对上述意见酌情采纳，并在《再版附识》中加以说明。

与最初的两次修订相比，合订本中的修改较少。主要是部分材料的增删和文字的修饰。如第四篇《今所见汉人小说》引《西京杂记》中文字，初版本共七段，合订本删去有关汉惠帝、刘道疆和汉武帝的三段，其余四段保留；第二十七篇《清之侠义小说及公案》述《儿女英雄传》情节云：

---

[1] 参见《新发现的鲁迅书简——鲁迅致胡适》，《鲁迅研究月刊》1990 年第 12 期。

[2] 参见谭正璧：《漫谈修订本〈中国小说史略〉——为鲁迅先生百年诞辰纪念作》，见鲁迅博物馆鲁迅研究室编：《鲁迅诞辰百年纪念集》，长沙：湖南人民出版社，1981 年，第 542 页。

"骥又有妻曰张金凤，与玉凤睦如姊妹，各生一子，故此书初名《金玉缘》。"合订本作："骥又有妻曰张金凤，亦尝为玉凤所拯，乃相睦如姊妹，后各有孕，故此书初名《金玉缘》。"此外，于史料细节处也有所更正。初版本第二十二篇《清之拟晋唐小说及其支流》述纪昀于乾隆五十四年和嘉庆三年两赴奉天，合订本改作热河；第二十七篇论及《彭公案》续集的数量，初版本作"四集"，合订本更正为"十七集"。类似修改尚多，仅举数例，以见一斑。

六、1931 年 9 月北新书局订正本

1925 年 9 月合订本出版后，《中国小说史略》继续由北新书局再版，到 1930 年 5 月出至第七版（实为第七次印刷）。同年 11 月 20 日起，鲁迅依据新发现的材料和新的研究成果，又一次对《中国小说史略》进行了修订。这次修订历时五天，至 11 月 25 日完成[1]。于次年 9 月由北新书局出版，这是北新版《中国小说史略》的第八版，鲁迅称之为"订正本"[2]。

订正本新增《题记》，置于《序言》之前，并删去《再版附识》。订正本对文字和材料又有所增补修订。如第十八篇《明之神魔小说（下）》考订《封神演义》成书时间，此前各版本均作"张无咎作《平妖传》序已及《封神》，是其书殆成于隆庆万历间（十六世纪后半）矣"，至订正本据新材料增补为"日本藏明刻本，乃题许仲琳编（《内阁文库图书第二部汉书目录》），今未见其序，无以确定为何时作，但张无咎作《平妖传》序，已及《封神》，是殆成于隆庆万历间（十六世纪后半）矣"。谭正璧

---

[1] 鲁迅：《日记十九》，《鲁迅全集》第 14 卷，北京：人民文学出版社，1981 年，第 846 页。

[2] 鲁迅 1931 年 9 月 15 日《日记》有收到"订正本《小说史略》二十本"的记载。《鲁迅全集》第 14 卷，第 893 页。

提供的有关施耐庵的材料，原写入《再版附识》，订正本也纳入正文。由于证据不足，鲁迅特意加上"不知本于何书，故亦未可轻信矣"的说明。

订正本中最重要的修改源于一批新材料的发现。日本学者盐谷温在日本内阁文库中发现元刊全相平话残本五种及"三言"，据此撰写有关"三言"的研究论文[1]，并将平话五种中的《三国志》影印出版，托人转赠鲁迅[2]。根据上述新材料和研究成果，鲁迅对《中国小说史略》第十四、十五、二十一篇进行了大幅修改。调换原第十四、十五篇的顺序，题目统一定为《元明传来之讲史》（上、下），对内容也做出相应的调整，并增补了对新发现的作品和材料的论述。第二十一篇则增加了对《全像古今小说》和《拍案惊奇》的分析，内容也有较大扩充。

七、1935 年 6 月北新书局第十版再次修订本

订正本出版后，由北新书局两次再版。这期间鲁迅又积累了一些新材料，酝酿对《中国小说史略》的进一步修改。1931 年 3 月，增田涉来到上海，经内山完造介绍认识鲁迅。在日本读大学时，增田涉已经接触到《中国小说史略》，并在该书的启发下从事研究。与鲁迅相识后，决意将《中国小说史略》译成日文。同年 4 月开始，增田涉每天到鲁迅家听讲《中国小说史略》，历时三个月[3]。回国后，增田涉经常写信向鲁迅请教小说史及翻译方面的问题，鲁迅也一一复信作答，在复信中披

[1]盐谷温《关于明的小说"三言"》一文 1924 年刊于日本汉学杂志《斯文》第 8 编第 6 号，有孙俍工中译文，见盐谷温著、孙俍工译：《中国文学概论》，台北：开明书店，1976 年。

[2]鲁迅：《日记十五》，《鲁迅全集》第 14 卷，第 612 页。

[3]鲁迅 1931 年 7 月 17 日《日记》有"为增田涉讲《中国小说史略》毕"的记载。《鲁迅全集》第 14 卷，第 886 页。增田涉在《鲁迅的印象·绪言》中详述此事。增田涉：《鲁迅的印象》，钟敬文译，见鲁迅博物馆·鲁迅研究室·《鲁迅研究月刊》选编：《鲁迅回忆录（专著）》下册，北京：北京出版社，1999 年，第 1341—1343 页。

露了对《中国小说史略》的修订[1]。此次修订出现在 1935 年 6 月北新书局印行的《中国小说史略》第十版中（以下简称"再次修订本"），与鲁迅的复信相对照，修订内容完全相同。

《支那小说史》，鲁迅著，增田涉译

再次修订本的修改主要有三处：一为对《红楼梦》作者生平的修改，一为对《品花宝鉴》作者姓名的订正，一为对《花月痕》作者生平的增补。后两处在目录中也做出相应调整。第二十四篇《清之人情小说》中，删去此前版本中引录的俞平伯所制"作者生平与书中人物故事年代之关系"的年表，对曹雪芹的名、字、生卒年及出身，依据最新研究成果予以订正。

[1] 鲁迅在《书信 340108（日）致增田涉》中介绍了对《品花宝鉴》作者姓名和《花月痕》作者生平的修改。《鲁迅全集》第 13 卷，第 553—554 页。《书信 340531（日）致增田涉》中介绍了对《红楼梦》作者生平的修改。《鲁迅全集》第 13 卷，第 578—579 页。

第二十六篇《清之狭邪小说》中，此前版本对《品花宝鉴》作者，署"常州人陈森书"，再次修订本则改作"常州人陈森书（作者手稿之《梅花梦传奇》上，自署毘陵陈森，则'书'字或误衍）"。同一篇中《花月痕》作者名及生平材料也有较大增补。

再次修订本是《中国小说史略》在鲁迅生前最后一次修订的版本。

从以上对《中国小说史略》版本流变情况的大致梳理可见，鲁迅对自家著作反复修改，使之由比较简略逐渐趋于成熟。在这一过程中，鲁迅小说史观的发展也经历了由初创、发展到成熟的过程。考察鲁迅对《中国小说史略》的历次修改，有助于把握其小说史观演变的动态过程。《中国小说史略》各版本中，油印本到铅印本修改最大，不仅是篇目的增加，还包括对油印本原有诸篇材料的增补和具体论断的修订，以及对部分小说类型的重新命名和归属。铅印本之后的各版本，除个别篇章和材料的扩充外，小说史写作的基本思路不复变化。

此外，1924 年 7 月，鲁迅应邀到西安做关于中国小说史的讲演，历时 8 天，讲 11 次，计 12 小时。讲演记录稿经鲁迅整理后，题作《中国小说的历史的变迁》，刊于 1925 年西北大学出版部印行的《国立西北大学、陕西教育厅合办暑期学校讲演集》（二）。《中国小说的历史的变迁》因课时所限，无法像《中国小说史略》那样条分缕析，详细道来，只能删繁就简，省略一些作品和史料，部分小说类型则合并讲述，对《中国小说史略》中的论断有所调整；作为讲演，亦有若干现场发挥之处。因此，《中国小说的历史的变迁》中对部分小说类型的重新命名和归属并非鲁迅对自家学术观点的修正，而应视为在不同论述体式下做出的相应调整。《中国小说的历史的变迁》并非独立于《中国小说史略》的另一部小说史著作，而是同一部学术著作的不同表述。《中国小说史略》1924 年之后的各版本，没有依照《中国小说的历史的变迁》中的调整做进一步的修改。可见，《中国小说的历史的变迁》中对《中国小说史略》的调整与发挥之处，并非鲁迅对自家学术观点的修正。

第六章 著作译本

鲁迅著作的外文译本

陈漱渝　何巧云

1805 年，德国剧作家、诗人席勒去世时，歌德写过一首悼诗：

> 我们全都获益不浅，
> 全世界都感谢他的教诲；
> 那专属他个人的东西，
> 早已传遍广大人群。
> 他像行将陨灭的彗星，光华四射，
> 把无限的光芒同他的光芒永相连结。

借用以上诗句颂扬鲁迅和他的业绩也是十分恰切的。鲁迅及其文化遗产不仅属于中国，而且属于人类。他的思想使全世界追求光明和正义的人们受到教益。他的著作像光华四射的彗星，几乎照遍了地球的每个角落。80 多年以来，特别是最近，鲁迅著作被广泛翻译成世界上各种文字，成为人类文化宝库中的珍品，为全世界人民所共赏。本文试图对国外译介鲁迅著作的情况作一粗略介绍，以反映鲁迅的崇高威望和深远影响。

外译本书影合照

在亚洲国家中，朝鲜人民对鲁迅著作一直给予了高度重视。在日本帝国主义对朝鲜进行殖民统治时期，跟中国文化有着悠久历史联系的朝鲜人民就冒着危险阅读鲁迅作品。1926年，汉城《东光》杂志发表了史学家柳树人翻译的《狂人日记》。1936年，朝鲜诗人李陆史将他翻译的《故乡》收入了自己的文集《野葡萄》中。由于朝鲜人民熟悉汉字，很多人秘密阅读从中国输入的鲁迅原著，仅在1938年日本帝国主义发布的禁书目录中，鲁迅作品选就有7种（见《日帝禁书三十三卷》，朝鲜新东亚社编，1977年1月）。

　　日本投降后，在金日成的号召下，朝鲜文艺界开始有计划地翻译出版鲁迅著作。1956年至1957年，朝鲜民主主义人民共和国国立出版社出版了向亿、安孝相、朴兴炳等翻译的《鲁迅选集》三卷本。该书系朝鲜战后最早的鲁迅作品译本，译文简洁、流畅，有少量注释。1964年，又在此基础上精选了一本《鲁迅作品选》，由朝鲜文学艺术总同盟出版社编辑出版。1971年，朝鲜文艺出版社还出版了《鲁迅短篇小说集》。1979年，该社又重新翻译出版了书名为《祝福》的鲁迅小说选，内收《狂人日记》《阿Q正传》《药》《祝福》《一件小事》《社戏》等12篇名著。与此同时，鲁迅的一些作品还被选进了朝鲜的中学课本和大学文科教材。1986年朝鲜文艺出版社出版百卷本《世界文学选集》的第七卷是《鲁迅作品选集》。

　　在韩国，鲁迅小说的韩文单行本陆续问世。1963年精研社出版了李家源翻译的《鲁迅小说选》。1974年三中堂和东西文化社分别出版了韩国汉学家成元庆翻译的《阿Q正传》和李家源翻译的《阿Q正传·狂人日记》。1977年，汉城汛潮社出版了《鲁迅短篇集》，该书由汉城大学教授张基槿翻译，列为汛潮社出版的《世界短篇文学全集》十三卷中的一卷。1983年青史社以《鲁迅先生》为题，出版了朴炳泰翻译的鲁迅与许广平的部分往来书信25封。1986年韩民族社出版了金时准翻译的《鲁迅小说全集》。1987年日月书斋出版了韩武熙翻译竹内好译注的日文版《鲁迅文集》（全六卷）。1991年图书出版创刊社出版李旭渊编译的《朝花夕拾》，该书是李旭渊根据当时的时代背景和现实重新编选的文集，译介杂文 62 篇，引起了积极响应。同年，韩国影印出版了中国朝鲜族学者李哲俊、朴正一翻译的《鲁迅选集》（全四卷），包括鲁迅的全部小说和部分杂文。同在 1991 年，刘世钟翻译的《青年啊，踏上我的肩膀上去吧！》出版，该书翻译了鲁迅书信 100 封。1997 年刘世钟、全炯俊翻译的鲁迅杂文选《投枪与匕首》由汉城图书出版公司出版。1999 年智永社出版了俞炳台翻译的《花边文学》。善学社先后出版了洪昔杓翻译的《坟》（2001）、《汉文学史纲要》（2003）、《华盖集·华盖集续编》（2005）等。2010 年后，韩国陆续出版了 20 卷本《鲁迅全集》。这部韩文版全集以我国人民文学出版社 1981 年和 2005 年版《鲁迅全集》为基础，包含鲁迅小说、散文、杂文、书信、日记等全部作品。

我国外文出版社用朝鲜文出版的《鲁迅小说选》《野草》《朝花夕拾》也深受欢迎。

越南文艺界知道鲁迅的名字，是从 1928 年开始的。鲁迅著作在越南的广泛传播，首先应该归功于胡志明主席的倡导。鲁迅著作的越南文译者主要是潘魁、邓泰梅和张政。潘魁别名章民，是越南现代作家、汉学家。1955 年，河内文艺出版社出版了他翻译的《鲁迅小说选集》，内收译自《呐喊》的小说 6 篇，译自《彷徨》的小说 1 篇。1956 年，河内文化出版社出版了他翻译的《鲁迅杂文选集》，内收杂文 39 篇。1957 年，河内作家出版社又出版了他翻译的《鲁迅小说选集》第二集。张政，原名裴张政，他跟邓泰梅也翻译过不少鲁迅作品。1957 年，邓、张合译的《阿 Q 正传》由河内建设出版社出版。该书除收《阿 Q 正传》正文之外，还有译者撰写的鲁迅生平介绍和《阿 Q 正传》分析。1960 年河内文化出版社出版了张政翻译的《故事新编》；1961 年，河内文化出版社又出版了他翻译的《呐喊》全译本；1962 年，该社又出版了张政翻译的《彷徨》全译本。1963 年，该社出版了其翻译的《鲁迅杂文选集》三卷本，内收鲁迅杂文 261 篇。这是越南出版的规模最大的一套鲁迅杂文选。1970 年，河内教育出版社出版张政所译《阿 Q 正传》。1971 年，河内文学出版社出版了张政翻译的《鲁迅短篇小说选》，内收译自《呐喊》《彷徨》《故事新编》的小说 14 篇。张政曾经求学于中国，其鲁迅文学作品译作数量在越南居首位（20 世纪 80 年代至 90 年代，张政翻译的多部作品被多次再版）。1960 年，河内普通杂志出版社出版了胡浪译《祝福》，其中收录了《明天》和《祝福》两篇。1968 年，简枝翻译的《阿 Q 正传》由西贡香稿出版社出版。1987 年，厚江综合出版社出版简枝译《鲁迅选集》。1999 年潘文阁编注《鲁迅诗集》，对 1900—1935 年鲁迅创作的 75 首诗歌注解阐释。该诗歌选集于 2002 年由越南东西语言文化中心劳动出版社出版。演朱、范氏好、陈庭史三位译者翻译了鲁迅的《野草》。2002 年越南文学出版社出版了梁维心与梁维次翻译的鲁迅《中国小说历史》，受到越南文学家和研究者的广泛关注。

蒙古人民共和国的人民是熟悉鲁迅作品的。1952 年至 1956 年，蒙古翻译出版了鲁迅的 20 余篇小说。蒙古翻译家巴特翻译的《阿 Q 正传》《狂人日记》《明天》《在酒楼上》等小说都以单行本形式出版。《阿 Q 正传》在乌兰巴托国家出版社刊行，其他三篇在军队出版社出版。1956 年出版了《鲁迅小说集》；同年，由巴特翻译的《故乡·孔乙己》在乌兰巴托国家出版社出版。1962 年出版了题名为《长明灯》的鲁迅小说选集。1985 年阿日图日译鲁迅小说集《祝福》蒙文版出版。1986 年贝格兹扎布翻译小说《明天》；2010 年，贝格兹扎布对其 1986 年所译《明天》进行修改，并再次出版。2006 年，巴扎拉格查翻译《祝福》《一件小事》《好的故事》先后出版。

在缅甸，中缅友好协会曾经多次举办纪念鲁迅的活动。首开鲁迅译作出版的是 1953 年谬温在丁温书社出版的《阿 Q 正传》；致力于系统翻译鲁迅作品的梭咩（素绵）则于 1966 年翻译出版了《鲁迅选集》（第 1 卷），1967 年翻译出版了《鲁迅选集》（第 2 卷）。1973 年，缅甸仰光苏奈书店出版了鲁迅杂文《中国无产阶级革命文学和前驱者的血》。译者貌内温在"出版前言"中指出，他特意从鲁迅大量作品中选译此文，是因为这篇杂文对指导缅甸今后的新文学运动具有重要的现实意义。1974年貌内温又翻译出版了《鲁迅小说选》，为缅甸读者和研究者提供了较好的读本。2004年5月明丹在破瓦书局翻译出版了《鲁迅短篇小说第一集·在旁边鼓励》，其中收录有《孔乙己》《药》《明天》《一件小事》（译为《不重要的一件事》）《头发的故事》《风波》《故乡》等7篇小说。

泰国、印度、尼泊尔、印度尼西亚也都出版了鲁迅著作的译本。鲁迅作品于1949年开始在泰国本土社会公开发表。《暹罗时代》周报主编阿里翻译了鲁迅的作品《关于女人》《论"第三种人"》等在周报上连续刊登。1952年4月泰国《文学书信》刊载了由迪猜·班查差先生翻译的《阿Q正传》，影响较大，随后泰文版《阿Q正传》单行本发行，1956年再版。阿·伊迪鹏、阿尼瓦、阿披瓦、北京外文出版社等也翻译了《阿Q正传》，《阿Q正传》拥有了越来越多的泰国读者。调查显示，《阿Q正传》20世纪下半叶在泰国共出现9个不同的泰文译本，总数多达20多万册。此外，《狂人日记》以及《呐喊》《彷徨》一些篇章也陆续被翻译出版。20世纪70年代，泰国掀起了"鲁迅热"。其中，1975年（曼谷）光明出版社出版赞·兴什译《阿Q：鲁迅著名小说》，（曼谷）集团学院出版社出版《阿Q正传》。随着中泰两国于1975年正式建交，中国外文出版社组织翻译的《呐喊》《鲁迅选集》泰文版于1976年起陆续进入泰国，并由泰国出版社多次再版。1980年彭林·空力译《野草》，曼谷波皮特出版社出版《鲁迅小说选集》，1983年曼谷研究时代出版社出版塔维翁译《鲁迅诗集》，1984年曼谷新青年出版社出版《阿Q正传》图案册，1988年曼谷南美出版社出版雯帕译《明天》。这些泰译本几乎涵盖了鲁迅所有作品，且有的作品出现多个不同的泰语版本。20世纪90年代以后再次出版的鲁迅作品有：马妮·鉴斑仲琪翻译的《阿Q正传》（1997），维帕·乌塔玛珊翻译的《明天》（1996），塔维翁翻译的《鲁迅诗集》（2000），泰国法政大学中文系编译的《鲁迅小说集》，巴贡·林八鲁讼翻译的《鲁迅小说全集》（2003）。2007年迪猜·班查差翻译《阿

Q 正传》再版。

在印度，20 世纪 40 年代，印度进步作家塔马纳依将埃德加·斯诺编译的《活的中国》译成乌尔都语。1947 年，阿马尔·达斯古普塔编译的《现代中国小说选》出版，其中收录了《祝福》并列于篇首。印度对鲁迅作品的正式译介从 20 世纪 50 年代起步。1952 年，维德亚·萨格尔·努迪亚尔翻译的《狂人日记》被译成印地语出版。译成印度本土文字最多的鲁迅小说是《阿 Q 正传》。1953 年，《阿 Q 正传》的孟加拉文和乌尔都文译本先行问世，前者由加尔各答出版社出版，译者为波比特落·哥诺博达意；后者由德里大路出版社出版，译者为拉赫布尔。1955 年，努尔·纳比·阿巴西翻译的印地语版《阿 Q 正传》由国家出版社出版。1973 年加尔各答出版了阿尔那卜·罗易翻译的《阿 Q 正传》孟加拉语版。1978 年以后的印译鲁迅文学开始从短篇小说向杂文、散文、诗歌等领域延伸。1978 年瑟马尔·高士译《野草》孟加拉语版、马尼克·帕塔查里亚翻译《孔乙己》孟加拉语版出版。1982 年由苏坎德拉·帕塔查里亚和迪力普古马尔编译的《鲁迅小说及作品选》孟加拉语版出版。同年，鲁迅文选《文学与革命》出版，收杂文、演讲、书信共计 22 篇。1991 年墨普德译《鲁迅诗集》孟加拉语版出版，收录从中文直译的 45 首诗。1992 年，印度国家文学院出版了由迦尔纳·辛赫·觉杭编译的《鲁迅作品选》，收录短篇小说、杂文共 30 篇，是印度本土发行体量最大、规格最高的鲁迅文选。1994 年迦尔纳·辛赫·觉杭编译的《艺术、文学与文化》鲁迅杂文集印地语版在瓦尼出版社出版。2002 年，由利马·帕拉谢尔编译的鲁迅短篇小说选《伤逝》印地语版出版。2014 年迪根博尔译《野草》印地语版出版。我国外文出版社 1981 年出版了《阿 Q 正传》乌尔都文版。外文局还推出了一批高品质译著，包括：1978 年外文出版社出版的《鲁迅小说选》印地语版（1988 年再版），1992 年授权德里人民出版发行的《故事新编》印地语版等。

此外，在南亚诸国，尼泊尔比较重视移译鲁迅作品。尼泊尔的加德满都香德—色迪雅出版社 1963 年出版了《阿 Q 正传》乌尔都文版，译

《鲁迅小说选》印地语版，外文出版社 1978 年版

者是香德达斯·玛南达尔。1968 年，该译者翻译了《鲁迅杂文选》，由尼中友好协会刊行。1971 年为纪念鲁迅诞生 90 周年，加德满都尼泊尔—中国友好协会又出版了《〈狂人日记〉及其他小说》，译者依旧为香德达斯。

1981 年，斯里兰卡在纪念鲁迅 100 周年诞辰之际，出版了泰米尔语的《呐喊》《彷徨》译本。

在印度尼西亚，最初出现的鲁迅作品译本是吴文传、苏戈卓由英文译本转译的《阿 Q 正传》，1956 年由人民图书出版社印行。鲁迅所有作品中被翻译最多的主要是他的短篇小说。其短篇小说主要有三种译本。一是 1961 年由雅加达翡翠文化基金会出版的印尼语和中文的对照本《阿 Q 正传》，译者为陈宁。从某种程度上说，该译本可视为鲁迅作品印尼语书籍形式译本在印尼的首次亮相。二是 1963 年《鲁迅短篇小说选集》，由雅加达觉醒文化基金会出版，译者为山努。译者经历了七年多的艰苦工作，将此选集译出。该选集收录鲁迅短篇小说 18 篇。该书以北京外文出版社 1956 年《鲁迅选集》英文版为底本，参照中文原著翻译而成。三是 1989 年的《狂人日记——及其他的短篇小说》由雅加达印度尼西亚火炬基金会出版。该书译者为努尔·拉兹米和拉斯蒂·苏尔洋达妮。该版本是转译自英文版《鲁迅小说选》，并且只选择了其中 10 篇。此外还有皮皮·麦泽于 1966 年翻译出版的《狂人日记》。

叙利亚的苏海尔·阿尤卜是阿拉伯世界著名的鲁迅作品翻译家。由他翻译的《阿 Q 正传》和《故事新编》阿拉伯文译本 1976 年由大马士革出版社刊行。

日本的鲁迅著作翻译工作，不仅在亚洲，而且在世界上都居于领先地位。根据目前掌握的资料，最早将鲁迅著作译成日文的是周作人。1922 年 6 月，周作人以"仲密"为笔名在北京出版的日文《北京周报》上发表了《孔乙己》的译文。次年初，鲁迅又亲自将《兔和猫》译成日文，刊登在同一刊物上。在日本国内最早发表的鲁迅作品译文，是 1927 年 10 月刊登于《大调和》杂志的《故乡》，译者不详。1932 年，日本改造社出版了井上红梅翻译的《鲁迅全集》。这本书名为"全集"，实为《呐喊》《彷徨》的译本，其中误译之处甚多，为鲁迅本人所不满。1935 年，佐藤春夫和增田涉合译的《鲁迅选集》由岩波书店出版。选集中的《藤野先生》一文是根据鲁迅的建议而特别译出。这部选集在日本知识界有很大影响，不少读者正是通过这套选集了解鲁迅的。同年，增田涉译《中国小说史略》出版。鲁迅说，这是我有生以来，著作第一次穿上漂亮服装。1937 年——即鲁迅逝世的翌年，日本改造社翻译出版了《大鲁迅全集》七卷。参加翻译的有佐藤春夫、增田涉、井上红梅、山上正义、鹿地亘、松枝茂夫、小田岳夫等名家。我国的著名作家茅盾、胡风和鲁迅夫人许广平等担任了编辑顾问。这套"全集"虽然翻译上的问题颇多，而且也不是全译，却反映了日本人民对鲁迅的亲切感情，也反映出日本翻译鲁迅作品的雄厚基础。这套书的出版，第一次比较全面地用日文介绍了鲁迅著作。

增田涉译《中国小说史略》日文版

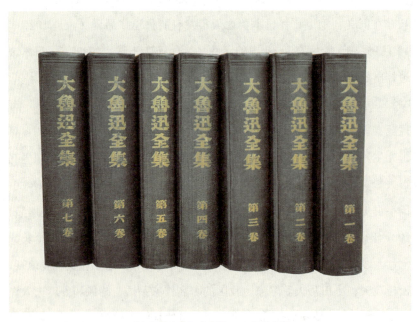

《大鲁迅全集》改造社 1937 年日文版

第二次世界大战结束之后，日本被美军占领，日本人民的言论受到钳制。因此，从 1945 年到 1952 年，日本没有鲁迅作品新译本出版，旧译本也难以再版。但其中鱼返善雄编《鲁迅短篇集》（中日英译本）1948 年 10 月由目黑书店出版。其中英译作者为师乐（斯诺），正面卷前附鲁迅像，另有许广平致编者的影印手迹。1953 年，竹内好重译鲁迅的一些作品，原想出版《鲁迅作品选》三卷本，但刚出第一本便被禁止发行。

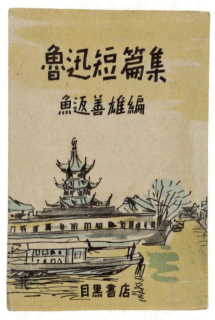

《鲁迅短篇集》（中日英译本）昭和二十三年（1948）十月，日本东京目黑书店出版

中华人民共和国成立后，日本的鲁迅研究和鲁迅著作翻译工作同时进入了一个新阶段。据不完全统计，1950 年之后，日译鲁迅著作的单行本及选集本多达 50 余种，选本及单篇译文也不少。其中影响较大的，有日本东京岩波书店 1956 年出版的《鲁迅选集》13 卷本。译者竹内好、松枝茂夫、增田涉均为日本著名鲁迅研究家。他们的译文准确、精湛，

受到广大日本读者的欢迎。尤为可贵的是,《鲁迅选集》,每卷均附译者的《解说》,有助于读者理解作品的历史背景及思想、艺术特色。1976 年,为了纪念鲁迅逝世四十周年,日本筑摩书房又陆续出版了竹内好个人翻译定稿的《鲁迅文集》六卷本。竹内好是日本第一个专门研究中国现代文学的团体——中国文学研究会的发起人和领导者。他研究鲁迅的观点、方法形成了一个体系,在日本被称为"竹内体系"。他翻译的《鲁迅文集》注释详尽,并附录了有关参考资料。1977 年 3 月 3 日,竹内好病逝,该书第四至第六卷的译稿和译注均由他的友人补注和整理。

还应该提及的是,同一时期,日本制定了刊行中国现代文学全集、选集的大型出版计划,其中也包括了译介鲁迅著作。1954 年至 1958 年,日本河出书房出版了《现代中国文学全集》(全十五卷),其中第一卷为《鲁迅编》,竹内好、松枝茂夫译,包括《呐喊》全部、《彷徨》六篇、《朝花夕拾》全部(除"后记")、《故事新编》全部。1962 年至 1963 年,日本平凡社出版了《中国现代文学选集》(全十二卷),其中第二卷为《鲁迅集》,尾上兼英、丸山昇编译。选译了鲁迅的小说、杂文、文言论文(如《中国地质略论》《破恶声论》)。1970 年至 1971 年,日本河出书店新社出版了《现代中国文学》(全十二卷),第一卷《鲁迅》由竹内好编译,包括《呐喊》摘编、《彷徨》摘编、《野草》全部、《朝花夕拾》摘编等。1971 年至 1972 年,日本平凡社修订再版了《中国现代文学选集》,易名为《中国的革命与文学》,并将原第二卷《鲁迅集》改为第一卷。日本学习研究社邀集了东京大学丸山昇教授等数十位学者专家将我国 1981 年新版《鲁迅全集》十六卷本陆续译成日文。该书不仅翻译、修订了中文本的全部注解,而且根据日本读者的需要新增了一些注释,这套译本印刷精美、装帧素雅,成为日本最完备、最准确的鲁迅著作译本。进入 90 年代以后,根据藤井省三在《鲁迅在日文世界》一文中公布的 1990—2010 年期间的数据,"译本"共计 21 部。其中,1991 年筑摩书房重印了竹内好译六卷本《鲁迅文集》;1997 年,筑摩书房刊行了今村与志雄翻译的《鲁迅小说史略》(上下);1997 年,平凡社出版了由中岛长文所译的《中国小说史略》（1、2卷）。2009年由光文社·古典新译文库版发行了《故乡／阿Q正传》，这本书在翻译中力求回归鲁迅、回归作品本身。2009年角川文库再版增田涉译《阿Q正传》。

在非洲国家中，埃及开罗图书发行社1956年出版了著名作家本哈·丁·宰亚恩翻译的《阿Q正传》，书名为《一个人的故事》。埃及作家阿卜德尔·贾番·密加韦也将鲁迅的《狂人日记》《药》《一件小事》《孤独者》和《铸剑》译成了阿拉伯文。他说："这位伟大作者对我的写作技巧有很大的影响。我有十五篇以上的短篇小说是受到鲁迅作品的启发写出来的，我们向鲁迅学习了如何以新的方式和技巧来改写我们的民间故事。"北京外文出版社早在1964年出版过《鲁迅小说选》的第一个阿拉伯文版，1974年出版了第二版。该书主要收集了鲁迅的18篇短篇小说。1984年出版了《故事新编》的阿拉伯文版本，译者为穆罕默德·阿布·贾拉德。

《故事新编》阿拉伯文版，外文出版社1984年版

在东南欧国家中，捷克的汉学研究有较深的根柢。早在 1936 年，捷克东方语言专家和汉学家、布拉格学派的代表人物普实克博士就翻译了鲁迅的《呐喊》，并于次年由布拉格人民文化出版社出版。参加该翻译工作的还有弗拉塔·诺沃特娜。鲁迅生前曾为这一译本作序。这是鲁迅作品第一个捷克译本。1951 年，捷克用捷文出版了三卷本的《鲁迅选集》，内收《呐喊》《野草》《彷徨》《朝花夕拾》和《故事新编》中的全部作品；1959 年，又用斯洛伐克文出版了名为《白光》的鲁迅作品选，内收鲁迅小说 10 篇，散文诗 5 篇。1960 年，另一半从俄文和世界语转译成斯洛伐克语的鲁迅作品集《火与华》，在布拉迪斯拉法的波里卡出版社刊行。

1950 年，南斯拉夫出版了《阿 Q 正传》。1957 年，贝尔格莱德文学出版社出版了《〈铸剑〉及其他短篇小说选》，内收鲁迅小说 13 篇。1976 年南斯拉夫普里什蒂纳复兴出版社出版《鲁迅小说集》，为"世界文学丛书"之一。保加利亚 1950 年出版了《呐喊》，1955 年出版了《鲁迅小说集》。波兰 1951 年和 1953 年出版了两版《鲁迅小说集》。阿尔巴尼亚 1955 年出版了包括鲁迅作品在内的《中国短篇小说集》，1957 年出版了《鲁迅选集》，1974 年出版了《鲁迅作品选》。

罗马尼亚对翻译出版鲁迅著作也十分重视。1951 年，罗青年出版社出版了《故乡》；1954 年，罗国家文学艺术出版社出版了《阿 Q 正传》；1955 年，该出版社出版了《鲁迅小说集》，内收鲁迅作品 25 篇，罗小说家维·艾米尔·加兰为该书撰写了长篇前言。1959 年，罗马尼亚国家文学艺术出版社出版了约安娜和米哈依·拉莉亚据英文转译的《鲁迅选集》，内收各类作品 39 篇，印数达 8150 册。1972 年，罗宇宙出版社出版了约安娜和米哈依·拉莉亚翻译的《阿 Q 正传》。由于译文流畅，情节动人，成为畅销书。1976 年，罗马尼亚又出版了鲁迅的《故事新编》。罗马尼亚人民把鲁迅看成是"一盏指路明灯"。他们说，"正如当时苏联文学中的高尔基一样，鲁迅是二十世纪中国文学和现实主义的新的开路人"。而在匈牙利，人们亲切称他为"我们裴多菲的兄弟"。1951 年，

匈牙利布达佩斯文学出版社翻译出版了君吉·拉斯洛根据俄文转译的以
小说《故乡》为题名的《鲁迅小说散文集》。1953年，匈牙利布达佩斯
国家文学出版社出版作家马卡伊·伊姆雷根据俄文转译的题名为《风波》
的小说和杂文集。1956年，匈牙利新匈牙利出版社又出版了厚厚一本《鲁
迅作品选集》，以鲁迅小说《阿Q正传》为题名，由巴科尼·瓦利、君吉·拉
斯洛等译。1981年，由高恩德翻译的《鲁迅选集》在布达佩斯欧罗巴出
版社出版，收杂文42篇。

《鲁迅选集》罗马尼亚语版，罗马尼亚国家文
学艺术出版社1959年版

在西欧、中欧和南欧国家中，英国伦敦G.劳特利奇公司1930年出
版了敬隐渔法文编译本的英译选本《〈阿Q正传〉及其他当代中国短篇
小说选》，译者为E.米尔斯。其中收有鲁迅的《阿Q正传》《孔乙己》
《故乡》《离婚》。1936年，伦敦哈拉普书局出版了埃德加·斯诺编译
的《活的中国——现代中国短篇小说选》，内收鲁迅的《一件小事》《风

筝》《药》《孔乙己》《离婚》《祝福》。1973年，伦敦牛津大学出版社出版了戴乃迭翻译的《无声的中国》，内收鲁迅各种体裁的作品35篇。英国企鹅出版社在2009年出版英国学者蓝诗玲的《〈阿Q正传〉及其他中国故事：鲁迅小说全集》，其中收录的是鲁迅短篇小说，并翻译了文言小说《怀旧》，但没有收录《朝花夕拾》。该书的出版对鲁迅小说在英语世界的普及非常重要。此外，上海英文学会1941年刊行孟津选编《鲁迅自传及其作品》（中英对照详注本），另有1944年版、1945年版。光明书局1945年出版孟津选编《鲁迅自传及其作品》（英汉对照本），另有1947年、1949年、1959年版。

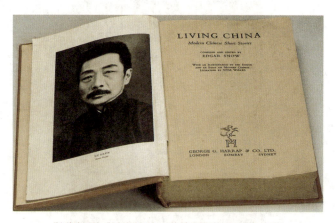

斯诺编译的《活的中国》，伦敦哈拉普书局1936年版

　　在英国销行的鲁迅著作主要是北京外文出版社的译本，计有《阿Q正传》（1953），《鲁迅短篇小说集》（1954），《鲁迅选集》第一卷（1956），《鲁迅选集》第二卷（1957），《中国小说史略》（1959），《鲁迅选集》第三卷（1959），《鲁迅小说选》（1960），《故事新编》（1961），《鲁迅选集》第四卷（1961），《野草》（1974），《朝花夕拾》（1976），《呐喊》（1981），《彷徨》（1981）。鲁迅著作的英译者主要是杨宪益先生和他的夫人、英裔中国籍的戴乃迭（格拉底斯·杨）女士。他们对鲁迅著作有较深的理解，英文水平又很高，因此译文准确、优美、流畅，

成了中译英的典范。这些译本发行量大（仅《阿Q正传》英文版总印数就多达100879册），深受国外读者喜爱，并被转译为多种文字。此外，北京外文出版社还出版了詹纳尔翻译的《鲁迅诗选》汉英对照本。2000年，北京外文出版社出版了中英文对照版《两地书：鲁迅与许广平往来书信集》，译者是英国资深汉学家、首部《鲁迅传》译者杜博妮。

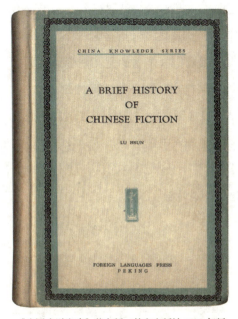

《中国小说史略》英文版，外文出版社1959年版

早在1926年，敬隐渔用法文节译的《阿Q正传》就由罗曼·罗兰推荐到当时法共办的文学刊物《欧洲》发表。这是法国译介鲁迅作品的开端。此后，中国留法学者徐仲年、李治华又陆续将鲁迅的一些小说和散文诗译成了法文。新中国成立后，法国译介鲁迅著作的工作有了新的进展。1953年，法国现代诗人保尔·雅马蒂翻译的《阿Q正传》由巴黎联合出版社出版。这是《阿Q正传》的第一部完整的法文译本。译者不懂中文，在译作过程中对原著有所"改动"。书中还收入了鲁迅的小说《祝福》《孔乙己》和《在酒楼上》。1959年，巴黎加利马

尔东方知识出版社还出版了李治华翻译的《故事新编》。北京外文出版社 1956 年初出版的《鲁迅短篇小说选》法文版，也推动了鲁迅作品在法国的进一步流传。70 年代以来，法国学习中文的人日益增多，翻译鲁迅著作的人也逐渐增多。1973 年，法国百周年出版社出版了米歇尔·鲁阿编译的《这样的战士》，内收鲁迅散文诗、杂文 45 篇，旧体诗四首。译者说，她翻译此书的目的是希望人们了解、热爱鲁迅，并沿着鲁迅的足迹前进。1975 年，巴黎第七大学东亚出版中心出版了马蒂娜·瓦莱特·埃梅里翻译的《阿 Q 正传》，这是一部中法文对照读物。1976 年，埃贝尔出版社出版了弗朗索瓦·于连翻译的《朝花夕拾》。译者曾来华任教两年，他将这本书献给北京语言学院师生。1978 年，该出版社又出版了同一译者翻译的《华盖集》。鲁迅《野草》的法文本也于 1978 年以袖珍本丛书的方式出版，译者是曾经侨居法国的比利时人皮埃尔·里克曼斯。令人遗憾的是，这本书的译者把鲁迅看作是反对中国共产党、反对社会主义的自由民主主义者，声称鲁迅没有什

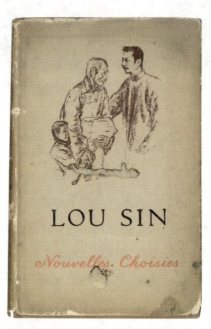

《鲁迅小说选》法文版，外文出版社 1956 年版

么伟大可言，因而遭到了法国鲁迅研究者的驳斥。在鲁迅诞生一百周年之际，鲁迅著作中文字最为艰深的《坟》由法国古卫城出版社出版。译者是在米歇尔·鲁阿教授和于儒伯教授指导下的一批大学师生和研究人员。此外，法国还出版了《鲁迅杂文选》（1976 年巴黎联合出版社），米歇尔·鲁阿编译的《鲁迅讽刺短文》（1977 年马斯柏罗出版社出版，阿尔都赛为译本作序，并收入自己主编的"理论系列丛书"的"政论"书系，书中收录鲁迅 30 篇创作于 1925—1936 年间的杂文），《鲁迅论中国语言和文字》（1978 年奥比埃·蒙泰涅出版社出版）。米歇尔·鲁阿女士领导"鲁迅翻译中心"（这是一个集中了巴黎专业和业余鲁迅研究者的组织）准备克服巨大困难，将《鲁迅全集》全部翻译成法文。他们怀着鲁迅当年乐意做一个"窃火者"的心情从事这一工作，为的是把鲁迅的思想火把传给富有光荣革命传统的法兰西人民。这里可以看到李治华、玛蒂娜·瓦莱特－埃梅里、于儒伯、弗朗索瓦·于连、白乐桑等翻译者的名字。巴黎卫城出版社 1981 年出版了巴黎第八大学"鲁迅翻译中心"翻译的鲁迅杂文集《坟》。1985 年巴黎第八大学鲁迅翻译中心与北京人民文学出版社签署协约，共同致力于《鲁迅全集》的法译工作。1987 年，卫城出版社出版了该中心翻译的《花边文学》。1989 年，鲁阿夫人翻译的《阿 Q 正传》由法国联合书店出版。1991 年，米歇尔·鲁阿翻译了鲁迅的《长城》，由巴黎雪莉·莎洛夫出版社出版。1993 年，迦利玛出版社出版了夏尔·比索托翻译的《中国小说史略》；1995 年，米歇尔·鲁阿与冯汉津等人合译的《呐喊》在阿尔班·米歇尔出版社出版。1996 年，阿谢特少年读物出版社出版了《这就是我对他所做的》，这部小集子收录了《彷徨》中的三篇小说，由鲁阿夫人翻译，主要面向青少年读者。2004 年，法国巴黎高师出版社和友丰出版社同时推出了鲁迅小说集《彷徨》的法译本。2010 年，米歇尔·鲁阿翻译的《阿 Q 正传》连环画报版由埃利蒂斯出版社出版。2010 年魏简推出了新译《呐喊》集，由巴黎高师出版社出版。此外，1981 年，西德的科隆盖叶出版社出版了旅法学者黄育顺翻译的《门外文谈》。

1985 年，鲁迅主要诗歌的法译本《鲁迅诗选》由巴黎阿尔弗央出版社出版，以中法文对照方式排版。1990 年，法国国家技术研究协会出版社出版了尚黛拉·谢居易翻译的《鲁迅：三闲集》。1993 年，迦利玛出版社出版了夏尔·比索托翻译的鲁迅《中国小说史略》。在 20 世纪八九十年代这 20 年间，法国共出版鲁迅译著 11 部。另外有，1981 年斯多克出版社出版的《狂人日记—阿 Q 正传》，译本选自北京外文出版社译本，其后 1996 年再版。20 世纪 50 年代起，我国出版机构外文出版社系统翻译出版了鲁迅作品的法语译本，包括《短篇小说选集》《故事新编》《阿 Q 正传》《作品选集》《朝花夕拾》《彷徨》《伪自由书》等。2004 年外文出版社出版《野草》《故事新编》等汉法对照本。

在德意志民主共和国，1952 年吕顿和勒宁出版社出版了名为《中国小说》的鲁迅作品选，内收鲁迅小说、散文 9 篇。该书系约冯·科斯库尔从俄文转译，书中附有法捷耶夫的《论鲁迅》一文。1954 年，保罗·利斯特出版社出版了赫塔·南与里夏德·容合译的《阿 Q 正传》，卷末附有冯雪峰的《论〈阿 Q 正传〉》。1958 年，吕顿和勒宁出版社出版了名为《朝花夕拾》的鲁迅作品选，内收鲁迅各类体裁的作品 19 篇。1960 年，该社又出版了约翰娜·赫斯菲尔德翻译的《奔月》，该书系《故事新编》的德文全译本。1981 年，莱比锡菲利普·雷克拉姆出版社出版了杨恩林和康拉德·赫尔曼合译的《写在深夜里》，内收鲁迅小说、散文诗、杂文 30 篇，书信 10 封。著名女作家露特·维尔纳为本书写了前言。

由于政治方面的原因，20 世纪 50 年代，联邦德国仅出过一本由约瑟夫·卡尔默尔翻译的鲁迅短篇小说集，名为《漫长的旅行》（《路漫漫其修远兮》）。60 年代末，联邦德国出版了一份由作家恩岑斯贝格尔主编的杂志《文学指南》。该刊第十五期译介了鲁迅关于文学与革命问题的四篇作品。进入 70 年代之后，联邦德国翻译出版的鲁迅著作日益增多。1973 年，汉堡沃尔特简装本出版社出版了鲁迅杂文集《论雷峰塔的倒掉》，内收鲁迅杂文 48 篇，汉斯·克里斯托夫·布赫与翁梅合译。1979 年，上树出版社出版了名为《野兽训练法》的鲁迅作品选，内收鲁迅小说四篇，诗歌五首，杂文四篇，编译者是汉学家沃尔夫冈·顾彬。同年，西柏林还出版了名为《鲁迅：同时代人》的论文与译文集。1980年知识与行动出版社出版了弗洛里安·茅斯巴赫据英文版《鲁迅选集》转译的《长城》，内收鲁迅杂文21篇，附有《译者后记》《毛泽东论鲁迅》，以及《鲁迅大事年表》等。1982年，中国学家马汉茂翻译的《阿Q正传》单行本面世。1983年诗人尤尔根·台欧巴尔迪与埃格伯特·巴奎合译的鲁迅诗选《吟罢低眉无写处》在汉堡的罗沃尔特出版社出版。

20世纪90年代顾彬主编的《鲁迅选集》德文六卷本在瑞士联合出版社出版（1994年），参加选集德文翻译工作的都是自愿为传播中国文化尽义务的德国汉学家，共20多人。该选集从着手翻译到问世达15年之久，涵盖了鲁迅所有重要的小说、诗歌、杂文、散文，是迄今为止德语地区最全面的鲁迅选集，在德语世界颇具影响。2015年，德国杜塞尔多夫孔子学院与瑞士联合出版社合作再版该书。2011年，鲁迅和许广平通信集《两地书》德译本也出版。

北京外文出版社1974年出版了德文版《鲁迅小说选》，1978年出版了《野草》《朝花夕拾》德文全译本，1983年出版了《呐喊》《彷徨》德文全译本。

在20世纪50年代以前，意大利对鲁迅作品只有一些零星的介绍，1955年，米兰的费尔特里内利出版社出版了《〈阿Q正传〉及其他》，内收鲁迅小说14篇，系卢奇里诺·比安奇亚尔迪据英译本转译。此后，意大利一些较大的出版社开始着手对鲁迅著作进行系统的介绍。1960年，罗马的里乌尼蒂出版社出版了《中国文学史》。此书实为鲁迅《中国小说史略》的全译文，卢卡·帕沃利尼和加埃塔诺·维维亚尼合译。1962年，同一出版社出版了汉学家泰雷萨·雷加尔德从英文转译的《中国社会和文化》一书，内收鲁迅杂文52篇。1968年，都灵的埃伊纳乌迪出版社出版了名为《伪自由书》的鲁迅杂文选，内收杂文55篇，系由汉学家埃多阿尔达·玛西女士选译，这是第一部由中文直接译成意大利文

《鲁迅小说选》德语版，外文出版社 1974 年版

的鲁迅作品。1969 年，巴原德·多纳托出版社出版了季里梅翻译的《奔月》。该书为《呐喊》《彷徨》《故事新编》的全译本。译者原名普里莫罗萨·季里埃西，长期在北京外文局工作，译笔生动、流畅，保持了原作风格。1973 年，玛西女士又翻译了散文诗集《野草》。1978 年，米兰的马佐塔亚出版社出版了安娜·布雅蒂选译的《文学与出汗》，内收鲁迅杂文 43 篇。1981 年，罗马的意大利百科全书研究所出版了安娜·布雅蒂选译的《诗歌与诗论》，内收鲁迅新诗及旧体诗 63 首，诗论 9 篇，这是译者向鲁迅一百周年诞辰的献礼。译者所译的鲁迅诗歌中，有两首被选入意大利高中学生文学参考丛书——《八十年代的读物》。1981 年意大利百科全书研究所出版了《鲁迅的诗作和诗论》一书。全书收鲁迅的新诗和旧体诗 63 首，论及诗歌的文章和书信 9 篇。

　　在比利时，1948 年安特卫普的波特出版社出版了传教士约瑟夫·戈德尔蒂尔鲁迅小说集《伤逝》的荷兰语版。1953 年《伤逝》由阿姆斯特丹的世界图书出版社发行。

在荷兰，荷兰汉学由来已久，鲁迅作品的荷译工作起步较早。虽然晚于法文，但先于德文、意大利文和丹麦文等。翻译总量相较而言也不少，并且除稍早时期的几种转译自英文外，绝大部分都是直接译自中文，能比较好地体现原著精神。以下进行具体叙述。1959年左派作家特恩·德·弗里斯翻译《阿Q正传》单行本，由阿姆斯特丹的珀加索斯出版社发行。另一位荷兰左派作家杰夫·拉斯特翻译出版了两种鲁迅作品（集）。一种是1965年阿姆斯特丹的W. B.协会印制的《一件小事》单行本，这是一种特殊出版物，是为该协会成员制作的新年贺卡；另一种则是1969年乌特勒支的布鲁纳出版社发行的作品集《呐喊》，1970年再版。这部选集的底本是1938年的版本，翻译时参照了英文、德文、俄文本。1985年，鲁克思翻译《呐喊》单行本由阿姆斯特丹的莫伊伦霍夫出版社发行，1986年再版。此后鲁克思还翻译出版了两种鲁迅作品集，出版方均为莫伊伦霍夫出版社。1992年，《彷徨》单行本出版，底本为1926年版《彷徨》中文本，篇目亦相同。2000年，荷兰版《鲁迅全集》出版，这是至今收录鲁迅作品最多的一个荷译本，包括《呐喊》《彷徨》《野草》《朝花夕拾》四部完整的作品集和少量其他作品以及相关附录、说明文字。全书正文共603页。根据书末的《说明》，"这本书的图片，包括封面图，由北京鲁迅博物馆提供。《二十四孝》的插图来自慕尼黑巴伐利亚州立图书馆，《山海经》的插图由莱顿大学汉学研究所提供"。这显示了荷兰汉学机构、出版社与中国国内及欧洲大陆相关机构之间的协作。

在瑞士，1947年，约瑟夫·卡尔迈尔翻译的《祝福》在瑞士苏黎世面世，这是最早公开印行的德译鲁迅作品。

在西南欧，西班牙在1954年出版了《阿Q正传》，1965年、1972年和1975年出版了《狂人日记》。1971年，萨尔瓦特出版社出版了《阿Q正传和其他故事》（译者应当为卢伊斯·恩里凯·德拉诺），该书同1960年北京外文出版社出版的《故事选编》内容一致。这一版鲁迅短篇小说西译本于1961年抵达了古巴。1971年，图斯盖茨出版社则出版了墨西哥人塞尔吉奥·皮托尔的《狂人日记》。该书于1987年再版。

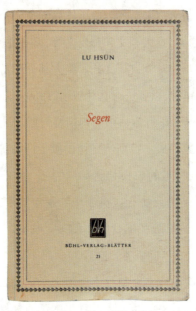

《祝福》德语版，瑞士苏黎世毕勒出版社
1947 年版

这些是 20 世纪六七十年代北京外文出版社组织大批拉丁美洲译者翻译中国文学作品的产物，通过国外出版社的再版，发扬了其生命力。1975年伊涅基·普雷西亚多·伊多埃塔（中文名"毕隐崖"）在西班牙驻华大使馆工作，1975 年回国后，他和米格尔·萧开始合作翻译《呐喊》，1978 年阿尔法瓜拉出版社推出了第一部从中文直接翻译的《呐喊》。这版《呐喊》是西班牙汉学界公认的经典译本之一，前后封上有对作家、作品以及译者的详细介绍。1991 年，总部设在马德里的欧洲交流与信息出版公司推出了埃尔内斯托·波塞翻译的《阿 Q 正传》，并于 2002年再版。1994 年总部设在巴塞罗那的行星集团旗下的"62 出版社"推出了高遁和马丽莎·普雷萨斯合作翻译成加泰罗尼亚语（也是西班牙一种官方语言）的《野草》，这是双语对照本。2001 年，西班牙汉学家劳里阿诺·拉米雷斯翻译的《故事新编》出版，2009 年再版。2001 年蓝色出版社推出了乌拉圭学者罗莎里奥·布兰科翻译的《中国小说史略》（这是由委内瑞拉阿维拉山出版社于 20 世纪 90 年代首先出版的）。布兰科这个译本参照的原文是 1982 年人民文学出版社出版的版本。2007 年《狂人日记和其他故事》加泰罗尼亚语版出版。2008 年西班牙人民出版社再版了北京外文出版社 1954 年版的《狂人日记和其他故事》。2013 年巴特利比出版社推出了布拉斯·皮涅罗翻译成西班牙语的《野草》。

葡萄牙 1958 年 EDITEX. IDA 图书俱乐部出版了鲁迅小说集《离婚》葡萄牙文版，由玛努爱尔·德·赛阿勃拉译出；1972 年出版的《人民中国小说集》中，选译了鲁迅的《故乡》和《祝福》。

在北欧，丹麦哥本哈根的斯蒂恩·哈塞尔克出版社 1953 年出版了保罗·布拉姆斯和安德尔斯·蒂科合译的《阿 Q 正传》。70 年代，丹麦又先后出版了名为《中国文学与革命》的鲁迅杂文选和《野草》的全译本。1964 年，瑞典布·卡沃弗士出版社出版了雷阿德·埃克奈尔翻译的《〈阿 Q 正传〉及其他》，内收鲁迅小说、杂文 21 篇。这本书在瑞典影响较大，其中部分译文被编入瑞典中小学教科书。1978 年，瑞典十月出版社出版了莱那赤·罗德堡、托马斯·阿尔姆贝利和吴兆明三人合译的《希望是在于将来》，内收鲁迅杂文 41 篇。译者中的莱那赤·罗德堡是一位知名汉学家，也是目前瑞典唯一专门从事鲁迅研究的学者。同年，瑞典布·卡沃弗士出版社出版了布丽达·希耐马尔克和姚朗·索芒达尔合译的《淡淡的血痕中》，内收鲁迅各种文体的作品 65 篇。由于该书选材丰富，又有大量注释，在瑞典文化界颇受重视。

1957 年，冰岛海姆斯克林拉出版社出版了哈尔道尔·斯泰芳松根据英文转译的《鲁迅小说选集》，内收鲁迅小说五篇。这是冰岛共和国第一次用冰岛文翻译出版的鲁迅作品。该书初版发行 2000 册，这个印数在冰岛翻译出版的外国小说中是很少见的。1960 年，芬兰也出版了名为《祝福》的鲁迅作品选。

早在鲁迅生前，他的著作即已被译成俄文并在苏联出版。1925 年，当时在河南国民革命军第二军俄国顾问团工作的王希礼（帕·阿·瓦西里耶夫）将《阿 Q 正传》译成俄文，得到了鲁迅的支持。四年后，这本书由列宁格勒的激浪出版社出版，除收入《阿 Q 正传》之外，还增收了卡北克维奇选译的《幸福的家庭》《高老夫子》和什图金选译的《头发的故事》《孔乙己》《风波》《故乡》和《社戏》。同年，莫斯科青年近卫军出版社又出版了由姆·德·科金翻译的《阿Q正传》和《孔乙己》，收入《当代中国中短篇小说集》一书中。

1938 年，苏联科学院为纪念鲁迅逝世两周年，由东方文化研究所编辑出版了一本《鲁迅纪念论文译文集》，选译了《祝福》《狗的驳诘》《一九三三年上海所感》等八篇小说、杂文、散文诗。40 年代到 50 年代初，苏联翻译了大量鲁迅著作。1945 年，莫斯科苏联国家文学出版社出版了最早的一部《鲁迅选集》。1950 年苏俄教育部儿童读物出版社出版《故乡——鲁迅短篇小说》俄文版，其中所收插图为毕可夫所作。1954 至 1965 年，四卷本的《鲁迅选集》俄文版由莫斯科国家文学出版社出版。为向苏联中学生介绍鲁迅著作，莫斯科儿童出版社 1955 年出版了名为《短篇小说集》的鲁迅作品选，列为"中学生读物丛书"之一。据统计，鲁迅作品在苏联还被译成了多种民族语言文字，如拉

1950 年苏俄教育部儿童读物出版社出版《故乡——鲁迅短篇小说》俄文版

脱维亚文、爱沙尼亚文、格鲁吉亚文、阿塞拜疆文、乌兹别克文、摩尔达维亚文、雅库次克文、吉尔吉斯文、楚瓦什文、阿尔泰文、图瓦文、土库曼文、乌克兰文、立陶宛文、哈萨克文，其中有小说集，也有选集。另外，苏联教育出版社于 1954 年还用盲文出版了共四个分册的《鲁迅选集》。60 年代以后，苏联出版的鲁迅著作急剧减少。但是，1964 年出版有《鲁迅译童话集》俄文版。后来，随着中苏两国国家关系的逐步正常化，这一情况发生了变化。1981 年，为了纪念鲁迅一百周年诞辰，莫斯科国家文学出版社又重版了《鲁迅选集》。这本书印数为 75000 册，很快就销售一空。收作品 21 篇。1986 年，莫斯科儿童文学出版社出版了名为《阿 Q 正传》的鲁迅小说散文集，收录了选自《呐喊》《彷徨》的部分小说作品。

1949 年 4 月新中国书局出版发行罗果夫译《阿 Q 正传》中俄文对照本。生活·读书·新知三联书店 1950 年 6 月出版《阿 Q 正传》（中俄文对照本）第二版。

《阿 Q 正传》中俄对照本，新中国书局 1949 年版

《阿 Q 正传》中俄对照本，生活·读书·新知三联书店第二版

在美洲方面，首先要提到美国。鲁迅在世时，他的作品在美国汉学界基本上受到冷遇，1931 年，戴尔书局重版过英国 E. 米尔斯翻译的《〈阿Q正传〉及其他当代中国短篇小说》，书中收录了《阿Q正传》《孔乙己》《故乡》《离婚》四篇小说。另外，只有少数鲁迅的美国友人如埃德加·斯诺和伊罗生（原名哈罗德·艾萨克斯）和少数崇敬鲁迅的美籍华裔学者从事鲁迅著作的零星译介工作。1926 年上海商务印书馆出版美籍华人梁社乾（George Kin leung）所译《阿Q正传》英文本。在这里，应该感谢当时在哥伦比亚大学担任中国文学讲师的王际真先生。早在 20 世纪 30 年代，他就在美国纽约《远东杂志》译载了鲁迅小说《风波》《祝福》等。1941 年，他又在纽约哥伦比亚大学出版社出版了《阿Q及其他——鲁迅小说选》，内收鲁迅小说 11 篇。这本书实际上是美国出版的第一本鲁迅选集，但没有广泛流传。1971 年，美国格林伍德出版社重印了这一译本。1944 年，王际真还翻译了鲁迅的《端午节》和《示众》。收入他编译的《现代中国小说选》。王际真先生受过中西两种文学传统的熏陶，对中国古典文学和现代文学具有深厚的知识，因此译文水平较高。1957 年，纽约卡梅伦联合出版社出版了《中国革命文学导师鲁迅文选》，内收鲁迅小说、散文、散文诗、杂文 17 篇。美国前总统尼克松访华在美国引起"中国热"之后，美国汉学界改变了对鲁迅的态度。1974 年，美国麻省理工学院出版了伊罗生重编的现代中国短篇小说集《草鞋脚》，其中译载了鲁迅小说《狂人日记》《药》《孔乙己》《风波》《伤逝》。在此前后，美国还出版了《鲁迅小说选》《中国小说史略》《鲁迅旧诗英译注》和名为《为革命而写作》的鲁迅杂文集。为了给美国大学中文系三、四年级学生提供文学语言教科书，在美国斯坦福亚洲语系任教的威廉·莱尔主编了一部《鲁迅选集》，1976 年由美国耶鲁大学远东出版社出版。其中收录了《〈呐喊〉自序》《狂人日记》《肥皂》《阿Q正传》《随感录三十五》《随感录四十》6 篇文章。书中附有对每篇文章的分析及详细的英文注释。莱伊尔认为，鲁迅的《呐喊》和《彷徨》将作为 20 世纪的经典作品被传阅，"阿Q在世界文学舞台上的地位，已经仅次于《堂·吉诃德》和《赛尔诺的伯杰斯》这样的人物形象"。1981 年，在美国加利福利亚州的蒙特里举行了"鲁迅及其遗产"国际学术会议，鲁迅在世界文学上的崇高地位在美国已经不再成为引起争议的问题了。同年，印第安纳大学出版社出版杨宪益、戴乃迭译《鲁迅小说全集》，分《呐喊》与《彷徨》两部分，收入鲁迅的 25 篇小说。1988 年陈颖翻译的《鲁迅诗歌全译》由亚利桑那大学亚洲研究中心推出。夏威夷大学出版社 1990 年出版了威廉·莱尔翻译出版的《〈狂人日记〉及其他故事》，收录了《呐喊》《彷徨》中所有 25 篇小说以及《怀旧》。1990 年波士顿一家出版社翻印了杨宪益和戴乃迭译本《阿 Q 正传》。1994 年，旧金山中国书刊出版社再次翻印了杨宪益、戴乃迭翻译的 1954 年版《鲁迅小说选》。1996 年寇志明的《英译鲁迅旧体诗》由夏威夷大学出版社推出。2003 年致力于高校教科书出版的诺顿出版社再次推出杨译《鲁迅小说选》，并约请哈金撰写了长篇序言。2011 年休斯敦一家出版社推出了"捕捉中文"系列学习读物，推出了《呐喊》《阿 Q 正传》《祝福》三种鲁迅作品的汉英对照本。2017 年美国哈佛大学出版社出版了波莫纳

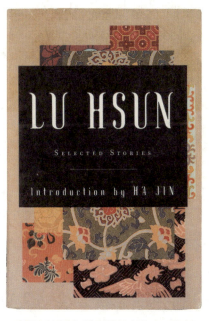

《鲁迅小说选》美国诺顿出版社 2003 年版

大学郑爱玲和俄亥俄州立大学邓腾克等人一同翻译、编纂的鲁迅杂文集《灯下漫笔》，将《自序》《华盖集·题记》等鲁迅自 1918—1936 年所创作的 62 篇杂文译为英文。该书汇聚了 14 位英语世界知名的鲁迅研究专家和翻译家，书后提供了详细的注释，多达 20 页，补充说明杂文中相关信息。该书的出版推动了鲁迅杂文的海外译介和研究，具有重要意义。此外，美国的出版社继续重印外文社的鲁迅译作，中国书刊社、太平洋大学出版社等多次重印外文社的《鲁迅小说选》。

在加拿大，1958 年出版了《鲁迅选集》四卷本。

拉丁美洲的作家普遍认为，鲁迅作品跟他们的现实情况十分贴近，因此，鲁迅作品已被很多拉美国家译成西班牙文。1961 年，古巴国家出版社用西班牙文出版了名为《狂人日记》的鲁迅小说选，内收鲁迅小说 19 篇，译者是智利小说家路易斯·恩里克·德拉诺。一直以"出版世界上最优秀的文艺图书"为己任的古巴艺术和文学出版社分别于 1974 年和 1978 年出版了《狂人日记》和《故事新编》的西班牙语本。其中《故事新编》实为 1964 年北京外文出版社出版的《故事新编》西语本的再版。艺术和文学出版社在 2008 年对 1978 年版的《故事新编》进行了再版。

智利的新生活出版社 1954 年出版了《阿 Q 正传》的西班牙文译本。2015 年，阿根廷汉学家米盖尔·安赫尔·彼得雷卡翻译的《孔乙己及其他故事》由智利罗姆出版社出版。其内容节选于《呐喊》小说集，也包含了散文《藤野先生》和杂文《夜颂》。1960 年外文出版社出版了路易斯的《鲁迅小说选集》，译介了 18 部作品。

在阿根廷，萨拉·马吉奥·德·豪尔赫创办的劳塔罗出版社 1956 年出版了题为《狂人日记》的鲁迅作品集。该书由胡里奥·加莱尔根据 1954 年中国外文出版社出版的《鲁迅故事选集》英文版进行翻译。七八十年代，阿根廷的拉美中心出版社将鲁迅作品置于世界文学类丛书之下进行了译介出版。1970 年，拉美中心出版社将《阿 Q 正传》选编入"世界文学史/世界基础文学丛书"，同时也出版了多部其他鲁迅作品。如 1971 年出版《〈狂人日记〉及其他故事》，1980 年出版《〈经验〉及其他文章》以及《〈阿Q正传〉及其他文章》。其中《〈阿Q正传〉及其他文章》的译者为加莱尔，该书由《阿Q正传》《狂人日记》《故乡》《祝福》《幸福的家庭》和《伤逝》等作品组成。罗伯特·多诺索为该书作序。

在墨西哥，1972年格里亚博出版社出版了米盖尔·托雷斯编译的《中国文化与社会》，书中收录并翻译了鲁迅的15篇文章。维拉克鲁斯大学出版社于2007年和2011年对20世纪中后期由塞尔吉奥·皮托尔翻译的《狂人日记》进行了再版（塞尔吉奥·皮托尔，墨西哥作家兼外交官，曾供职于外文出版社，其翻译的《狂人日记》最早于1971年由西班牙杜斯凯斯出版社出版）。

在委内瑞拉，2003年，由汉学家罗萨里奥译介的《中国小说史略》由委内瑞拉蒙特·阿维拉出版社出版。在哥斯达黎加，作为"世界流行文学选集"的丛书之一，哥斯达黎加出版社1977年对鲁迅部分作品进行了编译，并冠以书名《铸剑》。该书主要由《铸剑》《风波》《狂人日记》《故乡》及《伤逝》等5篇文章组成。在哥伦比亚，罗洛卡出版社分别于2009年和2014年对20世纪中后期由塞尔吉奥·皮托尔翻译的《狂人日记》进行了再版（原版如上述）。

鲁迅重视世界语。他在《答世界社信》中坦诚，"我自己确信，我是赞成世界语的""它究竟会证明我的判断并不错"。鲁迅著作的世界语本也应当受到重视。1930年2月上海出版合作社出版发行钟宪民译《阿Q正传》世界语初版。鲁迅1930年12月6日致孙用信说："《阿Q正传》的世界语译本，我没有见过，他们连一本也不送我，定价又太贵，我就随他了。"1941年1月钟宪民译《阿Q正传》世界语版，由世界语函授学社出版，为土纸版。1939年香港远东使者社、东方之声社合印世界语《鲁迅小说选》，全书收11篇鲁迅小说的世界语译文。这本《鲁迅小说选》由多人翻译成世界语，译者包括安偶生、方善境、冯文洛、潘逊书、徐声越等。此书是中国文学选集第一卷。1951年上海世界语者协会出版徐声越译《野草》世界语版初版本。1963年1月中华全国世界语协会出版《鲁迅小说集》（世界语版），收集了他的30篇小说。1974年外文出版社将

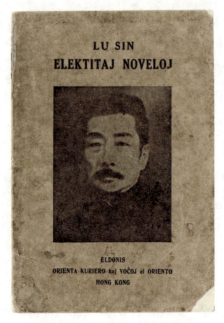

《鲁迅小说选》1939 年香港远东使者社、东方之
声社合印世界语版

鲁迅的小说和序文共计 35 篇收齐，译成世界语，书名定为《鲁迅小说集》。
该书收《呐喊》《彷徨》《故事新编》等小说集中的小说和序文计 35 篇。
1981 年中国报道出版社出版《朝花夕拾》世界语版。

　　事实表明，时间和空间往往是评价事物的重要因素，也是衡量作品
生命力的重要因素。鲁迅逝世后的八十多年过去了，随着岁月流逝，鲁
迅著作不仅没有被淹没，反而在越来越广阔的空间得到传播。从鲁迅著
作翻译情况这一侧面，也足以反映出鲁迅作品的历史价值和世界意义。
受惠于诸多研究者开放的眼界，以及有韧劲的翻译和搜集，鲁迅著作外
文译本越来越多，鲁迅著作外文译本的研究也愈加丰富，其可持续的生
长空间和传播远景令人欣慰与期待。

速而不朽：《阿Q正传》域外译介概观

姜异新

　　《阿Q正传》于1921年12月4日开始在《晨报副镌》的"开心话"栏目亮相，直至1922年2月12日连载完毕，从此开启了中国现当代文学海外传播的进程，打开海外知识阶层认识现代中国的窗口，成为中国文化走向世界的典范。

　　第一章《序》中，鲁迅借叙事人之口称之为"速朽的文章"，然而，九章连载完毕后短短三年间，鲁迅便收到法语、英语、俄语译者与其商讨作品翻译出版事宜的信件，此后该作不断被译，作者生前已有英、法、俄、德、捷克、日、朝鲜语、世界语等八个语言版本的翻译行为。这在20世纪初年以西学东渐为时代主潮的中国实属难能可贵。迄今为止，《阿Q正传》的域外译介已覆盖60多个语种，包括欧美地区的法文、英文、德文、俄文、意大利文、西班牙文、瑞典文、捷克文、匈牙利文、乌克兰文；亚洲地区的日文、朝鲜文、蒙古文、尼泊尔文、泰文、越南文、缅甸文、印度尼西亚文、印地文、乌尔都文、孟加拉文、阿拉伯文等，而且仍在不断扩展版图。《阿Q正传》极具民族特色，深蕴传统内涵，语言文白夹杂，俗俚互见，翻译存在相当难度，自发表之后如此迅速而又广泛地传播，百年来仍生机勃勃，各语种多声部同唱，成为翻译界一个"速而不朽"的奇观。

中国出版机构的中华作品外译项目是有组织有计划的推广工程，出版了众多鲁迅作品的外译本，本文没有将之纳入考察视野，仅聚焦域外主动引介，就百年来《阿Q正传》于西欧的法、英、德；东欧的捷克、俄国；东亚的日本、朝韩以及南亚的泰国、越南等地的文本旅行做一简单梳理。

法译本

众所周知，《阿Q正传》的外文首译本为敬隐渔的法文版。1926年初，曾经翻译了罗曼·罗兰（Romain Rolland）《约翰·克里斯多夫》的留法学生敬隐渔（J. B. Kyn Yn Yu）将《阿Q正传》译为法文，经由罗兰审阅推荐给巴黎著名文学月刊《欧罗巴》（Europe，5月号和6月号）发表。罗兰评价说："……阿Q传是高超的艺术底作品，其证据是在读第二次比第一次更觉得好。这可怜的阿Q底惨像遂留在记忆里了……"《欧罗巴》主编之一巴萨尔耶特高度评价敬隐渔的翻译，"我要用一条粗粗的着重线来表达我的谢意。这是一部很有趣的作品，具有无可异议的艺术性，让我们深入地了解了今日中国一个农村的私密。我们太乐意把它发表在《欧洲》上了（唯一让我伤脑筋的是，不得不分两期发表，我是不喜欢这么做的）"。罗兰和巴萨尔耶特在稿子的修订方面都为之付出了心血。尽管敬译并不完整，第一章序付诸阙如，但这是法国主流文学刊物第一次以如此大量的篇幅发表一部中国新文学作品，也是鲁迅的名字和他的代表作《阿Q正传》第一次为广大法国读者知晓，乃至引发了其他语种的转译，其开创性意义不可小视。

译完《阿Q正传》之后，敬隐渔于1929年编译了一本《中国现代小说选集》，内含《阿Q正传》《孔乙己》和《故乡》三篇鲁迅小说，还选译了郁达夫、冰心、茅盾等现代作家的作品，在巴黎出版。

1926 年发表《阿 Q 正传》法译本的《欧罗巴》杂志

　　20 世纪三四十年代，一批法语传教士在华传教布道，开始整理研究中国现代文学，鲁迅作品被译为传教课业的教材。文宝峰的《新文学运动史》之《阿 Q 正传》在以信奉天主教为主的法国有了一批特殊的读者，被更多的从"道的教化"和"普度众生"的宗教视角进行阐释和传播。善秉仁（Joseph Schyns）的《说部甄评》将《阿 Q 正传》简缩为"求福得祸的痴子的故事"。

　　中华人民共和国成立后，法国联合出版社于 1953 年出版了保罗·让马迪翻译的《阿 Q 正传》，这是继敬隐渔之后第一个完整的法文译本。译者不懂中文，依赖他人口述，采用归化翻译法，译文通俗易懂。1964年中法建交，法语版《阿 Q 正传》译介出现了多姿多彩的局面。中国的外文出版社于 1973 年出版了单行本后,对于法国翻译界起到了引领的作用。1975 年,玛蒂娜瓦莱特·艾玛丽译本由法国巴黎第七大学东亚出版中心出版,收录于亚洲书库,选用了程十发绘制的《阿 Q 正传》一百零八图中的二十多幅。1989 年,法国联合出版社以"口袋书"形式出版了米歇尔·露阿(Michelle Loi)翻译的《阿 Q 正传》,配有著名画家裘沙作的插图。露阿于 1977 年于巴黎第三大学中文系联合组建了"鲁迅翻译研究小组",集聚了当时法国最重要的鲁迅译研力量,致力于鲁迅的传播与研究工作。1995 年,露阿组织合译《呐喊》,内有《阿 Q 正传》,法国阿尔班米歇尔出版社出版;2000 年,艾玛丽翻译收有《阿 Q 正传》的《中国故事十三则:1918—1949》,由皮克格耶出版社出版;2010 年露阿翻译的《阿 Q 正传》经让－米歇尔尚邦提耶插图,由波尔多埃利蒂斯出版社以连环画版的形式出版;2010 年,巴黎高等师范学院出版社出版了魏简翻译的《呐喊》。

2014 年,中法建交 50 周年之际,鲁迅作品在法国的翻译出版再次出现高潮。2015 年,蒙特利尔的多戎出版社和法国无为书社同时推出了《阿 Q 正传》的法文版单行本。无为书社的译者为阿莱克斯伯颂莱,该译本分别以法文版和中法双语对照的形式出版,中文还注有拼音,吸引了不少对中文有兴趣的读者阅读。

《阿 Q 正传》在法语世界译介最早,接受最深入,传播形式多样,至今仍在不断生长。法译本以中法对照、连环画、口袋书等多种形式流布,辐射至学界、主流文学界、普通民众各个层面的读者群,满足了不同喜好的读者需求。

英译本

《阿 Q 正传》的英文首译本同样出现在 1926 年,美籍华裔梁社乾(George Kin Leung)翻译的 *The True Story of Ah Q* 由上海商务印书馆出版。鲁迅评价译得恳切。1925 年 6 月 14 日，鲁迅在日记中记载了"得梁社乾信并誊印本《阿 Q 正传》二本"。20 日便将校订后的英译本寄给梁社乾。说明在此之前，梁社乾已经译毕该作；1926 年 11 月 30 日，鲁迅收到商务印书馆寄来的英译本三本，马上赠送林语堂与孙伏园；1926 年 12 月 11 日，又收到译者赠书六本，鲁迅于 13 日寄赠李霁野、韦丛芜；12 月 24 日又收到周建人寄来译本三本，赠艾锷风、萧恩承各一本。

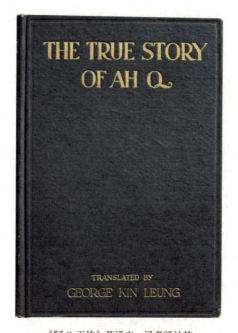

《阿 Q 正传》英译本，译者梁社乾

1927 年梁译即出第二版，1929 年出第三版，1933 年在听取包括鲁迅等人的意见对书目进行修订后，又出第四版，在此版基础上又于 1936、1946 年重印。2002 年由 Wildside 出版社再次出版发行，可见其穿越时代的影响力。梁译非常忠实于原文，征得了鲁迅的授权，翻译中多次向鲁迅请教，付梓后又将译稿寄给鲁迅审阅，当时的商务印书馆以出版教科书为长，梁译也是被纳入英语学习辅助材料的编辑出版计划。

这一点也决定了它的传播之速,同时也说明《阿Q正传》的故事明白晓畅。

英国人米尔斯(E.H.F.Mills)将敬隐渔编译的《中国现代小说选集》法语选编本转译成英文,命名为《阿Q的悲剧和其他现代中国小说》(*The Tragedy of Ah Qui and other Modern Chinese stories*),并于1930年在伦敦的G.劳特利奇(G.Routledge)出版社出版,同时也在美国出版。由于敬译本身是节译,据敬译法文版而进行英译的米尔斯版本《阿Q正传》,其能在多大程度上传递出创作主体的思想,可想而知。

1941年美籍华人王际真(Chi-Chen Wang)的*Ah Q and others selected stories of Lusin*由美国纽约哥伦比亚大学出版社出版。王译在美国影响很大,得到了包括赛珍珠在内的西方主流作家和学者的认可[1]。鲁迅生前该译便已在英文月刊*China Today*(《现代中国》)1935年11月号至1936年1月号连载。该杂志由美国的中国人民之友协会主办,1934年1月创刊于纽约,1936年10月停刊。但鲁迅认为这是"炒阿Q的冷饭,颇无聊",不如选些未曾绍介过的作者的新作品[2]。

1990年美国斯坦福大学威廉·莱尔(William Lyell1930-2005)的*Ah Q - the real story*由美国夏威夷大学出版社出版,有力地推动了鲁迅小说乃至中国现代文学走向世界的进程。美籍澳大利亚汉学家寇志明评价其在原作讽刺风格的再现、独到语言的运用,以及个性人物形象的刻画等方面有着周全的考量。然而,学院风格的直译因对诸多相关历史文化背景等潜文本的追求而大量使用注释,虽力争最大化再现原著信息语体和风格,但是影响了读者的阅读体验而将部分普通读者拒之门外。这也体现了不完全以市场为导向,而仅满足学院教育需求的出版定位。莱尔是特别深味《阿Q正传》语言艺术的译者,称鲁迅为"故事的建筑师 语言的巧匠",形象地将鲁迅在《序》中展开的反讽称之为"倒装

---

[1]管兴忠:《王际真英译作品在海外的传播和接受》,《外语教学》2016年第37期。

[2]鲁迅:《360108致沈雁冰》,《鲁迅全集》第14卷,北京:人民文学出版社,2005年,第6页。

钩子的讽刺"。他确认《阿Q正传》的价值在于"不过是现实的一重幻影"，"阿Q是个塑造得最充分的人的典型"[1]。

2009年英国伦敦大学蓝诗玲（Julia Lovell）的 *The Real Story of Ah-Q and Others Tales of China*，收入《鲁迅小说全集》，由企鹅出版社2009年出版发行。蓝诗玲被称为新生代汉学家，毕业于剑桥大学中文系，专门攻读中国现当代文学，以创造性再现鲁迅"文白夹杂"的风格及提供详尽的背景知识见长。企鹅出版集团在英语国家享有很高的声誉，该译本的面世对于英语世界普通大众了解鲁迅和中国现当代文学起到了非常大的作用，对于鲁迅进一步深入走向世界起到极大的推动作用。与莱尔不同的是，蓝译几乎不使用注释，而将文化背景信息巧妙地融入译文中，注重读者的阅读体验。该译本为意译，追求译文的完整性和连贯性。将鲁迅小说列入"企鹅经典文库"出版，意味着中国文学就此进入了西方书市的主流销售渠道。

以上五种英译本基本兼顾了英语世界接受者的分层结构，可以说比较全面而深入地覆盖了多样的读者群，从而使《阿Q正传》的故事携带着中国独特的文化，携带着特有的鲁迅风格深入到英美的中国想象结构当中。

俄译本

《阿Q正传》俄文首译于1925年，应该是所有翻译语种中最早的，但是它四年后才得以出版（1929年），译者为苏联学者瓦西里耶夫（B.A.Vasiliev，中文名王希礼）。北伐战争时期，王希礼与曹靖华同在驻开封的国民革命军顾问团工作，这使他得以了解20世纪20年代的中国社会状况。他曾请教曹靖华一个问题，如果要从正在进行着的中国

———————

[1][美]威廉·莱尔：《故事的建筑师 语言的巧匠》，尹慧珉译，乐黛云编：《国外鲁迅研究论集》，北京：北京大学出版社，1981年，第348-354页。

《阿 Q 正传》俄译本，1929 年列宁格勒激浪
出版社出版

现代文学中了解中国的民众，首先应该看谁的作品？曹靖华的建议是鲁
迅的《阿 Q 正传》。王希礼阅读了《呐喊》之后，非常佩服鲁迅这位伟
大真诚的国民作家。于是，寻求曹靖华的帮助，将《阿 Q 正传》译成俄文，
并通过曹靖华请求鲁迅为俄译本写序言、自传并提供作者像。鲁迅自留
日时期便钟情于俄罗斯文学，自然特别重视自己的作品在俄语世界的传
播。他于 1925 年 5 月 29 日夜写就《俄文译本〈阿 Q 正传〉序及著作者
自叙传略》，并向译者表示感谢。尽管王希礼的俄译本有漏译现象，但
对于《阿 Q 正传》在俄罗斯乃至斯拉夫民族的传播具有开创性意义。王
希礼曾经如此评价说，"鲁迅是反映中国大众的灵魂的作家，其幽默的
风格，是使人流泪，故鲁迅不独为中国的作家，同时亦为世界的一员"。

　　鲁迅在 1933 年 11 月 5 日致姚克信中介绍俄译本时提到有两种，"又
俄译本有二种，一种无译者名，后出之一种，为王希礼（B.A. Vasiliev）
译"。王希礼本不是首译，不知是否鲁迅记忆错误，或者确有王译之前

的译本，尚待考证。

　　1927年2月21日在致李霁野的信中，鲁迅曾提到柏烈威先生要译《阿Q正传》，表示同意授权，但后来未见译本。1929年，俄国学者柯金与高世华合作节译了《阿Q正传》，收录于青年近卫军出版社出版的汉学家郭质生主编的《正传：现代中国中短篇小说》，该本删减很多，存在误译；俄译本中最完整、最精准、影响最广泛的版本自然是罗果夫译本，1947年由苏联塔斯社创办的位于上海的时代出版社出版；1949年曾由新中国书局以俄汉对照的形式出版，刘辽逸注释；1955年莫斯科儿童文学等出版社再版；1960年苏联国家文学出版社出版精装本。罗果夫评价说："《阿Q正传》——现代中国文学的第一部最优秀的作品——永远成为世界文学的不可磨灭的一部分。"[1]

《阿Q正传》，1960年苏联国家文学出版社精装本　　　《阿Q正传》俄译本，罗果夫译，上海时代出版社1947年版

[1]　［苏联］罗果夫：《〈阿Q正传〉俄译本代序》，葛达译，原载1947年2月《苏联文艺》（月刊）（上海）第26期。转引自彭小苓、韩蔼丽编选：《阿Q70年》，北京：十月文艺出版社，1993年，第468页。

德译本、世界语译本

1927 年，同济大学教师廖馥君开始着手将《阿 Q 正传》翻译成德文，并请当时的德国同事卢克斯修改润色。1928 年廖馥君、卢克斯与鲁迅会面，商谈译本的翻译出版事宜。鲁迅 1928 年的日记中记录了与二位的会面，但是该译本最后没有出版，并且失踪。相传译本由卢克斯带回德国出版。1954 年，保罗·利斯特出版社出版了赫塔·南与里夏德·容合译的《阿 Q 正传》，卷末附有冯雪峰的《论〈阿 Q 正传〉》。1982 年，汉学家马汉茂翻译的单行本面世。

《阿 Q 正传》德译本，保罗·利斯特出版社
1954 年版

《阿 Q 正传》的世界语译本是和鲁迅有交往的浙江人钟宪民于 1930 年翻译完成的，同年由上海出版合作社初版。鲁迅生前未见。他在 1930 年 12 月 6 日致孙用信中附记中称："《阿 Q 正传》的世界语译本，我没

有见过，他们连一本也不送我，定价又太贵，我就随他了。"1941年1月世界语函授学社再版钟宪民译世界语版《阿Q正传》。

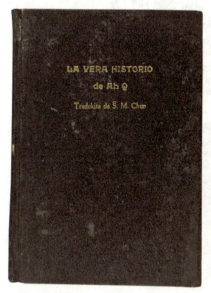

《阿Q正传》世界语版，上海出版合作社　　《阿Q正传》世界语函授学社1941年版
1930年2月版

捷克译本

　　收有《阿Q正传》的捷克译本《呐喊》由捷克汉学家雅罗斯拉夫·普实克与妻子弗拉斯塔诺沃特娜（Vlasta Novatná）翻译完成。鲁迅应译者请求曾于1936年7月21日写了捷克译本的序言，并说，"这在我，实在比译成通行很广的别国语言更高兴"。该译本在鲁迅逝世后的1937年12月由布拉格人民文化出版社出版。

　　1936年6月23日，普实克在日本东京给鲁迅写信，告知翻译《呐喊》的计划，希望能够得到他的授权并作序。不久普实克收到了鲁迅的回信："我同意于我的作品译成捷克文，这事情，已经是给我的很大的光荣。

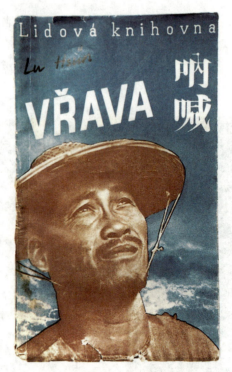

普实克译鲁迅小说集《呐喊》捷克语本

所以我不要报酬。……我极希望您的关于中国旧小说的著作早日完成，给我能够拜读。"[1] 此时，距离鲁迅去世仅剩下三个月的时间。这个捷克节译本以阿 Q 形象作为封面，收入了《狂人日记》《孔乙己》《明天》《风波》《阿 Q 正传》《白光》《故乡》《药》（改名为《一个革命者的坟》）共 8 篇小说，并附有鲁迅的亲笔短序[2]，颂扬文学是国际交流的最宝贵的方式："我的作品，因此能够展开在捷克的读者的面前，这在我，实在比译成通行很广的别国语言更高兴。我想，我们两国，虽然民族不

<hr />

[1]［捷克］雅罗斯拉夫·普实克：《中国——我的姐妹》，丛林、陈平陵、李梅译，北京：外语教学与研究出版社，2005 年，第 371 页。可参见鲁迅：《鲁迅全集》第 13 卷，北京：人民文学出版社，1981 年，第 662-663 页。

[2] 参见雅罗斯拉夫·普实克：《中国——我的姐妹》，第 369-373 页。

同，地域相隔，交通又很少，但是可以互相了解，接近的，因为我们都曾经走过苦难的道路，现在还在走——一面寻求着光明。"[1]

日译本

　　《阿Q正传》在东亚的日本重译最多。首译为井上红梅本，当时并未在日本境内发表，而是1928年连载于上海出版发行的日本文报纸《上海日日新闻》，后改名《支那革命畸人传》，于1929年刊载于梅原北明主编的杂志《グロテスク》11月号上。对于井上红梅译本，鲁迅多次公开表达过不满。1931年11月7日，鲁迅曾说："井上红梅氏翻译拙作，我也感到意外。他和我并不同道。但他要译，也是无可如何"；"然书已译出，只好如此。今日拜读《改造》刊登的广告，作者被吹得很了不起，也可慨叹"。1932年12月14日日记，"下午收井上红梅寄赠之所译《鲁迅全集》译本，略一翻阅，误译甚多"。尽管鲁迅并不满意，但毕竟这是《阿Q正传》的日文翻译第一次面向日本读者在日本文坛登场亮相。相比于法译本首译最接近鲁迅诗学的核心，日译本首译则显示了格调低下的审美趣味。

　　1931年先后出现了三种《阿Q正传》日译本，分别是1-5月连载于大连《满蒙》杂志第129-133期的长江阳译本，9月收录在白杨社《中国无产阶级小说集》的松浦珪三译本，10月收录在四六书院《中国小说集〈阿Q正传〉》中的山上正义（林守仁）译本，1933年又有增田涉译本被收录在《世界幽默全集》第十二卷中国篇，由改造社出版。在鲁迅生前出版的五种译本中，鲁迅寓目的就有井上红梅、松浦珪三、林守仁、增田涉所译的四个版本，其中林译又是唯一一个经过鲁迅亲自细致校阅并首肯的译本。

---

[1] 1936年10月20日上海出版的《中流》半月刊第1卷第4期刊登，题为《捷克文译本〈短篇小说选集〉序》，1937年收入《且介亭杂文末编》。

松浦珪三译《阿 Q 正传》，日本白杨社 1931 年
9 月初版

　　林守仁的译本体现了"中日革命文化团体联络机关"的宗旨，也是对中国左翼文化运动的有力支持，是援助中国革命的切实行动。在悼念鲁迅的文章《鲁迅的死和广州回忆》（载日本《改造》杂志，1936 年 12 期）中，山上曾提到，1927 年 2 月 11 日，山上正义与鲁迅已有交往，早在广东时期就有翻译该作的决心，得到鲁迅的授权，并与日本《新潮》杂志约定发表。后到上海，在鲁迅的直接领导下于一个半月译毕，期间鲁迅曾有五十几次对译文提出意见，为译者讲解原语意义，还亲自撰写 85 条校释，且允许山上自行撰写序文《关于鲁迅及其作品》。该译本成为"国际普罗文学丛书"之一，声援中国左翼作家反抗国民党的白色恐怖。

　　尾崎秀树与山上正义均为中日革命文化团体联络机关的日方领导人。由于国民党杀害左联五烈士，为悼念牺牲者，支持中国左翼文艺运动，二人想通过《阿 Q 正传》的出版，唤起国际舆论反对国民党的白色恐怖。除《阿 Q 正传》，林译还编选了左联五烈士胡也频、柔石、冯铿等以鲜血写成的作品，并撰写作者小传，在扉页刊登了李伟森、宗晖、冯铿、殷夫烈士的照片，与《前哨》纪念战死者专号上刊用的相同，显然，这是中方左联的同志提供的资料。背面竖写着四行献词：

献给在国民党血的政策下牺牲的
李徐冯胡谢等同志之灵。
献给在白色恐怖下继续英勇斗争的
中国左翼作家联盟。

林译将左联抗议国民党屠杀作家的信有机地融合在长篇序文中，向日本人民揭露国民党当局杀害革命作家的罪行，高度评价鲁迅"不但是声名卓著的作家，而且自从他成为自由运动大同盟领导者之后，他的活动更是值得敬佩。诚如大家所知道的，他是左联的泰斗，至今还是果断地参加着战斗"。为了便于在日本出版发行，林译封面则只呈现鲁迅的《阿Q正传》。

1931年2月27日，鲁迅"得山上正义信并《阿Q正传》日译本译稿一本"。鲁迅连续校改，于3月3日"午后校山上正义所译《阿Q正传》讫，即以还之，并附一笺"。3月8日又寄信一封，此时，鲁迅正在花园庄旅馆避居，五烈士牺牲的消息已在报刊上透露。山上也把翻译动机告知了鲁迅。鲁迅加速校讫，并写译注。鲁迅到内山书店买过11本。1931年10月19日，鲁迅收到尾崎君所赠林译《阿Q正传》一本，封面标题使用黑色美术字，左下角印有手执铁锤、高举手臂呼唤的工人形象。鲁迅应该很满意，当即将其转赠冯雪峰。

由于鲁迅精通日语，其对《阿Q正传》林守仁日译本所做的细致的校释，一方面体现了小说作者的严谨，另一方面更体现了作为一名优秀翻译家富有个性的译法与策略，二人合作中高度凝聚、极负责任的战斗精神使该译本成为左翼革命行动的伟大见证，因而具有十分重要而独特的文化价值。

山上正义译《中国小说集〈阿Q正传〉》

　　《中国小说集〈阿Q正传〉》的出版，是中日两国左翼文化工作者群策群力、共同努力的成果。编选的内容，经双方商量，由中方提供资料，后由尾崎和山上等译，最后由夏衍校阅。据鲁迅日记，1931年7月12日，"山上君招饮于南京酒家"，有鲁迅等五人参加。山上的这次宴请，很可能是编译完成，已经发稿，对左联诸位的协助和支持表示感谢。从根本上说，这体现了日本友人对中国人民的进步事业的支援。

　　鲁迅生前还有很多在日本出版的作品集中收入了《阿Q正传》的日译，如，《支那普罗列塔利亚小说集》（白杨社，1931年）[1]、《国际普罗列塔利亚文学选集》（四六书院，1931年）[2]、《鲁迅创作选集》（文

[1]［日］白杨社编：《支那プロレタリア小说集》第1编，东京：白杨社，1931年。
[2]［日］四六书院编：《国际プロレタリア文学选集》第3编，东京：四六书院，1931年。

求堂书店，1932 年）[1]、井上红梅译《鲁迅全集》（改造社，1932 年）[2]、佐藤春夫和增田涉合译《鲁迅选集》（岩波书店，1935 年 6 月）[3] 等。

鲁迅去世之后，又有田中清一郎、中泽信二、小田嶽夫、尾上兼英、松枝茂夫、高桥和己、丸山昇、西本龙介、驹田信二、藤井省三等译者于不同时期翻译的十余种译本。

在众多日译本中最有特点的当属台湾学者杨逵的译本。杨逵是台湾最早且唯一执笔将《阿 Q 正传》翻译为日语的译者。1947 年 1 月，由杨逵主编的"中日文对照中国文艺丛书"由台北东华书局发行，其中第一辑即为《阿 Q 正传》。

《阿 Q 正传》日译持续时间之长，重译次数之多，影响范围之广，在鲁迅的众多作品中无出其右。正如竹内好在写于 1948 年的《〈阿 Q 正传〉的世界性》一文中所言："中国的近代作家当中，在日本，鲁迅是最有名的；在鲁迅的作品当中，《阿 Q 正传》是最有名的。要是讲到中国的近代文学，无论谁，最先都会举出鲁迅的名字。要是讲到鲁迅的代表作品，大概人们都会举出《阿 Q 正传》。"

朝韩语译本

回望《阿 Q 正传》翻译史，聚焦朝鲜半岛，最早出现的是 1930 年的朝文译本，后来由合而分，韩国也有了韩语译本。朝鲜族是跨境民族，《阿 Q 正传》的朝韩语翻译有了国内与国外的不同。

1930 年，梁白华翻译的《阿 Q 正传》连载于 1930 年 1 月 4 日至 2 月 16 日的《朝鲜日报》上，当时该日报的发行量是 23486 份。1937 年，

[1]［日］文求堂编：《鲁迅创作选集》，东京：文求堂书店，1932 年。

[2] 鲁迅：《鲁迅全集》，［日］井上红梅译，东京：改造社，1932 年。

[3] 鲁迅：《鲁迅选集》，［日］佐藤春夫、增田涉译，东京：岩波书店，1935 年。

已沦为日本殖民地的朝鲜半岛将中国的书籍定为禁书，其中就有《阿Q正传》。梁译重视鲁迅反封建、反专制、反压迫的革命性，引发了鲁迅在殖民地朝鲜人民中间的深深共鸣。评论家朴鲁哲和丁来东分别在1928年和1931年的《朝鲜日报》上发表文章，认为鲁迅是当时最出色的作家，鲁迅的作品具有重大的开创意义，同时，他们也认为《阿Q正传》是上乘之作[1]。日本投降后，朝鲜文艺界关注鲁迅著作翻译。20世纪50年代开始相继出版了一些鲁迅作品选集。1979年朝鲜文艺出版社出版的名为《祝福》的鲁迅小说选，收入了《阿Q正传》等12篇经典名篇。

光复以后，由于政治上的对立、朝鲜战争以及后来的政治风潮、长期的冷战局面等，韩国从1945年至1974年之间与中国不相往来，鲁迅作品的翻译和研究中断了30年之久。直到1974年，张基瑾的《鲁迅〈阿Q正传〉》由汉城出版社出版，才打破了这一僵局，随后，李家源的《阿Q正传 狂人日记》由正音出版社出版（1975年），另有成元庆翻译的《阿Q正传》；1985—1987年，由韩武熙、金贞和合作翻译了日本竹内好译注的日文版《鲁迅文集》六卷本，《阿Q正传》在朝韩语译介中又出现了日文转译本[2]。

泰译本

在东亚的历史上，鲁迅及其《阿Q正传》的翻译可谓迅疾而多样，而在南亚泰国，迟至1952年4月，才有迪猜·班查差翻译的泰语译本，并发表于《文学书信》月刊上。虽然已经是在《阿Q正传》发表30年后，

---

[1] 裴亿：《阿Q正传》，平壤：国立出版社，1956年。朴兴炳、李圭海译，平壤：朝鲜文学艺术总同盟出版社，1964年。

[2] [韩]朴宰雨：《韩国鲁迅研究的历史与现状》，《鲁迅研究月刊》2005年第4期。

该译本仍在泰国引起了巨大的社会反响。《文学书信》上市后，不到一周即销售一空，创造了当时泰国文学杂志快速售罄的历史记录。同年在曼谷的《文学新报》上，《阿Q正传》亦有发表。几个月后，第一个泰文版《阿Q正传》单行本出版发行，很快售罄。1956年泰文版《阿Q正传》单行本再版发行，又在短期内售罄。

鲁迅作品一进入泰国本土社会，其以《阿Q正传》为代表的作品所展示出的进步思想和民主意识便切合了当时泰国社会政治的发展趋势，唤起了泰国进步知识分子的民族、国家与社会责任感，指引着他们寻求国家和民族的政治出路。这一时期的鲁迅作品及其思想在泰国已成为一种政治理念的符号象征。

《阿Q正传》吸引了越来越多的泰国读者，成为最受泰国知识分子欢迎的中国现代文学经典作品。据泰国学者斯莉坪·提丝娜娃蒂2002年的一项调查表明：《阿Q正传》在20世纪下半叶的泰国共出现了9个不同的泰文译本，总印数达20多万册。

20世纪70年代《阿Q正传》在泰国迅速传播。因作品主题关注底层劳动人民，被认为是政治文学、激进文学，一度被泰国政府限制出版。1975年泰国和中国正式建立邦交后，两国之间的关系日渐密切，泰国对国内有关中国出版物的管控也不再那么严格，《阿Q正传》的泰译进入全盛时期。如阿·伊迪鹏编译的《鲁迅与阿Q》（曼谷吴迪公出版社，1974），阿替篷翻译的《阿Q正传》（1974）、《鲁迅与阿Q》（1980），赞·兴什翻译的《阿Q：鲁迅著名小说》（1975），阿丕瓦翻译的《阿Q正传》（曼谷集团学院出版社，1975）、《鲁迅短篇小说集》、《呐喊》、《鲁迅全集》、《狂人日记：鲁迅短篇小说集》（1976），劫·朴秘司翻译的《鲁迅小说集：呐喊》（1978），阿丽·栗维腊翻译的《阿Q正传》、《人吃人：鲁迅优秀小说选集》（1979）、《鲁迅作品全集》（1980，翻译者不明），蓬琳·孔莉翻译的《呐喊》（1980），阿尼佤翻译的《阿Q正传：配图版》（曼谷新青年出版社，1984）等。

在泰国知识阶层看来，鲁迅作品所批判的都是当时中国社会的病态与民众的愚昧无知，并且同情处于底层社会的民众的磨难与痛苦，思考和忧虑着民族与民众的生存问题。经受战争创伤的泰国民众通过阅读鲁迅作品来反观泰国社会的各种弊病，引起了广泛的共鸣，获得了思想上的觉醒，开始投身到反对独裁，争取民主、自由的政治斗争中，以争取自身的政治权利和社会地位。泰国著名作家吉特·普密斯克曾指出："阿Q精神不只是存在于中国民众当中，在泰国人的精神世界里也存在着阿Q式的精神胜利法，泰国民众需要反思、需要觉醒，鲁迅作品中所倡导的对自由、民主的追求正是泰国民众所需要的精神食粮。"

1976年北京外文出版社再次出版《阿Q正传》泰译本，20世纪80年代流入泰国。这个时期，在泰国《阿Q正传》的传播曾被解禁。但没过多久，泰国国内又发生了新的问题，《阿Q正传》泰译本被政府列为"违禁书籍"。尽管1990和1998年泰国政府颁布了《泰国取消禁书法令》，但《阿Q正传》却没能恢复当年的翻译盛况。可以看出，读者对于作品的感知与接受，与当时社会背景和趋势发展息息相关。20世纪90年代之后《阿Q正传》泰译本有：马妮·鉴斑仲琪翻译的《阿Q正传》（曼谷素可潘栽出版社，1997），泰国法政大学中文系编译的《鲁迅小说集》（2003），巴贡·林八鲁讼翻译的《鲁迅小说全集》（2003），迪猜·班查差翻译的《阿Q正传》（2007）。此外，在这一时期，鲁迅作品纷纷成了泰国各高校中国语言文学专业的教材（中文版）。其中影响较大的是2006年由泰国艺术大学中国语言文学系主编的教材《中国小说选教材》，该书收录了鲁迅小说《阿Q正传》并附有泰语翻译。在泰国，不仅大学生可以通过课堂接触《阿Q正传》，还有22％的泰国高中生可以通过阅读课外篇目《阿Q正传》泰语版来接受鲁迅这位中国的民族魂。在中泰建交35周年时，《阿Q正传》泰文版在泰国的出版发行这一事件入选了由泰国"经理人"网站评出的"中泰关系史上的35件大事"。

随着泰国社会政治氛围的变化，鲁迅作品在泰国的社会角色也随之发生了变化。尽管进入新世纪以来，鲁迅作品的泰国受众局限于专业人士，但是随着中泰两国文化交流的不断加深和"一带一路"倡议的深入发展，其必将在泰国社会发挥新的作用，创造新的价值。

越译本

中越两国毗邻而居，但是鲁迅的作品进入越南却比其他相隔千里的国家更晚，《阿Q正传》于20世纪40年代开始才进入越南读者的视野。目前共有四个版本的《阿Q正传》越文译本，译者分别是邓台梅、张政、潘魁和简枝。

1943年，越南著名文学家邓台梅翻译的《阿Q正传》发表在《青毅》杂志上，这是越南的首个译本。20世纪30年代，邓台梅通过阅读鲁迅，看到了那个时代的中国社会，感受到了文艺的力量，认为中国的新文化运动有着政治和社会两方面的意义，中国现代进步文学作品对改变当时的越南社会能起到积极的作用，因此开始译介鲁迅作品。他评价鲁迅的小说是一幅写真画，描绘的是当时中国社会的实际情况，并为改变这种状况寻找出路。1955年，越南著名作家潘魁翻译的《阿Q正传》被收录在《鲁迅小说选集（上册）》中，由河内文艺出版社出版。潘魁通晓汉语，他评价《阿Q正传》中对中国人国民性的描写是最为出色的。张政是越南最权威的鲁迅作品翻译者，他在《青毅》杂志上读到邓台梅翻译的鲁迅作品后，对鲁迅的文章产生了浓厚的兴趣，学习汉语后，开始系统翻译鲁迅的作品。1957年，他与邓台梅合译的《阿Q正传》在河内建设出版社出版。书中除收录这篇鲁迅唯一的中篇小说外还有评论和作者生平。1961年，河内文化出版社出版了张政翻译的《呐喊》，《阿Q正传》自然收录其中。1970年河内教育出版社出版了张政翻译的《阿Q正传》。除了上述三个译本外，1968年，简枝翻译的《阿Q正传》由西贡香稿出版社出版。1987年，厚江出版社还出版了简枝翻译的《鲁迅选集》，收录了包括《阿Q正传》《狂人日记》等在内的九篇小说。

阿拉伯语译本

埃及开罗图书发行社于 1956 年出版了本哈·丁·宰亚恩翻译的《阿Q正传》单行本，名为《一个人的故事》。叙利亚大马士革出版社约在 1976 年出版过苏海尔·阿尤卜翻译的《阿Q正传》，译本的底封印有毛泽东主席对鲁迅的评价："鲁迅是中国文化革命的主将，他不但是伟大的文学家，而且是伟大的思想家和伟大的革命家。"在阿拉伯世界，《阿Q正传》被左派评论家推崇为表现出不同朝代统治者长期压迫下的中国人民的不朽之作。鲁迅的伟大之处在于使读者听到了民众的声音，展现了小人物的内心世界、他们的疾苦和理想。但鲁迅并不简单描述人们的疾苦，而是去唤醒他们，使人们认识到——即使是少数人从现实的黑暗和由此产生的痛苦中觉醒，也将推动社会变革的车轮。埃及、叙利亚、伊拉克、约旦、利比亚等阿拉伯国家的文学家、翻译家、中国文学专家和外交官对于作家鲁迅都有相似的看法，他们从阿拉伯文化精神精髓的角度出发，高度评价、赞扬鲁迅对于祖国和人民所做的一切，并认为，阿拉伯和中国都是伟大的民族，有着丰富的文化传统和悠久的历史，可是因为有腐朽的旧制度的控制，腐败无能、卖国政府的统治，还有剥削、压迫人民的殖民主义的侵略，这两个伟大的民族遭受了极大的不幸与灾难。他们非常需要能够唤醒民众尽快从"绝无窗户万难破毁"的"铁屋子"中醒过来的启蒙者，打破自己身上愚昧无知和落后的状况，重建新的文化传统、新的自我。伟大的思想家、文学家鲁迅是中华民族真正的启蒙家，而且鲁迅思想精神的声音传到了全世界，传到了阿拉伯世界各国等受压迫、受迫害的民族，鲁迅的精神就是"永远说不完的精神"。

苏海尔·阿尤卜译《阿Q正传》，叙利亚大马士
革出版社版

结语

《阿Q正传》发表之速，译介之速，传播之速，成为中国文学外译史上一个文化奇观。本文基于先行研究，概观以上语种中阿Q的世界之旅，做一摘要和综述，不可能面面俱到，亦多有疏漏之处，但处处验证鲁迅实现了用文艺沟通人类、"不隔膜，相关心"的理想。简单归纳可见以下几个特点：

首先，鲁迅生前即有《阿Q正传》的各种出色的翻译，无论从出版策略还是译介目的都充分彰显了《阿Q正传》代表了中国新文学的高度，具备雅俗共赏、穿越文化屏障的普遍性、经典性，有着丰富的文本面向，内涵的延展性和被接受的可能性。

其次，译介起点高。《阿Q正传》的首译虽然是一个留学生的节译，然而却震撼了法国文豪罗曼·罗兰的文学心灵，至今罗兰对于《阿Q正传》

的评价都是虚构文学应有的本色解读，直接深入人性的弱点层面，奠定了《阿Q正传》海外传播的正典地位，也打开了《阿Q正传》被异域主动引介的大门。尽管20世纪初年一个东方落后国家的农村面貌对于西方世界有一种神秘感，然而，表面的猎奇心理并没有成为主导，折服了欧洲读者的恰是《阿Q正传》触及人性弱点的思想深度及突破语言局限、跨越国界的高超的叙事艺术。因之会有据法译本而来的英译本。

第三，在亚洲的传播，具有着突出的政治色彩。无论是东亚、中亚还是南亚被压迫民族的革命性均被普遍接受，特别是成为东亚日本重要的现代思想资源。山上正义的译本及鲁迅留下的校注手稿无疑成为鲁迅实质参与左翼文学运动的明证，也是中日两国革命文化团体相互支持、携手前进的革命传统的佐证，在中日两国的文化交流史上谱写着光辉的篇章。鲁迅对于被侮辱被损害的小人物投入的心力，成为亚洲后发国家和有殖民体验的人民彰显主体性的现代思想资源，促使了民族的反省。

第四，中国发挥了积极主动的引导作用。鉴于篇幅，本文界定的范围是域外的主动译介，然而，主动外译与主动引介显然不可以截然分开，往往是融合在一起促成了《阿Q正传》以何种面貌展开国际间的文本旅行。特别是1949年前的海外传播，译者的身份也是多元的，所受的教育背景、背后所仰仗的文化资源等等各不相同，既有居住在中国本土的华裔，也有生活在海外的华人留学生，他们因为跨文化的身份而成为《阿Q正传》海外传播的推手和桥梁。鲁迅对待译者的态度也是不同的，更不用说1949年后，特别是20世纪50年代以来以外文出版社为主的有计划系统的外译工作，更加主动引导了海外对于《阿Q正传》的接受，成为文化外交场域的一面镜子。比如，1953年杨宪益、戴乃迭的英译本，没有纳入本文概观范围，但显然杨译在英译本中是最权威的译本，也成为英译后来者的重要参照。

第五，在海外辐射越来越多层面的读者群。《阿Q正传》虽只是中篇小说，在英法等大的语种中也有各种定位与翻译策略的译本，目标受众非常鲜明。由于文本内有中国文化的深刻内涵，译介活动既有学院派审慎精准的传授式传播，也有汉学家归化策略的机智的意译，以会心于更多普通读者。另外，随着全球一体化进程的加速，特别是命运共同体意识的增强，世界各民族的交往愈来愈频繁深入，各国语言也随时随地处于变化和不断地融合之中，人们对语言的态度与时俱进，趋同性现象也不容忽视，这一切无不促成《阿 Q 正传》会仍然不断地被重译的局面。

异域译介行为永远在路上，然而，在鲁迅的虚构文学中何以总是阿 Q 最具穿透力，却不能不引发人们的深思。《阿 Q 正传》速而不朽的海外译介传播史显示了鲁迅诗学的伟力。

鲁迅著作的民族文字译本

何巧云

　　中国是一个团结、统一的多民族国家，各民族的友好交往促进了文化交流。鲁迅著作的民族文字翻译版本在各民族人民的心灵中架设桥梁，增进各民族的团结和进步。以鲁迅精神为共同的人格标识，加强鲁迅著作的民族文字译介传播，对追求和维护中华民族共有精神家园、构建中华民族文化多元一体格局，意义深远。现对鲁迅著作的民族文字译本作一介绍。

蒙古文译本

　　鲁迅著作的蒙文翻译工作是从中华人民共和国成立后开始的。20世纪50年代初期，内蒙古人民出版社就出版了从蒙古人民共和国斯拉夫新蒙文转译的鲁迅的作品。鲁迅的作品在内蒙古的蒙文报刊上被陆续翻译。老一辈的翻译工作者有索特诺穆、葛日勒朝克吐、布仁赛音等。《在酒楼上》《狂人日记》《明天》《故乡》《孔乙己》《药》等短篇小说的译本，陆续以单行本的形式或编入文学课本的形式出现在蒙古族读者面前。1954 年 3 月内蒙古人民出版社出版《在酒楼上》蒙古文版，29页。1954 年 4 月民族出版社出版《狂人日记》蒙古文版，36 页。该书根据鲁迅先生纪念委员会编印 1948 年出版的《鲁迅全集》第 1 集中译出。1954 年 4 月内蒙古人民出版社出版巴图译《明天》。1955 年 6 月由蒙古族翻译家索特诺穆翻译并由内蒙古人民出版社出版发行了《阿 Q正传》，中有丁聪插图。1963 年 8 月新疆人民出版社出版《阿 Q 正传》。内蒙古人民出版社 1973 年 5 月出版《鲁迅杂文选》，1973 年 9 月出版蒙古文本《呐喊》，1974 年 6 月出版《彷徨》蒙古文本。1974 年 12 月内蒙古人民出版社出版吉格吉德译《朝花夕拾》蒙古文本，印数 6900 册。本书根据人民文学出版社出版的《朝花夕拾》1973 年 4 月第 1 版第 1次印刷本翻译出版。内蒙古人民出版社 1975 年 7 月出版吉格吉德译《野草》蒙古文本，1977 年出版松迪译《坟》蒙古文本。内蒙古教育出版社

《朝花夕拾》蒙古文版封面

1974 年出版了蒙汉对照《鲁迅小说选》和《鲁迅诗歌选》。新疆人民出版社 1976 年 8 月出版蒙古文本《野草》，吉格吉德译，共 83 页；1976 年出版《俄文译本〈阿 Q 正传〉序及著作者自叙传略》，共 25 页；1977 年出版《鲁迅诗歌选》，共 66 页。2004 年内蒙古教育出版社出版曹都译《鲁迅诗全译》。

《鲁迅诗全译》（2004 年内蒙古教育出版社版）　　　　蒙古文版扉页

藏文译本

所见到的有，西藏人民出版社 1979 年 10 月出版《阿 Q 正传》藏文版，丹真主扎译，共 77 页；1980 年 3 月出版《狂人日记》藏文版，丹真主扎译，该书内文 22 页，封面为鲁迅头像。

《狂人日记》藏文版

维吾尔文译本

　　20 世纪 20 年代，鲁迅在文坛引起轰动，通晓汉语的维吾尔族知识分子就通过《新青年》等刊物阅读到鲁迅的小说。40 年代末有了单篇的维吾尔文译本，第一个将鲁迅的作品翻译成维吾尔文的人是托乎提·巴克。1958 年 3 月，民族出版社出版其翻译的维吾尔文版《呐喊》，4 月民族出版社出版其翻译的《彷徨》，根据人民文学出版社 1956 年 9 月第 1 版译出。托乎提·巴克翻译《呐喊》《彷徨》两书时，使用笔名"阿尔提西"，这是家乡阿图什的谐音，又含"进取"之意。其后，托乎提·巴克翻译了 15 本单行本。1975 年 1 月新疆人民出版社出版《鲁迅小说诗歌散文选》，同时出版《鲁迅杂文选》，该书根据上海人民出版社 1973 年 5 月第 1 版第 1 次印刷本翻译。新疆人民出版社 1975 年 4 月出版了《鲁迅书信选》《华盖集续编》《野草》，1975 年 10 月出版《热风》，1976 年 6 月出版《华盖集》，1976 年 9 月出版《俄文译本〈阿 Q 正传〉

序及著者自叙传略》，1977 年 2 月出版《阿 Q 正传》，1977 年 8 月，以"鲁迅作品翻译编辑小组"的名义出版了《朝花夕拾》，维吾尔文新文字版和老文字版各发行 5000 册。1990 年，新疆人民出版社出版托乎提·巴克翻译的《鲁迅杂文书信选》。

2006 年，《鲁迅全集》维吾尔文字八卷本由新疆人民出版社出版，初版发行 3000 册。这是我国鲁迅研究界和文化界的一件大事，对于鲁迅精神在更广泛的范围内的宣传产生积极、重大的推动作用。托乎提·巴克也是中国第一个将 16 卷 500 余万字的《鲁迅全集》译成少数民族文字的少数民族翻译工作者。该版本根据人民文学出版社 1981 年版选译，体例为：

第一卷　《坟》《野草》

第二卷　《呐喊》《彷徨》《故事新编》

第三卷　《热风》《华盖集》《华盖集续编》

第四卷　《三闲集》《二心集》

第五卷　《南腔北调集》《伪自由书》

第六卷　《准风月谈》《花边文学》

第七卷　《而已集》《且介亭杂文》

第八卷　《朝花夕拾》《诗歌》《两地书》《书信》《附录》

《呐喊》《彷徨》《故事新编》《野草》《热风》《而已集》《南腔北调集》《伪自由书》全部收入。《坟》《华盖集续编》《三闲集》《二心集》《准风月谈》《花边文学》中各有一两篇未选入。主要原因是读者在理解上困难多一些，例如《坟》中的《宋民间之所谓小说及其后来》未译。另外，《且介亭杂文》是从《一集》《二集》《末编》《集外集》《集外集拾遗》中选译的部分篇目，约 30 万字。《诗歌》选择了 15 首。《两地书》《书信》是选译，《日记》未译，《中国小说史略》《汉文学史纲要》《古籍序跋集》《译文序跋集》未译。附录部分则增选了鲁迅论翻译的文章约 30 篇。

在维吾尔语翻译史乃至少数民族文字翻译史上，托乎提·巴克的鲁迅翻译工程都是一颗璀璨明珠。

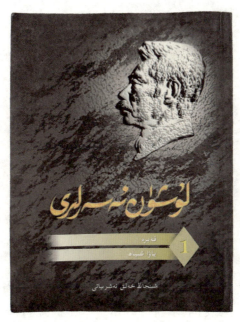

《鲁迅全集》第 1 卷，维吾尔文版

朝鲜文译本

延边教育出版社 1953 年 10 月出版《阿 Q 正传》，内有插图；1955 年 4 月出版金学铁译《祝福》。延边人民出版社 1956 年 6 月出版《风波》，原版为人民文学出版社 1952 年 9 月第 1 版；1959 年 9 月翻译出版《鲁迅作品选》，该版本根据人民文学出版社 1983 年 12 月第 1 版北京第 1 次印刷版本翻译。延边人民出版社 1973 年 11 月出版朝鲜文本《呐喊》，1974 年 11 月出版朝鲜文本《野草》。1974 年 12 月出版朝鲜文本《彷徨》。1974 年，外文出版社出版朝鲜文本《鲁迅小说选集》；延边人民出版社根据上海人民出版社 1973 年版青年自学丛书《鲁迅杂文选》，出版了该书朝鲜文本。1976 年 10 月，延边人民出版社出版朝鲜文本《热风》，由延边大学中文系汉语专业 73 级工农兵学员译。1976 年，外文出版社

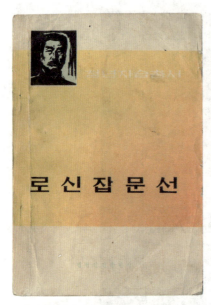

《鲁迅杂文选》朝鲜文 1974 年版上　　　　《鲁迅杂文选》朝鲜文 1974 年版下

出版朝鲜文本《野草》。1976 年 12 月，延边人民出版社出版朝鲜文本《且介亭杂文》。1977 年北京外文出版社出版朝鲜文本《朝花夕拾》。1977 年 1 月，延边人民出版社出版朝鲜文本《故事新编》，同年出版《阿Q正传》。1979 年 6 月，辽宁人民出版社出版《鲁迅论翻译》（中央民族学院少数民族语文系汉语文教研组编，延边大学朝文七五翻译）。1987 年民族出版社版开始翻译《鲁迅选集》。包括：1987 年 6 月李哲俊译《鲁迅选集》（1），1988 年 3 月朴正一译《鲁迅选集》（2），1989 年 2 月桂容信译《鲁迅选集》（3），崔德隐译《鲁迅选集》（4）。2006 年外文出版社出版《阿Q正传》朝鲜文和中文对照读本，由安义运翻译。这些译本对中国与朝鲜、韩国文学的相互影响和交流发挥了积极的作用。

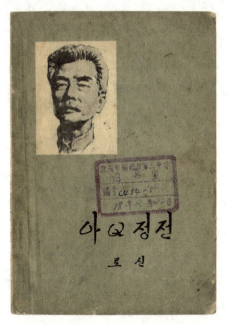

《阿 Q 正传》朝鲜文版，延边人民出版社 1977 年版

哈萨克文译本

　　1958 年新疆人民出版社出版《鲁迅短篇小说集》哈萨克文版。第一个将鲁迅的《阿 Q 正传》翻译成哈萨克文的人是阿布都拉别克·阿克西塔依，该书由新疆人民出版社 1963 年 5 月出版。新疆人民出版社 1976 年 6 月出版《鲁迅小说诗歌散文选》，9 月出版哈萨克文本《野草》，其后阿布都拉别克·阿克西塔依又先后翻译了《彷徨》《呐喊》《狂人日记》《故事新编》等多篇。新疆人民出版社 1976 年 9 月出版《俄文译本〈阿 Q 正传〉序及著者自叙传略》，1977 年 4 月出版《阿 Q 正传》，1983 年 3 月出版阿吾里汗译《二心集》，本书根据人民文学出版社 1981 年 3 月第 1 版新疆第 1 次印刷本翻译。图书为横排，左开本。新疆人民出版社 1986 年 7 月出版哈力别克等译《鲁迅书信选》哈萨克文版，1987 年 9 月出版艾孜木汗译《华盖集》哈萨克文版，2013 年出版《鲁迅散文杂

文集》哈萨克文版，译者为阿布都拉别克·阿克西塔依，属于新疆民族文学原创和民汉互译作品工程。

新疆人民出版社 2020 年 12 月出版阿布都拉别克·阿克西塔依等译《呐喊》哈萨克文版，本书根据人民文学出版社 1979 年 12 月第 1 版第 1 次印刷本翻译。2020 年 12 月出版艾孜木汗·吐夏尼译《华盖集》哈萨克文版。本书根据人民文学出版社 1980 年 3 月第 1 版第 1 次印刷本翻译。2020 年 12 月出版阿日甫·卓热拜克译《而已集》哈萨克文版，本书根据译林出版社 2001 年 3 月第 1 版第 1 次印刷本翻译。2020 年 12 月出版阿布都克日木·乌塔尔别克译《花边文学》哈萨克文版，2021 年 2 月出版美拉特汗·阿连、艾尼瓦尔别克·朱玛别克译《三闲集》哈萨克文版，两书根据人民文学出版社 1980 年 9 月第 1 版第 1 次印刷本翻译。该系列鲁迅著作为横排，左开本，属于中华文学经典哈萨克文翻译工程。

《呐喊》哈萨克文版

柯尔克孜文字译本

新疆人民出版社 1959 年 11 月出版《鲁迅短篇小说集》柯尔克孜文版；2016 年 11 月出版由多力坤·吐尔迪、买买提吐尔逊·玉麦尔译《鲁迅小说集》柯尔克孜文版，为"新疆民族文学原创和民汉互译作品工程"之一，印数 2200 册，根据人民文学出版社 1981 年第 1 版第 1 次印刷本翻译。

《鲁迅小说集》柯尔克孜文版

锡伯文译本

新疆人民出版社 1959 年 11 月出版《鲁迅小说选》锡伯文版。

值得一提的是，云南民族出版社 2015 年出版《鲁迅作品选集》少数民族语言汉语对照读本，属"中国作家文学丛书"，其中有藏文、西双版纳傣文、德宏傣文、拉祜文、白文、彝文、哈尼文、傈僳文、纳西文等。其中，西双版纳傣文版由玉康龙、皕华译，所选篇目有《秋夜》《雪》《风筝》《希望》《从百草园到三味书屋》《藤野先生》《一件小事》《故乡》《祝福》《药》《孔乙己》《狂人日记》。

　　鲁迅著作的民族文字版本应该还有许多，因为学力所限，现仅提供上述线索，供参考。

第七章 美术图集

鲁迅辑印美术图集概观

刘运峰　刘　璁

在一般人的印象中，鲁迅是一位伟大的文学家，他广为人知、产生世界性影响的成就也主要源于文学。在中国现代文学史上，鲁迅是首屈一指的人物，其地位无可撼动，也无可置疑。

但是，鲁迅又不仅仅是一位文学家，他的成就是多方面的。在某种程度上，鲁迅绝对可称得上是一位美术家，他于美术方面的贡献，同样是巨大的。他对于中外美术的热爱以及不遗余力地推介，使其进入了伟大的美术家的行列。他所辑印的美术图集至今依然具有独特的价值和持久的魅力。

古砖的收藏与考释——《俟堂专文杂集》

鲁迅对古代砖刻艺术一向抱有浓厚的兴趣，且于此道用功颇深，他除了购买古砖实物外，更广为搜求古砖拓本，并根据清人的金石学成果对自己收藏的拓片进行进一步的考释和研究。这些成绩，集中反映在鲁迅自己编辑的《俟堂专文杂集》一书中。

"专文"即砖文，是指刻写在砖石上的文字，当然也含有图纹、纹样之意。鲁迅搜集古砖的文字、图案，目的是保存古代石刻艺术文献，为弘扬传统文化艺术提供有益借鉴。

鲁迅开始研究古砖的文字记录，最早见于 1915 年 7 月 2 日的鲁迅日记。当天，客居北京的鲁迅收到了周作人自绍兴老家寄来的《千甓亭古砖图释》四册。《千甓亭古砖图释》是清代大藏书家陆心源辑录的一部古代砖刻图谱，著有陆氏收藏的自汉魏至宋元历代古砖拓片千余枚，基本出自乌程、武康、长兴等地（皆今浙江湖州）的古墓中，各有砖图及考释文字，光绪十七年（1891）以"泰西摄影法缩本石印"而成，全书共二十卷，装为四册。这部《千甓亭古砖图释》堪称有清以来砖刻研究的集大成者，书中所录仅纪年砖就有 600 余件，最多者为晋代太康（280—289）和元康（291—299）年间的砖刻。陆心源在每件砖拓旁都根据清代工部营造尺的规格，记录每件砖刻的长、厚尺寸，考证砖刻的烧制年代以及纪年砖时间的正误，又注述其出土地点、砖文内容、文字变异以及每件砖刻的形制特点。该书所收拓片纹样别致，保留着许多古代史地人文信息，加之图版清晰详尽，注释考证既精且细，因而具有极高的艺术价值和史料价值。鲁迅在收藏、研究古砖拓本时，也将《千甓亭古砖图释》作为重要的参考书。

关于鲁迅所得古砖及拓本的来源，主要有如下几个渠道：

第一，是二弟周作人的帮助。实际上，早在绍兴时期，鲁迅、周作人兄弟俩就对金石之属抱有共同的兴趣，鲁迅更有计划辑录一部《越中砖录》，以保存绍兴地方的古砖、砖拓等文献资料。鲁迅到北京后，周作人仍不时将收得的古砖及拓片寄给鲁迅。兄弟之间的书信虽大多不存，但在鲁迅的日记里却可一窥二人当年收集古砖的热情。

第二，是从古玩店或藏家处购入。古砖流传至民国，已成古董，即使是旧年砖拓也不易求，如果是名家所藏的砖石或砖拓，想要得到就更不容易，尤其是年代久远的古墓砖、古城砖、画像砖，非大力者不能致之。鲁迅对砖刻虽极为钟爱，但囿于财力，也只能购买一些价钱较为低廉的砖拓。在鲁迅的日记中经常可以发现鲁迅搜求古砖的行迹。

第三，是友朋或店家赠送。鲁迅的友人知鲁迅有搜集砖拓的喜好，每多相助，陈师曾、许寿裳、杨莘士、陈汉弟、邱善元等均为鲁迅收集过古砖。

第四，是自己拓印。鲁迅日记中就有为"大同""君子"等古砖制作拓片的记载。这些拓片，也成为日后编辑《俟堂专文杂集》的资料。

鲁迅收集古砖拓片的目的并不仅仅是为了收藏，而是从砖、拓的文字图案着手，了解古代社会的风俗及文化变迁。因此，他会根据自己的收藏，对照相关参考书进行考订工作。在整理、粘贴古砖拓本时，鲁迅还将这些拓本与陆心源的《千甓亭古砖图释》相比照，随时写下考释文字，纠正了陆心源书中的一些讹误。如在《大明五年残砖》拓本上，鲁迅这样写道：

> 《千甓亭专录》卷十五有一枚，云："长一尺，厚一寸三分。左侧文曰：宋大明五年太岁，以下不可辨。右侧泉文锭文，下端一虞字。虞氏墓砖也，出湖南。"今观此拓本，则虞氏在上端也。华国七年七月十三日灯下记。

"华国"为中华民国之简称，即 1918 年 7 月 13 日。

鲁迅收集古砖及拓本的活动由于和周作人的失和而画上了句号。

1924 年 9 月 18 日夜间，鲁迅开始对自己收藏的古砖拓片进行粗略整理。21 日，鲁迅将自己手边的古砖拓本整理为四卷，定名《俟堂专文杂集》，并于本日写下了《题记》：

> 曩尝欲著《越中专录》，颇锐意蒐集乡邦专甓及拓本，而资力薄劣，俱不易致。以十余年之勤，所得仅古专二十余及拓本少许而已。迁徙之后，忽遭寇劫，孑身逭遁，止携大同十一

年者一枚出，余悉委盗窟中。日月除矣，意兴亦尽，纂述之事，渺焉何期？聊集赘余，以为永念哉！甲子八月廿三日，宴之敖者手记。

鲁迅在这篇百余字的短文中回顾了自己搜集古砖及拓本过程的艰辛后，笔锋一转，将被迫搬出八道湾寓所一事称为"迁徙"，将周作人夫妇打骂呼作"寇劫"，视八道湾为被强占的"盗窟"。在这样一种尴尬而狼狈的情形下，鲁迅"孑身逭遁"，对旧日收藏已来不及细细择选，古砖实物也只带出一枚"大同十一年砖"而已，其余"二十余"古砖和多数拓本，都遗落在八道湾了。缺乏了最重要的资料，使得鲁迅想要辑录《越中砖录》的愿望成为幻影。面对这些残存的拓本，鲁迅只得退而求其次，就手边现有收藏编出一部《俟堂专文杂集》，作为对往日时光的纪念和告慰。"幸存"的"大同十一年砖"，是鲁迅的学生商契衡赠送的，鲁迅后来将此砖改为一方砚台，上下配以木托木盖，置于书房"老虎尾

《俟堂专文杂集》，1960年3月文物出版社初版

巴"的案头。

这篇手记的署名为"宴之敖者"，许多人都不解其意，深谙文字学的鲁迅曾对许广平解释说，"宴"字从"宀"、从"日"、从"女"，"敖"字从"出"、从"放"，即"我是被家里的日本女人逐出的"。从这一署名和鲁迅日后的解释，也可以想见鲁迅当年那种愤懑的心情。

值得一提的是，鲁迅编订的这部《俟堂专文杂集》生前并没有出版，直到 1960 年 3 月，才由文物出版社出版了影印本，当时只印了 500 册，此后也没有再版，如今已经成为非常珍贵的版本了。

汉画像收藏与著录——《汉画像集》

汉画像是我国传统石刻艺术的瑰宝，堪称最早的浮雕艺术，古代的墓穴、门阙、祠堂、井栏、桥身等，都有大量的石刻画像存世，其中尤以山东嘉祥、河南南阳数量最多，艺术成就最高。作为汉代的一种造型艺术，汉画像就其制作的过程和表现方法而言，属于雕刻的范畴；但就其整体的艺术形式而言，又属于绘画的范畴，因此，人们将其命名为汉画像石，简称"汉画像"。

1912 年 5 月，鲁迅随国民政府教育部来到北京之后，由收集碑刻拓片开始逐渐接触汉画像。

1913 年 9 月 11 日，鲁迅得到了胡孟乐赠送的 10 张山东画像石刻拓片，极为喜爱，专门在一张纸上一一列明题目、所在地、著录情况，这可以算作鲁迅收集汉画像的开始。

1915 年之后，鲁迅逐渐将搜集金石拓本的兴趣转移到汉画像上来。他多次到琉璃厂一带搜集汉画像的拓本，直至 1918 年方告一段落。除此之外，鲁迅还托人到画像石的原地寻访或拓印。在一册《金石杂件》手稿中，有鲁迅开列的请人代为搜集、拓印汉画像的目录，上面记有山东济南、曲阜、兰山、嘉祥、金乡、济宁等 14 处及山东金石保存所收藏汉画像石的情况，同时注明对拓本的具体要求："一 用中国纸及墨拓。二 用整纸拓全石，有边者并拓边。三 凡有刻文之外，无论字画，悉数拓出。四 石有数面者，令拓工注明何面。"鲁迅的同事、朋友为鲁迅搜集汉画像提供了很大的帮助，或是赠送拓本，或是推荐给鲁迅购买。

鲁迅收藏汉画像，并不是出于考古学和社会学的考虑，而是着眼于其美术价值。汉画像中那流畅奔放的线条，那栩栩如生的物象，那别具一格的形式，给鲁迅留下了深刻的印象，他从美术的角度，肯定了汉画像的艺术价值。在《看镜有感》一文中，鲁迅写道："遥想汉人多少阔放，新来的动植物，即毫不拘忌，来充装饰的花纹。唐人也还不算弱，例如汉人的墓前石兽，多是羊，虎，天禄，辟邪，而长安的昭陵上，却刻着带箭的骏马，还有一匹鸵鸟，则办法简直前无古人。"鲁迅的挚友许寿裳在《亡友鲁迅印象记·提倡美术》一节中也说，鲁迅"搜集并研究汉魏六朝石刻，不但注意其文字，而且研究其画像和图案，是旧时代的考据家赏鉴家所未曾着手的。他曾经告诉我：汉画像的图案，美妙无伦，为日本艺术家所采取。即使是一鳞一爪，已被西洋名家交口赞许，说日本的图案如何了不得，了不得，而不知其渊源固出于我国的汉画呢"。

正是基于以上判断，鲁迅花费了很大的力气，收集汉画像及唐代的石刻图案拓本。现存鲁迅收藏的汉画像拓片共 700 余幅，其中山东汉画像有 340 余幅，河南汉画像 320 余幅，四川、江苏、甘肃等地汉画像 40 余幅。

除了搜集汉画像的拓本，鲁迅还对这些汉画像进行了专门研究，包括确定其名称、所在地、形制、内容、著录、保存地点等。在鲁迅手稿中，就有大量关于汉画像的说明文字。鲁迅还编写了《济宁杂画像目录》《嘉祥杂画像目录》《石刻目录》《石刻杂件目录》等，注明画像石数量、分布、存佚等。

在对这些汉画像进行搜集整理的基础上，鲁迅一度决定编辑一部《汉画像集》，并拟定了目录。鲁迅所拟的这份目录，大致是在 1926 年 8 月离开北京之前完成的，共分七篇十五卷，现分述如下：

第一篇为阙，分为两卷；第二篇为门，共一卷；第三篇为石室，分为三卷；第四篇为食堂，共一卷；第五篇为阙室画像残石，分为四卷；第六篇为摩崖，共一卷；第七篇为瓦甓，分为三卷。

由上述目录可以看出，鲁迅的确是想就自己的收藏，编成一部体例完整、内容丰富的《汉画像集》。而且，鲁迅对此一直念兹在兹。

1926年8月，鲁迅离开北京到厦门大学任教，随身就携带了部分汉画像的拓本继续进行研究。12月31日，鲁迅在《厦门通信（三）》中对李小峰说："我最初的主意，倒的确想在这里住两年，除教书之外，还希望将先前所集成的《汉画象考》和《古小说钩沉》印出。"

1927年10月，鲁迅定居上海，搜集汉画像虽不如在北京时便利，但仍未曾忘怀，自信能够编出一部有水平、有价值的《汉画像集》来。1929年3月23日，鲁迅在致许寿裳的信中说："拟往北京一行，以归省，且将北大所有而我所缺之汉画照来，再作后图。"此后，鲁迅在和姚克、台静农等人的信中，多次提到编辑《汉画像集》的设想。但由于工程太大，资金匮乏，鲁迅的这一愿望未能实现。直到1986年9月和1991年2月，北京鲁迅博物馆和上海鲁迅纪念馆才编了两本《鲁迅藏汉画像》，由上海人民美术出版社出版。

2021年9月，笔者根据鲁迅拟定的目录，参照北京鲁迅博物馆编的《鲁迅藏拓本全集·汉画像卷》，编辑完成了《汉画像集》（1）（2），纳入《鲁迅辑印美术图录全集》，由山西人民出版社出版，在一定程度上算是了却了鲁迅先生当年的一个遗愿。

研究金石学的成果——重订《寰宇贞石图》

鲁迅在《呐喊·自序》中，曾经描述过自己抄古碑的生活："S会馆里有三间屋，相传是往昔曾在院子里的槐树上缢死过一个女人的，现在槐树已经高不可攀了，而这屋还没有人住；许多年，我便寓在这屋里

《寰宇贞石图》目录手稿

《寰宇贞石图》内页

钞古碑。"在鲁迅早期的日记中，也多次出现"录碑""夜独坐录碑""夜校碑"的记载。

　　所谓"钞古碑"，就是对照古代碑刻的拓片，抄录其中的文字，同时记下碑刻的年代、形制、出土地点、现存放地等信息。鲁迅对中国古代碑刻的拓本的收集和研究始于 1912 年 6 月 26 日，此是鲁迅随国民政府教育部迁入北京的第 51 天。

鲁迅收集碑刻拓本的来源包括：（一）亲友赠送。鲁迅在教育部工作初期收入不高，且要负担绍兴家小和周作人岳父一家人在东京的生活，因此不能花费太多的钱财用于碑刻拓本的收藏，最初的许多拓本都是亲友无偿赠送的。（二）自己购买。北京宣武门外琉璃厂一带是古籍碑帖集中的地方，也是鲁迅经常光顾的场所。在鲁迅日记中，有多处到琉璃厂购买碑刻拓本的记载。鲁迅购买的这些拓本，以东汉、魏、南北朝、隋唐时期为主，主要集中于中原一带，种类有碑碣、摩崖、造像记、墓志铭等。

鲁迅并非像一般收藏家那样，只管大量收购、收藏，追求量大、质优、拓精，而是除了购买碑刻拓本外，还有意识地购置、借阅、抄录有关金石学的著作，进行系统的研究，将拓本收藏提升到一个知其然亦知其所以然的层面。

1915 年 7 月 1 日，对于鲁迅的金石学研究来说，具有重要的意义。这一天，他在琉璃厂借到了一部杨守敬编订的《寰宇贞石图》，对中国古代碑刻做了一次全面的考察。8 月 3 日，敦古谊给鲁迅送来了石印本《寰宇贞石图》散页，共 57 枚，鲁迅花 6 元钱买下。

《寰宇贞石图》是清末学者、书法家、金石家杨守敬辑录的一部石刻拓片集，所谓贞石，是石刻的美称，寰宇则有历代之意。全书分为六卷，所收以周秦汉魏至唐宋碑刻墓志为主，兼及日本、朝鲜碑刻数种，著录其碑碣内文、形制、跋语、文字考证、史实订正之类。但是，此书由于编辑工作较为粗略，拓本质量参差不齐，尤其是在断代、体例等方面还存在不少的缺失，鲁迅对这部书并不满意。1916 年 1 月 2 日，鲁迅根据自己所搜集的拓本，参照多部金石学著作，对《寰宇贞石图》进行了重新编订。

经过鲁迅重新编订后的《寰宇贞石图》分为五册，第一册包括周 1

种、秦1种、汉39种，第二册包括魏9种、吴2种、晋5种、前秦1种、宋2种、梁2种、北魏28种，第三册包括东魏14种、北齐10种、北周5种、隋22种、郑1种，第四册包括唐52种，第五册包括唐30种、金1种、高丽3种、日本3种。

《寰宇贞石图》，1986年10月上海书画出版社初版

编订之后，鲁迅在目录下写了这样的跋语："右总计二百卅一种，宜都杨守敬之所印也。乙卯春得于京师，大小四十余纸，又目录三纸，极草率。后见它本，又颇有出入，其目录亦时时改刻，莫可究竟。明代书估刻丛，每好变幻其目，以眩买者，此盖似之。入冬无事，即尽就所有，略加次第，帖为五册。审碑额阴侧，往往不具，又时襍翻刻本，殊不足凭信。以世有此书，亦聊复存之云尔。"

可见，鲁迅是在杨守敬《寰宇贞石图》的基础上，将原书打散，根据自己的收藏和看到的资料，进行了重新编订。

从学术意义上说，杨守敬的《寰宇贞石图》可称为一部刻石图录，因为此书除了进行时代的划分，没有进行其他方面的著录工作。而经过鲁迅重新编订后的《寰宇贞石图》则足以成为一部学术著作，鲁迅在细目中不仅纠正了杨守敬定名、断代上的讹误，而且根据拓本实物以及金石学著作的记载，对每一件石刻都进行了著录，包括：第一，注明书丹者；第二，注明墓主卒、葬年代；第三，注明碑石刻立年月（有的精确到日期）；第四，注明存佚情况；第五，注明前人考订及质疑之处；第六，注明自己对前人意见的取舍；第七，注明现存地。

这部书，是鲁迅重要的金石学成果。事实上，鲁迅在重新编订《寰宇贞石图》之后，仍在继续搜集石刻拓本，进行抄录、考证，以期完成一部更为系统的金石学著作。但是，随着鲁迅投身新文化运动，兴趣点发生了转移，这一工作没有能够完成。

1962年，郭沫若在翻阅了鲁迅重订的《寰宇贞石图》之后，欣然为该书作序，认为此书的编订"实一至繁重之工作，以一人一手之烈，短期之内，得观其成，编者之毅力，殊足惊人"，指出"全书系依年代先后编定，井井有条，研究历史者可作史料之参考，研究书法者可瞻文字之演变。裨益后人，实非浅鲜"。郭沫若不愧为考古学家、文字学家和书法家，其序言对鲁迅这一工作的评价极为中肯。的确，如果对中国历代碑刻缺乏广泛而深入的研究，如果没有长期的积累和鉴别，是绝难担当此任的，这也正是鲁迅在石刻艺术研究上的一大贡献。

给木刻青年提供借鉴——《艺苑朝华》及《木刻纪程》

《艺苑朝华》是鲁迅编辑的一部以版画为主的外国美术丛书，也是鲁迅引进西方版画艺术的一次成功尝试和集中体现。

尽管版画最初是由中国传入西方的，但由于技术的改进和西方艺术家群体的相互切磋，西方的版画无论是在艺术手法上，还是在题材的广泛性上，都大大超过了作为版画祖师爷的中国。为此，鲁迅开始有意识地向国内的艺术界介绍引进西方的版画。他不仅身体力行，采用西方版画中的一些元素用于书籍的装帧设计，而且在译作中，尽量保留原著的插图，甚至还选择一些原著的插图，编为画册，与更多的朋友分享，尤其是作为青年版画家学习的参考。

为了更好地推进这一工作，1928年11月，鲁迅和柔石、崔真吾、王方仁、许广平一起成立了朝华社，亦称"朝花社"，除了编辑出版《朝花》周刊、《朝花》旬刊、《近代世界短篇小说集》等，还编印了《艺苑朝华》。

《艺苑朝华》为丛刊，原计划分期出版，每期包括12辑，每辑又包括12幅版画。鲁迅亲自撰写广告，其中说："虽然材力很小，但要绍介些国外的艺术作品到中国来，也选印中国先前被人忘却的还能复生的图案之类。有时是重提旧时而今日可以利用的遗产，有时是发掘现在的中国时行艺术家的在外国的祖坟，有时是引入世界上的灿烂的新作。"

这个计划，最初进展得很顺利。由于有柔石的协助，在短短几个月的时间里，就印出了《近代木刻选集》（1）、《蕗谷虹儿画选》、《近代木刻选集》（2）、《比亚兹莱画选》等四种，分别作为其中的第一辑、第二辑、第三辑和第四辑。第一辑收入英国版画家作品6幅，法国版画家作品2幅，意大利版画家和瑞典版画家作品各1幅，美国版画家作品2幅。第二辑收入日本诗人蕗谷虹儿创作的版画12幅，并附录11首由鲁迅翻译的诗作。第三辑收入英国版画家的作品6幅，法国版画家的作品2幅，德国、俄国、美国、日本版画家的作品各1幅。第四辑收入英国版画家比亚兹莱绘制的自画像、插图、图书封面、藏书票等12幅。

在每一辑前，都冠以鲁迅作的一篇《小引》。在《小引》中，鲁迅除了介绍本辑的内容，还发表了一些对于中国艺术的感想以及作为编者的理念。如关于编印蕗谷虹儿的诗和画，鲁迅意在将其作为"一面小镜子"，"或者能使我们逐渐认真起来，先会有小小的真的创作"。鲁迅在谈论外国的版画时，也没有忘记对当时国内艺术界所弥漫的颓废情调

《近代木刻选集》（1），1929年1月上海合记教育用品社发行

《近代木刻选集》（2），1929年2月上海合记教育用品社发行

《蕗谷虹儿画选》，1929年1月上海合记教育用品社发行

《比亚兹莱画选》，1929年4月上海合记教育用品社发行

的抨击："但这'力之美'大约一时未必能和我们的眼睛相宜。流行的装饰画上，现在已经多是削肩的美人，枯瘦的佛子，解散了的构成派绘画了。"鲁迅所呼唤的，是具有"力之美"的艺术："有精力弥满的作家和观者，才会生出'力'的艺术来。'放笔直干'的图画，恐怕难以生存于颓唐，小巧的社会里的。"

这四本书，均署名为朝花社选印，上海合记教育用品社发行。从第一辑到第四辑，前后仅用了三个月的时间，每辑印 1500 册，可见效率之高，势头之好。

但是，事与愿违。由于社会环境的险恶，书店老板的盘剥，朝花社入不敷出，不得不于 1930 年初宣告结束。计划中的《新俄艺术图录》更名为《新俄画选》，成了"艺苑朝华"的最后一种，于 1930 年 5 月印出，出版者也改为了光华书局。

这本《新俄画选》收入苏联绘画、木刻 12 幅。在为这本书作的《小引》中，鲁迅更为明了地说明了引进版画的原因，更为深刻地阐释了版

《新俄画选》，1930 年 5 月上海光华书局发行

画的独特作用："多取版画，也另有一些原因：中国制版之术，至今未精，与其变相，不如且缓，一也；当革命时，版画之用最广，虽极匆忙，顷刻能办，二也。"

鲁迅编印《艺苑朝华》，出力最多者为柔石。正如鲁迅在《为了忘却的记念》中对柔石评价："无论从旧道德，从新道德，只要是损己利人的，他就挑选上，自己背起来。"1931年2月7日，柔石、胡也频、殷夫等五位"左联"作家被国民党当局秘密杀害于上海龙华，《艺苑朝华》也便成为了柔石留在世间的纪念品。

尽管《艺苑朝华》印数不多，销路不广，但是，它的影响却是显著而深远的。因为，许多青年木刻家正是受到外国版画及其他艺术品的启发，结合中国的现实，大胆尝试，逐渐开辟出中国木刻史上的一条新路。正如鲁迅所说："新的木刻，是受了欧洲的创作木刻的影响的。创作木刻的绍介，始于朝花社，那出版的《艺苑朝华》四本，虽然选择印造，并不精工，且为艺术名家所不齿，却颇引起了青年学徒的注意。"

这便要提到与《艺苑朝华》有着天然联系的《木刻纪程》。

20世纪30年代初期，在鲁迅的感召之下，中国的新兴木刻运动出现了一个创作高潮。许多木刻青年纷纷把自己的作品寄赠给鲁迅并希望得到指教。鲁迅有感于更多的青年木刻家由于缺乏范本和参考书，单凭自身以意为之，很难取得进步。于是，鲁迅决定募集作品不定期编印《木刻纪程》。

1934年6月至10月间，鲁迅将一工（黄新波）、何白涛、李雾城（陈烟桥）、陈铁耕、（陈）普之、张致平（张望）、刘岘、罗清桢等青年木刻家的24幅作品编为《木刻纪程》（1），以铁木艺术社的名义印行。在书前的小引中，鲁迅回顾了中国现代木刻的进程和取得的成绩，颇为欣慰地说："而且仗着作者历来的努力和作品的日见优良，现在不但已得中国读者的同情，并且也渐渐的到了跨出世界上去的第一步。虽然还未坚实，但总之，是要跨出去了。不过，同时也到了停顿的危机。因为倘没有鼓励和切磋，恐怕也很容易陷于自足。本集即愿做一个木刻的里

《木刻纪程》，1934 年 10 月上海铁木艺术社初版

程碑，将自去年以来，认为应该流布的作品，陆续辑印，以为读者的综观，作者的借镜之助。"对于外来的文化，鲁迅一向主张"拿来主义"，对于本国的传统，鲁迅也绝不一味排斥。鲁迅所认同和倡导的，是"采用外国的良规，加以发挥，使我们的作品更加丰满是一条路；择取中国的遗产，融合新机，使将来的作品别开生面也是一条路"。可以说，《木刻纪程》正是中国的青年木刻家们学习外国而又尊重传统的尝试，虽然还有些不成熟，有着较为明显的模仿痕迹，但毕竟是迈出了可喜的一步。这也可以看出鲁迅目光的独到和思想的深刻。

　　《木刻纪程》从联系作者到选择作品，从寄送样书到营销推介，鲁迅都是亲力亲为。但是这本书并没有达到鲁迅预期的效果。1934 年 10 月 6 日，鲁迅在致何白涛的信中说："此次付印，颇费心力，经费亦巨，而成绩并不好，颇觉懊丧。第二本能否继续，不可知矣。"同年 10 月 8 日，鲁迅在致郑振铎的信中也提到了这本书，"近选了青年作者之木刻二十四页，印成一本，名《木刻纪程》，用力不少，而印订殊不惬意"。

10 月 21 日，鲁迅在致罗清桢的信中再次提到："这回的印刷是失败的，因为版面不平，所以不合于用机器印。可见木刻莫妙于手印，否则，版面必须弄得极平。"

尽管对这本书并不满意，鲁迅仍然想扩大一些影响，除了寄赠郑振铎、施乐（即埃德加·斯诺）、艾丁格尔等友人之外，鲁迅还自拟广告，在 1934 年 11 月 1 日的《文学》第三卷第五号，除了对新生的木刻运动给予最大的声援和支持，同时也是希望能够扩大一些销路，收回本钱，作为续印的准备。遗憾的是，由于条件所限，《木刻纪程》只印了 120 册，而且也只印了一期。但是，它的中国木刻艺术里程碑的意义是无可置疑的。

由此看来，《木刻纪程》和《艺苑朝华》有着一脉相承的关系。它们不只是几本普通的画册，而是鲁迅浇灌的艺术之花。

引进刚健质朴的文艺——欧洲版画五种

为了介绍、引进清新、刚健、质朴的文艺，鲁迅付出了大量的心血，其突出的成就表现为编印《你的姊妹》《梅斐尔德木刻士敏土之图》《凯绥·珂勒惠支版画选集》《一个人的受难》《〈城与年〉插图》等五种版画集。

1931 年 2 月，鲁迅编印了《梅斐尔德木刻士敏土之图》。

《士敏土》是苏联作家革拉特珂夫创作的一部长篇小说。士敏土是水泥的译音。这部小说以一个遭到严重破坏的水泥工厂重新恢复生产的故事为中心，多方面真实地反映了苏联国内战争结束后，苏维埃政权建立初期的社会生活和人们的精神道德面貌。小说《士敏土》不仅题材重要，内容丰富，而且在艺术上也有一定的特色。为此，德国年轻的进步版画家梅斐尔德特意为这部小说创作了 10 幅插图。1930 年 9 月，鲁迅委托徐诗荃从德国买到了这 10 幅版画；12 月，鲁迅自己出资 200 元，以三闲书屋的名义，委托商务印书馆用珂罗版印制《梅斐尔德木刻士敏土之

《梅斐尔德木刻士敏土之图》，1931 年 2 月
上海三闲书屋初版

图》250 册。在该版画集的序言中，鲁迅认为这些作品"表现着工业的
从寂灭中而复兴。由散漫而有组织，因组织而得恢复，自恢复而至盛大"。
并向人们介绍梅斐尔德"最爱刻印含有革命底内容的版画的连作"，《士
敏土之图》"很示人以粗豪和组织的力量"。

这部版画集出版后，鲁迅在广告中称这些作品"黑白相映，栩栩如
生，而且简朴雄劲，决非描头画角的美术家所能望其项背"。

该书为中式线装本，磁青纸封面，高 38.5 厘米，宽 24.0 厘米，白
色签条，上印宋体美术字书名，这是鲁迅将中国传统的书籍装帧形式用
于西洋画册，显得古朴大气而又别有意趣。

本来，在此之前，鲁迅是要编印《你的姊妹》的。《你的姊妹》是
梅斐尔德的一部木刻连环画作品，共 7 幅。1930 年 7 月 21 日，鲁迅收
到了徐诗荃自德国代购的原作，当即裁了一张同样规格的厚纸作为封面，
在上端题写了《你的姊妹》的书名，并标明"德国 凯尔·梅斐尔德 所
作木刻七幅"，在下端注明"诗荃寄自柏林 鲁迅藏于中国 1930"。

在扉页上，鲁迅写下了如下的题记："这女人是你的姊妹，她有一个私生的孩子，而且没有工作，以后来摆布的有我们的社会：秩序。"

这7幅木刻刻画的是一个悲惨的故事：1.在狭小逼仄的阁楼上，一个女子在给自己的孩子喂奶，麻木、愁苦的神情显示出生活的艰辛和无助；2.为了生存，她不得不去出卖肉体，她一脸无奈地坐在床边，嫖客正在和门外的老鸨讨价还价；3.夜幕降临，她在阴暗的角落里和道貌岸然的嫖客谈"生意"，警察在不远处巡逻；4.在包厢里，她强颜欢笑，忍受着嫖客的戏弄；5.她终于因为卖淫被关进了监狱，和其他女子在拥挤的监舍内背着手转圈；6.她被释放回家，孩子因无人照料被饿死了，她伏在孩子的尸体上，悲痛欲绝，邻居们只能给她一些抚慰；7.她走投无路，只好重操旧业，内心承受着极大的痛苦。

但是，《你的姊妹》却没有及时翻印，原因是在9月12日，鲁迅又收到了徐诗荃从德国寄来的梅斐尔德为《士敏土》所作的10幅插图。鲁迅对这些插图爱不释手，便决定先行翻印，《你的姊妹》则暂时搁置下来。但鲁迅并未忘怀此事，1934年春，鲁迅在致青年木刻家刘岘的信中说："Meffert除《士敏土》外，我还有七幅连续画，名《你的姊妹》，前年展览过。他的刻法，据Kollwitz所批评，说是很有才气，但恐为才气所害，这意思大约是说他太任意，离开了写实，我看这话是很对的。不过气魄究竟大，所以那七幅，将来我还想翻印，等我卖出了一部分木刻集——计六十幅，名《引玉集》，已去印——之后。"只是由于编印《引玉集》和《木刻纪程》耗资较多，未能如愿。

1933年2月7日至8日，在柔石、白莽等五位"左联"青年作家遇害两周年的时候，鲁迅以极其沉痛而悲愤的心情写下了《为了忘却的记念》，其中写道："当《北斗》创刊时，我就想写一点关于柔石的文章，然而不能够，只得选了一幅珂勒惠支（Kathe Kollwitz）夫人的木刻，名曰《牺牲》，是一个母亲悲哀地献出她的儿子去的，算是只有我一个人心里知道的柔石的记念。"

对于珂勒惠支的人格和艺术，鲁迅是极为推重的。他曾经花费了很大的力气购买珂勒惠支的版画作品，在德国留学的徐诗荃和在上海担任记者的美国进步作家史沫特莱都曾经出过力。1935 年 4 月，鲁迅从平时搜集的珂勒惠支的版画中选出 21 幅，先是送交北平故宫博物院印刷厂制版印刷画页；之后，又在上海补印文字。在装订成书时，已经是 1936 年 7 月下旬。鲁迅不顾身患疾病，天气炎热，把印制好的画页铺在席上，看画、选画、编排次序、夹衬纸、托人装订，费去了很多时间和精力。据黄源回忆，在一个酷热的下午，鲁迅"坐在客堂的书橱旁的铺在地上的席子上。他穿了一身短衫裤，显着骨瘦棱棱的四肢，正弯着腰在折叠珂勒惠支的《版画选集》。广平女士坐在旁边抢着折。不久这《版画选集》就出版了"。这也正如鲁迅在赠书给好友许寿裳时所题写的那样，"印造此书，自去年至今年，自病前至病后，手自经营，才得成就"。

在鲁迅编印的所有书籍中，《凯绥·珂勒惠支版画选集》堪称独树一帜，别具一格。书为 8 开大本，高 44.5 厘米，宽 30.0 厘米，以中国

《凯绥·珂勒惠支版画选集》，1936 年 5 月
上海三闲书屋初版

宣纸珂罗版印制，磁青纸封面，丝线装订，泥金笺签条，上有鲁迅手书"凯绥·珂勒惠支版画选集 1936年 上海三闲书屋印造"。卷首为1936年4月12日史沫特莱作、茅盾翻译的序文《凯绥·珂勒惠支——民众的艺术家》。随后，是鲁迅作的《序目》。在《序目》中，鲁迅对珂勒惠支的生平作了较为详尽的介绍，对这位艺术家给予了高度评价，认为"在女性艺术家之中，震动了艺术界的，现代几乎无出于凯绥·珂勒惠支之上——或者赞美，或者攻击，或者又对攻击给她以辩护"。称她的艺术是"以深广的慈母之爱，为一切被侮辱和损害者悲哀，抗议，愤怒，斗争；所取的题材大抵是困苦，饥饿，流离，疾病，死亡，然而也有呼号，挣扎，联合和奋起"。同时，鲁迅还为收入画集中的每一幅作品写了详细的介绍，对于人们理解作品的内容提供了很大的帮助。

　　鲁迅编辑的另一本版画集是《一个人的受难》。这本书的编印，与赵家璧有关。1933年春天，赵家璧从叶灵凤手中借到了德国原版的麦

《一个人的受难》，1933年9月上海良友图书公司初版

绥莱勒的四种木刻连环画，分别是《一个人的受难》《光明的追求》《我的忏悔》《没有字的故事》。第二天，他便带着这四种连环画找到鲁迅，提出准备由良友翻印出版。鲁迅非常赞同，并当即答应为其中的《一个人的受难》作序并为每一幅木刻写说明文字。

在《一个人的受难》序言中，鲁迅先是介绍了中外连环图画的历史和麦绥莱勒的生平，然后以主要篇幅对其中的 25 幅木刻作品作了说明，使之成为一个连续的故事。这则故事凄惨而不失悲壮，是对不平等社会的控诉，是对无产者的同情。

1933 年 10 月 8 日，鲁迅在收到良友图书公司寄送的样书之后致信赵家璧，其中提到："M. 氏的木刻黑白分明，然而最难学，不过可以参考之处很多，我想，于学木刻的学生，一定很有益处。"可见，鲁迅之所以在繁忙的工作中依然答应为这本书作序、编写说明，其本意还在于为学习木刻的中国青年提供有益的借鉴。

对于附有插图的文艺书籍，鲁迅一向关注，广为搜集。对于其中的插图，鲁迅或汇为一编，如《引玉集》《苏联版画集》等；或单独出版，如《梅斐尔德木刻士敏土之图》《死魂灵百图》等。其中还有一部，鲁迅是准备出版的，但是由于疾病的困扰而未能如愿，这就是《〈城与年〉插图》。

《城与年》是苏联作家斐定（通译费定）创作于 1922 年至 1924 年间的一部长篇小说。小说中的"城"是指从德国的纽伦堡、爱朗根等地到俄国的彼得堡、莫斯科等地，而"年"则是从 1914 年第一次世界大战爆发前夜至 1922 年苏联开始实行新经济政策止。

小说以十月革命引起的社会大动荡为主题，揭露了欧洲资本主义及旧俄地方资产阶级统治的腐朽没落，肯定了革命的必要性和布尔什维克党的坚强意志。作者采用了倒叙的手法，使故事情节扑朔迷离，为小说平添了神秘的色彩。

1930 年，曹靖华在列宁格勒大学任教时读到了这部小说，即刻被它"奇特的"结构、"神秘的"色彩和"诗般的"语言所深深吸引。青年艺术家亚历克舍夫为小说所作的木刻插图也让曹靖华爱不释手。1933年夏回国前，曹靖华特地拜访了亚历克舍夫并得到画家赠送的全套《城与年》木刻插图原拓28幅。回国后，曹靖华带着这些插图，于1934年2月7日来到上海看望鲁迅。看到这些插图之后，鲁迅非常喜爱，决定仿照《士敏土之图》，在原书没有翻译之前，先出一本《〈城与年〉插图》，并约曹靖华写一篇《〈城与年〉概略》附入其中，鲁迅根据曹靖华所写的《概略》为每幅插图写了说明文字。鲁迅还特意写了《〈城与年〉插图小引》，对作者亚历克舍夫给予了很高的评价，对其英年早逝表示了惋惜。

考虑到日本东京印刷水平较高，鲁迅决定仿照《引玉集》的印例，将原拓寄往东京印刷，遗憾的是，书稿尚未寄出，鲁迅就因病去世了。

1946年，曹靖华将斐定的这部长篇小说《城与年》译成了中文，专程赶赴上海，在许广平的协助下，从鲁迅的遗物中找到了《城与年》的28幅木刻原拓以及鲁迅亲笔书写的说明，将这些插图连同鲁迅的手迹印入了1947年上海骆驼书店出版的《城与年》之中，在很大程度上了却了鲁迅先生的一个心愿。

用宣纸换来的——《引玉集》

《引玉集》是鲁迅编选的一部苏联版画家的作品集。1931年2月，鲁迅因为校改曹靖华所译绥拉菲摩维支的长篇小说《铁流》，偶然在《版画》杂志上看到了载有毕斯凯来夫为这本小说做的插图，大感兴趣。为了向众多的青年版画家介绍苏联的版画，便多次写信给正在苏联工作的曹靖华，委托其代为搜集苏联版画和插图本文学书刊。

对于苏联版画家的劳动，鲁迅是非常尊重的，他特意问曹靖华如何支付报酬，曹靖华的回答是，在苏联，尽管原拓版画的价格不菲，但版画家们并不取酬，只希望得到一些宣纸就可以了。因为他们认为，拓印版画效果最好的就是中国的宣纸。为此，鲁迅特地选购了不少种类的宣纸以及日本的"西之内""鸟之子"等高级纸张，寄给曹靖华转给苏联的版画家们。

根据鲁迅日记，从 1931 年 12 月 8 日到 1933 年 11 月 14 日将近两年的时间里，鲁迅通过曹靖华收集到了苏联版画 114 幅。

在搜集苏联版画的过程中，鲁迅还经历了 1932 年 1 月 28 日日本侵略军的炮火。所幸的是，这些版画完整无缺，未遭劫难。随着作品的增多，鲁迅所想到的是："但这些作品在我的手头，又仿佛是一副重担。我常常想：这一种原版的木刻画，至有一百余幅之多，在中国恐怕只有我一个了，而但秘之箧中，岂不辜负了作者的好意？况且一部分已经散亡，一部分几遭兵火，而现在的人生，又无定到不及薤上露，万一相偕湮灭，在我，是觉得比失了生命还可惜的。流光真快，徘徊间已过新年，我便决计选出六十幅来，复制成书，以传给青年艺术学徒和版画的爱好者。"

1934 年初，鲁迅从中选出 59 幅作品，编成了《引玉集》，以三闲

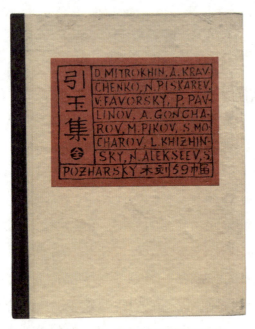

《引玉集》，1934 年 5 月上海三闲书屋初版

书屋名义出版。

该书以陈节（瞿秋白）摘译苏联楷戈达耶夫（A.D.Chegodaev）《十五年来的书籍版画和单行版画》作为代序，鲁迅作后记，其中说："我在这三年中，居然陆续得到这许多苏联艺术家的木刻，真是连自己也没有预先想到的。"

在为该书写的后记中，鲁迅收入了通过曹靖华请部分版画家写的自传，还从《苏联小百科全书》中的相关词条补充了法复尔斯基的传略，以便于让更多的人了解这些版画家的生平。

由于书中的版画作品都是鲁迅用中国的宣纸换来的，鲁迅取"抛砖引玉"之意，将其命名为《引玉集》。

《引玉集》是鲁迅委托内山书店在日本东京洪洋社印刷的。鲁迅1934年5月23日日记："洪洋社寄来《引玉集》三百本，共工料运送泉三百四十元。"在当时，340元不是一个小数目，鲁迅不惜工本，精益求精，可见其对苏联版画家的看重和扶植青年木刻工作者的良苦用心。

《引玉集》是鲁迅晚年编辑的第三本版画集，前两本分别是《梅斐尔德士敏土之图》和《北平笺谱》。对于鲁迅的这种不遗余力的引进和介绍中外木刻，有些人并不理解。正如鲁迅所说："但目前的中国，真是荆天棘地，所见的只是狐虎的跋扈和雉兔的偷生，在文艺上，仅存的是冷淡和破坏。而且，丑角也在荒凉中趁势登场，对于木刻的绍介，已有富家赘婿和他的帮闲们的讥笑了。但历史的巨轮，是决不因帮闲们的不满而停运的；我已经确切的相信：将来的光明，必将证明我们不但是文艺上的遗产的保存者，而且也是开拓者和建设者。"

不尚夸张，一味写实——《死魂灵百图》

《死魂灵》是俄罗斯文学家果戈理创作的一部杰出的长篇小说。鲁迅早年的文学创作，深受果戈理的影响。《死魂灵》暴露旧社会的深刻和有力，引起了鲁迅先生的关注。1935 年，鲁迅应郑振铎邀请，以德译本为底本，参照日译本和英译本，自 2 月 15 日至 10 月 17 日，译完了第一部，最初发表于《世界文库》第 1 至 6 本。随后，鲁迅又不顾身体的虚弱，开始翻译该书的第二部。但尚未译完，鲁迅就去世了。可以说，鲁迅为了翻译《死魂灵》，耗尽了自己的生命。

在翻译《死魂灵》的过程中，鲁迅还做了一件重要的事情，那就是编印《死魂灵百图》。

由于《死魂灵》的巨大影响，自出版以来，便受到了美术家们的注意，在俄国，就有三种专为这本书绘制的插图，其中以阿庚（1817—1875）作画、培尔那尔特斯基据以刻版的《死魂灵百图》最为著名，用鲁迅的话说，就是"不尚夸张，一味写实，故为批评家所赞赏。惜久已绝版，虽由俄国收藏家视之，亦已为不易入手的珍籍"。1935 年 11 月 4 日，青年翻译家孟十还在上海的一家旧书店里发现了这部书，因标价 25 元，孟十还无力购买，便写信告诉了鲁迅。鲁迅得知后，立即决定买下。恰好，

《死魂灵一百图》，1936 年 7 月三闲书屋初版

曹靖华从苏联给鲁迅寄来了梭可罗夫画的《死魂灵》插图12幅。鲁迅决定将这两种插图合在一起，自掏印费，交由文化生活出版社出版。

1935年12月24日，鲁迅抱病写下了《死魂灵百图》的小引，其中提到："现在就设法来翻印这一本书，除绍介外国的艺术之外，第一，是在献给中国的研究文学，或爱好文学者，可以和小说相辅，所谓'左图右史'，更明白十九世纪上半的俄国中流社会的情形，第二，则想献给插画家，借此看看别国的写实的典型，知道和中国向来的'出相'或'绣像'有怎样的不同，或者能有可以取法之处。"

促进国人的进步——《苏联版画集》

《苏联版画集》是鲁迅应赵家璧之邀而编选的一部版画作品集。对于苏联的版画，鲁迅是极为看重的。他或是从日本出版的苏联读物上翻

《苏联版画集》，1936年10月上海良友图书公司初版

印，或是通过友朋从国外购入，或举办展览，或编印画集，其目的在于向处在黑暗中的中国介绍苏联的艺术成就和社会状况，促进国人的进步。

1936 年初，由苏联对外文化协会（VOKS）组织的苏联版画展览会在南京举行，随后，主办方决定在上海继续展出。此事得到了鲁迅、茅盾等人的大力支持。1936 年 2 月 1 日，茅盾来到鲁迅家中，送来了苏联版画展览会的目录以及苏联版画家原版拓印的 45 幅作品，同时还有主办方的一封信，请求鲁迅写文章进行介绍和宣传。2 月 17 日，鲁迅写了《记苏联版画展览会》一文，对即将展出的苏联版画给予了高度评价。文章中说："现在，二百余幅的作品，是已经灿烂的一同出现于上海了。单就版画而论，使我们看起来，它不像法国木刻的多为纤美，也不像德国木刻的多为豪放；然而它真挚，却非固执，美丽，却非淫艳，愉快，却非狂欢，有力，却非粗暴；但又不是静止的，它令人觉得一种震动——这震动，恰如用坚实的步法，一步一步，踏着坚实的广大的黑土进向建设的路的大队友军的足音。"

2 月 20 日，由苏联对外文化协会、中苏文化协会和中国文艺社联合主办苏联版画展览会在上海的八仙桥青年会举行。当日，在良友图书公司担任编辑的赵家璧参观了展览之后，极为兴奋，产生了将这些版画编辑出版的念头。21 日，赵家璧到内山书店与鲁迅见面，提出了自己的想法，同时也请求鲁迅选画并作序，鲁迅当即表示支持并鼓励赵家璧将这件事做成。

2 月 23 日，鲁迅亲往苏联版画展览会现场观看展品；24 日，鲁迅的《记苏联版画展览会》在上海《申报》发表。

1936 年 4 月 7 日下午，鲁迅抱病前往设在上海北四川路 851 号的良友图书公司编辑部，从一大批经过装裱的版画中进行选择，花费了三个小时的时光。对于《苏联版画集》的出版，鲁迅就著录方式、制版、定价等提出了具体而明确的要求。

画集很快就印完了，因为等待鲁迅先生的序言，故迟迟没有装订，鲁迅的身体很难如期完成序言的写作，正如鲁迅自己所言："参加选择绘画，尤其是版画，我是践了夙诺的，但后来却生了病，缠绵月余，什么事情也不能做了，写序之期早到，我却还连拿一张纸的力量也没有。"眼看不能再拖，6月23日，病中的鲁迅只好口授，由许广平记录整理，完成了《苏联版画集》的序言。

序言的前半部分是《记苏联版画展览会》，后半部分中说："我觉得这些作者，没有一个是潇洒，飘逸，伶俐，玲珑的。他们个个如广大的黑土的化身，有时简直显得笨重，自十月革命以后，开山的大师就忍饥，斗寒，以一个廓大镜和几把刀，不屈不挠的开拓了这一部门的艺术。"鲁迅最后提到："我希望这集子的出世，对于中国的读者有好影响，不但可见苏联的艺术的成绩而已。"

这部经过鲁迅编选的《苏联版画集》，最终收录版画作品172幅，书前除鲁迅的序言外，还有赵家璧翻译的《苏联的版画》长文。

作为中国新兴木刻运动的导师，鲁迅曾经编印了10余种关于版画的书籍，这本《苏联版画集》可以称为他在版画方面编选的最后一本集子。这部画集和《新俄画选》《引玉集》一样，对于中国新生的美术运动，尤其是对于青年版画工作者，曾经发挥了重大的作用，由此，我们也愈加感到鲁迅先生眼光的独特和思想的深邃。

在鲁迅辑印的美术图集中，还有《北平笺谱》和《十竹斋笺谱》，因本书有专文论述，此处从略。

鲁迅与郑振铎之版刻三书考

萧振鸣

　　鲁迅与郑振铎在中国版画研究领域的贡献都是巨大的，他们在 20 世纪 30 年代有过几次重要的合作，就是合编著名的《北平笺谱》《十竹斋笺谱》和《陈章侯画博古牌》（又称《博古叶子》），笔者称为"版刻三书"。1933 年初，鲁迅与郑振铎开始编辑《北平笺谱》，鲁迅在上海，

《北平笺谱》，1933 年荣宝斋影印初版

郑振铎在北平，二人通信极为频繁，并且经常互相走访。1934 年 2 月，《北平笺谱》出版，成为中国版刻史上的里程碑。之后，他们又开始编辑《十竹斋笺谱》，此时他们又商议翻印介绍宋、元、明以来的版画，出版《版画丛刊》。至鲁迅逝世前，《十竹斋笺谱》只看到出版的一册，而陈老莲的画册，鲁迅只收到一个《博古页子》的样本。鲁迅与郑振铎编辑出版的这三部版刻书，成为中国版画史上继承与开拓的典范。

一、"中国木刻史上断代之惟一之丰碑"——《北平笺谱》

1933 年 2 月 5 日鲁迅在致郑振铎的信中说："去年冬季回北平，在留黎厂得了一点笺纸，觉得画家与刻印之法，已比《文美斋笺谱》时代更佳，譬如陈师曾齐白石所作诸笺，其刻印法已在日本木刻专家之上，但此事恐不久也将销沈了。因思倘有人自备佳纸，向各纸铺择尤（对于各派）各印数十至一百幅，纸为书叶形，采色亦须更加浓厚，上加序目，订成一书，或先约同人，或成后售之好事，实不独为文房清玩，亦中国木刻史上之一大纪念耳。"由此动议开始，一年中，鲁迅在上海，郑振铎在北平，关于此书的出版有 30 多次书信往来。至年底，鲁迅、郑振铎合编的《北平笺谱》由北平荣宝斋印行。

此书系由鲁迅与郑振铎合编，1933 年底出版，共收图 332 幅，选用陈师曾、齐白石、吴待秋、陈半丁、王梦白等绘画大师的笺画作品，第一版共印 100 部，前有鲁迅、郑振铎（笔名西谛）序文各一篇，鲁迅序言由天行山鬼（魏建功）书写，郑西谛序言请郭绍虞书写，书末有西谛《访笺杂记》一篇，叙述了成书的经过。版权页有"鲁迅 西谛"签名。这些笺纸来自北京的荣宝斋、淳菁阁、松华斋、静文斋、懿文斋、清秘阁、成兴斋、宝晋斋、松古斋等九家纸店的木版水印作品。初版的 100 部中，鲁迅留下 20 部，其他分赠蔡元培、台静农、斯诺、增田涉等友人，还寄赠给纽约、巴黎、日本等外国的图书馆。有 20 部由内山书店寄售，很快售罄，于是又加印了 100 部。

关于《北平笺谱》的出版过程，很多文章都已有详述，本文不再赘述。但关于《北平笺谱》的一则出版广告，发表在《文学》杂志，阐述了鲁迅的历史美术观，此文既未收入《鲁迅全集》，又未收入《郑振铎年谱》，应看作是一篇鲁迅的佚文。

《文学》杂志于 1933 年 7 月在上海创刊，由郑振铎、茅盾发起，创刊初期鲁迅是编委会成员之一。鲁迅的文章《我的种痘》《忆韦素园君》《病后杂谈》《病后杂谈之余》《又论"第三种人"》《论讽刺》《"文人相轻"》《"题未定"草》等均在此杂志上发表。1933 年 10 月 17 日，郑振铎起草了一篇《〈北平笺谱〉广告》，随信寄给鲁迅，并在《文学》月刊 11 月号上发表。19 日，鲁迅收到郑振铎的文章。21 日，鲁迅将此广告修改后寄交郑振铎，并在致郑振铎的信中说："此稿已加入个人之见，另录附奉，乞酌定为荷。"由此可见，鲁迅是将郑文修改并手誊后寄交郑振铎的，惜此手稿现已不存。鲁迅修改后的《〈北平笺谱〉广告》，刊于《文学》月刊 12 月号。两篇广告文殊有不同。此文未收入鲁迅生前自编的文集，亦未收入鲁迅去世后出版的《鲁迅全集》。

王观泉先生曾在《鲁迅美术系年》（人民美术出版社 1979 年 7 月第 1 版）中认为鲁迅修改后的《〈北平笺谱〉广告》为鲁迅佚文，并在书中将全文抄录。至今没有关于此文的研究。按照作为权威出版鲁迅著作的人民文学出版社的依据，以收录从严、宁缺毋滥的原则，鲁迅生前未编入集的和未被鲁迅研究界认可的文章不收入全集，固然是一种严谨的做法。而刘运峰先生编辑的《鲁迅佚文全集》（群言出版社 2001 年 9 月第 1 版）亦未收入此文。《鲁迅佚文全集》中的部分编辑成果被收入 2005 年版《鲁迅全集》。此后刘运峰又在《鲁迅佚文全集》的基础上进行增删，并出版了《鲁迅全集补遗》（天津人民出版社 2006 年 6 月第 1 版），该书首次将《〈北平笺谱〉广告》收入鲁迅作品集。由此可见，至少在 2005 年以前，《〈北平笺谱〉广告》还未被鲁迅研究界广泛的认可为鲁迅佚文，至今仍未收入《鲁迅全集》。

经比较，现将刊于《文学》月刊 12 月号上的鲁迅修改的《〈北平笺谱〉广告》录入如下（下划线处为鲁迅所修改的地方）：

中国古法木刻，近来已极凌替。作者寥寥，刻工亦劣。其仅存之一片土，惟在日常应用之"诗笺"，而亦不为大雅所注意。三十年来，诗笺之制作大盛，绘画类出名手，刻印复颇精工。民国初元，北平所出者尤多隽品，抒写性情，随笔点染，每涉前人未尝涉及之园地。虽小景短笺，意态无穷。刻工印工，也足以副之。惜尚未有人加以谱录。近来用毛笔作书者日少，制笺业意在迎合，辄弃成法，而又无新裁，所作乃至丑恶不可言状。勉维旧业者，全市已不及五七家，更过数载，出品恐将更形荒秽矣。鲁讯（原文如此，应为"迅"）西谛二先生因就平日采访所得，选其尤佳及足以代表一时者三百数十种（大多数为彩色套印者），托各原店用原刻版片，以上等宣纸，印刷成册。即名曰："北平笺谱"。书幅阔大，彩色绚丽，实为极可宝重之文籍；而古法就荒，新者代起，然必别有面目，则此又中国木刻史上断代之惟一之丰碑也。所印仅百部，除友朋分得外，尚余四十余部，爰以公之同好。每部预约价十二元，可谓甚廉。此数售罄后，续至者只可退款。如定户多至百人以上，亦可设法第二次开印。惟工程浩大（每幅有须印十余套色者）最快须于第一次出书两月后始得将第二次书印毕奉上。预约期二十二年十二月底截止。二十三年正月内可以出书。欲快先睹者，尚希速定。

两文相较，可见鲁迅对郑振铎文章修改的所有细节。这里鲁迅提出了重要的"个人之见"，指出此书"实为极可宝重之文籍；而古法就荒，新者代起，然必别有面目，则此又中国木刻史上断代之惟一之丰碑也"。

郑振铎起草的《〈北平笺谱〉广告》无疑是一篇非常精彩的文章，而鲁迅是在尊重郑文的基础上进行的修改，无论从修辞还是从内容的角度无疑更为精确乃至精彩。以瞿秋白作文、鲁迅修改后被鲁迅编入文集推论，《〈北平笺谱〉广告》亦应编入《鲁迅全集》。鲁迅指出此书"又中国木刻史上断代之惟一之丰碑也"已被时间证明，并成为无争的事实。《北平笺谱》出版后，至今再没有一部像样的新刻笺谱问世，木版制笺几近绝迹，正如鲁迅所言"恐不久也将消沈"。它的确成为"中国木刻史上断代之惟一之丰碑"。笔者希望本文能够引起鲁研界对《〈北平笺谱〉广告》的重视，并期待将此文收入最新版的《鲁迅全集》。

二、鲁迅与郑振铎的遗憾——《十竹斋笺谱》

《十竹斋笺谱》是明末木版彩色套印的笺画集，共四卷，崇祯十七年（1644）印行，收图 283 幅，使用饾版、拱花技术，是中国传统印刷技术的高峰。编者胡正言（1584—1674），字曰从，安徽休宁人，寄居南京鸡笼山，画家、印人、出版家。因其宅院种竹十余杆，故命斋名为"十竹斋"，并设刻书坊，发明饾版、拱花及彩色套印技术，将徽派版画推向极致。所辑印的《十竹斋书画谱》和《十竹斋笺谱》是中国印刷史上的经典杰作。《十竹斋笺谱》所使用的饾版是将彩色画稿分色勾摹下，每色刻成一块木版，然后逐色套印，形成多色叠印的绘画效果；拱花则是利用凸凹两版嵌合，以凸起的线条来衬托画中图案。此书非常有名，1933 年底二人刚刚联手出版了《北平笺谱》，马上着手准备翻刻此书。

1934 年 1 月 6 日，鲁迅致信郑振铎，建议他再编印明代小说插图集和影印明版小说等，认为"笔墨更寿于金石"。1934 年初，郑振铎提议翻刻《十竹斋笺谱》，征求鲁迅意见："尝于马隅卿许见王孝慈所藏胡曰从《十竹斋笺谱》，乃我国木刻之精华，继此重镌，庶易流传，北平印工当能愉快胜任。"（郑振铎《〈十竹斋笺谱〉跋》）1934 年 2 月 9

日鲁迅致郑振铎信说："先前未见过《十竹斋笺谱》原本，故无从比较，仅就翻本看来，亦颇有趣，翻刻全部，每人一月不过二十余元，我豫算可以担任，如先生觉其刻本尚不走样，我以为可以进行，无论如何，总可以复活一部旧书也。"出版《十竹斋笺谱》的动议终于落实。

不过鲁迅有些担心北平现在的刻工是否能胜任极细之古刻。由于明末之后战乱不断，明刻《十竹斋笺谱》存世极少，郑振铎说他二十多年来搜集版画不下千种，对此书特别关注，但搜集此书时颇费了一番周折。先是打听到天津涉园陶氏（陶湘）有一部旧藏，可询问时书已转售日本文求堂书店，后来他又查看了文求堂书目，此书尚在，于是马上写信求购，文求堂却说书已售出，郑振铎认为那书店只是一个托词，实际上是想自藏而已。鲁迅通过内山书店的员工查实："前日有内山书店店员从东京来，他说他见过，是在的，但文求老头子惜而不卖，他以为还可以得重价。又见文求今年书目，则书名不列在内，他盖藏起来，当作宝贝了。我们的翻刻一出，可使此宝落价。"最终，郑振铎通过赵万里借得北平通县王孝慈的藏本，请荣宝斋试刻，3月2日就将两幅复刻的样本寄鲁迅。3月26日，鲁迅回信说："《十竹斋笺谱》的山水，复刻极佳，想当尚有花卉人物之类，倘然，亦殊可观。古之印本，大约多用矿物性颜料，所以历久不褪色，今若用植物性者，则多遇日光，便日见其淡，殊不足以垂远。但我辈之力，亦未能彻底师古，止得从俗。抑或者北平印笺，亦尚有仍用矿物颜料者乎。"6月21日，郑振铎又寄样本36幅，鲁迅回信："《笺谱》刻的很好，大张的山水及近于写意的花卉，尤佳。"关于印《十竹斋笺谱》的用纸，信中说："对于纸张，我是外行，近来上海有一种'特别宣'，较厚，但我看并不好，砑亦无用，因为它的本质粗。夹贡有时会离开，自不可用。我在上海所见的，除上述二种外，仅有单宣，夹宣（或云即夹贡），玉版宣，煮硾了。杭州有一种'六吉'，较薄，上海未见。我看其实是《北平笺谱》那样的真宣，也已经可以了。明朝那样的棉纸，我没有见过新制的。"还由开明书店寄上三百元，以做刻书的前期费用。几个月间，他们一个在上海的，一个在北平，就书的用纸、开本、定价、出版时间等问题频繁通信讨论。鲁迅还为该书手绘设计了书牌，并撰写了翻印说明，载《十竹斋笺谱》扉页，文章说："中华民国二十三年十二月，版画丛刊会假通县王孝慈先生藏本翻印。编者鲁迅，西谛；画者王荣麟；雕者左万川；印者崔毓生，岳海亭；经理其事者，北平荣宝斋也。纸墨良好，镌印精工，近时少见，明鉴者知之矣。"

　　1934年底，《十竹斋笺谱》第一册由版画丛刊会出版（此书实际印成时间为1935年3月，鲁迅首次得到书的时间是4月9日），列为《版画丛刊》之一。这第一册的出版，整整用了一年的时间。鲁迅写信给郑振铎表达了他的抱怨："我们的同胞，真也刻的慢，其悠悠然之态，固足令人佩服，然一生中也就做不了多少事，无怪古人之要修仙，盖非此则不能多看书也。"1936年3月28日致增田涉信又抱怨："郑振铎君因活动过多，对《十竹斋笺谱》督促不力，现在第三册好容易才刻好，即将付印，全部（四册）不到明年是出不成的。"之后又多次在信中催促全书的早日出版，此时鲁迅的身体状况越来越差。1936年9月29日，大病中的鲁迅致郑振铎信中说："《十竹斋笺谱》（二）近况如何？此书如能早日刻成，乃幸。"二十天后，鲁迅离世。此书全部完成于1941年，

《十竹斋笺谱》，1952年荣宝斋新记重印

郑振铎在书的跋语中说出他的苦衷："然第二册付镌后，工未及半，燕云变色，隅卿讲学北大，猝死于讲坛之上。余亦匆匆南下，以困于资，无复有余力及此，故镌工几致中辍，时时以是为言者，惟鲁迅先生一人耳。迨第二册印成，先生竟亦不及见矣。"令鲁迅遗憾的是，他最终没能看到全书的出版，这也是郑振铎的一大憾事。

三、稀见半成品——《陈章侯画博古牌》

在鲁迅博物馆保存的鲁迅藏书中，有一部奇特的书，书牌题《陈章侯画博古牌》，印有"周子兢图书"一枚，钤有"西谛"朱印一枚，书后有清剧作家汪光被作的题跋。此书为毛装本，纸张为罗纹宣纸，印制较粗糙，倒显得古朴雅致。经查考，此书并非正式出版物。

陈章侯（1598—1652），名洪绶，字章侯，因好画莲，自号老莲，浙江诸暨人。明末清初杰出的画家，工山水、花鸟、书法，尤以人物画成就最高。他的画风独特，人物画以"怪诞"名世，线条多变形，格调高古，充分体现人物的内心世界，感情色彩浓烈。陈老莲的人物画在明末清初达到了极高的境界，其鲜明的画风对后人的影响很深，清末的三任（任熊、任薰、任颐）受其影响极大。他曾绘有两种"叶子"，《水浒叶子》和《博古叶子》。"叶子"，就是酒牌，即古人聚会吃喝饮酒时的一种游戏工具，上面画着人物，写着酒令，玩的人按酒牌上的内容行令喝酒。《博古叶子》是陈老莲的晚年之作，文字是据汪道昆《数钱叶子》，选用48个著名历史人物故事，如陶朱公、梁孝王、董卓、孟尝君、虬髯客等，每张牌上绘有主要人物和次要人物，全牌计149个人物，人物形象栩栩如生。此牌刻工是黄建中，雕工刀法流畅细腻，堪称绝妙，是为中国古代版刻中的精粹。

1933年，鲁迅与郑振铎着手翻刻《十竹斋笺谱》，由此鲁迅又产生了更多的想法。1934年1月11日，鲁迅致郑振铎信中提议："我个人的意见，以为做事万不要停顿在一件上（也许这是我年纪老起来了的缘故），此书一出，先生大可以作第二事，就是将那资本，来编印明代小说传奇插画，每幅略加解题，仿《笺谱》豫约办法。更进，则北平如尚有若干好事之徒，大可以组织一个会，影印明板小说，如《西游》，《平妖》之类，使它能够久传，我想，恐怕纸墨更寿于金石，因为它数目多。"

鲁迅的计划是庞大的，郑振铎积极响应鲁迅的意见，他建议以翻印《十竹斋笺谱》为契机，介绍宋、元、明以来中国彩色和单色版画，最终成就一部《版画丛刊》。鲁迅在 1934 年 2 月 9 日的致郑振铎信中说："至于渐成《图版丛刊》，尤为佳事，但若极细之古刻，北平现在之刻工能否胜任，却还是一个问题，到这时候，似不妨杂以精良之石印或珂罗版也。""中国明人（忘其名）有《水浒传像》，今似惟日本尚存翻刻本，时被引用，且加赞叹，而觅购不能得，不知先生有此本否？亦一丛刊中之材料也。"鲁迅还强调了出版的意义："上海之青年美术学生中，亦有愿参考中国旧式木刻者，而苦于不知，知之，则又苦于难得，所以此后如图版刻成，似可于精印本外，别制一种廉价本，前者以榨取有钱或藏书者之钱，后者则以减轻学生之负担并助其研究，此于上帝意旨，庶几近之。"这是鲁迅印书之外的文化理想。

然而在编辑思路上，鲁迅与郑振铎存在一些分歧。1934 年 2 月 15 日，鲁迅致台静农信中谈到："西谛藏明版图绘书不少，北平又易于借得古书，所以我曾劝其选印成书，作为中国木刻史。前在沪闻其口谈，则似意在多印图而少立说。明版插画，颇有千篇一律之观，倘非拔尤绍介，易令读者生厌，但究竟胜于无有，所以倘能翻印，亦大佳事，胜于焚书卖血万万矣。"可见他们的编辑思路上有一些分歧，郑振铎主张多印图少立说，鲁迅主张择优选印。但鲁迅已紧锣密鼓地开始寻找佳本了。

鲁迅建议首先从印陈老莲作品入手。他一直很喜爱陈老莲的画作，从鲁迅日记看，1912 年 11 月 24 日购《陈章侯人物画册》一本，1913 年 12 月 6 日购陈老莲遗著《宝纶堂集》，1928 年 4 月 28 日购《陈章侯绘西厢记图》，1931 年 4 月 28 日购《陈老莲画册》，1932 年 2 月

10 日购《博古酒牌》。《博古酒牌》也称《博古叶子》，明王道昆著，清陈洪绶绘，清袁辛夫摹，民国十九年（1930）上虞罗氏蟫隐庐影印本。依鲁迅的眼光，这部《博古叶子》印得并不好，称"底本甚劣"。

　　1934 年 6 月 21 日鲁迅致郑振铎信中说："前函说的《美术别集》中的《水浒图》，非老莲作，乃别一明人本，而日本翻刻者，老莲之图，我一张也未见过。周子兢也不知其人，未知是否蔡先生的亲戚？倘是，则可以探听其所在。我想，现在大可以就已有者先行出版；《水浒图》及《博古叶子》，页数较多，将来得到时，可以单行的。"6 月 24 日又致信许寿裳："有周子竞［兢］先生名仁，兄识其人否？因我们拟印陈老莲插画集，而《博古叶子》无佳本，蟫隐庐有石印本，然其底本甚劣。郑君振铎言曾见周先生藏有此画原刻，极想设法借照，郑重处理，负责归还。兄如识周先生，能为一商洽否？"鲁迅信中说的周子兢，原名周仁，蔡元培内弟，时在国民党中央研究院任职。鲁迅极想印一部底本好的陈老莲作品集，但苦于没有好的底本，他得知周子兢手中藏有《博古叶子》，就想托人借来做翻印的底本。最后是由郑振铎找到周子兢借到了那本善本，这一年他们为出版事通信极为频繁。对于印刷质量，鲁迅

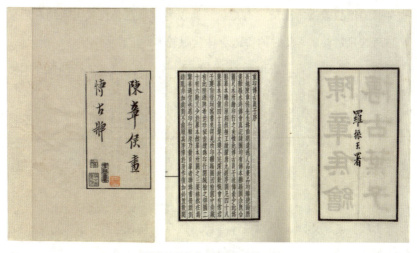

《博古叶子》有"西谛"印章一枚

建议："《博古页子》能全用黄罗纹纸，好极，因毛边脆弱，总令人耿耿于心也。但北平工价之廉，真出人意外。"陈老莲的《水浒叶子》《九歌图》等都是鲁迅想翻印出版的，可见他对陈老莲木刻画的极度重视。他的目的，是继承中国版画传统，推动现代版画水平的提高。

鲁迅说："木刻的图画，原是中国早先就有的东西。唐末的佛像，纸牌，以至后来的小说绣像，启蒙小图，我们至今还能够看见实物。而且由此明白：它本来就是大众的，也就是'俗'的。"还说过："别的出版者，一方面还正在绍介欧美的新作，一方面则在复印中国的古刻，这也都是中国的新木刻的羽翼。"1935 年 8 月 1 日鲁迅在致增田涉的信中说："陈老莲《酒牌》正另用珂罗版罗制中。对我们这件工作，颇有些攻击的人，说是何以不去为革命而死，却在于这种玩艺儿。但我们装做不知道，还是在做珂罗版的工作。"

鲁迅博物馆馆藏的这部《陈章侯画博古牌》，正是郑振铎以周子竞所藏的底本印制的样本，可以说是一部半成品。鲁迅日记 1936 年书帐中有记载：6 月 2 日，"影印博古酒牌一本　西谛寄来"。这一部书是郑振铎寄给鲁迅的，大约是请鲁迅作序。鲁迅于三个多月后的 9 月 29 日才有回复："《博古页子》早收到，初以为成书矣，今日始知是样本，我无话可写，不作序矣。"鲁迅并没有看到《博古叶子》的正式出版，他对书的出版较慢本来就很有意见，原以为这本已是正式出版物，后来才知道这只是样本。此时的鲁迅身体状况较差，正在大病中。二十天后，鲁迅离开了人世。鲁迅去世后的 1940 年，《博古叶子》才在郑振铎编辑的《中国版画史图录》中得以正式面世。

结语

"版刻三书"印证了郑振铎与鲁迅联手，精诚合作，体现了他们之间的版画情缘。无论是文学史还是古代版画史的研究，鲁迅之于郑振铎都是启蒙者和支持者，郑振铎走上版画收藏与研究之路是和鲁迅的导引分不开的，他以卓越的才华和火一样的热情实践着他们的共同理想。鲁迅从 20 世纪 30 年代起就致力于倡导中国新兴版画事业，他举办木刻讲习班，办版画展览，从事中外版画的收藏与研究，编辑出版中外版画集。而他与郑振铎共同编辑《北平笺谱》《十竹斋笺谱》以及《版画丛刊》的目的是继承传统艺术为现代社会所用。他曾在《引玉集·后记》中说："我已确切相信：将来的光明，必将证明我们不但是文艺上的遗产的保护者，而且也是开拓者和建设者。"《版画丛刊》这个古代版刻编辑的浩大工程，最后是由郑振铎完成的，那也是鲁迅的遗志，他们为中国的版刻艺术事业留下了极为宝贵的财富，无疑，他们是中国现代版画史上最耀眼的双璧。

第八章　馆藏著译

北京鲁迅博物馆藏鲁迅著译版本述略

秦　硕

　　"版本"者，狭义论之，常指某书籍的不同印本或版次；广义论之，可指某事物以不同介质所展现的各种差异形态。故现代文学文本，由最初的作家手稿起，经初刊的讲义、报纸、杂志，再辑而成集，以至校注本、丛集、全集等等诸种，实皆在其版本流变序列之内。因此，谈述"鲁迅版本"，除汗牛充栋的种种印本外，鲁迅原稿、他人抄稿等写本，校本、注本等"写印本"，都不可缺略其外。

　　鲁迅一生勤勉，除广为人知的小说、散文、杂文创作外，在翻译、编辑、古籍、金石等领域也做了大量工作，成果丰厚。所遗手稿三万二千余页[1]，各种相关印本更不可胜数。北京鲁迅博物馆（下文简称"鲁博"）作为专门保管、展示鲁迅相关文物、图书的文博单位，收藏有各个时期、不同种类的"鲁迅版本"藏品万余种。其中，"鲁迅著译版本"类藏品

---

[1] 据国家图书馆出版社、文物出版社 2021 年版《鲁迅手稿全集》之《出版说明》。

是鲁博诸种馆藏中的重要部分，本文试将此部藏品以"图书"及"遗物"[1]两类略述之（文内插图均为鲁博藏品图片）。

一、鲁博藏图书类"鲁迅著译版本"

鲁博馆藏的"鲁迅版本"类图书可粗略析为全集、文集、译作、古籍金石、编辑、外文六类。此六类中，古籍金石类如《百喻经》《会稽郡故书杂集》《嵇康集》《俟堂专文杂集》等，编辑类如《艺苑朝华》五种及《北平笺谱》《引玉集》《木刻纪程》《凯绥·珂勒惠支版画选集》《萧伯纳在上海》《海上述林》等，这两类图书虽属"鲁迅版本"，但因与本文主题"著译"无涉，故不予详述。文集、译作等五类中，因前有周国伟先生《鲁迅著译版本研究编目》珠玉在前，无需依目逐一复述，故每类除作概述外，只拣选一二种鲁博此类馆藏中较为"稀见"的版本简介之。

（一）全集类

1931 年，上海仙岛书店即出版了一种名为《鲁迅全集》的印本，但其虽名为"全集"，实为选本，内收鲁迅杂文、小说、散文作品共 49 篇。最早的中文版《鲁迅全集》（以下简称"《全集》"），是在鲁迅逝世后，许广平牵头，在蔡元培、许寿裳等鲁迅生前友人协助下，由鲁迅先生纪念委员会编、鲁迅全集出版社[2]于 1938 年初版印行的二十卷本《全集》。其后较重要的各版全集，如 1941 年《鲁迅三十年集》、1956 年十卷本《鲁

---

[1] "遗物"类中的鲁迅题赠许广平著译签名本、鲁迅手校本《小说史》、鲁迅签赠镰田寿日文本《中国小说史略》等几种，虽为图书，但因其"版本价值"更多以遗物属性体现，故归入"遗物"类简述之。

[2] 二十卷《鲁迅全集》分普及本和纪念本两种，普及本由鲁迅全集出版社出版，纪念本由复社出版。

迅全集》[1]、1981 年十六卷本《鲁迅全集》、2005 年十八卷本《鲁迅全集》等，鲁博均有收藏。

1931 年上海仙岛书店初版《鲁迅全集》封面

1.1938 年二十卷本《鲁迅全集》(纪念本乙种)

二十卷本《鲁迅全集》有普及本、纪念本，纪念本又分甲、乙两种。其中乙种系 1938 年 8 月复社初版。紫红胶布封面，烫金字黑皮书脊并包角，金顶。另有楠木双层书箱，箱盖上镌有"鲁迅全集 纪念本 蔡元培"白文绿字，为蔡元培题写。箱盖顶端有锁，可与箱体锁合。纪念本乙种仅印二百套，每套有独立编号，极为珍贵。

[1] 此版《鲁迅全集》的实际出版时间为 1956 年—1958 年。

二十卷本《鲁迅全集》（纪念本乙种"第一六号"）

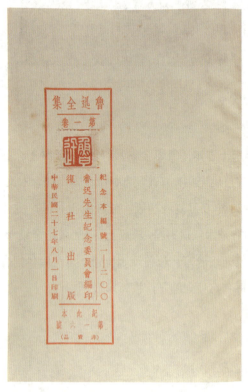

二十卷本《鲁迅全集》（纪念本乙种"第一六号"）第一卷版权页

2.1959 年特精装本十卷本《鲁迅全集》

20世纪五六十年代，人民文学出版社出版过数种不同装帧的十卷本《鲁迅全集》，其中以1959年印行的"特精装本"最为精美。此版《鲁迅全集》是为参加在西德莱比锡举行的国际图书博览会而特别印制的，封面为深红色羊皮面，书脊图案、题名烫金，书顶为金口，大气庄重，代表了当时我国图书装帧的最高水平。

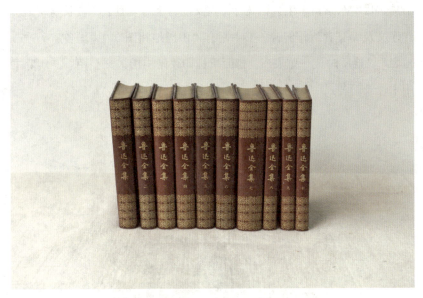

特精装本十卷本《鲁迅全集》

（二）著作类

鲁迅的著作文集，根据不同的统计标准有不同的种类数量。如1941年10月鲁迅全集出版社印行的《鲁迅三十年集》，共收书29种30册，但其中包含《会稽郡故书杂集》《嵇康集》《古小说钩沉》《小说旧闻钞》《唐宋传奇集》五种辑校类书，并非全部为鲁迅著作。另如2012年由鲁博编辑、以鲁博馆藏鲁迅著作初版本为底本影印出版的《鲁迅著作初版精选集》，收录自1923年《呐喊》起至1937年《且介亭杂文末编》共22种23册（《中国小说史略》两册。收1933年天马书店《鲁迅自选

集》而《汉文学史纲要》《两地书》未收）。上述两套集子，都未编选
鲁迅和顾琅合纂的《中国矿产志》。非鲁迅自编的《门外文谈》《夜记》
等选集也没有辑入。

1.《中国矿产志》

署名江宁顾琅、会稽周树人合纂，中国第一部地质矿产专著，光绪
三十二年四月一日（1906 年 5 月 4 日）初版，南京启新书局、上海普及
书局、日本东京留学生会馆发行。正文前有上海复旦公学校长马相伯所
作序文及编纂者所作例言。书中附有"中国地相图""中国各省矿产一
览表""地质时代一览表"。封面所标印"附中国矿产全图"，实际书
中未收录。

《中国矿产志》（合著）1906 年 5 月 4 日南京启新书局、
上海普及书局、日本东京留学生会馆初版封面

2.《鲁迅自选集》

鲁迅应出版方约请，自编的小说、散文作品选集，1933年由上海天马书店印行。其中收小说12篇、散文诗7篇、散文3篇。书籍封面由陈之佛设计，鲁迅题签。卷前有鲁迅像一幅、鲁迅撰写序言一篇及序言手稿影印图一页。《鲁迅自选集》是鲁迅唯一的自选文集，体现了鲁迅对自己作品的评价和取舍，有其不可替代的价值。

1933年上海天马书店初版《鲁迅自选集》封面

（三）译文类

鲁迅翻译文集的印行，从1903年的《月界旅行》起，至1953年才出版单行本的《山民牧唱》，时间跨度50年。这些译文集中，有鲁迅个人独译的，如《出了象牙之塔》《表》《俄罗斯的童话》等；也有鲁迅和他人合译的，如《域外小说集》《现代小说译丛》《现代日本小说集》等。1938年二十卷本《鲁迅全集》，第十一至二十卷为鲁迅译文部分，共收鲁迅相关翻译文集 32 种[1]，包括鲁迅生前发表但未编集的译文散篇、1938 年编印《全集》时辑成为《译丛补》一种，其中论文 17 篇、小说 11 篇、杂文 8 篇、诗 3 篇及许广平撰《编后记》一篇。

1958 年，人民文学出版社编印十卷本《鲁迅译文集》，除卷目略有调整、摘去《药用植物》一种、在部分文集如《域外小说集》中增补了一些鲁迅撰写的"序跋附记"类文字外，其他同 1938 年《全集》。此版《译文集》第十卷中的《译丛补》，相较 1938 年版有较大增补。所收论文由 17 篇增加至 30 篇；杂文由 8 篇增至 21 篇；小说 11 篇无变化；诗歌由 3 篇增至 8 篇；另收剧本 1 篇、附录 5 篇；许广平《编后记》摘去未录。

2008 年，鲁博编印了一套八卷本《鲁迅译文全集》，所收书目同 1938 年《全集》。相较 1958 版，此版译文集最主要的修订有二：一是把各册译作相关的"序、跋、杂识、附记、广告"等类都编入相关译作之后，使所属更为齐整；二是将《译丛补》更名为《译文补编》，所收篇目较 1958 年又增补了《亚历山大·勃洛克》等小说、诗文共 5 篇，较前两种《译丛补》更为完备；又将 1958 版《译丛补·附录》中的《〈镫台守〉译诗》移回本作《域外小说集》。

2014 年，鲁博编辑、以鲁博馆藏鲁迅译作初版本为底本影印出版的《鲁迅译作初版精选集》，收《月界旅行》至《药用植物及其他》共 29 种 30 册（《域外小说集》两册）。相较 1938 年全集，此套译文集除未收《译丛补》《山民牧唱》外，合译的《现代小说译丛》《现代日本小说集》两种也未予收录，而另辑入了鲁迅与梅川等人合译的《奇剑及其他》。此外，为保留译本原貌，该套译文集对鲁迅与他人合译的如《域外小说集》等，也是连同他人译作一起全书收入。

---

[1]与人合译的只收鲁迅所译篇目，如《域外小说集》只收《谩》《默》《四日》三篇。下同。

1.《月界旅行》

现存鲁迅最早的译文集，科学幻想小说，法国作家儒勒·凡尔纳著，鲁迅据日本井上勤日译本重译，将二十八章编译为十四回。光绪二十九年十月（1903年12月）由东京进化社印行，署"中国教育普及社译印"。该书原名《自地球至月球在九十七小时二十分间》，卷前有鲁迅作《辨言》。因井上勤日译本译自美国培伦英译本，误将培伦译为作者，鲁迅译本亦延此谬。

2.《地底旅行》

科学幻想小说，法国作家儒勒·凡尔纳著，鲁迅据三木爱华、高须墨甫合译的日译本《拍案惊奇地底旅行》重译，将十七章改译为十二回。光绪三十二年三月（1906年4月）由上海普及书局、南京启新书局印行，版权页译者署名"之江　索士"。因日译本将著者误作"英国威男"，鲁迅译本亦沿用。

（四）外文类

鲁迅作为中国的知名作家，其作品最早在20世纪20年代就出现了外文译介本。新中国成立后，无论是我国国内还是其他国家，都印行了相当数量的鲁迅外文译本。现鲁博收藏有英、阿、法、日等大语种及乌尔都、瑞典、芬兰、波兰等小语种鲁迅外文译本四百余种，其中出版较早的鲁迅文集译本有东京四六书院1931年印行的山上正义译日文本《支那小说集〈阿Q正传〉》、布拉格人民文化出版社1937年印行的普实克与诺沃特娜合译捷克文本《呐喊》等；全集类译本有东京改造社1932年印行的井上红梅译《鲁迅全集》（内收《呐喊》《彷徨》）、1937年印行的增田涉、鹿地亘等人译七卷本《大鲁迅全集》等。

1.《阿Q正传》英译本

1926年，上海商务印书馆印行了由美国华侨梁社乾翻译的英文本《阿

Q 正传》。梁社乾为译该书，在 1925—1926 年间与鲁迅有过多次书信往来，译本在出版前也曾寄鲁迅校正过。该译本是鲁迅作品最早的英文译本。1933 年，商务印书馆再版印行该书，封面与初版略有不同。

2.《阿 Q 正传》俄译本

1929 年，苏联列宁格勒激流出版社印行了由苏联人王希礼（瓦西里耶夫）等翻译的俄文本《阿 Q 正传》，书中除王译《阿 Q 正传》外，还收入他人译《幸福的家庭》《高老夫子》《孔乙己》《故乡》等篇。鲁迅曾应译者请求写作《俄文译本〈阿 Q 正传〉序及著者自叙传略》两篇文章发表于 1925 年 6 月 15 日《语丝》周刊第三十一期。其中《〈阿 Q 正传〉序》译成俄文后收入 1929 年俄文译本中。

二、鲁博藏遗物类"鲁迅著译版本"

（一）鲁迅文稿、信稿及日记

1. 文稿

鲁迅作文凡 700 余篇，现有文稿不到 200 种，仅约四分之一，分别收藏于国家图书馆（下文简称"国图"）、鲁博、上海鲁迅纪念馆（下文简称"上鲁"）等地。鲁迅早期的文稿，因出版机构排印需要，退还保存在鲁迅手中的很少，故鲜有留传。如《彷徨》《热风》《华盖集》，今均已无手稿。《呐喊》《野草》《而已集》，也各只有一篇手稿存世。以《呐喊》为例，所收 14 篇小说（早期含《不周山》即为 15 篇），今仅存《阿 Q 正传》第六章"从中兴到末路"残稿一页。就是这一页残稿，也已并非原件，而是因原稿尚存时，曾被影印发表在报刊上，才得以被翻拍留存下来。

鲁博共藏有鲁迅文稿五十余种，其中大部分是曾发表成集的，如《为了忘却的记念》《从孩子的照相说起》《门外文谈》等，这些手稿是鲁

迅著述的源头版本。此外，还有一部分手稿是此前从未刊印过、后编《鲁
迅全集》时才陆续作为"拾遗"据手稿补入的。如《重订〈徐霞客游记〉
目录及跋》《随感录》《为北京女师大学生拟呈教育部文二件》中的第
二件呈文及《自传》《关于许绍棣叶溯中黄萍荪》等。这些手稿作为相
应文本的唯一参据，其版本重要性无需赘言。

《为北京女师大学生拟呈教育部文二件》之二

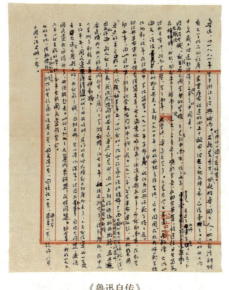

《鲁迅自传》

2. 信稿

2005 版《全集》共收鲁迅书信一千五百余通，其中大部分的文本依据都是现存的鲁迅信稿，也有一小部分是据影印于书刊上的信稿图版或发表刊印过的出版物辑集起来的。鲁迅信稿的刊印，除 1933 年上海青光书局《两地书》是由鲁迅本人据原信整理编辑而后刊行，及 1935 年上海龙虎书店的《鲁迅书信选集》外，其他都是从鲁迅逝世后开始陆续收集、编印出版的。鲁迅逝世后一个月，许广平即登报征集鲁迅信稿，共收到八百余通。次年许广平从中编选了 69 通信稿，影印出版了《鲁迅书简》，开鲁迅手稿影印先河。1946 年鲁迅逝世十周年时，由许广平编订、鲁迅全集出版社排印的《鲁迅书简》出版，内收鲁迅信稿凡 855 通。其后 1956—1958 年 10 卷本、1981 年 16 卷本、2005 年 18 卷本《全集》的《书信》卷，对鲁迅书信逐次增补、修订，至 2005 年《全集》，已收鲁迅书信 1561 通，除其后发现的几通佚信外，已基本实现了存世鲁迅书信的全部收录。

据《鲁迅日记》所载，鲁迅共书信札五千余通，大部分已经散失。现存的鲁迅信稿，除零星数通外，绝大部分藏于鲁博及上海、绍兴、广州三地的鲁迅纪念馆中。其中，鲁博共收藏鲁迅信稿一千一百余通，含鲁迅致母亲、许广平、许寿裳、蔡元培、胡适、郑振铎等人信件。这些信稿是不同时期，通过不同渠道、方式汇集起来，最终入藏鲁博的，背

现存鲁迅最早信稿——1904 年致蒋抑卮信

后都蕴藏着波折动人的"文物故事"，是鲁迅书信文本的唯一版本依据，是现代文化史、五四运动史的重要相关文物，具有珍贵的文献价值。

3.《两地书》写定稿（下文简称"写定稿"）

《两地书》本系鲁迅与许广平在 1925 年 3 月至 1929 年 6 月间的通信。1932 年 8 月，鲁迅的青年友人韦素园突然病逝，同人们打算搜集他的遗文出一本纪念册。鲁迅想到韦素园和很多友人的来信，为免其受"牵连"，都被自己毁掉了，颇为伤感。于是决定把未毁尚存的自己与许广平的通信编辑成册，印行成书，以为纪念。鲁迅致许广平信原共 78 封，鲁迅编《两地书》只收其中 67 封半，并且对原信做了一些增删修改，然后重新抄定。写定稿成于 1932 年 10 月，《鲁迅日记》1932 年 10 月 31 日记"夜排比《两地书》讫，凡分三集"。此稿本是鲁迅以正楷写于白宣纸上，全稿共 279 页，字迹工整，页面洁净，极少涂改，是存世鲁迅手稿中的精品。这样精致且极具纪念意义的本子，自然是不能作为排印本送到出版社的。故而许广平据鲁迅写定稿本又抄录了一册作出版排印用。在抄录的过程中，许广平对鲁迅原稿进行了少量修改。许广平抄本送至出版社排印后，鲁迅在 1933 年 1 月至 4 月三个多月的时间内，

《两地书》写定稿正文首页

又对《两地书》印本校样进行了多次校改才最终定稿付印。对校"写定稿"与出版本，文本相异有一百余处。如 1925 年 3 月 23 日鲁迅致许广平信，写定稿作"仿佛记得收到来信有好几天了，但是今天才能写回信"，而出版本作"仿佛记得收到来信有好几天了，但因为偶然没有工夫，一直到今天才能写回信"。因此，这册鲁迅《两地书》写定稿从文本上来说，既区别于增删前的原信，也不等同经过多次校改的最终出版本，具有其独特的版本研究价值。

4.《中国文学史略》（汉文学史纲要）两种

一是鲁迅《中国文学史略》手稿。《中国文学史略》（下文简称"《文学史》"）是鲁迅在厦门大学教授中国文学史课程时编写的讲义。现存手稿 41 页，藏于鲁博，写于毛边朱丝栏"厦门大学用纸第九号"上。是鲁迅边写边送出刻印用的。鲁迅《文学史》手稿共十篇，其中第一、二篇首页右侧分别写有"印三十份　下星期二（按：阳历十月五日）上午要"及"印三十份　下星期二（按：十月十二日）上午要"。由此推算，鲁迅《文学史》的一、二篇分别写于 1926 年 9 月 27 日—10 月 3 日及 10 月 4 日—10 月 10 日的两周间。第三篇起无此标注，故三至十篇的撰写日期不可确知。根据手稿上的注识和修改可见，因时间紧迫，鲁迅在撰写修改后，未再誊写一份送排稿，而是直接把有多处修改的底稿送去刻印，这种情况对于鲁迅来说并不常见。在这段时间写给许广平的两封信中，鲁迅都就编讲义之事"诉了苦"："我的功课现在有五小时了，只有两小时须编讲义，然而颇费事，因为文学史的范围太大了。""我对于编文学史讲义，不愿草率，现已有两章付印了，可惜本校藏书不多，编起来很不便。"[1]鲁迅做事既一贯认真，然而时间紧、任务重，材料又较匮乏，故编写《文学史》讲义颇为艰难。老友沈兼士曾向鲁迅索要

---

[1]鲁迅：《两地书·第二集　厦门—广州》，《鲁迅全集》第 11 卷，北京：人民文学出版社，2005 年（下同），第 138、143 页。

《文学史》的讲义，鲁迅在回信中说"文学史稿编制太草率，至正月末约可至汉末，挂漏滋多，可否免其献丑，稍积岁月，倘得修正，当奉览也"[1]。可见向来严以律己的鲁迅，对这份虽费力甚巨的《文学史》讲义，却并不是十分满意、有想法继续"修正"的。

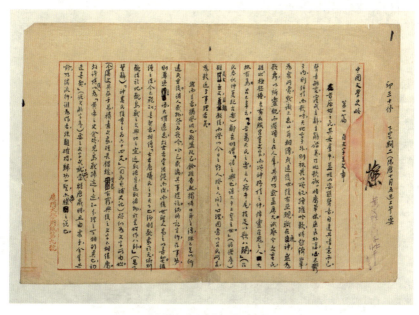

《中国文学史略》手稿正文首页

二是许寿裳校注《中国文学史略》油印本讲义。鲁博藏有一份《文学史》油印本讲义，仅第一至三篇，凡17页（筒子页）。此册《文学史》虽非全本，但其中有多处、大量许寿裳所作校改、注释手迹，故亦有较高版本史料价值。如开篇首句"在昔原始之民，其居群中，盖惟以姿态声音"[2]，油印本讲义将"姿"误刻为"恣"，许氏圈而改之以为正谬。又如第二篇"不遑启居，猃狁之故。……彼尔维何？"及"……昔我往

[1]鲁迅：《书信·261219致沈兼士》，《鲁迅全集》第11卷，第658页。

[2]鲁迅：《汉文学史纲要·第一篇 自文字至文章》，《鲁迅全集》第9卷，第353页。

矣，杨柳依依"。鲁迅以"……"省去《小雅·采薇》原文两段。许氏则在两"……"处作眉注"采薇采薇，薇亦柔止。曰归曰归，心亦忧止。忧心烈烈，载饥载渴。我戍未定，靡使归聘。采薇采薇，薇亦刚止。曰归曰归，岁亦阳止。王事靡盬，不遑启处。忧心孔疚，我行不来"及"驾彼四牡，四牡骙骙。君子所依，小人所腓。　四牡翼翼，象弭鱼服。岂不日戒，猃狁孔棘"以为补正备参。

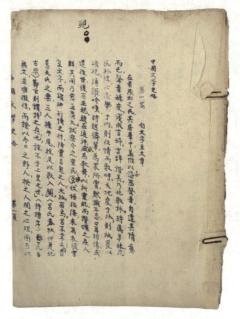

许寿裳校注《中国文学史略》首页

5. 日记

鲁迅在约 15 到 20 岁期间曾记过日记，大概至留学日本的时候中止了，这部分日记已经散佚。1912 年春，原在南京的教育部迁至北京，故鲁迅于 4 月底自绍兴出发，取道上海、天津，于 5 月 5 日抵达北京。当夜，鲁迅复记日记。自此至 1936 年 10 月 18 日——鲁迅去世前日，鲁迅日记从未中断，每年一本，共 25 册。日本军队侵华占领上海后，曾逮捕审讯许广平，并将《鲁迅日记》25 册日记作为罪证一同查抄。

后许广平获释，日记被退还，但 1922 年册已失落，故今存鲁迅日记共 24 册[1]。此 24 册[2] 手稿，现均藏于鲁博，是鲁迅日记的唯一参据版本。

鲁迅 1912 年 5 月《日记》首页

　　鲁迅日记在鲁迅生前未发表过。1951 年上海出版公司据存世的 24 册日记手稿出版了影印本，但在制版过程中曾修掉了部分手迹。1959 年，人民文学出版社据影印本，加标点后排印了一版。其中 1922 年遗失的部分，据 1937 年许寿裳编纂《鲁迅年谱》时的抄件以"附录"补入。许寿裳的这份 1922 年鲁迅日记摘抄稿共 4 页，现存鲁博，是 1922 年鲁迅日记仅存的相关文献。

---

[1] 参见许广平：《鲁迅手迹和藏书的经过》，《许广平文集》第 2 卷，南京：江苏文艺出版社，1998 年（下同），第 425 页。

[2] 有些年份实际未装订成册，为散页。简略统视为"册"。

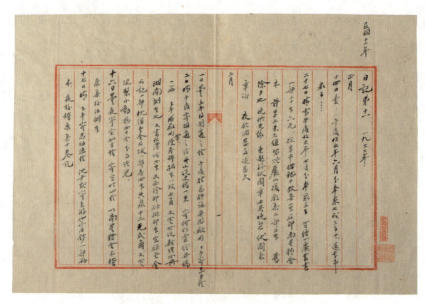

许寿裳抄录 1922 年《鲁迅日记》首页

（二）鲁迅诗稿

鲁迅诗作凡六十余首，大部分是旧诗，新诗仅《我的失恋》《梦》《爱之神》等不到十首。今存的鲁迅自作诗稿可分为六类。其一，应于要请，书赠友朋的，包括条幅、斗方、横幅、中堂等，如《自嘲》《悼杨铨》《题三义塔》《戌年初夏偶作》。其二，题于书籍赠人的，如《题〈呐喊〉》《题〈彷徨〉》，是分别题写在《呐喊》《彷徨》上送给山县初男的。其三，写于文稿中的，如《哀范君三章》，本是书寄《民兴日报》发表的稿件；《梦》《爱之神》等，是重新抄录，用于排印《集外集》的；《学生和玉佛》，原写在同名文稿之末，故即以文题为诗题。其四，题赠他人并录于日记中的，其中有些赠人稿至今未现，日记中所录稿即为仅存的一版，如《阻郁达夫移家杭州》。其五，曾写进致他人信稿中的，如致台静农、杨霁云的信中都录写过《二十二年元旦》诗句。其六，鲁迅早期的几首旧诗，如《别诸弟》《庚子送灶即事》《莲蓬人》等，无鲁迅手迹存世，诗作文本均录自周作人早年日记，这部分日记现藏于鲁博。

除上述日记、书籍、文稿中的以外，鲁博藏鲁迅赠友朋诗稿共 12 种，如赠沈松泉《偶成》、赠柳亚子《自嘲》、赠郁达夫《答客诮》等。因鲁迅书自作诗赠人、写入日记及编入文集时，文本上常有变动，故而这些赠人诗稿是鲁迅旧诗文本的重要参考依据。如鲁迅早年在日本创作的《自题小像》（下文简称"《小像》"），首次披露发于 1936 年 11 月 16 日，其时鲁迅已离世，许寿裳在其发表于第十一期《新苗》上的《我所认识的鲁迅》一文中回忆："在民元前九年[1]留学东京时，赠我小像，后补以诗，曰：'灵台无计逃神矢，风雨如磐暗故园。寄意寒星荃不察，我以我血荐轩辕！'"据现有材料，鲁迅共题写《小像》四稿[2]，其中 1903 题写于"断发照"之后赠给许寿裳的一稿从未面世，今是否尚存亦不可考。现存世的三种《小像》诗稿，两稿写于辛未年（1931）的"二月十六日"及"二月下旬"，是鲁迅在"左联五烈士"被捕、遇害后题写的自勉之作。1956 年，许广平将此两稿中鲁迅较为满意、钤以"鲁迅"印的"辛未二月十六日"稿捐赠北京鲁迅博物馆。《小像》另一稿写于 1932 年 12 月 9 日，是鲁迅题赠曾为周海婴诊病的日本医生冈本繁的。冈本繁非常珍视这份鲁迅诗稿，回国返乡后特将其存于家中专门庋藏珍贵物品的石室中。后冈本繁去世，因无子女，遂由其子侄辈后人冈本光雄继承其遗产房屋。1987 年，冈本光雄拆开石室，意外发现了其中的《小像》诗稿，他很快将这件鲁迅手迹装裱好，并委托冈本繁的侄女南里寿子于 1988 年 5 月将其带到中国，捐赠北京鲁迅博物馆。而今藏于鲁博的两种鲁迅《小像》诗稿，书于 1931 年 2 月 16 日的一版，文本与许寿裳忆述一致；另书于 1932 年 12 月 9 日的一版，"灵台无计逃神矢"作"灵台无计逃神镞"，如以"从最末版本"论，《小像》诗此处当从"镞"字。虽今《鲁迅全集》《集外集拾遗》中所录《小像》为据 1931 年稿从"矢"字，但"镞"字版《小像》亦有其重要的版本价值。

---

[1] 即 1903 年。

[2] 有研究认为，鲁迅曾两次赠给许寿裳录有《自题小像》的照片，本文从一次说。

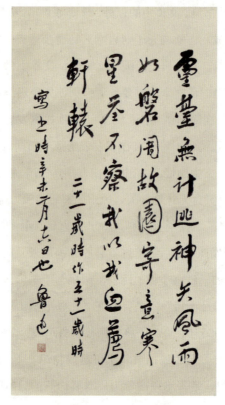

鲁迅《自题小像》诗"辛未二月十六日"稿

鲁迅题赠冈本繁《自题小像》诗稿

（三）鲁迅译稿

相较鲁迅文稿，存世的鲁迅译稿更为稀少。现藏于国图、鲁博、上鲁等馆，合计不过三十种，其中近百页及以上的更不过《死魂灵》《毁灭》《小约翰》《山民牧唱》寥寥几种。鲁博藏鲁迅译稿十余种，其中《死魂灵》（第一部）稿是现存数量最多的鲁迅译稿。另外如鲁迅译蕗谷虹儿诗《岸呀，柳呀》，未曾在期刊上发表过，后编入《鲁迅译文全集·译文补编》时，是据鲁博馆藏鲁迅译稿抄录的。

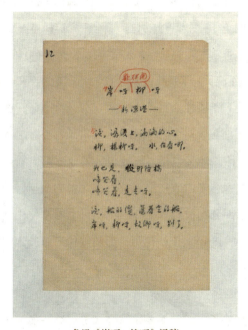

鲁迅《岸呀，柳呀》译稿

《死魂灵》是 19 世纪俄国著名作家果戈里创作的现实主义小说，全书原计划写作三部。果氏生前仅完成出版一部，第二部本已写好的几章，也被果氏在去世前焚毁，仅存残稿五章。鲁迅对果戈里和其《死魂灵》的评价很高，译介《死魂灵》亦是鲁迅在生命最后一年多时光中非常重视的一项"大事业"。从 1935 年 2 月开手至同年 9 月，鲁迅完成了《死魂灵》第一部的翻译工作。1936年2月，鲁迅又开始第二部的翻译，后译至第三章未及完成即离世。《死魂灵》的翻译工作耗费了鲁迅大量时间和精力。1936年5月后，除《死魂灵》外，鲁迅再未进行其他和翻译有关的工作。据许广平回忆："当《死魂灵》第二部第三章翻译完了时，正是一九三六年的五月十五日。其始先生熬住了身体的虚弱，一直支撑着做工。等到翻译得以告一段落了的晚上，他抱着做下了一件如心的事之后似的，轻松地叹一口气说：休息一下罢！……到十月间，先生自以为他的身体可以担当得起了，毅然把压置着的稿子清理出来，这就是发表于十月十六日的《译文》第二卷二期上的。而书的出来，先生已不及亲自披览了。"[1] 可以说，《死魂灵》译本是身为"翻译家"的鲁迅三十余年翻译生涯的总结，亦是他三百余万翻译文字之绝唱。

现存鲁迅《死魂灵》译稿共近六百页，藏于国图[2]和鲁博两馆。其中，鲁博藏《死魂灵》译稿凡四百八十余页，分《序言》（俄国珂德略来夫斯基作）、第一部正文（共十一章）、《附录》（德国沃多·培克编）三部分。其中《附录》又包括《死魂灵》第一部第二版序文、关于第一部的省察、第九章结末的改定稿、戈贝金大尉的故事（第一次的草稿）四项内容。这三部分均被收入1935年11月上海文化生活出版社印行的《死魂灵》中。1938年，该社把第二部的残稿三章补入出版了增订本，并收许广平所作《附记》。

《死魂灵》译稿是鲁迅最后一部翻译手稿，是鲁译《死魂灵》诸版的文本源头。据相关研究，在鲁迅《死魂灵》第一部的译稿上，有鲁迅修改的痕迹近两千处。这些修改大部分是鲁迅在翻译过程中或翻译某一章节结束后进行的。这两千余处修改前后的文本，对鲁迅《死魂灵》相关翻译、版本研究具有极重要的价值。

---

[1]见许广平：《〈死魂灵〉附记》，《许广平文集》第1卷，第433—434页。

[2]国图藏鲁迅《死魂灵》译稿为第二部第一章至第三章，共近110页。

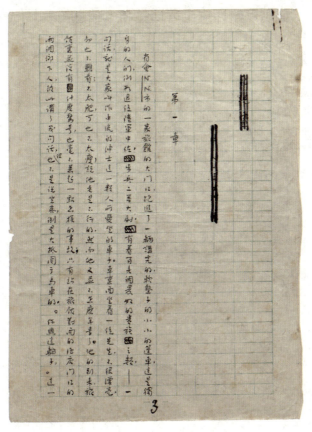

鲁迅《死魂灵》译稿第一部第一章首页

（四）鲁迅题赠许广平著译签名本

2011 年年底，一批鲁迅题赠许广平著译签名本入藏鲁博，其中包括《坟》、《呐喊》、《彷徨》、《华盖集》、《出了象牙之塔》、《唐宋传奇集》（上下册）、《桃色的云》、《艺术论》（卢氏）、《而已集》、《苦闷的象征》（两种两册）、《苏俄的文艺论战》、《中国小说史略》（三种四册）、《热风》、《小说旧闻钞》、《三闲集》，凡 18 种共 20 册[1]，详情见下表：

[1] 其中《苏俄的文艺论战》为任国桢译，非鲁迅译本。

鲁迅题赠许广平著译签名本信息简表[1]

序号	书名	版本	题辞	钤印
1	《苏俄的文艺论战》（任国桢译，鲁迅作序《〈苏俄的文艺论战〉前记》）	北京北新书局1925年8月版	送给，害马。迅。九，一八。[2]	"鲁迅"
2	《中国小说史略》（合订本）	北京北新书局1925年9月版	颁于"害马"者也。[3]	
3	《热风》	北京北新书局1925年11月版	送给，广平兄。著者。一九二五，一一，一四。	"鲁迅"
4	《出了象牙之塔》	新潮社1925年12月版	送给，广平兄。译者。一五年一月一日。	"鲁迅"
5	《苦闷的象征》	北京北新书局1926年3月版	赠，广平兄。译者。一九二六，六，六。	"鲁迅"
6	《华盖集》	北京北新书局1926年版	一九二六年六月六日此给，害马。迅。	"鲁迅"
7	《呐喊》	北京北新书局1926年5月版	送给，广平弟。著者。一九二六，七，八。	"鲁迅"
8	《小说旧闻钞》	北京北新书局1926年8月版	一九二六，八，一二。送给，广平兄。编者。	"鲁迅"
9	《彷徨》	北京北新书局1926年8月版	寄赠，广平兄于广州。迅自厦门。一九二六年九月十七日。	"鲁迅"
10	《桃色的云》	北新书局1926年版	一九二六年十二月十五日。寄赠，广平兄。译者从厦门。	"鲁迅"
11	《坟》	北京未名社1927年3月版	给，害马。鲁迅。一九二七年三月一八日，在广州。	"鲁迅"
12	《唐宋传奇集》（上册）	上海北新书局1927年12月版	送给，广平兄。鲁迅。一九二七，一二，二九。在上海。	"鲁迅"

---

[1] 以"题辞"时间排序。

[2] 此册题辞无年份，据1925年9月18日《鲁迅日记》："访李小峰取《苏俄之文艺论战》十本"推断应为1925年。

[3] 此册题辞无年月日信息，据1925年10月7日《鲁迅日记》："下午往小峰家取《中国小说史略》二十本"且该月《日记》中有多次赠人（如许寿裳、郑振铎、韦素园、宋紫佩等）该书的记载，故推断应为1925年10月左右。

序号	书名	版权	题辞	钤印
13	《唐宋传奇集》（下册）	上海北新书局版		
14	《而已集》	上海北新书局1928年10月版	给我的爱人：广平。鲁迅。一九二八，十一，二六。在上海。	"鲁迅"
15	《艺术论》（卢氏）	上海大江书铺1929年6月版	送给，广平。译者。一九二九年六月三十日，同在上海。	"鲁迅"
16	《中国小说史略》（订正本）	上海北新书局1931年7月版	赠与，广平吾友。鲁迅。一九三一年九月十九日夜，上海。	"鲁迅"
17	《三闲集》	上海北新书局1932年9月版	广平晒存。迅。一九三二，九，一九。上海。	"鲁迅"
18	《中国小说史略》（上）	新潮社1923年12月版	十二，十二，十二。广平购。	
19	《中国小说史略》（下）	新潮社1924年6月版	一三，六，廿二。广平。	
20	《苦闷的象征》	新潮社1924年12月版		

由上表可以看出，这批鲁迅题赠给许广平的签名本中，除初版《中国小说史略》（上下册）为许广平自购题识及1924年12月版《苦闷的象征》无题辞外，其余16册[1]的签赠时间，由1925年9月18日至1932年9月19日，前后跨度7年。从二人在北京建立关系的初期至鲁迅在厦门，与许广平两地相隔；又到两人在广州相聚后至上海共同生活，各个时期，签赠从未中断。鲁迅对许广平的称谓，也从"害马""广平兄"到"我的爱人广平""广平"，有所不同，这也从侧面表现出二人关系的发展变化。

这批珍贵的鲁迅著译图书保存完好，品相极佳。既填补了鲁博鲁迅签名著译版本收藏的空白，可资版本学研究；又是鲁迅与许广平交往的纪念品，包含着丰富的历史信息，为二人的情感关系提供了新的一手物证，为相关研究提供了新的文献材料，具有极高的文学史及版本学价值。

---

[1]《唐宋传奇集》上、下两册只上册有题识。

鲁迅题赠许广平《而已集》封面　　　　　鲁迅题赠许广平《而已集》题签页

（五）油印本《生理学》讲义

即《人生象斅》，是鲁迅任浙江两级师范学堂教员时编写的生理学讲义，原为油印装订，其中附录《生理实验术要略》一文曾发表在 1914 年 10 月 4 日的杭州《教育周报》上，署名周树人。1952 年版唐弢编《鲁迅全集补遗续编》全册收录《人生象斅》；1981 年版《鲁迅全集》《集外集拾遗补编》仅收录《生理实验术要略》一文，后 2005 年修订时此文亦删去。

鲁博藏《人生象斅》（下文简称"《象斅》"），是由许寿裳题写书名并收存的，后在鲁博建馆初期，与其他许寿裳遗物一同由许寿裳遗孀陶伯勤女士捐赠入藏鲁博。这本《象斅》与国图所藏本不同之处在于：国图本《象斅》也是由许寿裳题名，但分订为两册。第一册自"绪论"至"呼吸系"，题为《人生象斅一》；第二册自"泌尿系"至"生象[1]实验术要略"，题为《人生象斅二》。而鲁博本《象斅》封面虽亦由许寿裳

---

[1]"象"为误字，实应为"理"。

题写，但所题为"《生理学》 周索士编"。此外，笔者将鲁博本《象斅》与刊印本《象斅》[1]粗校一过，鲁博本《象斅》起自"泌尿系第六"，终至"生理实验术要略"，如按国图本《象斅》许寿裳的析分法，鲁博本《象斅》实为"下册"《人生象斅二》，而非全本。至于许寿裳为何藏有两种共"一本半"《象斅》且这两种《象斅》是否有何差异，是值得细考的《象斅》版本问题。

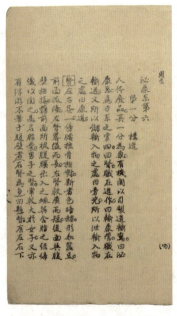

油印本《生理学》讲义正文首页

（六）《中国小说史略》（下文简称"《小说史》"）五种

1.《小说史大略》底稿

鲁博藏有鲁迅《小说史》残稿一页，书于九列朱丝栏稿纸上，内容为"在化生寺对佛说下誓愿"至"乃惟模仿前记而已"。经与下文

---

[1]笔者所用校本为天津人民出版社2018年版《鲁迅全集补遗》。

油印本《小说史大略》对比，此残稿与油印本讲义相应页高度一致——文本内容、文字布局、起始换列皆几乎完全相同。故而可知，此页残稿实为鲁迅《小说史大略》最初的底稿，是交给北京大学印刷科刻印《小说史大略》讲义用的。北大印刷科在收到这份送排稿后，因讲义为油印，故也未再重新排版，而是直接按照鲁迅的原稿进行刻印。排印后的稿子大部分已散失，仅残留了这一页。此页油印本《小说史大略》底稿是鲁迅《小说史》最早的一种版本，也是现存唯一的《小说史》原稿，文物价值珍贵。

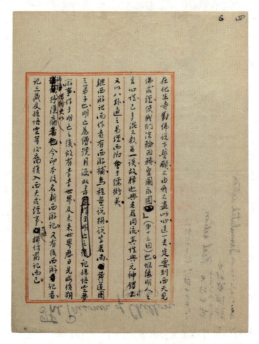

《小说史大略》油印本底稿

2. 油印本《小说史大略》（下文简称"油印本《大略》"）

1920 年起，鲁迅先后在北京大学、北京师范大学、北京女子师范大学等校教授中国小说史课程。油印本《大略》即该课程需用的讲义，往往是根据教学的进展，边讲、边印、边发的，既为散页，所以保存不易，留传下来的也就极少。鲁博现藏的这册油印本《大略》，是鲁迅在北大任教时的学生常惠自己装订保存下来的。常惠1920年考入北大法文系，因选修了鲁迅的中国小说史课程，故藏有这份讲义。1956年鲁博建馆时，常惠先生将这份珍贵的讲义捐赠给了鲁博。这本已装订成册的《大略》封面上题有"中国小说史""周树人著"。内页为筒子页，一页两面，每面10行，每行写满为27字。筒子页中间折缝处上端印"小说史"，下端印"周树人"。全书共110余页。

油印本《大略》是《中国小说史略》最早的原始版本[1]，内容相较简略，类似于纲要梗概，史料和叙议部分都还有待于其后逐步地补充、丰富和展开。

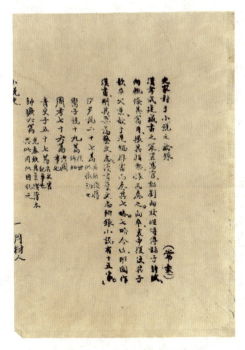

常惠捐赠油印本《大略》正文首页

[1] 因文本相异较大，故有研究者把油印本《大略》视为独立于《中国小说史略》的一种文本。如刘运峰编《鲁迅全集补遗》，即以《小说史大略》为题，按鲁迅佚文收录。

3. 铅印本《中国小说史大略》（下文简称"铅印本《大略》"）

上述油印本《大略》，因内容还较简略，刻印的质量也很一般，鲁迅并不很满意，一直有意修订重印。据常惠回忆，北大印刷科曾在油印后铅印过一次，但效果并不好。后来常惠因在编辑室帮忙，就向鲁迅提出承担起重新铅印讲义的任务。故这版铅印本《大略》，是由常惠校对，北大印刷科排印的。因当时常惠没有考虑好用"鲁迅"还是"周树人"署名，所以这版《大略》上没有出现著者的名字。

现在鲁博收藏的这份铅印本《大略》，是从建馆初期许寿裳遗媚陶伯勤女士捐赠的许寿裳遗书中拣出的。此册铅印本《大略》用竹纸印刷，本也是筒子页，一页两面，每面12行，题名《中国小说史大略》。全书为散页未装订，按序叠压平铺，共175页，其中目录2页。

铅印本《大略》由油印本《大略》的17篇扩展至26篇，删去了原首篇《史家对于小说之论录》。在篇章结构、材料运用、作品评议、文字论述等方面得到了极大的丰富。它是鲁迅以油印本《大略》为基础，进行大量补充和修改而成的，是《中国小说史略》从原始的课堂讲义到1923—1924年正式出版成书过程中重要的中间版本。

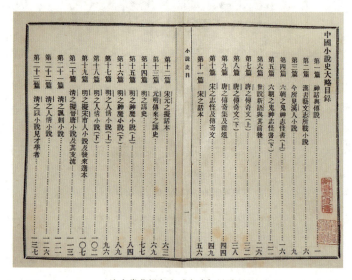

许寿裳藏铅印本《大略》目录页

4. 鲁迅手校本《小说史》

鲁博藏鲁迅遗物中，有一册 1933 年 3 月发行的第九版《小说史》，是 1968 年由周海婴先生捐赠给鲁博的。书中第 180、267、297—300、328 页，合计 7 页中有鲁迅校改手迹。这是鲁迅对《小说史》一次重要的、同时也是最后的校改，改动的 7 处文字主要是对《品花宝鉴》《花月痕》及《红楼梦》作者的修改和补充。对照现行的定稿本《小说史》，这几处文字都是依从了此册鲁迅手校本《小说史》中的校文，其版本意义不言而喻。

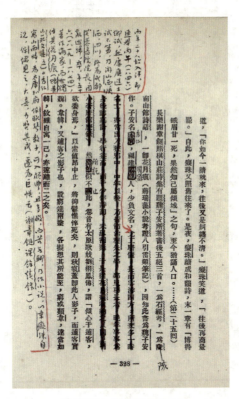

鲁迅手校本《小说史》页 328

5. 鲁迅签赠镰田寿日文本《中国小说史略》

1935 年 7 月，增田涉翻译的《中国小说史略》日文本《支那小说史》

由日本东京赛棱社出版。同年8月6日，鲁迅收到赛棱社寄赠书五册，随即题签一册赠给内山书店会计、镰田诚一之兄镰田寿。此册鲁迅签赠本现存于鲁博"鲁迅日文藏书"中。

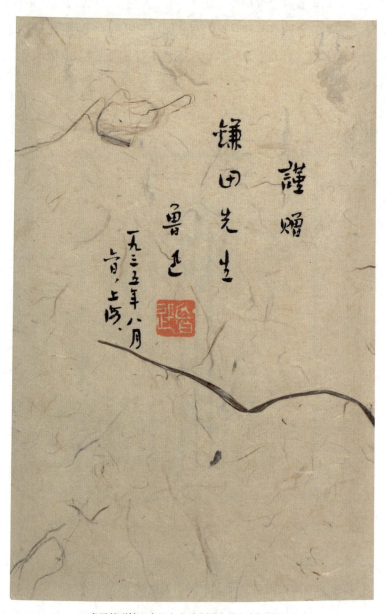

鲁迅签赠镰田寿日文本《中国小说史略》题签页

结语

笔者供职于鲁博文物资料保管部，整理馆藏文物、图书十余年。虽钻研不精，但耳濡目染、日熏月陶，对"鲁迅版本"类藏品略知一二。癸卯年春，笔者接漱渝先生钧命，嘱做一篇介绍鲁博馆藏鲁迅著译版本的文章。受命之初，笔者思路迷茫，不知如何下笔。既因鲁博此类馆藏丰富，万余字篇幅难以"种种俱到"；又因周国伟先生等前辈大作对于"鲁迅版本"所述已近完备，无需再鹦鹉学舌、续以狗尾。焦虑困惑中，漱渝先生打来电话，不厌其烦，由面及点，引导启发。笔者循先生所授脉络，择选鲁博馆藏"鲁迅著译版本"中较"稀见"甚至"独有"者，按类、目逐种简述，拉拉杂杂，赘成此文。因笔力不健，既未能一展鲁博馆藏之"丰富"，也未能一探诸种所述之"究竟"，颇有负寄望。唯愿读者朋友不计文字浅陋，如能因此对"鲁迅版本"生发一点兴趣，亦或是到鲁博走一走、看一看的话，则笔者就欣慰不已，幸甚至哉了。

上海鲁迅纪念馆藏鲁迅著作版本综述

王　璐

　　上海鲁迅纪念馆内藏品中最珍贵的是鲁迅本人的著作、译作原稿和他的遗物。1950 年许广平来上海指导恢复鲁迅故居时，考虑到上海春夏之交多雨，纸质文物容易霉变，而北京气候干爽，对保存文物有利，遂将鲁迅的大部分手稿、藏书运往北京图书馆和北京鲁迅故居，而将鲁迅在上海时期的各种生活用品、部分译稿、工具书和鲁迅收藏的大量创作版画，以及鲁迅逝世后，许先生搜集的各种报刊的纪念特辑和纪念文章的贴报本等留给了上海鲁迅纪念馆，其中就有 1938 年 8 月的《鲁迅全集》（纪念乙种本二十卷本）第一号，《海上述林》校样和《毁灭》等。

　　开馆后，许广平又委托国家文物局和鲁迅博物馆代上海鲁迅纪念馆征集一批鲁迅藏书的代用品，以补偿北运的鲁迅藏书。此后，上海鲁迅纪念馆陆续征集的文物、文献资料，绝大部分是从上海的旧书店、新华书店、文物仓库、文艺出版社等单位收购或调拨以及各大图书馆、博物馆和各地兄弟馆馆际交流所得，少量从外地或本市书商手中收购。一部分鲁迅诗稿、书信和原照是当年的受件人、收藏者和他的家属通过不同途径捐献或作价让与的。馆藏的鲁迅著作的各种外文译本，多数是外宾参观时馈赠，少量从外文书店收购或请我国驻外使馆搜集。

据笔者不完全统计，上海鲁迅纪念馆文物库藏鲁迅著作有全集、著作、翻译、校勘、汇编本等 120 余种，初版 110 余种。现根据上海鲁迅纪念馆馆藏的鲁迅全集、鲁迅著作、鲁迅译作、鲁迅与艺术、辑录与校勘、合作与汇编本等方面做一简要梳理。

一、鲁迅全集和专集

上海鲁迅纪念馆收藏的鲁迅著作版本中，有《鲁迅全集》（二十卷本）《鲁迅全集补遗》《鲁迅三十年集》《鲁迅书简》等四种初版，以及两种日文版初版，以下介绍均为上海鲁迅纪念馆收藏的初版本。

《鲁迅全集》二十卷本 1938 年 6 月 15 日由鲁迅全集出版社出版普及本，8 月 1 日以同一纸型由复社出版甲、乙两种纪念版。许广平 20 世纪 50 年代捐赠上海鲁迅纪念馆乙种本第一号。该套藏书为紫红色胶布封面，黑皮书脊并包角，烫金字，真金顶。内页用道林纸，插图用铜版纸。另附楠木双层书箱，高一尺三寸，宽一尺四寸，深五寸一分，正面箱盖上有蔡元培书"鲁迅全集　纪念本　蔡元培"。每套定价 100 元。版权页的长方形红色线框内，上端横印"鲁迅全集　第 X 卷"，并钤鲁迅白文朱印版权证印花。

《鲁迅三十年集》，1941 年 10 月由鲁迅全集出版社初版，32 开本，平装。此书由许广平编辑校订，以纪念鲁迅逝世五周年。这套书内容为"鲁迅先生从一九〇六年起至一九三六年间的一切著述"[1]，即 1938 年版

---

[1] 许广平：《〈鲁迅三十年〉印行经过》，马蹄疾辑录，《许广平忆鲁迅》，广州：广东人民出版社，1979 年（下同），第 140 页。

《鲁迅全集》中的创作、论著、辑录和考证古籍部分，共 29 种 30 册。鲁迅晚年曾对许广平说："只是著述方面，已有二百五十余万言，拟将截至最近的辑成十大本，作一记念，名曰《三十年集》。"[1] 许广平在《〈鲁迅三十年集〉印行经过》中谈到："早在一九三六年，先生即有意自行编印此集，不幸既病且死，未及亲睹其成。年前几经计划促成，卒亦以种种障碍未得如愿，时事的推移越甚，国民的追求至理愈殷，远近一致的督促，使我们既感且愧。"[2] 因此，这部书也有实现鲁迅遗愿的意思。全套书版式统一，各册封面与初版本基本一致，书脊上印书名，下印"鲁迅三十年集"及序号。这套书从 1941 年 9 月开始预订，出版社印有《鲁迅三十年集》发售预约的广告。许广平捐献给上海鲁迅纪念馆的文献中，就有设计样稿，以及正规印刷品，除内容与广告一致，还详细罗列了 16 家经售书店。

《鲁迅全集补遗》由上海出版公司 1946 年 10 月初版，该书收录鲁迅 1912 年至 1934 年间杂文、序跋、通信、译作等作品 35 篇，另有附录 15 篇，访问记 1 篇，为 1938 年版《鲁迅全集》出版之后的第一部鲁迅佚文集。此书是对鲁迅逝世十周年的一个纪念，正如唐弢在《编后记》中所说："'秋风起天末'，忽忽又到了鲁迅先生的忌辰，屈指一算，十年过去了。那末，在这十年祭的今日，这就算是我对先生的追思；并按先生遗志，也兼以献给在风沙中奔驰的'狮虎鹰隼'们！"该书的版式和装帧风格，与 1938 年版《鲁迅全集》近似。书后附《鲁迅先生笔名补遗》，景宋（许广平）作《读唐弢先生编〈全集补遗〉后》。上海鲁迅纪念馆还藏有 1948 年 6 月和 1949 年 11 月的上海出版公司的再版和第 3 版。

除中文版本的初版本外，上海鲁迅纪念馆另外还收藏了日文初版的

---

[1] 许广平：《〈鲁迅全集〉编校后记》，《许广平文集》第 1 卷，南京：江苏文艺出版社，1998 年，第 437 页。

[2] 许广平：《〈鲁迅三十年〉印行经过》，《许广平忆鲁迅》，第 140 页。

《鲁迅全集》和《大鲁迅全集》（七卷）。1932 年 11 月 18 日由日本东京改造社初版的《鲁迅全集》，32 开道林纸精装本，黄漆布硬封面。版权页上印改造社版权证印花，并钤"红梅"朱印印章。

《大鲁迅全集》（七卷），1937 年 2 月至 8 月由日本东京改造社初版。全集为大 32 开报纸精装本。每卷卷首均有各时期的鲁迅像、住所和手迹等照片。黑漆布封面，上部刻印鲁迅头像，书脊烫金字。外有透明纸护封和硬纸版书套。各卷分别出版，时间不一。全集出版时，改造社曾印行预订广告。首页上刊有编辑顾问名单，全集七卷书影；其他几页还刊有出版说明、全集总内容、各卷内容解说，还有中日两国进步文化人士郁达夫、茅盾、景宋等撰写的文章。上海内山书店是《大鲁迅全集》预订所之一。上海鲁迅纪念馆收藏有这份广告。

二、鲁迅著作

上海鲁迅纪念馆收藏有鲁迅 27 部著作的初版本，同时收藏有其他多个版本，如《呐喊》《彷徨》《野草》《二心集》等。

《二心集》，1932 年 10 月初版，收录鲁迅 1930 年至 1931 年间所作杂文、通信 37 篇，末附《现代电影与有产阶级》译文 1 篇。《二心集》是鲁迅唯一出售版权的文集。上海鲁迅纪念馆收藏有《二心集》版权费收据，为鲁迅毛笔书写于笺纸。高 23.8 厘米，宽 9.5 厘米。1 页。内容为："今收到二心集版权费大洋陆百元正。鲁迅。一九二三年八月二十二日。"钤"鲁迅"白文篆体印一方。《鲁迅日记》1932 年 8 月 23 日载："将《二心集》稿售去，得泉六百。"《二心集》稿费为钱杏邨代领，上海鲁迅纪念馆还收藏了临时收据，该收据的全文是："收到转给鲁迅先心（生）二心集版权费计陆百元整，稿件同时已交出，先由我出立收据，周先生亲笔版权让与证拿到，即将此收据撤回。此据。钱杏邨，八月廿二日。"

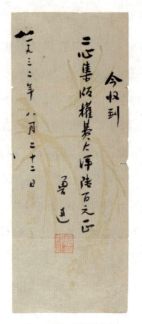

《二心集》版权费收据

　　《呐喊》，1923 年 8 月北京大学新潮社初版，署名鲁迅，大 32 开毛边本，道林纸印，平装，为"文艺丛书"之一。1924 年 5 月列入"乌合丛书"，改由北新书局出版。《呐喊》收录鲁迅作于 1918 年至 1922 年间的《狂人日记》《孔乙己》《药》《阿 Q 正传》等 15 篇。在该书的自序中，鲁迅写道："所谓回忆者，虽说可以使人欢欣，有时也不免使人寂寞，使精神的丝缕还牵着已逝的寂寞的时光，又有什么意味呢，而我偏苦于不能全忘却，这不能全忘的一部分，到现在便成了《呐喊》的来由。"[1]该书的封面是鲁迅自己设计的。深红色封面，书名是宋体"呐喊"二字。书名下方印"鲁迅"，用曲线相隔。书名和著者印于封面中上部。上海鲁迅纪念馆同时收藏有《呐喊》版税单。

　　《彷徨》，1926 年 8 月北京北新书局初版，为"乌合丛书"之一，

---

[1] 鲁迅：《〈呐喊〉自序》，《鲁迅全集》第 1 卷，北京：人民文学出版社，2005 年（下同），第 437 页。

《野草》，1936 年 11 月北新书局版

大 32 开道林纸毛边本，平装。这是鲁迅的第二本短篇小说集，收录作
于 1924 年至 1925 年间的小说《祝福》《在酒楼上》《伤逝》等 11 篇。
这部小说集没有序言，也没有后记，只是在正文前引了《离骚》中的两
段诗句："朝发轫于苍梧兮，夕余至乎县圃；欲少留此灵琐兮，日忽忽
其将暮。""吾令羲和弭节兮，望崦嵫而勿迫，路漫漫其修远兮，吾将
上下而求索。"该书由鲁迅的青年朋友陶元庆设计封面，对此，鲁迅极
为满意，评价甚高，他在给陶元庆的信中说："《彷徨》的书面实在非
常有力，看了使人感动。但听说第二板的颜色有些不对了，这使我很不
舒服。"[1]

　　《伪自由书》，上海北新书局 1933 年 10 月以青光书局名义初版，
32 开毛边本，平装。收录鲁迅 1933 年 1 月至 5 月间所作杂文 43 篇。
该书封面白底黑字，书名由鲁迅题写。上海鲁迅纪念馆还藏有其中手

[1] 鲁迅：《书信·261029 致陶元庆》，《鲁迅全集》第 11 卷，第 592 页。

稿二篇，即《言论自由的界限》《"以夷制夷"》，二篇手稿由新加坡实业家佘奕村 1994 年拍卖会拍下后捐赠上海鲁迅纪念馆。《言论自由的界限》手稿高 26.8 厘米，宽 21 厘米，共 2 页。初刊于 1933 年 4 月 22 日《申报·自由谈》，后收入《伪自由书》，文末有写作时间"四月十七日"。《"以夷制夷"》手稿高 27 厘米，宽 21 厘米，共 3 页，无写作时间。

《故事新编》，1936 年 1 月上海文化生活出版社初版，为"文学丛刊"第一集第二种，36 开本，有精装、平装两种。这是鲁迅继《呐喊》《彷徨》之后的第三部小说集，收录 1922 年至 1935 年间所作神话传说及历史题材小说 8 篇。鲁迅第一篇古代题材的小说是《不周山》，最初被收入《呐喊》，在《呐喊》印行第二版时，曾将《不周山》删除。直到 1936 年收入《故事新编》，但将题目改为《补天》。1935 年秋，黄源代表巴金向鲁迅约稿，鲁迅答应后，在原有几篇的基础上，抱病续写了数篇，并将原来拟定的《新编的故事》更名为《故事新编》。

上海鲁迅纪念馆收藏的《故事新编》手稿，为鲁迅 1935 年在文化生活出版社出版《故事新编》后赠送给黄源，20 世纪 50 年代黄源捐赠给上海鲁迅纪念馆，包括《序言》《补天》《采薇》《出关》《非攻》《理水》《起死》等，其中《补天》付梓誊清稿计 14 页，鲁迅抄 7 页半，许广平代抄 6 页半，与初刊本文字内容相同。

三、鲁迅译作

上海鲁迅纪念馆收藏有鲁迅 32 部译作，其中 29 部有初版本，有许多译作的版本都是全部收藏，如《壁下译丛》的 2 个版本，《现代新兴文学的诸问题》的 3 个版本，《文艺与批评》的 2 个版本，《文艺政策》的 2 个版本，《十月》的 5 个版本等。

《死魂灵》，上海文化生活出版社 1935 年 11 月初版，为黄源主编"译文丛书"之一种，大 32 开本，分精装、平装两种。该书是俄国著名作家果戈理的长篇小说，副题为《乞乞科夫的经历》。鲁迅据柏林列柱门出版社的德译本《果戈理全集》五卷本第三卷《乞乞科夫历险记或死魂灵》重译，同时参考日本东京那乌卡社出版的日译本《果戈理全集》进行校正，鲁迅 1935 年 2 月 15 日开始翻译，9 月 28 日译完第一部；9 月 29 日开始翻译第一部附录，10 月 6 日译完，1936 年 2 月 25 日开始翻译第二部，并作译者附记，第三章尚未译完，鲁迅即因病去世。第一部译文先在《世界文库》连载，后出单行本。该书为布面精装，由钱君匋设计，封面印有果戈理签名，外加护封，印有果戈理版画半身像。上海鲁迅纪念馆收藏的《死魂灵》为鲁迅题签本，扉页上有鲁迅亲笔题字"呈家璧先生，鲁迅，一九五三年 11 月十五日，上海"，是赠送赵家璧的初版初印本，后由赵家璧捐赠上海鲁迅纪念馆。

《死魂灵一百图》，1936 年 7 月鲁迅以三闲书屋名义自费翻印，由上海文化生活出版社发行，16 开本，分精装、平装两种。该书是俄罗斯作家果戈理小说《死魂灵》的版画插图集，收入俄罗斯版画家阿庚所作版画 103 幅，另附梭可罗夫所作绘画 12 幅。1935 年 11 月初，青年翻译家孟十还在一家旧书店里发现了一本 1893 年俄文版的《死魂灵一百图》，将这个消息告诉了鲁迅，鲁迅立即交给黄源 25 元转孟十还，将这部珍贵的原版书买下，随后决定翻印。在为该书所作的《小引》中，鲁迅说明翻印此书的目的"除绍介外国的艺术之外，第一，是在献给中国的研究文学，或爱好文学者，可以和小说相辅，所谓'左图右史'，更明白十九世纪上半的俄国中流社会的情形，第二，则想献给插画家，借此看看别国的写实的典型，知道和中国向来的'出相'或'绣像'有怎样的不同，或者能有可以取法之处"[1]。

上海鲁迅纪念馆还收藏有 1936 年鲁迅设计并手绘的《死魂灵一百图》扉页设计稿，它是由文化生活出版社编辑吴朗西捐赠给上海鲁迅纪

---

[1] 鲁迅：《且介亭杂文二集·〈死魂灵百图〉小引》，《鲁迅全集》第 6 卷，第 461 页。

念馆的。该设计稿高 24 厘米，宽 21 厘米，以红笔校改，画框，示意"死魂灵"三个字拟如框大小："要这样大，只好刻起来。"作者姓名要"改 5 号"。插图框内用铅笔写"锌板图"。

1936 年鲁迅设计并手绘《死魂灵一百图》扉页

《毁灭》，1931 年 9 月 30 日大江书铺初版，32 开白报纸本，平装。迫于当局压力，大江书铺避用"鲁迅"之名，改署"隋洛文译"，并删去《作者自传》《著作目录》，藏原惟人的《关于〈毁灭〉》，V. 弗理契的《代序：关于"新人"的故事》及鲁迅的《译者后记》。该书为法捷耶夫描写苏联国内战争的长篇小说。1929 年下半年，鲁迅据日本藏原惟人的日译本开始翻译，1930 年 12 月 26 日译完。最初连载于《萌芽月刊》及《新地月刊》，后因刊物遭到查禁而中止。此后，鲁迅又据英译本、德译本参校。

《毁灭》，1931年9月大江书铺版

上海鲁迅纪念馆收藏有《毁灭》译文散页誊清稿，高 27.2 厘米，宽 19.7 厘米，共 359 页。包括鲁迅亲自设计封面文字 1 页、《作者自传》、藏原惟仁《关于"毁灭"》、弗理契《代序》、目录及正文第一至第三部。

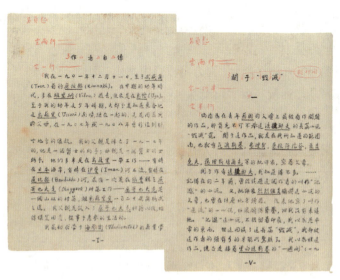

《毁灭》誊清稿

四、鲁迅与艺术

上海鲁迅纪念馆收藏有 14 部鲁迅与艺术方面的著作，其中 13 部有初版本，如收藏有《引玉集》1934 年 3 月和 1935 年 4 月由三闲书屋出版的全部 2 个版本，1934 年 6 月上海铁马艺术社印行的《木刻纪程》等。

《近代木刻选集》（1）、（2），分别为上海合记教育用品社 1929 年 1 月发行的"艺苑朝华"第一期第一辑，以及 1929 年 2 月发行的"艺苑朝华"第一期第三辑。许广平于 20 世纪 50 年代捐赠。

《近代木刻选集》（1）、（2）均为 16 开本，线装，都是鲁迅设计封面，并编选的外国木刻作品集，收英国、法国、美国等木刻家作品各 12 幅。鲁迅在《近代木刻选集》（1）《附记》里对书中的作者和作品进行了评介。对于外国木刻作品的引进、介绍，是鲁迅晚年所从事的一项重要活动，其目的在于"来扶植一点刚健质朴的文艺"[1]。

鲁迅在为《近代木刻选集》（2）所作的《小引》中阐释了复制木刻与创作木刻的区别，说明了"木口木刻"和"木面木刻"的差异，认为木刻是"力"的艺术，有"力之美"，只有"精力弥满的作家和观者，才会生出'力'的艺术来"[2]。卷末为鲁迅所作《附记》，对木刻作者和作品进行了介绍和评析。

《蕗谷虹儿画选》，上海合记教育用品社 1929 年 1 月发行。为"艺苑朝华"第一期第二辑。16 开本，线装。封面由鲁迅设计。20 世纪 50 年代许广平捐赠上海鲁迅纪念馆。

该书收录日本画家、诗人蕗谷虹儿的诗画作品 12 幅。鲁迅在该书所作的《小引》中概括了蕗谷虹儿的艺术特点，并说："虽然中国的复制，

---

[1] 鲁迅：《南腔北调集·为了忘却的记念》，《鲁迅全集》第 4 卷，第 496 页。

[2] 鲁迅：《集外集拾遗·〈近代木刻选集〉（2）小引》，《鲁迅全集》第 7 卷，第 351 页。

不能高明，然而究竟较可以窥见他的真面目了。"[1] "现在又作为中国几个作家的秘密宝库的一部份，陈在读者的眼前，就算一面小镜子，——要说得堂皇一些，那就是，这才或者能使我们逐渐认真起来，先会有小小的真的创作。"[2] 鲁迅在《为了忘却的记念》一文中提到："只有其中的一本《蕗谷虹儿画选》，是为了扫荡上海滩上的'艺术家'，即戳穿叶灵凤这纸老虎而印的。"[3]

《北平笺谱》，署鲁迅、西谛编。1934年北平诸家老号南纸店木刻水印，12开，线装，六册。共收340幅画作。该书为传统线装书样式，鲁迅设计开本、版式及装订形式，沈兼士题签，沈尹默题写扉页，魏建功书写鲁迅序言及目录，郭绍虞书写郑振铎序言。《北平笺谱》首印100部，每部版权页上均有鲁迅和郑振铎二人亲笔签名。许广平20世纪50年代捐赠上海鲁迅纪念馆的是签名编号第六十部。

《十竹斋笺谱》，许广平20世纪50年代捐赠上海鲁迅纪念馆。原本刊行于明崇祯十七年（1644），原为明代胡正言编印的木版水印花笺图谱，分为4卷，12开本，线装。鲁迅与郑振铎据北平通州王孝慈所藏原版本，以"版画丛刊会"的名义合资覆刻重印。收到覆刻的样张后，鲁迅在致郑振铎的信中认为"颇有趣，翻刻全部，每人一月不过二十余元，我豫算可以担任，如先生觉其刻本尚不走样，我以为可以进行，无论如何，总可以复活一部旧书也"[4]。《十竹斋笺谱》第一卷，于1935年3月印成。鲁迅生前只看到第一卷的出版，其余三卷，直到1941年方全部完成。卷一包括"清供""博古""画诗"等72种；卷二包括"胜览""入林""凤子"等77种；卷三包括"孺慕""棣华""闺则"等72种；卷四包括"寿征""灵瑞""香雪"等72种。

《凯绥·珂勒惠支版画选集》，上海三闲书屋1936年5月初版，8

---

[1] 鲁迅：《集外集拾遗·〈蕗谷虹儿画选〉小引》，《鲁迅全集》第7卷，第342、343页。

[2] 鲁迅：《集外集拾遗·〈蕗谷虹儿画选〉小引》，《鲁迅全集》第7卷，第342、343页。

[3] 鲁迅：《南腔北调集·为了忘却的纪念》，《鲁迅全集》第4卷，第496页。

[4] 鲁迅：《书信·340209致郑振铎》，《鲁迅全集》第13卷，第21页。

开本，线装。该书封面、版式、广告均为鲁迅亲自设计，也是鲁迅出资选印的德国女艺术家凯绥·珂勒惠支的版画集。

1930年7月15日，鲁迅托徐诗荃自德国购得凯绥·珂勒惠支作品集五种，次年又托史沫特莱向珂勒惠支本人求购版画原拓，1934年7月19日又自商务印书馆购得《凯绥·珂勒惠支作品集》一册。在此基础上，鲁迅选出21幅版画编辑成书。在该书《序目》中，鲁迅详细介绍了珂勒惠支的生平，评价了作品的特色，认为"在女性艺术家之中，震动了艺术界的，现代几乎无出于凯绥·珂勒惠支之上——或者赞美，或者攻击，或者又对攻击给她以辩护"[1]。"只要一翻这集子，就知道她以深广的慈母之爱，为一切被侮辱和损害者悲哀，抗议，愤怒，斗争；所取的题材大抵是困苦，饥饿，流离，疾病，死亡，然而也有呼号，挣扎，联合和奋起"[2]。

鲁迅在给好友许寿裳的赠书扉页中题字："印造此书，自去年至今年，自病前至病后，手自经营，方得成就。"

上海鲁迅纪念馆收藏鲁迅设计的《凯绥·珂勒惠支版画选集》封面设计稿，高29.7厘米，宽22.1厘米，1页。第一行"凯绥·珂勒惠支"，中间大字"版画选集"，第三行"一九三六年"，第四行"上海三闲书店印造"。有铅笔框线和箭头，朱笔"改中国着法"字迹等。右下角钤"黄裳鉴藏"朱文印1枚。由黄裳1961年捐赠上海鲁迅纪念馆。

---

[1]鲁迅：《且介亭杂文末编·〈凯绥·珂勒惠支版画选集〉序目》，《鲁迅全集》第6卷，第487—488页。

[2]同上。

鲁迅手绘《凯绥·珂勒惠支版画选集》封面

五、鲁迅辑录与校勘

上海鲁迅纪念馆收藏有 6 部鲁迅与艺术方面的著作，均有初版本，如《小说旧闻钞》的全部 6 个版本，《会稽郡故书杂集》的全部 6 个版本，《百喻经》1914 年 9 月初版本、《唐宋传奇集》的全部 8 个版本、《古小说钩沉》的全部 3 个版本、《嵇康集》的 2 个版本等。

《会稽郡故书杂集》署"会稽周氏藏版"，绍兴许广记 1915 年 2 月刻印，线装本。该书是鲁迅在 1909 年至 1914 年间辑录的，收录谢承《会稽先贤传》、虞预《会稽典录》、钟离岫《会稽后贤传记》、贺氏《会稽先贤像赞》、朱育《会稽土地记》、贺循《会稽记》、孔灵符《会稽记》、夏侯曾先《会稽地志》八种，每种各有分序。前四种内容为记述古代会稽郡人物事迹，共 128 则；后四种主要记述其山川地理、名胜传说等共 62 则。

《唐宋传奇集》，上海北新书局 1927 年 12 月上册初版，1928 年 2 月下册初版，32 开毛边本，平装。陶元庆绘制封面，取法于汉画像石图。该书为鲁迅辑校、考订唐宋传奇的一个选本，全书分为 8 卷，收唐宋单篇传奇小说 45 篇。卷首有鲁迅所作序例，卷末《稗边小缀》辑录有关作家作品资料，并对每篇传奇小说的出处做了必要的说明和考订。

六、鲁迅编纂的图书

上海鲁迅纪念馆收藏有 43 部鲁迅合作与相关汇编本，其中 34 种有初版本。

海上述林（上、下），上海诸夏怀霜社 1936 年 5 月初版上卷，1936 年 10 月初版下卷，大 32 开本，精装。该书为鲁迅编校的瞿秋白译文集。上卷《辨林》是文艺理论集，收入马克思、恩格斯、列宁关于文学艺术的经典理论，及高尔基的论文选等。下卷《藻林》是文艺作品集，有高尔基的文艺作品选，卢那察尔斯基的《解放了的董·吉诃德》等诗歌、小说、戏剧、散文作品。

据许广平回忆："关于从排字到打制纸版，归某几个人出资托开明书店办理，其余从编辑、校对、设计封面、装帧、题签、拟定广告及购买纸张、印刷、装订等项工作，则都由鲁迅经办，以便使书籍更臻于完美。"[1] 该书共印 500 部，其中 100 部为皮脊麻布面精装，400 部为蓝天鹅绒面精装。书脊及封底均烫金烙印"STR"（瞿秋白笔名史铁儿英文缩写）。

许广平 20 世纪 50 年代捐赠《海上述林》的校样给上海鲁迅纪念馆，高 28 厘米，宽 21.2 厘米。上卷 458 页，下卷 288 页，校样由鲁迅用红笔端正校改。

《萧伯纳在上海》，上海野草书屋 1933 年 3 月初版，32 开本，平装。署乐雯剪贴翻译并编校，鲁迅作序。英国戏剧家萧伯纳自 1931 年作环球游历，于 2 月 16 日到沪，17 日蔡元培邀请鲁迅赴宋庆龄寓所，与史沫特莱、伊罗生、林语堂等人一起招待萧伯纳。当夜鲁迅与避居自己居所的瞿秋白商议，拟将报刊所载有关萧伯纳报道等资料收集起来，他们认为对于同一人的评论，由于立场不同好坏也随之而异，将其汇为一编

---

[1] 许广平：《鲁迅回忆录》，鲁迅博物馆等选编：《鲁迅回忆录（专著）》下册，北京：北京出版社，1999 年，第 1192 页。

可以"都在一个平面镜里映出来"[1]。鲁迅在序中说"萧在上海不到一整天，而故事竟有这么多，倘是别的文人，恐怕不见得会这样的。这不是一件小事情，所以这一本书，也确是重要的文献"[2]。本书由许广平搜集材料，鲁迅、瞿秋白定编辑体例、分类圈定，杨之华、许广平剪贴汇成。

上海鲁迅纪念馆收藏有《萧伯纳在上海》校样，是许广平20世纪50年代捐赠的上海野草书屋初版校样。作于1933年3月。原书鲁迅、瞿秋白合编，署"乐雯剪贴翻译并编校"。书稿于2月底交野草书屋发排，随即打出校样。许广平以毛笔就红墨水初校，鲁迅黑墨笔迹复校。

《萧伯纳在上海》校样

综上，据笔者个人不完全统计，对上海鲁迅纪念馆收藏的鲁迅著作、编辑、汇编等相关版本做一简要梳理。我们看到一位集创作、翻译、学术、美术、辑校、序跋、书话、手稿等多维、立体的鲁迅，他不仅是文

---

[1] 鲁迅：《南腔北调集·〈萧伯纳在上海〉序》，《鲁迅全集》第4卷，第515页。
[2] 同上。

学家、编辑家、出版家，还是目光独到的美术家，引荐版画艺术给青年，和郑振铎一起编辑《北平笺谱》、复刻《十竹斋笺谱》，为中国特有的木版水印艺术留下了一份宝贵的印记。

国家图书馆藏鲁迅创作手稿版本谈

程天舒

一、国家图书馆藏鲁迅创作手稿概况

国家图书馆（下文简称"国图"）前身为京师图书馆，始建于1909年，1916年起正式接受国内出版物的呈缴本，开始履行国家图书馆的部分职能。作为国家总书库，图书文献的收藏和保护是国图的重要职责之一，其馆藏继承了南宋以来历代皇家藏书以及明清以来众多名家私藏，囊括三千多年前的殷商甲骨、公元4—11世纪的敦煌遗书、宋元明清善本古籍、近现代的进步书刊和革命文献，以及现当代各类出版物。目前，国图的中文文献收藏量居世界首位，外文文献收藏量全国第一（文内插图均为中国国家图书馆藏图片）。

尽管不是专职收藏鲁迅相关文物与文献的机构，但国图与鲁迅素有渊源，鲁迅在教育部社会教育司任职时，对京师图书馆的馆务建设多有参与，也曾借助该馆馆藏做古籍研究整理工作，本人还向该馆捐赠过书籍、刊物[1]。

---

[1] 参见王锡荣：《从〈鲁迅日记〉看他与北京图书馆的关系》，《图书馆学通讯》1981年第3期。

目前国图收藏有中文鲁迅著、译作品七千多种，包括大量初版、毛边本、签名本等珍贵版本。1981年9月至10月，由鲁迅诞辰一百周年纪念委员会发起，在北京鲁迅博物馆（下文简称"鲁博"）举办"鲁迅著作版本展"，据当时出版的《鲁迅著作版本展览书目》记录，展览中的"一九三六年以前的版本""一九三七——一九四九的版本""国外部分"都大量使用国图收藏的文献，如《中国矿产志》中华书局1912年订正第四版，《呐喊》北新书局1924年5月第三版，鲁迅题赠川岛新潮社1923年12月初版《中国小说史略》，鲁迅、许广平题赠孙斐君《两地书》初版，《而已集》初版、再版、三版毛边本等。

鲁迅、许广平题赠孙斐君《两地书》

除了出版物，国图还藏有鲁迅手稿400余篇7200余册／叶，约占存世鲁迅手稿数量的三分之一，包括辑校古籍、碑录、创作、译稿等。其来源主要有二：1951年，许广平向国家捐赠鲁迅手稿，由当时的中央人民政府文化部交予国图前身北京图书馆（以下简称"北图"）接受捐赠。

1956 年，为支持北京鲁迅博物馆开馆，北图将其中部分精品移交鲁博，其余部分仍由北图收藏。此外，周作人长子周丰一于 1950 年向北图捐赠一批鲁迅手稿。1951 年 10 月，为纪念鲁迅逝世 15 周年，北图举办鲁迅生活作品展览，展品中就包括许广平捐赠的手稿墨迹[1]。1953 年，北图为纪念鲁迅逝世 17 周年举办专门的鲁迅手稿展览，又展出《穆天子传》《奔月》《集外集拾遗》《死魂灵》《朝花夕拾》等手稿[2]。

自 20 世纪 80 年代开始，建立鲁迅著作版本目录学的工作就已初步显现实绩，包括基本的编目及专文研究，有《鲁迅著译版本研究编目》《鲁迅著作版本丛谈》《鲁迅版本书话》等专著陆续付梓。近年来，随着现代文学的史料学与版本学日渐为学界所重视，鲁迅著作版本研究从广度到深度也都有了新发展。鲁博、上海鲁迅纪念馆等鲁迅文物收藏单位已有专文介绍馆藏鲁迅著作版本，为免重复，本文专就国图藏鲁迅创作手稿版本做一介绍。

因"对自己的文稿并不爱惜，每一书出版，亲笔稿即行弃掉"[3]，鲁迅创作手稿存世数量并不多，"一生共写了七百七十多篇杂文，而现在保存下来的仅有一百七十多篇手稿。写小说三十三篇，而手稿仅存八篇"[4]。另有学者统计鲁迅创作手稿存有 231 篇[5]，盖因统计标准不同，具体数字有差异，但远远少于创作总量是毋庸置疑的。

由于作者本人无意保存，鲁迅创作手稿主要是发表或整理编集出版时由他人代为保存才得以留存，如由未名社青年作家保存的发表于《语

[1] 参见《举办纪念鲁迅展览》，国家图书馆档案，1951-&467-050-1-1。

[2] 参见《北京图书馆举办鲁迅手稿展览》，《文物参考资料》1953 年第 11 期。

[3] 许广平：《片段的记录》，鲁迅博物馆·鲁迅研究室·《鲁迅研究月刊》选编：《鲁迅回忆录（专著）》中册，北京：北京出版社，1999 年，第 707 页。

[4] 叶淑穗：《略谈鲁迅著作手稿的保存情况》，《鲁迅手稿经眼录》，北京：国家图书馆出版社，2021 年，第 184 页。

[5] 参见姜异新：《回归"书写中的鲁迅"——略论鲁迅手稿研究的学术生长点》，《现代中文学刊》2016 年第 3 期。

丝》《莽原》等杂志的部分杂文、小说和《朝花夕拾》集的大部分手稿，许广平保存的用于出版《且介亭杂文》《且介亭杂文二集》《且介亭杂文末集》《集外集拾遗》的大部分手稿，黄源保存的用于出版《故事新编》集的全部手稿。鲁迅手稿的主要收藏单位中，国图收藏创作手稿最多，除手书目录、扉页外，共计152种，主要包括：

1.《朝花夕拾》现存所有手稿：包括2篇小引、1篇后记、7篇散文，另有目录和扉页。《朝花夕拾》所收10篇回忆散文原以"旧事重提"为总题名发表于《莽原》半月刊，因此手稿中都有副标题"旧事重提之X"。这批手稿修改较多，目录、扉页、《小引》副稿都有鲁迅本人朱笔标注的排印格式。《二十四孝图》《五猖会》《无常》《父亲的病》《后记》等5种手稿都有红笔标格式字号等，是用于排印发表留下的痕迹。《朝花夕拾》稿件寄交韦素园、李霁野、台静农等[1]，鲁迅去世后由李霁野交还许广平。

《朝花夕拾》扉页手稿

《朝花夕拾》目录手稿

[1]参见1926年5月13日、9月20日、10月8日、10月16日鲁迅日记，《鲁迅全集》第15卷，北京：人民文学出版社，2005年（下同），第620、638、640、641页。

2.《且介亭杂文》三集手稿:《且介亭杂文》集的手稿全部完整保存,国图收藏35篇[1],并有鲁迅手书目录和书名页。《且介亭杂文二集》的手稿全部完整保存,国图收藏48篇[2],并有鲁迅手书目录和书名页。《且介亭杂文末编》于鲁迅生前开始编集,后经许广平编定。由鲁迅本人整理的稿件全部保存,国图收藏10篇,另有许广平编《附集》的3篇手稿,并有鲁迅手书书名页[3]。《且介亭杂文》三集手稿都由许广平保存。

3.《集外集》与《集外集拾遗》手稿:这两集收录旧作,手稿留存不多,国图收藏有38篇,其中大部分是修订《集外集》、编辑《集外集拾遗》时,鲁迅本人整理重抄的稿件。由许广平保存。现存创作手稿中,由《且介亭杂文》开始,基本使用同一种稿纸:高29厘米,宽21厘米,绿格,12列,每列36格,页脚专门留有写页码的位置[4]。

4. 早期创作手稿:《奔月》《〈坟〉的题记》《写在〈坟〉后面》《所谓"思想界先驱者"鲁迅启事》与译稿《说幽默》合订为一册。都使用绿格"语丝稿纸"。前三种都曾寄交韦素园[5]。《记"发薪"》是缺末

---

[1]现存《且介亭杂文》手稿中,《儒术》《韦素园墓记》各有两件手稿,国图与鲁博各藏一件;《看图识字》有两件手稿,国图与上海鲁迅纪念馆各藏一件;《关于中国的两三件事》另有日文手稿一种,藏于鲁博。

[2]现存《且介亭杂文二集》手稿中,《镰田诚一墓记》有三件手稿,上海鲁迅纪念馆、鲁博、国图各藏一件。

[3]现存《且介亭杂文末编》手稿中,《答徐懋庸并关于抗日统一战线问题》有两件手稿,鲁博与国图各藏一件。

[4]这种绿格稿纸是鲁迅晚年专门用于写作杂文的自印稿纸,《鲁迅日记》1934年8月4日记载,"费君来并为代印绿格纸三千枚",可能就是指这种稿纸,但鲁迅在此之前已开始使用这种稿纸写作,鲁博收藏的作于1932年的《南腔北调集》中的诸种文稿,也都使用这种稿纸。

[5]参见1927年1月4日鲁迅日记,《鲁迅全集》第16卷,第1页;参见1926年11月4日、11月14日鲁迅日记,《鲁迅全集》第15卷,第644、645页。

叶的残稿，与《凡有艺术品》等4种译稿合订一册，使用同样的普通稿纸，筒子叶对折装订成册。另有未装订的散叶单篇：《再来一次》，2叶，使用绿格"语丝稿纸"，并在稿纸上粘贴加纸，修改较多；《略论中国人的脸》，4叶，红格稿纸，缺首末2叶；《通信（复未名）》，2叶，红格稿纸，第2叶仅半张稿纸，手稿无题名，此稿寄交韦素园[1]。

由国图档案保存的许广平捐赠鲁迅手稿目录可以看出，鲁迅创作手稿在捐赠时基本都以文集形式保存，国图对这些手稿做清点、编目、保存时，也最大程度维持了文集形式的原貌。《朝花夕拾》《且介亭杂文》三集都保存了鲁迅手书的目录、扉页等，还有鲁迅编集整理时标注的页码、字号、排印格式等，几乎完整地体现了鲁迅创作、修改、定稿、初刊、结集出版的过程。

二、国家图书馆藏鲁迅创作手稿版本辨析

近年来，现代文学研究中手稿学的理论建构与学术实践都有了长足的发展，作家创作手稿被视作文学版本中的"祖本"[2]，文本发生学意义上的"起源的材料""前文本"[3]。但作家手稿大多由文博机构或私人收藏者存藏，大部分未曾公开流布，研究者难有机会窥见其真容与全貌，对其版本也很难做出准确判断。而相较于出版发行的印刷品，宏观如现代文学的生产方式，细微如作家的个人写作习惯，都交织进手稿文本中，令每一件手稿都具有独一无二的特性，更增加了辨析手稿版本的难度。

如以形成过程为区分依据，手稿版本大致可分为：草稿、修改稿、

---

[1] 参见1926年6月11日鲁迅日记，《鲁迅全集》第15卷，第623页。

[2] 参见高玉：《中国现代作家手稿作为"祖本"文学价值论》，《人文杂志》2021年第12期。

[3] 参见姜异新：《回归"书写中的鲁迅"——略论鲁迅手稿研究的学术生长点》，《现代中文学刊》2016年第3期。

誊清稿、发排稿、重抄稿[1]。但结合作家本人的具体创作习惯，实践中很难做到这样明晰具体的区分。以鲁迅为例，鲁迅创作时往往不拟提纲，跳过草稿，经充分酝酿构思后便动笔，"他在写文章以前，总是经过深思熟虑，腹稿打好了，就提起笔来，一气呵成，所以初稿往往就是定稿"[2]。不仅写短文"先把所要写的大纲起腹稿"，即便长文也能"连夜编写完成"[3]。此外，鲁迅写作随时都会斟酌修改，"边写边改，改完又改"，"有时候一句话没写完就改，有时候一个词没写完就改，甚至一个字没写完就改"，完成初稿后还会在同一稿本上多次修改，誊抄发排前修改，直至审阅校样和编选文集时还会持续修改[4]。因此，同一件鲁迅创作手稿可能兼具草稿、修改稿与定稿多重属性。

至于誊清发排版本，就目前保存的鲁迅创作手稿来看，早期手稿少见誊清稿，因鲁迅往往修改写定后即交予发表，编集出版前才会誊抄副稿，或请他人协助抄稿。晚年为应付审查制度，才较多以抄稿投寄发表。现存《朝花夕拾》集中的手稿，就是写定后即寄走的稿件[5]，在编集出版时，鲁迅抄写了一份稿件寄给未名社[6]。现存《〈朝花夕拾〉小引》就有两份手稿，与此文的初刊及初版版本对照可知，一份是发表用的原稿，一份是出版文集时鲁迅本人的誊抄修改稿，后者是目前仅见的早期创作手稿中的鲁迅本人誊抄稿。李霁野回忆鲁迅手稿时提及："我在把

[1] 参见丁文：《时代群像与代际书写——〈范爱农〉手稿与初刊本对读及其研究意义》，《海南师范大学学报（社会科学版）》，2023 年第 2 期。

[2] 许广平：《鲁迅先生怎样对待写作和编辑工作》，《新闻业务》1961 年第 2 期。

[3] 许广平：《鲁迅先生的写作生活》，《欣慰的纪念》，北京：人民文学出版社，1951 年（下同），第 101、102 页。

[4] 王锡荣：《鲁迅手稿校勘四题》，上海鲁迅纪念馆编，《中国现代作家手稿及文献国际学术研讨会论文集》，上海：上海文化出版社，2016 年（下同），第 234—235 页。

[5] 参见 1926 年 10 月 19 日鲁迅致韦素园信，"我于本月八日寄出稿子一篇，十六日又寄两篇（皆挂号），……因我无草稿也"。《鲁迅全集》第 11 卷，第 578 页。

[6] 参见 1927 年 9 月 22 日鲁迅致台静农、李霁野信，"《朝华夕拾》改定稿，已挂号寄上，想已到"。《鲁迅全集》第 12 卷，第 72 页。

鲁迅先生寄给我的书信及几种原稿送给景宋先生保存的时候，我向她说明，留下先生最后的一封信和《朝花夕拾·后记》复稿作为纪念。"[1]根据文意可知此"复稿"出自鲁迅本人手笔，应当与《小引》誊抄稿一样，是用于出版时抄写的稿件，可惜已遗失难觅。此外，在整理旧作编集出版时，鲁迅也会请人协助抄稿。如"《坟》的稿子是先生离京前交给未名社的，这时他对我们提到景宋，说稿子是她代抄的……《题记》和《写在〈坟〉后面》是以后寄到未名社的"[2]。许广平本人也说曾为鲁迅"代钞点《坟》之类的材料"[3]。《坟》收录旧作，需大量"搜集，抄写"工夫[4]，可由他人代劳；《题记》与后记则是作者"想到便写，写完便寄"的创作原稿[5]，因此未名社只保存了《题记》与后记手稿，而他人抄稿不存。李霁野等人也曾帮助鲁迅抄写副稿，"这三数位青年，一面在求学，一面在做译著、校对、出书等繁忙工作，仍留心保存先生手迹，一点一滴地抄出副稿付印"[6]。

不过，目前保存最完整的《且介亭杂文》三集似乎是另一种情况，与早期创作手稿相比，这些手稿修改较少，呈现整齐且整洁的面貌，最先利用鲁迅创作手稿做版本校勘的学者注意到这一点并做出解释："在这些保存下来的手稿中，许多是作者为了编文集而从最初刊出的报刊上手抄下来的（本校读记中称之为誊清稿），那上面往往只有极少的改动，甚至整页一字不改的情形也并不少见。"[7]"现在保存下来的鲁迅手稿，有两种不同的情况和性质：一种是最初投寄给报刊发表的稿子，姑且称

[1]李霁野：《关于鲁迅先生的日记和手迹》，《李霁野文集》第2卷，天津：百花文艺出版社，2004年（下同），第37页。

[2]李霁野：《未名社出版的书籍和期刊》，《李霁野文集》第2卷，第108页。

[3]许广平：《鲁迅和青年们》，《欣慰的纪念》，第55页。

[4]鲁迅：《坟·题记》，《鲁迅全集》第1卷，第4页。

[5]鲁迅：《坟·写在〈坟〉后面》，《鲁迅全集》第1卷，第298页。

[6]许广平：《鲁迅和青年们》，《欣慰的纪念》，第87页。

[7]孙用：《小引》，《〈鲁迅全集〉校读记》，长沙：湖南人民出版社，1982年，第2页。

它做'原稿',上面有或多或少的修改;另一种是编印集子的时候又从当初发表的报刊上抄下来的稿子,姑且称它做'清稿',上面几乎是毫无改动。本书中所说的手稿,都指原稿而言。"[1]认为鲁迅创作手稿呈现修改较少的面貌,一大原因便是现存手稿中很多是据刊行版本重抄的"整理稿"[2]。

这显然是借鉴传统版本学的"稿本""清稿本"概念,对鲁迅创作手稿做了简明有效的区分。不过,传统的"清稿本"以稿本为基础誊抄清楚,而鲁迅创作手稿中大量存在的"誊清稿""清稿""整理稿"却是以刊行出版的版本为抄写底本,在版本形成过程中有很大区别,因此这一论断也暗含着价值判断,认为其文本意义和版本价值与"原稿"相差甚远,甚至不能算作"手稿",有学者更呼吁在手稿全集之外,应另出一种"专收最初的原稿,不收后来为编集而誊录的清稿"的精简版本[3]。而国图藏鲁迅创作手稿,恰以晚年自编文集的手稿为主,以此标准而言,其版本学意义似乎略逊一筹。

而对鲁迅晚年创作生活有着最深了解的许广平回忆,1934年后,"因着不断的检查、压迫,先生每发表著作,后来多把副稿寄出,所以对于若干篇的被删除,得以从原稿补入在单行集子里"[4]。如仔细辨析,许广平所说"副稿"据原稿抄写,用于发表或出版,是一种更"标准"的清稿本。且透露一个重要信息:整理编辑单行本文集时依据原稿补正,即意味着另有原稿保存。已有学者敏锐地注意到许广平"副稿"说,判断鲁迅晚年因环境所迫,用于寄投发表的往往是本人或他人抄写的"清稿",编集出版则使用原稿,并指出这一时期的创作手稿情况复杂,须

[1]朱正:《引言》,《鲁迅手稿管窥》,长沙:湖南人民出版社,1981年,第4页。

[2]参见王锡荣:《鲁迅手稿的形态观察》,《现代中文学刊》2019年第6期。

[3]朱正:《鲁迅怎样修改自己的稿件?》,《鲁迅回忆录正误》,北京:人民文学出版社,2006年,第293页。

[4]许广平:《研究鲁迅文学遗产的几个问题》,《欣慰的纪念》,第6页。

具体辨析各稿件的版本[1]。

笔者结合鲁迅本人创作特点与创作手稿具体情况，归纳了以下几点可充分判定手稿是否原稿的标准：1. 修改，修改是判断手稿版本最直观的标准，如修改中除了简单的字词、标点校改，还有较多遣词造句修改者，则为原稿；2. 页码，有的原稿已标上单篇页码，编集时按文集编排顺序，将原页码数字直接改为新的流水号，说明手稿完成时间早于编集时间，当为原稿；3. 与初刊、初版版本对校，如发表时因审查修改删去的部分，初刊时增补恢复，而手稿中增补处并无删削者，则为原稿。以此标准判断，国图藏鲁迅创作手稿中，除了《集外集》《集外集拾遗》手稿，其余大部分为原稿，共有九十余篇。

此外，清稿的版本也有必要细致研判。首先，清稿也有不同类型：抄写所据底本不同，或据原稿抄写，或据发表版本抄写；抄写者不同，或由许广平代抄，或是鲁迅与许广平共同抄写，或鲁迅自己抄写。此外还有一类只在稿纸上剪贴出版物，加写题名、写作时间，以往不算作手稿，现在因"手稿"范畴变化，凡有作者手迹者都可算作手稿。此外，在同一手稿中有原稿与清稿并存的情况，如《编完写起》，正文是誊抄旧作，案语部分是创作原稿。其次，不同类型的抄稿版本价值也不同，其中最重要的显然是鲁迅本人抄写的稿件，因其抄写往往不只是机械复制，比如同一文章多次抄写过程中都可能有修改[2]，多年后整理重抄旧作还会做字句标点修改、增加"备考"、增写"案语""补记"等，未始不是一种再创作[3]。作者本人的抄稿也是文本生产中的一个不可或缺的环节，是创作手稿诸版本中不能忽视的一种版本。

---

[1] 参见符杰祥：《鲁迅文学创作手稿与稿本问题辨考》，《中国现代作家手稿及文献国际学术研讨会论文集》。

[2] 参见符杰祥《鲁迅文学创作手稿与稿本问题辨考》文中对《惯于长夜过春时》一诗修改的分析。

[3] 参见乔丽华：《重抄稿的意义——从手稿看鲁迅〈集外集〉各版本的编校》，《鲁迅研究月刊》2020 年第 5 期。

三、国家图书馆藏鲁迅创作手稿举隅

1.《〈劲草〉译稿序文》：《劲草》是俄国阿·康·托尔斯泰所著历史小说，现译《谢历勃里亚尼公爵》。约1907年冬，周作人从英译本转译，由鲁迅修改誊正，该译稿遗失未印行，仅存鲁迅以"译者"身份代作的序言残稿1叶，落款时间为己酉三月，即1909年4月至5月。稿纸中缝标"五"，应是文章叶序。手稿上还有周作人手书说明此为《劲草》译稿之序。使用十二行蓝栏稿纸，这种稿纸在现存鲁迅手稿中比较少见。本手稿是国图藏写作时间最早的鲁迅创作手稿。

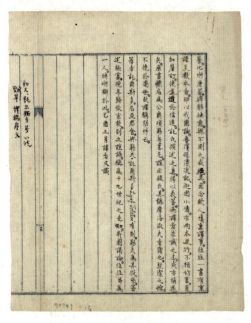

《〈劲草〉译稿序文》手稿

2.《〈朝华夕拾〉后记》：作于1927年7月11日，最初发表于1927年8月10日北京《莽原》半月刊第2卷第15期，署名鲁迅。《后记》手稿共19叶，文字部分使用"文艺丛书稿纸"，另有4叶插图，描绘"曹娥投江寻父尸"、老莱子戏彩娱亲、《玉历宝钞》等书中的无常图像，主要是剪贴在白纸上的印刷品，并有少量鲁迅手书文字与填描图案。其中最特别也最珍贵者当数鲁迅本人手绘"所记得的目连戏或迎神赛会中的'活无常'"，可窥见作者美术修养之一斑。

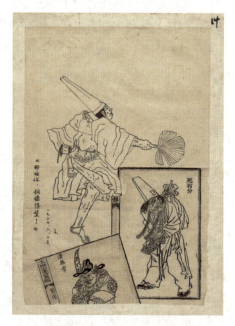

《〈朝华夕拾〉后记》中的无常图像

3.《奔月》：完成于1926年12月30日，初刊于1927年1月25日《莽原》半月刊第2卷第2期，收入小说集《故事新编》。手稿共16叶，使用绿格"语丝稿纸"，与其他5种鲁迅手稿合订为一册。本文手稿修改颇多，墨迹有浓淡之分，能够反映作者早期创作时大幅修改，初稿、修改稿与定稿合一的创作习惯。本文手稿是国图藏鲁迅手稿中唯一一种小说手稿。《奔月》另有一种用于出版《故事新编》的手稿，藏于上海鲁迅纪念馆，以《莽原》的发表版本为底本，有少量修改，最重要的一处修改是将落款时间从1926年12月30日改为1926年12月。

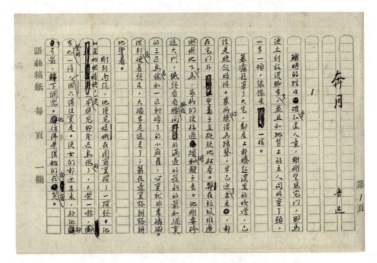

《奔月》手稿

4.《半夏小集》：约写于1936年8月或9月初，发表于1936年10月《作家》月刊第2卷第1期。"半夏"是中药名，药性微毒，以此为题有以毒攻毒之意。与鲁迅晚期创作手稿不同，使用普通白纸。据冯雪峰回忆，该文完成初稿后，由鲁迅口述修改，冯雪峰执笔改动，再由许广平誊抄用于发表[1]。本件手稿中墨色较淡的修改字迹出自冯雪峰之手。

5.《阿金》：作于1934年12月21日，原为《漫画生活》杂志撰稿，被审查抽去不得发表，直到1936年2月20日才刊发于上海《海燕》月刊第2期，署名鲁迅。被抽去的是许广平抄稿，现存鲁博，原稿用于编集，抄稿审查画红杠处在原稿对应位置划黑杠。《准风月谈》《花边文学》《且介亭杂文》出版文集时都以黑点或黑杠标示发表时被删改处。但只有《且介亭杂文》手稿得以完整保存，这一文集中，发表时被删改或全篇抽走的有《门外文谈》《不知肉味和不知水味》《中国人失掉自信力了吗》《脸谱臆测》《病后杂谈》《病后杂谈之余》《阿金》等7篇，除《病后杂谈》，其余几篇手稿中都以黑杠或黑点加以标示审查删改处，并据此刊行，使

[1]参见冯雪峰：《在北京鲁迅博物馆的谈话》，《雪峰文集》第四卷，北京：人民文学出版社，1985年，第494—505页。

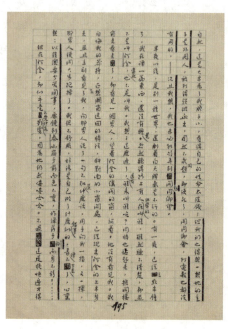

《半夏小集》手稿

《阿金》手稿

读者得见作者本意，并领略当时文艺审查之风气，"以存中国文网史上极有价值的故实"[1]。

　　6.《题〈中国小说史略〉赠章廷谦》，1923 年 12 月 13 日题写于赠给川岛的《中国小说史略》扉页。川岛即章廷谦，浙江绍兴人，毕业于北京大学哲学系，《语丝》撰稿人，曾在北京大学、厦门大学等校任职，与鲁迅交往密切。这段题赠诙谐亲切，作为佚文收入《鲁迅全集·集外集拾遗补编》。川岛夫人孙斐君是国立北京女子高等师范学校国文部第一期毕业生，与许广平有同学之谊。国图藏有鲁迅题赠川岛、孙斐君夫妇的题赠本 11 种，其中一册赠给孙斐君的《两地书》有鲁迅、许广平夫妇的共同题辞，弥足珍贵。

鲁迅题赠川岛《中国小说史略》

[1]鲁迅：《准风月谈·前记》，《鲁迅全集》第 5 卷，第 200 页。

编后记

中国现代文学巨匠鲁迅先生留下了丰厚的文化遗产，原创作品三百余万字，翻译三百余万字，生前著译编的各类出版物达上百部。就书籍而言，有独著（译），有合编。由类别划分，有文学类、艺术类、金石类、科学类，等等。而编辑的期刊、艺术图录，更是让人目不暇接。

要说属于鲁迅版权的所有出版物有多少，还真是无法统计。因为，其中有鲁迅生前出版的，正如读者所见；有身后出版的，如《且介亭杂文》《且介亭杂文二编》出版于鲁迅逝世后的 1937 年。有完结篇，如《呐喊》《彷徨》《野草》《朝花夕拾》《故事新编》创作五种；亦有未竟之作，如《古小说钩沉》。每一本书的版次也不尽相同。仅《呐喊》在鲁迅生前便出版了 23 次。再加上众多外译本及 1949 年以后出版的各种选集，"鲁迅版本"就更不可计数了。

由此可见，"鲁迅版本"衍生出来很多可以延展和深入下去的话题。《鲁迅版本书话》便是聚焦这一繁杂广博而又独具特色出版现象的初步研究成果的汇集。该书尽可能全面地从各个不同视角、多维度展现一代文豪鲁迅先生著译编各类作品不同时期的介质形态、成集版本，包括《鲁迅全集》、《鲁迅手稿全集》、著述单行本、著作版本、翻译、古籍整理、著作外译（含外语及少数民族文字）、美术图集、中学语文教材、数字版本，等等。有深入细致的个案追踪研究，如《呐喊》《集外集》《中国小说史略》《夜记》《阿Q正传》的版本考证、辑校与流变分析，讲述一部珍本，如何沾溉后人；又有或纵向梳理，或横向比较的专题研究，如在国统区高频出版的鲁迅著作，如何冲破重重障碍，进入革命根据地和解放区，成为革命队伍的精神食粮；亦有对物质载体媒介本身变迁的关注，如从鲁迅生前纸质版本流变的考察到新时代数字化电子书的专门研究；还有对从手稿写本到传世原本、重要印本，以及刊印过程的回溯，充满识见与趣味，如鲁迅辑校古籍留有手稿共计五十余种，其考订之细致、校勘之精良，无不彰显鲁迅本人对于古籍版本的重视、质疑与匡正。

斯文在兹，鲁迅先生穿越百年的经典文字、散落各地的金玉珠贝，在此汇集一册，可见其文化遗产传播之广、影响之深，而文脉相承。珍贵的书影图片与文字相得益彰，互相阐发，是鲁迅先生文化功绩的生动证明。纵览这些图像，版本绝佳者有之，淳朴者有之，开本甚大者有之，盈掌一握者有之，琳琅满目，在在呈现版本之美，观之令人振奋。

2023年是《呐喊》出版一百周年。一百年前，鲁迅凭其至精大作独霸文坛，率先显示了新文化运动的实绩。《呐喊》既是至高杰作，又是畅销之作，鲁迅生前版本中最后一次记录的印刷数量达48501册[1]。这是鲁迅文学极受欢迎、广泛传播的明证，也是中国近现代印刷出版业强劲发展的典范。

鲁迅著译编版本，是具有传世价值的中国近现代经典版本资源，弥足珍贵，有着鲜明的时代印记，可以说是中国近现代文明种子基因库的重要组成部分。在这样一个时间节点编辑再版《鲁迅版本书话》，既是对中国近现代出版史的回望与深思，也是对文化大师鲁迅的致敬与精神

---

[1] 上海：北新书局第14版（43501-48501），1930年。此后不再标明印数。

传承，更体现了走向未来的历史主动性，有着深厚的文化意味。

众所周知，鲁迅不仅是中国现代文学的开山祖，还是中国近现代图书馆事业的开拓者，为了守护文明火种，使古典微光不灭，鞠躬尽瘁、呕心沥血。《永乐大典》（残本）及文津阁《四库全书》便是由时任北洋政府教育部社会教育司佥事周树人（鲁迅）具体负责接洽并移藏京师图书馆（即现在的国家图书馆），从而免遭散失之厄运的。他笃于版本学、目录学，倾向所致，似出本能。修书工具保留至今，便是在提醒世人珍籍是何等脆弱。

鲁迅终生雅好积书，广收艺文瑰宝，耽溺愈深，痴书之情愈炽。自己可以不修边幅，书衣却不能不豪华，插图极为考究，装帧更追求精美，乃至独创美术字，在平面设计方面显现颇深造诣，堪称古今独步。作为藏书家的鲁迅，身后书籍累累，不乏存世孤本、铭心绝品，成为博物馆不可替代的珍宝。

是什么让知识不断地流动？是什么让不朽者不朽？永久保存鲁迅出版物的各类版本，无疑是赓续中华文脉、坚定文化自信、推动文明对话的重要使命之一。设立鲁迅版本总库和数据中心，组织鲁迅版本学术研究，策划优秀鲁迅版本资源展览，积极开展对外交流与合作，也是鲁迅文化遗产的守护人义不容辞的责任。

本书是在陈漱渝先生 2004 年主编的《鲁迅版本书话》的基础上补充、修订而成的，同样经历了版本的变迁。鲁迅著译编版本研究还有待于更多学者的加盟，汲取其中的历史智慧，贡献新成果，不懈传递文化薪火。

姜异新

2023 年 8 月 12 日于北京莲花河畔

陈漱渝
姜异新
何巧云

主编

副主编

鲁迅版本书话

（修订本）

上

国家图书馆出版社

图书在版编目（CIP）数据

鲁迅版本书话：全二册 / 陈漱渝, 姜异新主编; 何巧云
副主编. -- 修订本. -- 北京：国家图书馆出版社, 2025.6
ISBN 978-7-5013-8081-7

Ⅰ.①鲁… Ⅱ.①陈… ②姜…③何… Ⅲ.①鲁迅著作—
版本—研究 Ⅳ.①G256.22

中国国家版本馆 CIP 数据核字（2024）第037914号

书　　名	鲁迅版本书话（全二册）	
著　　者	陈漱渝　姜异新　主编	
	何巧云　副主编	
责任编辑	许海燕　王燕来　王佳妍	
装帧设计	爱图工作室	

出版发行　国家图书馆出版社（北京市西城区文津街7号　100034）
　　　　　　（原书目文献出版社　北京图书馆出版社）
　　　　　　010-66114536　63802249　nlcpress@nlc.cn（邮购）
网　　址　http://www.nlcpress.com
经　　销　新华书店
印　　装　北京雅图新世纪印刷科技有限公司
版次印次　2004年10月第1版
　　　　　　2025年6月第2版　2025年6月第2次印刷

开　　本　710×1000　1/16
印　　张　31.5
书　　号　ISBN 978-7-5013-8081-7
定　　价　128.00元

版权所有　侵权必究
本书如有印装质量问题, 请与读者服务部（010-66126156）联系调换。

版本，作品研究的基石
——关于鲁迅著作版本的断想

陈漱渝

　　研究任何问题都要从实际出发，否则就是无的放矢，空谈妄议。评价作家的主要依据就是他的作品，而辨识作品是否完整准确则需要考据版本。因为经过多次传抄、刻印，必然会出现不同的版本。

　　"版本"一词，始见于北宋。沈括《梦溪笔谈》卷十八："板印书籍，唐人尚未盛为之。自冯瀛王始印《五经》，已后典籍，皆为板本。"唐宋时期把用雕版刻印的书称"版"，把写本、抄本、拓本称为"本"。版本学就是研究书籍这一文字载体物质形态变迁的一门学科。在古代，版本学曾经是校勘学的一个组成部分，也跟目录学密不可分。校勘的依据就是版本。像中国古典小说的经典之作《红楼梦》，版本之多令人眼花缭乱，仅早期抄本就有十几种。不弄清版本，怎能校勘出一部贴近原著的《红楼梦》？

　　目录学也跟版本学不可分割。清代王鸣盛在《十七史商榷》中写道："目录之学，学中第一紧要事，必从此问途，方能得其门而入。"目录学不但在浩渺无际的书海中为读者指明了方向，而且在介绍书籍内容的同时也必然会涉及版本，因此有"校勘目录学""版本目录学"的称谓。

像《四库全书总目》，就著录了书籍及存目总计10322条，其中版本可分为武英殿刻印的版本和浙江杭州文澜阁抄本这两大系统。

随着现代科技的迅猛发展，又出现电子书。对于能掌握电脑技术的读者而言，这种版本保存轻便，检索快速，可以全文搜索，也可以按关键词检索。不过，电子文本毕竟是靠人工输入制作的，输入制作的质量决定了电子文本的质量。所以，在进行学术研究时，还是应把纸质文献跟电子文本相互参照，不能贪图省事，光靠电脑检索一锤定音。

在完善"鲁迅学"学术体系的过程中，加强鲁迅著作版本研究是一项刻不容缓的工作。然而这项工作艰苦又寂寞，不为当下学术评估体制所重视。我的国学根基甚浅，可以说不懂校勘、版本之学。但因为多次参与《鲁迅全集》的修订，迫使自己不得不思考这方面的问题，偶尔也有些断想。

广义上的著作泛指所有形式的成书作品，包括专著、译作、编撰作品等。如果按出版单位区分，鲁迅著作可分为权威单位出版和一般出版社出版这两大类。1949年前的"鲁迅全集出版社"和1949年后的人民文学出版社鲁迅著作编辑室（中国现代文学编辑室）就是相对权威性的出版部门。相对而言，所出鲁迅著作在收集、校勘和注释诸方面都是值得信任的，非那些出于商业动机出版的鲁迅著作可以比肩。如按出版地分类，已遍及全国各省及自治区，还包括海外。按出版形态分类，有全集本、单行本、通行本、写刻本（如魏建功手书《鲁迅旧体诗存》、《鲁迅手稿全集》、《鲁迅诗稿》、鲁迅刻印的《生理学》讲义）。就出版先后分类，有初版本、重印本、翻印本。按版式字体分类，有大字本、小字本等。按纸质分类，有道林纸、黄土纸、灰报纸、白报纸、胶版纸等。按内容分类，有足本、删节本（如《拾零集》《不三不四集》）。按装帧分类，有平装本、线装本、精装本、毛边本。按文物价值分类，有珍本、善本等。

何谓珍本、善本？顾名思义，珍本就是罕见的书，包括出版早（旧刻、旧抄）、装帧好和流传少的版本。在2007年中国书店的秋季拍卖活动中，鲁迅的《域外小说集》第一辑以297000元成交；鲁迅与郑振铎1933年合编的《北平笺谱》编号签名本以418000元成交，可证其珍贵。善本就是校勘精确、讹误极少的版本。无论珍本、善本都兼具学术资料性、艺术代表性和历史文物性，是出版物中实物载体的精粹。就鲁迅著作而言，其1949年前的初版本均属于珍本，1938年6月鲁迅全集出版社出版的《鲁迅全集》纪念本（仅三百套）无疑也属于这样的珍本，许广平保存的1938年版编号001的《鲁迅全集》更是珍本中的珍本。就文物价值而言，鲁迅著作的签名题赠本均属珍本。就装帧考究而言，1935年7月，日本东京赛棱社出版的鲁迅《中国小说史略》的日文译本堪称珍本。鲁迅在6月10日致增田涉信中说："《中国小说史》豪华的装帧，是我有生以来，著作第一次穿上漂亮服装。我喜欢豪华版。"同月27日在致山本初枝信中也说："《中国小说史略》，也已发排，由'赛棱社'出版，好像准备出豪华版。我的书这样盛装问世，还是第一次。"

装帧豪华的出版物固然是珍本，印刷简陋而稀有的版本也可能成为珍本。我于1989年初次到台湾访问时，诗人莫渝赠送我四本鲁迅作品的小册子：《阿Q正传》《狂人日记》《药》《故乡》，1947年由台湾省东华书局东方出版社、现代文学研究会分别出版，列为《中国文艺丛书》和《现代国语文学丛书》。当时正值台湾光复，为消除日本殖民文化影响，特以鲁迅作品为教材，帮助台湾六百多万同胞在跟祖国隔绝半个世纪之后真正理解中国现代文化。这些书不仅在大陆无处寻觅，而且在台湾也已成为孤本。这些小书是当年台湾"去殖民化""再中国化"的历史证物，不仅具有文学价值，而且具有不言而喻的政治意义。

鲁迅在《杂谈小品文》中写道："不过'珍本'并不就是'善本'。"根据我的体会，鲁迅著作的珍本的辨识度较高，容易确定，而确定可作为校勘底本的善本难度极大。鲁迅著作的初版本，因其出版年代久远，存世不多，均可视为珍本，但却未必能当作校勘的底本。《呐喊》的初版本1923年8月由北京大学第一院新潮社印行，距今整整一百年，但1930年1月《呐喊》第13版抽掉了《不周山》，后改题为《补天》，移入《故事新编》，这才成为该书的定本，不过此后鲁迅又手书了《〈呐喊〉正误》共两页，订正了书中的文字错讹共45处，说明第13版的错字反倒多于初版。所以，今天校勘《呐喊》，应以初版、第13版和《〈呐喊〉正误》为依据。鲁迅的散文诗集《野草》出至第7版后，《题辞》都被国民党检查机关删去，所以7版至11版均不能作为校勘底本。鲁迅杂文集《准风月谈》《花边文学》《且介亭杂文二集》出版后恢复了原载报刊被当局删掉的文字，所以校勘时都不应依据初刊文本。

鲁迅的学术论著《中国小说史略》，有一个由油印本到铅印本，由分上、下两册到修正合订的演变过程。讲义本始于1920年，铅印本始于1923年，但直到1935年6月上海北新书局出的第10版才成为不断修改后的"定稿本"。所以，校勘《中国小说史略》必须以第10版为底本，别无选择。

鲁迅的译文与此相类。鲁迅译作《一天的工作》收录了八篇苏联短篇小说，其中《苦蓬》《肥料》《我要活》这三篇曾经在不同杂志发表。据乔丽华博士用初版本跟初刊本对照，鲁迅出书之前对这三篇的改动至少有160处。所以，初刊本也未必都能作为校勘的唯一依据。

当然，如果鲁迅手稿犹存，肯定是校勘的重要依据。鲁迅《汉文学史纲要》一书的书名一直被学者质疑，因为此书的内容并非汉族文学史，亦非汉代文学史，而是一部未完成的中国文学史专著。有幸的是，这本书的手稿本和厦门大学授课时的油印本犹存。根据鲁迅在中山大学留存的史料，他当年讲授的是"中国文学史"（上古至隋），而厦门大学油印本的中缝，一至三篇分别刻印为"中国文学史略"或"文学史"，但第四篇至第十篇，均刻印为《汉文学史纲要》，可证这一书名是鲁迅自定，而非许广平擅改。不过，鲁迅本人并不爱惜手稿，随写随扔，甚至流入小摊被用于包油条。鲁迅创作手稿大多佚失，现存的又有不少是发排前的誊抄稿，并非原稿，这就给我们选择校勘底本带来了很大困难。然而，校勘的原则是"确定善本，广求辅本"，所以研究者只能迎难而上。

除去确定校勘的底本难，厘清作品的始发时间和出版时间有时也很麻烦。麻烦之处在于，有些鲁迅著作版权页的出版时间跟实际出版时间并不相符。比如《华盖集续编》封面印的出版时间是"一九二六"，鲁迅亲自编定的《鲁迅译著书目》也系于"一九二六年"项下。但此书所收《〈华盖集续编〉的续编》明明写的是"一九二七年一月八日，鲁迅记"，而本书末篇《海上通信》的写作时间是"一月十六夜，海上"。任何书籍的文字都没有先印刷后写作的道理。鲁迅 1927 年 5 月日记记载："得春台信并《华盖集续编》一本，四日发。"春台即孙福熙，1926 年曾任上海北新书局编辑，可证此书实际出版时间是在 1927 年 5 月 4 日之前。1938 年版《鲁迅全集》版权页曾印为同年"六月十五日初版"，但最终印全的时间是同年 9 月 15 日。

作品最初发表时间和报刊也不能妄断。鲁迅《〈全国木刻联合展览会专辑〉序》，2005 年版《鲁迅全集》注为"最初发表于 1936 年 11 月天津《文地》月刊第一卷第一期"。据西安交通大学中文系曾祥金老师考证，首发的时间应为 1935 年 6 月 15 日《庸报·另外一页木刻专刊》。鲁迅去世之后，木刻家唐珂再次将此文发表于他主编的《文地》月刊《哀悼鲁迅先生专辑》。报纸发表的是誊清稿，手稿现保存在国家图书馆，已收入 2021 年出版的《鲁迅手稿全集》。《庸报》《文地》和《鲁迅全集》的文字有十几处不尽相同，这就提出了一个校勘时应以哪个版本为依据的问题。以上所述，旨在说明鲁迅著作版本研究是一个十分复杂而无法回避的问题。

提到建立和完善鲁迅研究的版本学，我脑海中不禁浮现出两位专家的身影。首先是出版家和藏书家丁景唐前辈和周国伟先生。丁先生在 20 世纪 30 年代就开始搜购鲁迅著作的版本，其中包括鲁迅翻译的《地底旅行》初版本，抗战时期延安出版的《鲁迅杂感选集》和《一件小事》的土纸本。特别难得的，还有被国民党审查部门查禁之后改头换面出版的鲁迅著作，如《不三不四集》（《WEI ZJU SHU》），即《伪自由书》，以及《二心集》的十种不同版本。1961 年鲁迅 80 周年诞辰，丁景唐先生即组织人力编著《鲁迅著译版本书目》，后由于"文革"开始而工作中断。1996年10月，上海鲁迅纪念馆研究馆员周国伟吸收了有关成果，独立编撰了一部《鲁迅著译版本研究编目》，由上海文艺出版社出版。该书共分为九个部分，介绍了305种鲁迅著译的版本。这是一种不求名利的工作，也是一种惠泽后世、功德无量的工作。我书桌狭小，但案头常年陈放的就有这本《鲁迅著译版本研究编目》，让我时时缅怀这些在鲁迅研究园地不尚喧哗而默默劳作的耕耘者。

我对鲁迅著作版本虽无研究，但2004年承孔夫子旧书网创始者之一和宏明博士的邀请，主编了一套《鲁迅版本书话》，分上、下册，由北京图书馆出版社（今国家图书馆出版社）出版。该书比较全面地介绍了鲁迅著译的各类版本，包括鲁迅书籍的装帧艺术，是为数不多的此类书籍中较为全面充实的一种，配制的插图更多，收到了图文并茂之效。19年之后，国家图书馆出版社同意重印此书，但同时提出，"旧版本的内容应该更新，图片精度也不够，所以重印也相当于重新做了一本书，不如索性修订，升级一下"。我觉得这个意见十分中肯，理应接受。任何人都不应该原地踏步，不断重复自己。遗憾的是，我虚岁八十有三，艰于行走又不会电脑，收集资料困难多多。承蒙北京鲁迅博物馆姜异新副馆长和何巧云副研究馆员应允合作，又新邀请了一些知名学者共襄盛举，这部书终于以新的面貌跟读者见面了。当然，我所说的"新的面貌"也许跟读者的期待还有差距，跟正式完成一部《鲁迅著作版本研究》专著的距离更是遥远。不过，学术大厦毕竟是一砖一瓦垒砌而成的，哪怕是增加一点点高度，也就离完成整个工程更近。古人云："不积跬步，无以至千里；不积小流，无以成江海。"想到荀子《劝学篇》中的这句话，我还是感到十分欣慰。

是为序。

癸卯年谷雨时分匆作

目　录

第一章　鲁迅全集

谈《鲁迅全集》

朱　正

到 1981 年为止，已经出版四种《鲁迅全集》。

一

鲁迅去世后不久，许广平和胡愈之等一些人即着手编辑《鲁迅全集》，这就是 1938 年鲁迅先生纪念委员会编、上海复社出版的第一种《鲁迅全集》。全书计分二十卷，包括著作、翻译和辑校的古籍三个部分。蔡元培为这一版全集所撰的序言，同时说及了鲁迅在著作、翻译和辑校古籍这几个方面所做的工作和成绩。

1948 年，解放区大连光华书店曾据这一个版本翻印，因为这没有什么版本上的特色，这里就不单独说它了。

这一版成书仓促，计划难以周详，工作也不够细致，号称全集，其实不全。一是未将书信和日记编入。那时大量书信散存在收信人手中，一时不易收集，不及编入全集是可以理解的。而存放在许广平手中的

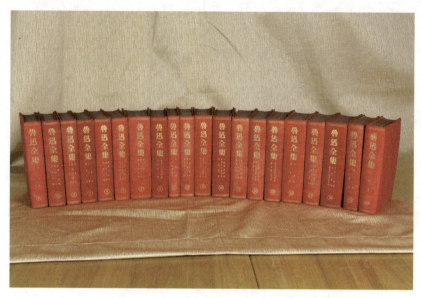

1938年8月1日上海复社出版纪念本第109号

日记，当时是完全可以编入的。因为当时没有编入，就造成了无法挽回的损失。1941年12月太平洋战争爆发，日军占领上海租界，许广平一度被捕，鲁迅日记也被抄去，待到发还时就缺失了1922年这一本。

除了未收书信和日记之外，这一版全集在编辑意图上还是力求完全的。不论著、译或是辑校的古籍，凡是已经出过单行本的，悉数收入；没有编成集子的单篇，著作部分辑为《集外集拾遗》一种，编入第七卷；翻译部分辑为《译丛补》一种，编入第十六卷。辑校的古籍，鲁迅生前只有《会稽郡故书杂集》《小说旧闻钞》和《唐宋传奇集》三种曾经出版过（《会稽郡故书杂集》是木刻本）。这一版全集在收了这三种之外，还收入了《古小说钩沉》和《嵇康集》二种。

出书之后，人们就发现，它虽然号称全集，其实不全。《集外集拾遗》和《译丛补》并未网罗全部遗著遗译，于是就有人来做辑佚补遗的工作。唐弢编的《鲁迅全集补遗》和《鲁迅全集补遗续编》先后于1948年和1952年在上海出版公司出版。许广平也将从收信人手中征集到的书信855封和断片三则编成《鲁迅书简》一部，于1946年以上海鲁迅全集出版社名义出版。

唐弢的补遗，除了若干单篇的著作和译文以外，在辑校古籍方面增补了《小说备校》一种，显然是据手稿编入的。此外还有鲁迅早年自然科学方面的作品，即《中国矿产志》和《人生象敩》。

日记的公开发表就更晚了一些。1951年上海出版公司才根据手稿出版了一种影印本。

这一版全集，加上唐弢的补遗及其续编，加上许广平编的书简集，再加上影印本日记，依然不能算是一部完全的鲁迅全集。除了还有相当数量的佚文和大量书信有待编入之外，就说辑校古籍方面，全集只补入了《古小说钩沉》《嵇康集》和《小说备校》这三种，是远远不够的，在这方面鲁迅做的工作要多得多。北京鲁迅博物馆和上海鲁迅纪念馆合编的《鲁迅辑校古籍手稿》影印6函49册62种，其中有些只是抄录，不必列为辑校，自不应收入之外，有些在稿本上写明"会稽周树人校录"并写有序言的，例如谢沈《后汉书》、虞预《晋书》、《范子计然》、《魏子》、《任奕子》、《志林》、《广林》；此外，谢承《后汉书》撰有序言，《云谷杂记》有序、跋和札记（即校记），《岭表录异》的校记有11页之多。他的这些工作，正如蔡元培在全集序言中说的，是"完全用清儒家法"，可以看出他治学的严谨和功力，这些都是应该收到全集中去的。上述诸种收入全集的理由，至少不会比《小说备校》更少些。

对于这一版全集，冯雪峰作了这样的评价：

> 这全集虽然离完善的地步还很远，但已经把鲁迅先生的著译做了第一次的整理。在保全和流传鲁迅先生遗著的工程上已经完成了极重要的必须做的一步工作。只因为当时是在极困难条件之下仓卒编成，既不可能把书信、日记等以及未印的著作都编入无遗，也不可能没有编辑校对上的错误；这是当时条件所限制，有待于第二次的整理和重编重校的。（《雪峰文集》四，第567页）

二

1950 年 10 月，冯雪峰受命主持这个"第二次的整理和重编重校"工作，即草拟了一个《鲁迅著作编校和注释的工作方针和计划草案》。其中提出了出版三种版本的考虑：

> 甲、最完整的全集本——即把鲁迅的全部文学工作可以收印的东西都编进去（编法以现在的全集为底子，而加进全部书简、全部日记、编选的画集和其他著作与翻译的遗文。此种全集本，主要的是为了保存和供给研究者之用，印数不要多，只够全国图书馆、大学和高等学校及个人研究者具备就是了，但印刷装帧和校对都必须讲究，以便保存长久并能作为查考之根据。至于是否要把注释作为附录，则再作决定）。乙、注释单行本（以著作部分中的主要作品为主，即在小说、散文和杂文的单行本中挑出最重要的附注释出版）。丙、注释选集本（从鲁迅的小说、散文和杂文中选出最重要和能代表他思想与文学的各方面的作品，编辑鲁迅选集，并附以注释）。（同上书，第 561—562 页）

这个方针计划经中共中央宣传部批准后，即付诸实施。据 1951 年 4 月冯雪峰为许广平《欣慰的纪念》写的序言中透露："最近在我们的党中央宣传部的督促和指示之下我们已经有少数的几个人在从事研究鲁迅的工作，搜集鲁迅传记的材料就是工作中重要的一项。"（同上书，第 487 页），前面所引的方针计划草案中有"鲁迅传记的可靠的材料收集和整理"这一项目。可以知道两篇文章说的是一件事。

只是当时对这一工作的困难程度估计不足，计划草案提出，"最完整的全集本的编校工作，1952 年内完成"。预计费时两年又两个月。实际上这个新版本到 1956 年 10 月才出版了第一卷，以后陆续出版。最后一卷第十卷到 1958 年 10 月才出版。为分别起见，我们简称前一个版本为"三八年版"，称这一个版本为"十卷本"。

《鲁迅全集》十卷本

十卷本第一卷前面的"出版说明"说明了这个版本的特点：

> 　　这次出版的《鲁迅全集》是一种新的版本。它同一九三八年由鲁迅先生纪念委员会编辑和鲁迅全集出版社出版的全集最大的不同，是这个新版本专收鲁迅的创作、评论和文学史著作等；他翻译的外国作品和编校的中国古代作品都不收入在内，这些翻译的和编校的作品将另行整理和出版。此外，本版新收入现在已经搜集到的全部书信。

从这里可以看到，这个新版本已经不是冯雪峰的方针计划中设想的那个"最完整的全集本"了。当初设想的，是"以现在的（即三八年版）

全集为底子"，再"加进"书信、日记等，甚至连"编选的画集"都加进去，而没有说要从三八年版抽出什么来，总之是只做加法，不做减法。而到了出版这个新版本的时候，却是有加有减了。加的，是"现在已经搜集到的全部书信"，减的就是译文和辑校的古籍了。这些"将另行整理和出版"。1958 年 12 月，人民文学出版社出版了十卷本的《鲁迅译文集》，内容即三八年版全集第 11 卷至第 20 卷，唯第十卷《译丛补》较三八年版同名者篇目有所增加。至于古籍部分，曾见过出版预告，说是将分三卷（后来又说是四卷）出版，现在似乎还没有出书。十卷本也不包括日记。1959 年 8 月人民文学出版社分上下两册出版了日记的排印本，和十卷本全集配套。

比起三八年版来，十卷本全集有注释，更便于读者看懂鲁迅的文章，这是一个进步。

三八年版有校勘不精而出现的错字，却没有改动鲁迅的文章，十卷本却有个别的改动。且看《〈竖琴〉前记》中的几句文章：

三八年版：

> 则当时指挥文学界的瓦浪斯基，是很给他们支持的。托罗茨基也是支持者之一，称之为"同路人"。（第十九卷第 10 页）

十卷本：

> 则当时指挥文学界的瓦浪斯基，是很给他们支持的，称之为"同路人"。（第四卷第 332 页）

删了一句。在苏共的党内斗争中，不但要托洛茨基从现实世界中消失，也要他从历史记载中消失。冯雪峰反托是很坚定的，他不愿《鲁迅全集》里出现托洛茨基的名字，就删了。这一删不打紧，第一，这就违背了史实，因为"同路人"这个提法是托洛茨基最初提出来的。他的《文学与革命》第二章的题目就是"革命的文学同路人"，讲的正是"绥拉比翁的兄弟们"（见人民文学出版社 1992 年版《文学与革命》第 41—

100 页）。照十卷本的删改，就会使人以为是瓦浪斯基提出来的，张冠李戴了。第二，鲁迅在这里是分析同路人文学风靡一时的原因，一个重要的原因是托洛茨基的支持。托洛茨基在十月革命和国内战争中的声望，在联共党内和苏维埃政权内的重要地位，都远不仅仅是文艺界的领导人、《红色处女地》的主编瓦浪斯基所能比的。要是只有瓦浪斯基的支持，同路人文学就不会有那样的声势。这样删改的结果，显得鲁迅对于自己谈论的题目还颇为隔膜。

冯雪峰说，这种"最完整的全集本"要"能作为查考之根据"。这样删改原文，显然同这种要求背道而驰。考虑到当时的政治情况，这也无可奈何吧。

十卷本全集还受到政治环境更大的影响。在它的第一卷到最末一卷出版的两年当中，发生了一场反右派斗争，冯雪峰被错划为右派分子。

反右派斗争使十卷本全集编辑方案的最大改变，是抽下了许多书信。第一卷出版时宣布的方案，是"收入现在已经搜集到的全部书信"，是"全部"。到了 1958 年 10 月第九、十两卷出版的时候，"第九卷说明"变成了这样：

> 我们这次印行的《书信》，系将一九四六年排印本所收八百五十五封和到现在为止继续征集到的三百一十封，加以挑选，即择取较有意义的，一般来往信件都不编入，计共收三百三十四封。在本卷中收入七十九封，其余续编入第十卷。

许广平 1946 年编印的《鲁迅书简》收书信 855 封，到那时为止又征集到 310 封。也就是说，当时十卷本编者手上有鲁迅的书信 1165 封。结果只"挑选"了 334 封"较有意义的"，即不到 30%。第九、第十两卷页码之和（765 页）比第七卷一卷（844 页）还要少许多，分明暴露了中途改变方案的痕迹。

为什么不能收入全部搜集到的书信，而要删去 70% 以上呢？因为反右派斗争为 30 年代左翼文艺运动提出了一个新的说法。1936 年，鲁迅提出了一个"民族革命战争的大众文学"口号，与周扬、夏衍等人提出的"国防文学"口号相对立。在涉及两个口号之争的一些信件中，鲁迅对于"国防文学"口号的提倡者颇有些不敬之词。反右派斗争把冯雪峰划为右派分子，就可以由他来承担责任了，于是有这方面内容的信件悉数抽去。出版说明中所说的"择取较有意义的，一般来往信件都不编入"，只不过是托词。事实是，一些并没有多少意思的信件也编入了，而有些很重要的信件却没有编入。

反右派斗争的影响也反映在注释上。例如，《答徐懋庸并关于抗日统一战线问题》的注一，就说"鲁迅当时在病中，他的答复是冯雪峰执笔拟稿的，他在这篇文章中对于当时领导'左联'工作的一些党员作家采取了宗派主义的态度，做了一些不符合事实的指责"。也就是让冯雪峰代替鲁迅来承担责任的意思。又例如，鲁迅在《我的种痘》一文中提到了丁玲，十卷本的注释就说："丁玲，女作家，曾于一九三三年五月在上海被捕；当作者写这篇文章的时候，正盛传他在南京遇害，还没有知道她已变节。"（第七卷，第 832 页）其实早在延安时期，中共中央组织部即已经为丁玲的被捕问题作了结论，认为她没有变节行为。只是这时丁玲已被错划为右派分子，就把反右派斗争中的说法加在她头上了。

三

"文化大革命"中，批 30 年代文艺，批"国防文学"口号，批"四条汉子"。十卷本《鲁迅全集》中的这些情况又成了批判对象，当然不能重印了。因此，1973 年 12 月出版的第三种《鲁迅全集》实际上是三八年版的简体字重排本。它以三八年版为底本，作了一次认真校勘，用简体字排印。这个七三年版既然是照着三八年版排印的，没有多少版本上的特色，不必细说。

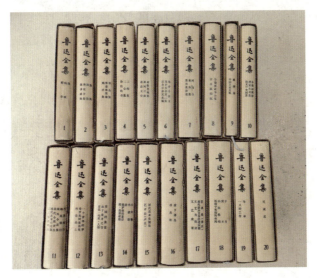

《鲁迅全集》1973 年版

只是这七三年版与三八年版并不完全相同。例如，《伪自由书·王道诗话》加了一条题注：

> 本篇和下面的《伸冤》、《曲的解放》、《迎头经》、《出卖灵魂的秘诀》、《最艺术的国家》、《内外》、《透底》、《大观园的人才》，以及《南腔北调集》中的《关于女人》、《真假堂吉诃德》，《准风月谈》中的《中国文与中国人》等，都是一九三三年瞿秋白在上海时，与鲁迅交换意见后执笔写成的，其中包括了鲁迅的某些观点，而且都经过鲁迅的修改，并请人誊抄后，以鲁迅自己使用的笔名寄给《申报》副刊《自由谈》等报刊发表。鲁迅编辑自己的杂文集时，均将它们收入。（第四卷第 464 页）

这条注文就是三八年版没有的。十卷本第四卷《南腔北调集·关于女人》注一也是说的这事，只是侧重点有所不同。因为十卷本那时，瞿秋白是烈士，是鲁迅的亲密战友，只要说明情况就可以了。而七三年这时，瞿秋白却被说成是叛徒了，如果不详细论证这些文章继续保留在《鲁迅全集》中的理由，那么，从红卫兵小将直到姚文元、江青都可以提出抽出这些文章的要求。注文中不厌其详地反复说明"与鲁迅交换意见后"，"包括了鲁迅的某些观点"，"经过鲁迅的修改"等等，目的就是为了不致从鲁迅手定的文集中抽走文章，用心也可谓良苦了。

四

1981 年纪念鲁迅诞生 100 周年的时候，人民文学出版社出版了十六卷本《鲁迅全集》。十六卷本实际上是在十卷本的基础上重编的。多出的六卷，一是三八年版未收的单篇文章，特别是这些年来发现的佚文，编成了一本《集外集拾遗补编》（第八卷）；二是译文的序跋和辑校古籍的序跋（第十卷）；三是书信全收，比十卷本多出了一卷（第十三卷）；

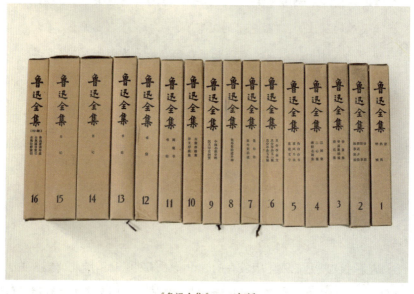

《鲁迅全集》1981 年版

四是日记分为两卷（第十四、十五卷）；五是编了索引（第十六卷）。比起十卷本来，十六卷本有很大改进，内容是更完备一些了，注释和校勘方面都有明显的进步。

一眼可以看出的是，十六卷本的注释比十卷本的增加了不少。我没有去作详细的数字统计，只举一个比较极端的例子。《集外集》附录《〈奔流〉编校后记》，十卷本共作了12条注，分别说明这12篇后记发表的年月日，以及在《奔流》的某卷某期。12条注文共占篇幅一面，涉及文章内容的实质性的注释，是一条也没有。是不是这一篇中当真没有什么需要作注的呢？当然不是的。而十六卷本作注174条，篇幅约占18面，共约17000字。第七卷出版在反右派斗争之后，冯雪峰不管事了，大约也有关系吧。这当然是个很极端的例子，一般说来，新版注释大都有所增加。

增加的注释，一些是过去注不出的，随着历年来鲁迅研究工作的深入，发掘出了新材料，现在注得出来了。例如《朝花夕拾·从百草园到三味书屋》中寿老先生大声朗诵的："铁如意，指挥倜傥，一座皆惊；金叵罗，颠倒淋漓，千杯未醉。"这几句四六文章，十卷本注不出它的出处，十六卷本就注出来了：出自清末刘翰作《李克用置酒三垂岗赋》。我记得似乎是山东聊城已故的鲁迅研究专家薛绥之查找到的。又如《野草·希望》中引了裴多菲一句话："绝望之为虚妄，正与希望相同。"这几乎成了常被人引用的警句了，可是它出于裴多菲的哪一篇作品中呢？十卷本注不出来，十六卷本就注出来了："这句话出自裴多菲一八四七年七月十七日致友人凯雷尼·弗里杰什的信：'……这个月的十三号，我从拜雷格萨斯起程，乘着那样恶劣的驽马，我吃惊得头发都竖了起来，……我内心充满了绝望，坐上了大车，……但是，我的朋友，绝望是那样的骗人，正如同希望一样。这些瘦弱的马驹用这样快的速度带我飞驰到萨特马尔来，甚至连那些靠燕麦和干草饲养的贵族老爷派头的马也要为之赞赏。我对他们说过，不要只凭外表作判断，要是那样，你就不会获得真理。'"我记得这好像是外国文学专家戈宝权的贡献。

有一些涉及头面人物的地方，不是注不出，十卷本为贤者讳，不予注明。十六卷本采取忠实于历史的态度，一一注明。例如在《三闲集·序言》中，鲁迅提到，有人说他是"封建余孽"或"没落者"。十卷本作注，"封建余孽"一语出自《创造月刊》第二卷第一期署名杜荃的《文艺战线上的封建余孽》一文，"没落者"一语出自《创造月刊》第一卷第十一期石厚生的《毕竟是"醉眼陶然"罢了》一文。而十六卷本却进一步注明：杜荃即郭沫若，石厚生即成仿吾。这"石厚生"即成仿吾注不注都不打紧，在《三闲集·文坛的掌故》中鲁迅已经说明："例如成仿吾，做了一篇'开步走'和'打发他们去'，又改换姓名（石厚生）做了一点'捣鲁迅'……"。至于杜荃，不加注一般读者就不会知道。为了注明这就是郭沫若，十六卷本编者曾专门写了请示报告。报告执笔者陈早春后来将报告改写成一篇论文，收在他的论文集《绠短集》里了。又如《花边文学·序言》中谈起这书的名称，说："这一个名称，是和我在同一营垒里的青年战友，换掉姓名挂在暗箭上射给我的。"说的就是书中《倒提》一篇附录的林默的《论"花边文学"》一文。只是这林默是哪一位"青年战友，换掉姓名"的呢？十卷本未注，十六卷本却注明了是廖沫沙。又如《且介亭杂文末编·三月的租界》一文，表示不能接受狄克对于萧军的《八月的乡村》的批判，狄克何人，十卷本未注，十六卷本注明即张春桥。

郭沫若大名鼎鼎，不用说了，那时廖沫沙大约是中共北京市委常委兼统战部部长，张春桥大约是中共上海市委常委兼宣传部部长。只要达到这样的级别，十卷本在作注之时就得考虑为尊者讳了。十六卷本不但对于人所共弃的"四人帮"之一员的张春桥不加讳饰，就是对于备受赞扬的"三家村"之一员的廖沫沙也同样不加讳饰，尊重历史，不能不说是一个很大的进步。

注释方面的进步是只要打开书就看得到的，校勘方面的进步却并不那么显眼。事实上十六卷本的最大优点恐怕就在校勘方面。这主要是因为有孙用多年来孜孜矻矻从事于此，只要看看他的《鲁迅全集校读记》，就可以知道他付出了多大的劳动。十六卷本吸收了这些成果，同先出的三种全集比起来，是最可信的一种。这里只举几个例子。

《华盖集续编·"死地"》中一段，从最初的单行本开始，直到在此以前三种版本的全集，都是这样：

> 但各种评论中，我觉得有一些比刀枪更可以惊心动魄者在。这就是几个论客，以为学生们本不应当自蹈死地。那就中国人真将死无葬身之所，除非是心悦诚服地充当奴子，"没齿而无怨言"。（十卷本第三卷第 191 页，二十卷本第三卷第 250—251 页）。

孙用据最初刊登此文的《国民新报副刊》校勘，发现从单行本到全集都漏排了一行。原来报纸上刊出的这一段是这样的：

> 但各种评论中，我觉得有一些比刀枪更可以惊心动魄者在。这就是几个论客，以为学生们本不应当自蹈死地，前去送死的。倘以为徒手请愿是送死，本国的政府门前是死地，那就中国人真将死无葬身之所，除非是心悦诚服地充当奴子，"没齿而无怨言"。（十六卷本第三卷第 266 页）

《集外集·选本》中的一段，历来的各种印本都是这样：

> 凡选本，往往能比所选各家的全集更流行，更有作用。册数不多，而包罗诸作，固然也是一种原因，但还在近则由选者的名位，远则凭古人之威灵，读者想从一个有名的选家，窥见许多有名作家的作品。所以《昭明太子集》只剩一点轶本了，《文选》却在的。（十卷本第七卷第 130 页）

孙用据手稿校勘，补足成这样：

凡选本，往往能比所选各家的全集或选家自己的文集更流行，更有作用。册数不多，而包罗诸作，固然也是一种原因，但还在近则由选者的名位，远则凭古人之威灵，读者想从一个有名的选家，窥见许多有名作家的作品。所以自汉至梁的作家的文集，并残本也仅存十余家，《昭明太子集》只剩一点辑本了，而《文选》却在的。（十六卷本第七卷，第 136 页）

错字的校正也不少。例如《且介亭杂文·随便翻翻》中的一句，历来的印本都是这样："例如杨先生《不得已》是清初的著作"（十卷本第六卷第 109 页、二十卷本第六卷第 139 页）。十六卷本据手稿将"杨先生"校正为"杨光先"（第六卷第 137 页）。

又如《且介亭杂文二集·"题未定"草（六）》中有一处关于景清谋刺篡夺帝位的燕王朱棣失败的引文，其中有一个字，从来的印本都是"询"字，例如"跃而询""王且询"（十卷本第六卷第 338 页、二十卷本第六卷第 417 页）。"询"是询问的意思，行刺失败了，一面跳着（跃）一面询问什么呢？原来这是一个因为形似的错字。十六卷本已据手稿改为"詢"字，"詢"即"詬"的异体字，骂的意思。行刺失败了，刺客在就死之前一面跳一面骂几句，这就可解了（十六卷本第六卷第 424 页）。

像这样把历来印本中的错误纠正过来，十六卷本中还不少，就不再举例了。

当然，并没有做到尽善尽美。就说成绩最大的校勘和注释方面，十六卷本仍然还有尚待改善之处，这里只各举一例。

校勘（这里甚至只是校对）方面的错误，如《三闲集·太平歌诀》中的这一句：

五十一百年后能否就有出路，是毫无把握的。（二十卷本第四卷第 114 页、十卷本第四卷第 83 页）

可是在十六卷本中，这里的"百"字脱落了（见第四卷，第10页）。"五十一百年"是个概略的数字，而"五十一年"就是个很具体很确定的数字了。

注释的错误，如：

> 李宗武（一八九五——一九六八）又名季谷，浙江绍兴人。李霞卿之弟。一九二○年与瞿秋白等赴苏俄，后又留学日本、英国。一九二四年回国，先后在北京师范大学、北京大学、北平大学女子文理学院等校任教。鲁迅曾校阅他与毛咏棠合译的日本武者小路实笃所著《人间的生活》。（第十五卷第425页）

这个李宗武没有过"与瞿秋白等赴苏俄"的经历。与瞿秋白同以北京晨报记者身份赴苏俄采访的那个李宗武是贵州贵阳人，此人与鲁迅无交往。十六卷本将同姓名的两人误以为一人了。

对文章的误解而造成的误注，如《三闲集·头》，说到梁实秋借卢骚之头示众，引了梁实秋的文章："卢骚个人不道德的行为，已然成为一般浪漫文人行为之标类的代表，对于卢骚的道德的攻击，可以说即是给一般浪漫的人的行为的攻击。"鲁迅在这篇文章里还写了一首诗说卢骚"头颅行万里，失计造儿童"。注释者以为此处"儿童"为泛指，"造"为"造就"之意，注文即举卢骚的教育小说《爱弥儿》，说他"提倡儿童身心的自由发展，批判封建贵族和教会的教育制度"（第四卷第93页）。注文中没有一句话回应梁实秋说的"卢骚个人不道德的行为"。在1995年7月号的《鲁迅研究月刊》上，朱西昌指出：据传记，卢骚曾将他同旅馆女仆瓦瑟所生的三个男孩送往孤儿院寄养，反对他的人即借此事大加攻击。注文应引据此事，才与正文相合。

十六卷本出版以后的多年来，在鲁迅研究方面又积累了不少新的成果，只看反映在《鲁迅研究月刊》上的吧，一些当年没有能够注明的人物、书籍、引语出处等等，现在可以注出来了，原注有不妥或不足之处的，现在可以加以补充和修正了。十六卷本已经有修订的新版，反映学术界这些年的成绩。

五

就上述四种版本的《鲁迅全集》来看，十六卷本无疑是最好的一种，它较之先出三种的进步，上面已经作了一个粗略的介绍。如果从读者对《鲁迅全集》的希望和要求来看，它还不能说是很理想的。这就是说它所取得的成绩和进步，大都是技术性的，至于就编辑思想方面来说，还有可以作进一步研究的地方。借用军事术语：它在战术方面取得了很大的成绩，而在战略方面的得失却还是一个可以研究的问题。

二十卷本收有译文，十卷本不收，而另编十卷译文集与之配套。这就是说，不是不出译文，而是不将译文编入全集之中，这实际上是一个怎样看待翻译在鲁迅文学事业中地位的问题。大家知道，鲁迅的文学活动是从翻译开始的。《南腔北调集·我怎么做起小说来》中说："我也并没有要将小说抬进'文苑'里的意思，不过想利用他的力量，来改良社会。但也不是自己想创作，注重的倒是在绍介，在翻译，而尤其注重于短篇，特别是被压迫的民族中的作者的作品。因为那时正盛行着排满论，有些青年，都引那叫喊和反抗的作者为同调的。"《华盖集续编·记谈话》中说到他翻译《工人绥惠略夫》的动机："那一堆书里文学书多得很，为什么那时偏要挑中这一篇呢？那意思，我现在有点记不真切了。大概，觉得民国以前，以后，我们也有许多改革者，境遇和绥惠略夫很相像，所以借借他人的酒杯罢。""借他人之酒杯，浇自己的块垒"，蔡元培在全集序言中也说到了这一点。蔡序中说："先生阅世既深，有种种不忍见不忍闻的事实，而自己又有一种理想的世界，蕴积既久，非一吐不快。但彼既博览而又虚衷，对于世界文学家之作品，有所见略同者，尽量的移译。"对于鲁迅翻译工作的性质，正应作这样的理解。从这里，不但可以看出鲁迅所受到的影响，鲁迅甚至是借一些译文来发表自己的意见。当初冯雪峰设想的"最完整的全集本"就包括译文，是很有见地的。后来另编十卷译文集，可见不是不出译文，只是要将译文排斥在全集之外，似乎有点欠考虑。

十六卷本基本上承袭十卷本的框架，但也感觉到了排斥译文的欠妥，作为补救，另编《译文序跋集》一种编入全集。序跋当然是鲁迅著作，这样补救并不能根本解决问题。第一，序跋常常是紧扣正文而写的，不看正文，就往往不容易明白序跋的意思，以注释介绍正文中的相关内容，不但割裂而且烦琐。第二，拟议中另行编印的译文集势必仍要刊印这些序跋，而购买译文集的人大抵先已购买了全集，这对于读者的时间、购买力、出版力量都是一种重复和浪费。读者要问，既然还要另编一种译文集，为什么不可以将译文编入全集，使之成为一种"最完整的全集本"呢？

二十卷本收有鲁迅辑校古籍五种，十卷本未收，拟另行汇编出版，十六卷本仿译文例，编成《古籍序跋集》一种编入全集。决定这个方案的时候，大约以为只有序跋才是鲁迅的著作，此外都是古籍。如果当时细看一下，就会看到正文中鲁迅所加的一些案语和校记，其实也是著作。这里只举一例：《会稽郡故书杂集·会稽典录卷下》有"朱朗"一条，正文是："朱朗，字恭明，父为道士，淫祀不法，游在诸县，为乌伤长陈颢所杀。朗阴图报怨，而未有便。会颢以病亡，朗乃刺杀颢子。事发，奔魏。魏闻其孝勇，擢以为将。"此条之末，鲁迅加了这样的案语：

案：《春秋》之义，当罪而诛不言于报，匹夫之怨止于其身。今朗父不法，诛当其辜。而朗之复仇，乃及胤嗣。汉季大乱，教法废坏，离经获誉，有惭德已。岂其犹有美行，足以称纪？传文零散，本末不具，无以考核。虞君之指，所未详也。（1973年版第八卷第64页）

这一百多字案语，显然属于鲁迅的著作，没有理由排除在全集之外，这些绝不是一部《古籍序跋集》可以代替的。

早年的《中国矿产志》和《人生象教》这两本书，都没有收入全集。一些论者以为，今天看来，它们已经毫无价值了。说到价值，这要看怎么说。如果有谁以为它们今天还可以作为矿业大学或者医科大学的讲义，当然是荒谬的。一百多年来科学的进步，使书中所说，已经是十分陈旧而且有不少错误了。甚至也没有作为学术史上的资料的价值，因为从一开始它就不是本学科中的重要著作。可是，如果作为研究鲁迅的材料，这些是永远都有价值的。像《中国矿产志》导言第一章中谈到中国矿业不发达、地下资源见侵于外人，作者怀着深忧地说：

虽然，矿业不将竞起耶？主人荏苒，暴客乃张。今日让与，明日特许，如孤儿之饴，任有恃者之褫夺；如嫠妇之产，任强梁者之剖分。益以赂鬻馈遗，若恐不尽，将裘马以换恶酒之达者，迭出久矣，又何患无矿业！行将见斧凿丁丁然，震惊吾民族，窟穴渊渊然，蜂房吾土地，又何患无矿业。虽然，及尔时，中国有矿业，中国无矿产矣。

谈到不得不依据外国人的勘探报告才编写这一本《中国矿产志》，作者说：

今也吾将于垂尽之家产，稍有所钩稽克核矣。顾昔之宗祖，既无所昭垂；今之同人，复无所告语。目注吾广大富丽之中国，徒茫然尔。无已，则询之客，以转语我同人。夫吾所自有之家产，乃必询之客而始能转语我同人也，悲夫！（《鲁迅全集补遗续编》第473页）

作者是怀着一种炽热的爱国心研究矿学的。这难道不是研究鲁迅早年思想的一种难得的直接资料吗？

有的论者还提出了一个著作权的问题。因为《中国矿产志》署名是顾琅、周树人合编，这其实不成问题。像《会稽郡故书杂集》等好几种古籍，像《域外小说集序言》，原来都署周作人名，并没有妨碍它们编入二十卷本《鲁迅全集》。像确实是瞿秋白写的《关于女人》等十多篇杂文，像"OV笔写"实际是冯雪峰写的答托派的信，一直都收在各种版本的《鲁迅全集》里面。这些都不成问题，《矿产志》以和顾琅合编的名义收入全集，应该也是没有问题的。

同样，作为一种研究鲁迅的资料来看，《人生象斅》也是一种有用的资料。当年同在杭州两级师范学校共事的夏丏尊在《鲁迅翁杂忆》中说，鲁迅教生理卫生，并不回避讲生殖系统，"别班的学生，因为没有听到，纷纷向他来讨油印讲义看，他指着剩余的油印讲义对他们说：'恐防你们看不懂的，要末，就拿去。'原来他的讲义写得很简略，而且还故意用着许多古语，用'也'字表示女阴，用'了'字表示男阴，用'乒'字表示精子，诸如此类"。这部《人生象斅》可以为此说作证，可以看出，作者是竭力不让没有听课的学生看懂，只是它不是用汉字的古义，而是保留外文而不加翻译。书中介绍各种器官如心、肺、肌肉、骨骼等等，都译成了中文，唯独生殖系统这一章中的专名，一概不译，不但女阴、男阴等等，就像月经，都一概用的外文，这也是鲁迅早年的趣事之一吧。

十六卷本的出版说明中说，本版收入了"迄今为止搜集到的全部书信"。此说并不很准确，鲁迅致许广平的70封书信就没有编入。在十六卷本的编者看来，这70封书信已编入《两地书》了，为避免重复才决定不收的吧。事实上，鲁迅景宋通信集——《两地书》是一部供公众阅读的著作，虽然是以这些通信做材料，但在编辑成书时曾大加修改增删。影印本《鲁迅手稿全集》出版时，人们才第一次看到编入《两地书》中的原信，当时就有人注意到了二者的差异，这些差异之处正是一种极好的研究材料。王得后写了一本《〈两地书〉研究》，湖南人民出版社也出了《鲁迅景宋通信集——〈两地书〉的原信》。鲁迅的这些书信完全应该按照原貌编入全集，和《两地书》并存。这两者，一是著作，一是通信，彼此都不能代替的。十六卷本编者见不及此，不能不说是编辑思想方面的缺点。

而且，以今天的眼光来看，十六卷本不应看作一种定本，它刚面世的时候，参加了十卷、十六卷两版工作的著名专家林辰就在《人民日报》撰文指出它的不足了。他在《写在新编〈鲁迅全集〉出版的时候》（1981年9月23日《人民日报》，见《鲁迅述林》第211页）中这样谈到十六卷本：

> 由于时间紧迫及其他原因，无论在编辑、校勘、注释等方面，还会存在着一些问题，如关于佚文的处理，采取慎重态度，不收有争议的文章原是对的，但是否会因过分拘泥而致有遗珠之憾？又因各卷是先后陆续发稿，在一些技术问题上也难免有前后不相照应的地方。尤其是注释，虽然较十卷本已有提高，但距读者的要求还很远。……新版《全集》的注释，有"未详"，无疑也有错误。我作为新旧两种版本的注释工作的参加者，在新编十六卷本出版的时候，自然感到非常高兴，但也难免于惶恐之情。我和许多同志一样，衷心希望在不久的将来，能够看到一部经过"补正"的更完善的《鲁迅全集》，使中国文化史上这一份最宝贵的遗产永放光芒，照耀百世。

冯雪峰提出"最完整的全集本"的方案已经过去多年，林辰呼吁"一部经过'补正'的更完善的《鲁迅全集》"也是多年前的事了。这些年来鲁迅研究方面又积累了不少新的成果，编印一种更完善的《鲁迅全集》的条件渐趋成熟。近年来学术界和出版界已经出现了要求一种更完善的《鲁迅全集》的呼声。对于这一工作主观和客观方面的巨大困难当然应有充分的估计，但是可以断言，既然社会有此需要，更好的《鲁迅全集》必定会出现。

六

我在前边说过，"就已出四种版本的《鲁迅全集》来看，现在流行的十六卷本无疑是最好的一种"，这是真的，它在注释和校勘方面都较先出的几种有很大的进步。它获得首届国家图书奖荣誉奖，可说是实至名归，是它应得的荣誉。作为当年参加这项工作的一员，我也觉得很光彩。不过，我在前面也说了，这部书绝不是尽善尽美的定本了，还大有改善的余地。为了表明我这一看法还有点根据，下面举一点例子，看看它在校勘和注释这两个方面还有怎样的不足。

先说校勘方面。《且介亭杂文·门外文谈》："至于符的驱邪治病，那就靠了它的神秘性的。"（卷六第92页）最初《申报》所载及作者编辑时的誊清稿"那就"都作"那是"。从文义看，此处也似以"那是"为胜。

《且介亭杂文二集·弄堂生意古今谈》："而且那些口号也真漂亮，不知道他是从'晚明文选'或"晚明小品'里找过词汇的呢，还是怎么的。"（卷六第308页）本篇最初在《漫画生活》刊出时，"晚明文选"作"昭明文选"。"昭""晚"形似，初版就印作"晚明文选"了，似应据原刊订正作"昭明文选"为宜。这句话是针对施蛰存的，也就是《"题未定"草（六）》中所说的"施先生的推崇《文选》和手定《晚明二十家小品》的功业"（卷第六421页）的意思。

《中国小说史略·第八篇》："武后时，有深州陆浑人张鷟字文成。"（卷九第71页）此处有注"关于张鷟的籍贯，两《唐书·张荐传》均作'陆泽'。陆泽系唐时深州治所，在今河北深县"（卷九第78页），其实不必加注，1923年12月新潮社初版本书上册第71页正作"深州陆泽人"。此处似可照初版排印，并出校记说明后来误作"陆浑"的情况。

一般说来，总是后出的版本订正前出版本的错讹，编印全集最好以作者生前最后校订过的本子为底本，但也不可拘泥，遇到不同的文本一概认为后出的胜过先出的。从这个例子可见应当加以分辨，择善而从。这里再举一例。

《中国小说史略·第十五篇》："然实乃陈忱之托名；忱字遐心，浙江乌程人，生平著作并佚，惟此书存，为明末遗民（《两浙輶轩录》补遗一《光绪嘉兴府志》五十三）。"（卷九第147页）取初版本校勘，括号中所注明的材料来源与此不同，作"（俞樾《茶香室续钞》十三引沈登瀛《南浔备志》）"。两者不同。初版是对的，现在的印本是错的。凭什么这样断定呢？《小说旧闻钞·水浒后传》第一条就是钞自《茶香室续钞》十三："沈登瀛《南浔备志》云：陈雁宕忱，前明遗老，生平著述并佚，惟《后水浒》一书乃游戏之作，托宋遗民刊行。……"鲁迅并有案语："案：清初浙江有两陈忱，一即雁宕山樵，字遐心，乌程人；一字用直，秀水人，著《诚斋诗集》《不出户庭录》《读史随笔》《同姓名录》诸书，见《两浙輶轩录》补遗一及《光绪嘉兴府志》（五十三秀水文苑）。"可知此处宜按初版排印，并出校记说明致误情况。

再来看注释。一些人物的生卒年没有弄得很清楚。例如《花边文学·清明时节》中提到元人八合思巴，注他的生卒年为1235—1280（卷五第461页），看来这是从《辞源》照抄过来的，却没想到《辞源》也会有错。其实他的生卒年在《元史》本传中很容易查明，"岁癸丑年十有五"，癸丑为1253年，可知他生于1239年。本传说他至元十六年卒即1279年。

不是生卒年，年代也有弄错的。如《中国小说史略·第三篇》的注〔七〕，提到汉武帝太初元年，注云"（一〇四）"（卷九第30页），应为"前一〇四"。这里有一个简单的记忆方法：王莽篡汉是在公元六年，大体说来，西汉及以前在公元前，东汉及以后在公元后。这个"前"字是不难记住的。

《花边文学·古人并不纯厚》提到《平斋文集》，注它的作者洪咨夔，说他是"嘉定二年（1209）中进士"（卷五第450页）。其实不必注得这么细，如果要细，就得仔细一点，不要弄错，这里可是错了，这个差错不是我发现的，是纪晓岚发现的。他在《四库全书总目》卷一六二为《平斋文集》所作提要中说："考史称咨夔为嘉定二年进士……据咸淳《临安志》谓嘉定无二年榜……今考集中《题陶崇诗卷》云：'某与宗山同壬戌进士'……若壬戌则实嘉泰二年，史特误泰为定。"嘉泰二年壬戌为公元1202年。

注释在交代有关背景材料的时候，也有说得不甚准确之处。例如《且介亭杂文·关于中国的两三件事》中提到牛兰被捕事，注释说"1931年6月17日牛兰夫妇同在上海被国民党政府拘捕，送往南京监禁"（卷六第17页）。事实上他们是在上海公共租界被英国巡捕逮捕的，不久被中国方面引渡，监禁在南京。

《且介亭杂文·病后杂谈》中提到苏东坡在黄州要客人谈鬼。注引叶梦得《石林避暑录话》："子瞻在黄州及岭表……招客相与语……强之使说鬼。"去黄州的原因，注释说："神宗初年曾因反对王安石新法，被贬黄州。"其实这一回他是因乌台诗案被贬的，"反对王安石新法"七字，似应改作"言者摘其诗语为讪谤朝政"，在"被贬黄州"之后，似乎还应加上"绍圣中又贬谪惠州、琼州"一句，以和叶梦得所说的"黄州及岭表"相照应。

《中国小说史略·第十八篇》提到张无咎为《平妖传》作的序，注文中说"张无咎于崇祯年间重订《平妖传》"（卷九第178页）。张无咎是冯梦龙假名，他用这假名为自己所补的《平妖传》作序，现在可以见到张无咎作的叙两篇，意思完全相同，文字也大同小异，开头一段可说一字不差。这两篇，一是为得月楼刻本《（绣像）平妖全传》作，未署写作年月；另一为天许斋批点本《北宋三遂平妖传》作，末署"泰昌元年长至前一日"。即1620年12月20日（夏历十一月二十七日）。夏至冬至都可以叫长至日，为什么不会是6月20日呢？因为泰昌元年是个很特殊的年号。万历四十八年（1620）7月神宗晏驾，8月太子常洛嗣位为光宗，下诏明年改元为泰昌元年，可是他在位只一个月即死去，遂以万历四十八年八月以后为泰昌元年。而崇祯元年是1628年，已是张无咎作序七年之后了。可见注文中说的"崇祯年间"纯系想象之词。

这样把想象之词写入注文是很可怕的事情。例如，《集外集拾遗补编·"天生蛮性"》中"辜鸿铭先生赞小脚"一句，注云：

> 辜鸿铭（1856—1928）字汤生，福建同安人。……他曾在
> 所著《春秋大义》（即《中国人之精神》）一书中赞扬旧中国
> 妇女的缠足。（卷八第 388 页）

这里，生年有出入，据《辜鸿铭文集》（1996 年海南出版社出版）
所附《年表》，他是清咸丰七年丁巳（1857）生于槟榔屿。其次，名和
字弄颠倒了。罗振玉《外务部左丞辜君传》开头就是"君讳汤生，字鸿
铭"，赵凤昌《国学辜汤生传》说的也与此相同。至于"赞小脚"的出
处，仅仅注明出自何书还是不够的，规范化的注文还应该说明见于书中
哪一篇，原文是怎样说的。《中国人的精神》中译本我看了，其中未见"赞
扬旧中国妇女的缠足"的内容。我问《辜鸿铭文集》的责任编辑之一的
朱晓，他回答说，《辜鸿铭文集》中表示了赞扬小脚意思的话只有一处，
在《日俄战争的道德原因》一文中："在中国，这些好管闲事的外国太
太正忙于将中国美妙的小脚女人（由于生活环境艰苦，中国妇女不得不
裹住脚，自我保护，不至于过度劳作）改造成像她们一样健壮的、男人
气十足的妇女。"（上册，第 201 页）可是辜氏此文是 1906 年由上海文
汇报馆（Shanghai Mercury Ltd）以英文出版的，不能认为鲁迅是看了
此文才写这句话的。此处要写出一条合乎规范的注文，还得另找依据。

这种以想象之词作注，还可以再举一例。《花边文学·玩笑只当它
玩笑》（上）中提到"霞飞路""麦特赫司脱路"，"霞飞路"的注文无
问题，不去说它。"麦特赫司脱路"是这样注的："'麦特赫司脱路'，
旧时上海公共租界的路名；麦特赫司脱（W. H. Medhurst），一八六〇年
左右的英国驻沪领事。"（卷五第 524 页）这一看就知道是想象之词，
是不曾查阅到所需要的材料就这样写下了。历任驻沪领事任职的起止时
间是有资料可查的，如果去查了，就不会写出"1860 年左右"这样不确
定的时间了。我原来也想在历任领事中查明他的任职时间，查的结果是：

他从来没有担任过英国驻沪领事。他的情况，简单说是这样：

麦特赫司脱（1796—1857），一译梅德赫斯特，中文名为麦都思，英国教会伦敦会（London Missionary Society）最早来华传教者之一，1835年来上海传教，1842年《南京条约》规定开放五口通商以后即定居于上海。他在上海设立的墨海书馆是中国最早的近代印刷所。道光二十八年二月初四（1848年3月8日）他在江苏青浦（今上海青浦）被漕船水手殴伤，酿成青浦教案。著有《中国，目前的状况和未来的前途》《上海及其近郊概述》等，并编有《汉英字典》《英汉字典》。1904年伦敦会在上海设麦伦书院以纪念他。

上面一共举了13个例子，对于一部有十六卷的大书来说，每卷还摊不到一个，不多不多。即使举了100个例子，这书也不应该受到"错误百出"的酷评。在这里可以借用一下"九个指头与一个指头的关系"这个比喻，说一句"成绩是主要的"。我把这些例子举出来，是想借此说明一下：这一个指头的伤势（这里仅仅说了硬伤，没有说软组织挫伤）并不很轻，恐怕得认真诊治一下，不要说"定本""问题不大""某权威人士审阅过，不能再动"这一类的话才好。

关于 2005 年版《鲁迅全集》

陈漱渝

　　人过 80 岁，出门就越来越困难了，所以古人说"七十不留宿，八十不留餐"。参加座谈，我很乐意，想趁机讲点心里话，讲点实实在在的话，不讲官话、废话和套话。

《鲁迅全集》2005 年版

下面主要谈关于人民文学出版社 2005 年版《鲁迅全集》。目前图书市场的同名或类似的书籍有多种，但学术界公认的《鲁迅全集》版本有五种：一、1938 年上海复社出版的《鲁迅全集》。支持出版的是中共地下党，出面主持的是鲁迅夫人许广平，这是《鲁迅全集》的奠基之作。因为含译文，共有 20 卷。二、1941 年出版的《鲁迅三十年集》，分订为 30 册，鲁迅全集出版社初版。三、1956 年至 1958 年出版的《鲁迅全集》，不含译文，只有 10 卷，由人民文学出版社出版。人文社老社长冯雪峰的家属委托我在今天这个场合说明，由于冯雪峰 1957 年错划为右派，所以他不能对这套全集后来的处理情况负责。四、1981 年人文社出版的 16 卷本，不含译文。五、2005 年人文社出版的 18 卷本。1981 年版以收罗比较齐备、注释比较详尽、校勘比较精确著称。而 2005 年版增收了鲁迅的佚文 23 篇，佚信 20 封，特别是增收了《两地书》原信 68 封，以及鲁迅与增田涉答问函件文字约 10 万字，总字数约 700 万字，内容无疑超过了 1981 年版。在注释上又做了增补修订。特别是仿照《毛泽东选集》的注释原则，一律摘除作品中涉及人物的政治帽子，只就其当时的身份和任职如实加以介绍，就事论事。这样处理，我跟原中央党校副校长龚育之多次交换过意见。一般读者可能忽略这一点，但当事人及其家属对此都特别敏感，像穆立立、孔海珠都为此找过我。这相当于 20 世纪 70 年代末期和 80 年代初的平反冤假错案，使《鲁迅全集》的注释更加符合学术规范。又增补订正了一些注释，如蒋抑卮、何香凝等人的生年，不少鲁迅同时代人的卒年。有些人物的生卒年注出来只有几十个字，但查起来却花费了十几二十年，如高长虹、马珏、杜和鎏、章衣萍等。有些人物的生卒年长期存在争议，令人难以决断，如秋瑾。其中艰苦，如鱼饮水，冷暖自知。2005 年版在文学校勘也下了一番功夫，修订了 1981 年版的一些漏排和误排，这类例子不胜枚举。朱正先生在 2020 年 4 月接受采访时说，2005 年版《鲁迅全集》"有误注，有漏注，有 1981 年版没有错而改错的地方"（见《现代文学学刊》2021 年第 4 期）。这讲得对，是出于善意。我发现自己也改错了一条，即把书信中的"吴鼎昌"注释改错了。我依据的是《民国人物大辞典》，没想到鲁迅说的是另一个同名同姓的吴鼎昌。这说明我无知，很对不起原注释者王景山教授。

2005 年版《鲁迅全集》影响有多大，我讲不清楚，但可以举几个例子。2016 年 1 月 12 日上午，日本《朝日新闻》社中国局局长古川浩一专程采访我，只问了一个问题。他在看中国国家主席习近平的新年贺词时，发现习主席身后的书柜里以明显位置摆放着 2005 年版《鲁迅全集》，问我这意味着什么？我只能根据个人的粗浅理解回答了两点：一、党和国家领导人看什么经典著作是他个人的阅读选择，我不能妄加推断；二、弘扬鲁迅精神是中国共产党的传统。据我所知，党的历届领导人无一例外。习近平主席倡导阅读经典：人文经典、科学经典、艺术经典，其中就包括《鲁迅全集》。

2005 年版《鲁迅全集》发行量多大，我也不清楚。可能比 1981 年版要少，因为买了 1981 年版的，很多人就不买 2005 年版了，认为大同小异。我手头有一套 05 年版标明的印数是 75000 套。一套 18 本，75000 套总共就印了 135 万本，这发行量还是可观的。我又查了一下出版物的引用率。在中国文学和外国文学研究领域，《鲁迅全集》一直名列前茅。在文化学、哲学、艺术学、宗教学、历史学乃至自然科学领域，《鲁迅全集》的引用率也很高。这说明《鲁迅全集》是一个十分重要的文化资源，也是人民文学出版社的一个拳头产品。

对 2005 年版《鲁迅全集》进行恶意攻击的人和事也有。2005 年 12 月 23 日，山西作家韩石山在《文汇报》发表了一篇《这样的〈鲁迅全集〉我不买》，上海编辑家倪墨炎发表了一篇《此信不应编入新版〈鲁迅全集〉》。大家知道，1949 年之后编著《鲁迅全集》都是国家行为。1957 年以前《文汇报》是民盟系统的报纸，后来应该是上海市委宣传部领导的报纸。一家共产党领导的报纸怎么能够这样打横炮，公开做这种反宣传呢？现在我可以告诉大家真实原因。因为我在一次演讲中讲了一句"假如鲁迅活到今天，看到改革开放的新成就会感到欢欣鼓舞"，因此受到了韩石山等人为期三年的文字围剿。倪墨炎考证鲁迅与许广平第一次亲密接触的时间，考证错了，上海《文汇报》资深编辑，著名学者刘绪源写序赞赏，我批评他们这样做是"入魔走火"，又得罪了这两位沪上名人。于是倪墨炎、韩石山、刘绪源内外配合，鼓动读者不买2005年版《鲁迅全集》。

这几位号召大家抵制《鲁迅全集》的理由多半莫名其妙。比如我说，鲁迅创作总字数是300万汉字。这是电脑统计出来的汉字用量，不包括译文。李文兵说《鲁迅全集》有700万字，这是指版面字数外加索引，还有新发现的鲁迅佚文。这两个数字是在不同时间不同场合说的，有什么根本矛盾呢？注释中提到"国民党政府"，韩石山认为有失公正。他反问，眼下能叫"共产党政府吗"？在具有权威性的《中华民国史》中，把中华民国分为"北洋政府时期"和"国民党政府"时期，因为蒋介石搞的是"一个党，一个主义，一个领袖"，以党代政。怎么能把共产党领导下的多党合作跟国民党的一党专政混为一谈呢？鲁迅贺红军东渡黄河抗日讨逆的那封信，并非鲁迅执笔，但事前征求过鲁迅意见。2005年版作为"附录"编入全集的书信卷，事前打报告请示过中宣部和新闻出版总署，领导部门未持异议，所以就这样做了。以此为攻击《鲁迅全集》的理由，鼓动买了2005年版《鲁迅全集》的人退货，这是一种政治偏见。

当然，人无完人，书无完书。2005年版《鲁迅全集》还有加工修订的必要，我认为主要应该在注释和校勘上再下功夫。就内容而言，可以增补的应该不多。新版《鲁迅手稿全集》有一个"杂编"部分，篇幅很大，影印了鲁迅的听课笔记、课堂讲义、信封请柬之类，凡鲁迅手迹几乎收罗殆尽，但有些并不能独立成文，所以大多不必收进全集。

注释是《鲁迅全集》的华彩部分。现在各种鲁迅选本出版不计其数，说穿了就是因为鲁迅作品已进入公版领域，有利可图。但一般选本都没有注释，因为一注释就必然剽窃人文版的注释成果，会惹一身官司，修订《鲁迅全集》的注释还是要依仗跨界专家，包括现代文学、古典文学、文字学、外国文学的专家以及杂家。传媒大学有位教授叫姚小鸥，发表长文对《故事新编》的注释提出了不少意见，可以参考。个别图片说明文字也需要斟酌。冯雪峰家属委托我郑重提出，鲁迅和冯雪峰两家的合影，是在《前哨》出版之后照的。雪峰为出版《前哨》担了不小风险，鲁迅特邀他们一家合影，是表示政治上的支持，此事并非雪峰主动。合影时许广平低着头，眼皮耷拉着，像哭过，是因为此前跟鲁迅闹了别扭。

文字校勘方面的问题最令人头痛。我理解，校勘的任务是恢复文本的历史原生态。如果用当今的出版规范去改动历史经典，那就会破坏了经典。朱正先生说，"孙用《〈鲁迅全集〉校读记》的校勘成果也没有全部采用"（出处同前）。孙先生这本书是我的案头书，经常用，但记得他是用初刊本跟集印本进行对校，这工作非常细致。问题是初印刊本不一定是善本，孙先生个人又无力找全鲁迅作品的所有版本，鲁迅作品再版时作者本人也有改动，如《〈呐喊〉正误》。鲁迅作品版本繁多，很难一一确定善本，汇校又几无可能。我凭一己之力校读过几遍，发现不同异文之间，优劣之分明显的比较少，大多是处于两可之间。如果择善而从，不同校勘者必然会见仁见智。目前校勘费又低得难以启齿，很难物色到好的校对。

《全集》不是译文集，但其中也有译文，这主要是答增田涉问信件集录。这部分约有十万字，先后经过林霖等多人译为中文。但日本学者如藤井省三等认为，这部分译文错误很多，需要重译。题目和处理方式也需要斟酌，我支持这个意见。

最后想说的是：现在思想领域在弘扬种种精神。我认为《鲁迅全集》实际上传承了一种精神，这就是在文化建设领域的无私奉献精神。一般读者在阅读《鲁迅全集》时，谁能知道哪卷哪篇是哪位学者编注的呢？《鲁迅全集》的编著者实际上又得到了多少报酬呢？我参加1981年版鲁迅日记注释定稿，得了一套全集。2005年版工作量大一点，我负责的部分编、注、校大约是千字22元。参加今天这个座谈会，我不禁想起了冯雪峰、孙用、林辰、杨霁云、王士菁、王仰晨这些前辈，想起了陈琼芝、包子衍，马蹄疾、颜雄、应锦襄、蒋锡金、陈早春这些老师和朋友。

2005 年版《鲁迅全集》最终定稿时，正赶上了 2002 年 11 月至 2004 年 6 月发生的非典大流行。那时，郭娟、王海波、王丽梅等编辑都是小朋友，但也有了孩子，估计需要接送。我们每天喝一瓶同仁堂防非典的药水，始终坚持工作。街上救护车经过时撕心裂肺地尖叫着，我那时心想，郭娟她们不会惦记家人和孩子吗？

我又想起了临终前的林辰先生，他低声对我说："漱渝，我寂寞！"我还想起了王仰晨，他长期在膝上盖一条毛毯，伏案工作，密密麻麻地校改《全集》的稿件。我还想起了为注释鲁迅日记不断抽烟长期熬夜的朋友包子衍，他得了骨癌，骨瘦如柴，站立时腿骨就会咔咔咔地折断。我还想起了马蹄疾，他参与注释了全集，又参与编撰了《鲁迅大辞典》。当时他在人民文学出版社的工作条件，大家心里都明白。他快断气时还不到 60 岁，为了拖到满 60 岁的那个时辰，他硬撑着，让家人反复播放那首流行歌曲《昨夜星辰》。我由此联想，为编辑出版《鲁迅全集》而鞠躬尽瘁的那些前辈和朋友，不正是中国古代传说中的那些文曲星吗？所不同的是，文曲星不但富有文艺才华，而且能被朝廷录用做大官、发大财，而我提到的这些前辈和朋友，恐怕大多一世清贫，现在就已经被一般读者忘得一干二净了。

我不想再讲下去……

中国手稿学研究的里程碑
——新编《鲁迅手稿全集》的学术价值

王锡荣

　　由国家文化和旅游部牵头组织，国家图书馆、北京鲁迅博物馆、上海鲁迅纪念馆和绍兴鲁迅纪念馆等单位联合编辑的 2021 年版《鲁迅手稿全集》由国家图书馆出版社和文物出版社联合出版。笔者有幸作为专家委员会成员，参与了本书的前期酝酿、研究、资料收集、项目立项和编辑出版的全过程，对本书的出版感慨良多。我认为，这是鲁迅研究的最新重大成果，也是中国史料学、文献学的重大研究成果，更是中国手稿学研究的里程碑。它标志着中国手稿学研究起步时期的阶段性成果，也标志着它的新开端。

2021 年版《鲁迅手稿全集》

一、新版概况

《鲁迅手稿全集》最初由文物出版社于1978—1986年间陆续出版，珂罗版精印，布面线装六函60册，共7700多页。内容包括文稿、书信、日记三大部分。2000年北京图书馆曾翻印该书为黑白版。本次重编，由国家文化和旅游部牵头，组织国家图书馆、北京鲁迅博物馆、上海鲁迅纪念馆等国内鲁迅手稿收藏机构，组成15人的编委会。又邀请北京、上海等地的部分学者，组成28人的专家委员会，从中又甄选部分成员与编辑出版人员组成19人审校组[1]。于2017年6月启动，2021年9月出版，历时四年。全书共分为7编78卷，分别为文稿编、译稿编、书信编、日记编、辑校古籍编、辑校金石编、杂编。全书共收录手稿32061页[2]。

文物出版社版《鲁迅手稿全集》

二、出版经过

1986年《鲁迅手稿全集》出版后，原本还拟继续编辑出版鲁迅译稿，但后因种种原因没有继续出版。之后由北京鲁迅博物馆和上海鲁迅纪念

---

[1]此据相关工作文件统计，与官方公布数据如有不一致，以官方公布为准。

[2]此据出版前夕版样统计，与最终印成品统计或有微小出入。

馆联合编辑，1987年由上海书画出版社出版《鲁迅辑校石刻手稿》，1986年到1993年上海古籍出版社出版了《鲁迅辑校古籍手稿》。之后，由于社会的需求，1999年福建教育出版社出版了萧振鸣主编的《鲁迅著作手稿全集》一函12册。2000年，北京图书馆出版社以黑白版翻印了1986年文物出版社版《鲁迅手稿全集》有所增补。2014年人民文学出版社出版了由王培元编辑的《鲁迅手稿丛编》。此前，有关单位曾向国家出版基金提交出版《鲁迅手稿全集》的项目报告，但未获入选。

《鲁迅辑校古籍手稿》

福建教育出版社版《鲁迅著作手稿全集》

2015 年，以《文汇报》的报道为契机，新编《鲁迅手稿全集》出版的机遇出现。这部书的出版，有几个巧合，可说占尽天时、地利、人和：

一是刚好此前开展了鲁迅手稿课题研究。

2012 年，上海交通大学设立了由王锡荣领衔的中国作家手稿研究中心，同年申报国家社科基金重大项目"《鲁迅手稿全集》文献整理与研究"课题。同时，北京鲁迅博物馆也提交了申报书。两个单位同时获批，分为 AB 卷，双方各承担一部分子项目。之后，双方都开始实施手稿课题计划。就上海课题组来说，一是开展国内外手稿全面调查，为编辑新的《鲁迅手稿全集》做准备。二是对鲁迅手稿进行汇校，即以《鲁迅全集》为底本，以手稿原件或影印件、初刊（初次发表）、初版（初次收入文集）四种版本进行比勘。此项工作过去没有人做过，具有很高的学术价值，但也极具难度。尤其是课题组自己给自己提出了更高的要求，即复原鲁迅自己涂掉的字迹。三是在手稿调查的基础上编制四个索引：手稿篇目索引、手稿收藏索引、手稿刊印索引和手稿研究篇目索引。四是开展手稿学理论建设，厘清手稿概念，试图搭建中国手稿学的理论框架，与国际手稿学界沟通交流。各子课题负责人和成员分别来自上海交通大学、复旦大学、华东师范大学、上海师范大学、北京鲁迅博物馆、上海鲁迅纪念馆和国家图书馆等单位。由符杰祥、张中良、郜元宝、陈子善、陈红彦等著名手稿研究专家任子课题负责人，聘请陈漱渝、朱正先生为顾问，并邀请国际手稿学学者冯铁、易鹏为外方合作者。在课题研究中，各成员写出了200多篇文章，刊于C刊及以上的有100多篇。2014年经中期评估，获批滚动资助。这些研究构成了后来编辑《鲁迅手稿全集》的良好基础。特别是，手稿调查时，就是按照新的手稿学理念和编辑出版要求进行的，所有的数据，都符合国际手稿学的理念和要求，这样就为后面编辑出全新理念的手稿全集奠定了良好的基础。没有这个课题研究，后来的《鲁迅手稿全集》编辑将会困难得多，也很难达到现有水平。

二是刚好中央领导看到了关于手稿研究成果的相关报道并予以高度重视。

2015年3月19日，上海《文汇报》以《400百万字鲁迅手稿不知所踪》为题刊登了上海交通大学鲁迅手稿课题组的研究成果，此报道一经发表，立刻引起了时任中央政治局委员、中宣部部长刘奇葆同志的高度重视，立即于3月20日批示：请首席专家提供具体情况，并提出对策。中宣部有关部门及时联系首席专家王锡荣，要求提供详细报告。首席专家王锡荣立即撰写了5000余字的详细情况报告，并提出重新编辑出版《鲁迅手稿全集》、开展鲁迅手稿全面调查、限制鲁迅手稿出国以及拍卖市场拍品登记、设立专项资金征集手稿和成立手稿研究机构及团体等五项建议。报告于3月26日提交后，中宣部于4月28日召开专题协调会，由王锡荣在会上报告鲁迅手稿调查情况，并就王锡荣提出的五项对策进行研议和落实。主持会议的是中宣部副部长王晓晖，参加会议的有国家文物局、国家图书馆、中国作协、人民文学出版社、中国现代文学馆、北京鲁迅博物馆、上海鲁迅纪念馆、绍兴鲁迅纪念馆等单位相关负责人，并邀请鲁迅家属代表周令飞先生出席了会议。会议原则确定将组织力量出版新的《鲁迅手稿全集》。2016年底，经中宣部决定，确定由当时的文化部（今文化和旅游部）牵头，组织编委会和专家委员会，推动编辑出版。后由国家图书馆组织了编辑班子着手编辑。

三是刚好编辑班子和专家委员会成员多来自手稿课题组。

2017年编辑工作开始，文化部决定项目由国家图书馆为主承担，由国家图书馆出版社和文物出版社联合出版，指定承担编辑工作的骨干人员，主要都是原上海交大鲁迅手稿课题组的成员。由于他们之前参加了课题研究，进行了全国范围的手稿调查，在参加编辑之前，已经有了相当的积累，因此参加编辑的时候，可谓轻车熟路，使编辑效率和质量大为提高。

如果不是当初开展了《鲁迅手稿全集》的国家重大课题研究，如果课题没有取得一定的成果，引起中央领导的高度重视，那也就可能没有这个项目。

这是本书的缘起。有一定的偶然性，但也是必然。归根结底，它是时代的产物，是拜时代所赐，拜我们国家的发展进步所赐，拜鲁迅先生的光辉遗泽所赐。当然更是国家层面的中宣部、文旅部的高度重视和大力推进，各相关单位的全力投入和全面协作所致，否则很难取得今天的成功。

这部书的出版，是一件功德无量的事，在鲁迅研究史上，在手稿学研究上，在出版史上，都是一个里程碑。它有三个第一：第一次把所掌握的鲁迅手稿"一网打尽"，应收尽收，实际上所有"手迹"都收而非仅"手稿"。虽然还有极个别的遗珠，并且以后还会有所发现，但真正实现了"全集"的概念，是名副其实的手稿全集。八九十年代没能做到的，这次做到了。第二，它是迄今卷册数量、篇幅第一的手稿集。第三，它是中国第一部按照手稿学理念编辑出版的手稿集，不仅有收藏、鉴赏功能，而且有研究的功能。所以，这部书具有开创性的意义与价值，对于推动鲁迅研究、手稿研究和文献研究，都将带来很大的动力，对于手稿集的编辑出版，也树立了一个标杆。

三、新版《鲁迅手稿全集》的学术价值

本书的出版，具有多方面的学术价值，这是显而易见的。现且从其对于鲁迅研究、手稿学研究、文献学研究和编辑出版学研究等四方面加以总结，希望对研究有所提示。

（一）鲁迅研究的价值

新版《鲁迅手稿全集》提供了最全面、真实的鲁迅手稿印本。本版全集扩展了收入范围，从以往只收原创文本如文稿、书信和日记，到收入译稿、抄稿、笔记、校样，以至于画稿、设计稿、题字、题签、收条等等。鲁迅手书的各种形态，在这里已经搜罗齐全了。1986 年出齐的《鲁迅手稿全集》，仅 7700 多页，而新《手稿全集》达 32000 余页，增加了三倍。即使把之前另行编辑出版的《鲁迅辑校石刻手稿》和《鲁迅辑校古籍手稿》两种合共 10992 页，加上《手稿全集》，三种总共达 17433 页，即使这样，也还有 14600 页左右是首次收入《手稿全集》。这 14600 余页手稿，其中除少数曾在不同情况下有所披露，大部分却是首次露面[1]。

这些手稿，可以分为多种情况：

一是可以补入《鲁迅全集》的成篇文稿。这些文稿，有的以前就已收入《鲁迅手稿全集》，但是被《鲁迅全集》忽略了。例如《集外集被删篇目》，原本收入第 8 册第 65 页，但并未收入《鲁迅全集》。此次当然也收入手稿全集，但也应当补入《鲁迅全集》。还有鲁迅的《家用帐》，实际上也是应该补入《鲁迅全集》的。

二是翻译手稿。鲁迅翻译手稿，1986 年版全都未收，原拟另出《鲁迅翻译手稿》，后因故未果。2014 年上海鲁迅纪念馆把所藏《毁灭》译稿整理出版[2]，国家图书馆把该馆所藏鲁迅翻译手稿也整理出版了《国

---

［1］统计容有误差。

［2］上海鲁迅纪念馆编：《〈毁灭〉译稿》，上海：上海世界图书出版公司，2014 年。

家图书馆藏鲁迅未刊翻译手稿》[1]，2017 年北京鲁迅博物馆整理出版了《死魂灵》译稿[2]，但实际上，这并不是鲁迅现存译稿的全部。各馆还有不少零散的鲁迅译稿，这次也一并收入了。本书共收译稿 30 种，其中《文学者的一生》等译稿，是首次披露。已经出版的《毁灭》《死魂灵》和国家图书馆所藏的鲁迅手稿如《苏俄的文艺论战》等，也是首次收入全集，都可说是研究鲁迅的新资料。

国家图书馆出版社《国家图书馆藏鲁迅未刊翻译手稿》

---

[1] 国家图书馆编：《国家图书馆藏鲁迅未刊翻译手稿》，北京：国家图书馆出版社，2014 年。

[2] 北京鲁迅博物馆编：《鲁迅译〈死魂灵〉手稿》，上海：上海科学技术文献出版社，2017 年。

　　三是课堂笔记。这部分篇幅很大，主要是三大部分，一是在南京读书的课堂笔记，二是在仙台的医学笔记，三是听章太炎讲《说文解字》的笔记。虽然其中在日本仙台的课堂笔记，曾经由日本东北大学整理出版，但仍有很多中文课堂笔记未面世。对于这些课堂笔记，究竟带有鲁迅本人的创造，还是仅仅是抄老师的板书？这点尚不清楚。如果是在自己理解的基础上做的笔记，则应该是带有个性表达的，也就是带有创造性的，则具有创作的部分，应归入创作文稿；如果仅仅是抄板书，则相当于抄录古籍了。学术界对此有不同看法，还需要进一步研究。

　　四是抄校稿、校改稿。这是更大量的，包括之前已经印行过的《鲁迅辑校古籍手稿》和《鲁迅辑校石刻手稿》，但必须指出的是，那两部书也是不全的。早些年我在国家图书馆看到有《法显传》79 页就没有被收入。实际上此次新增的辑校古籍手稿就达 3537 页，新增的辑校金石手稿达 2778 页，都是之前没有收入的。这次还收入了大量校改稿，这不是鲁迅抄录的，而是在别人的稿件上校改。例如任国桢的译稿《苏俄的文艺论战》，曹靖华改写的苏联费定长篇小说《〈城与年〉概要》，李霁野翻译俄国安特莱夫的《黑假面人》稿，都是整本书校改。周作人起草翻译的匈牙利米克沙特《神盖记》原本也是整本书，但是仅翻译了该书第一章。单篇方面，有周作人撰写的论文《小说与社会》《〈蜕龛印存〉序》，《古诗今译》校改稿，白话诗《小河》《路上所见》《北风》《背枪的人》，韦素园译俄罗斯果戈里小说《外套》，署名"引名"的杂文《看了〈春雨的主人公〉以后》，亚侠的杂文《谩骂栏中的杂话》，勤扬的杂文《爱国志士》，天织的杂文《三一八——看到想起之一》，高长虹的杂文《弦上·十四　所谓学者者》《十五　乱说》，梦苇的杂文《迷信与误解》，曲广均的杂文《杂话一束》，荆有麟的杂文《中国的前途（十七）》《战胜一切？》，天庐的杂文《女神的姿态——性心理学杂谈之一》，孝嵩译屠格涅夫小说稿《髑髅》，赖少其的小说《刨烟的工人》等的校稿。这些校稿，时间贯穿了鲁迅从早年在日本留学时代，直到最后岁月。这近 30 年的跨度，内容有自己的与周作人合作的翻译，也有友人、弟子的翻译、杂文，其中还有不少问题没有搞清楚，包括一些人的署名、发表处等问题。鲁迅对青年作者杂文的校改也是值得研究的，其间可以发现更多的背景。例如有些杂文显然是1925—1926年在《语丝》上刊登的。《语丝》虽然是同人刊物，但一般认为是周作人实际主编的，而这时候两个人已经闹翻了，可鲁迅为什么还是为刊物看稿改稿呢？而且有些显然把原作者的意思改了，其中体现了鲁迅的想法。那么，这不等于在做编辑工作吗？或许周作人说的《语丝》并无专任编辑，他只是代收稿件的说法，有一定的道理。看来，这里面大有可以研究之处。

五是校样。这是以往所未加注意的。鲁迅在编校书籍的过程中，留下了不少校样。其中也有鲁迅的笔迹，这些笔迹，不但是鲁迅对相关书籍文本的校核，也带有鲁迅本人的意见。特别是鲁迅本人的著作，在初稿中的文字，在初次发表时，鲁迅在校对中可能做过修改，因为是过程性的文本，在出版过程中基本上都损毁了，那些校样已经基本上看不到了。但是，后来鲁迅编辑成书的时候，有些校样也留了下来，这是十分珍贵的研究资料，不仅可以看到鲁迅对书稿的认真校勘，而且可以看到鲁迅如何修改这些文本。以往编鲁迅手稿集，是不会收这些校样的，本次在编辑中，我们从手稿学的理念出发，认为这也属于手稿的一种形态，因此也予以收入。其中，整本书校样有鲁迅自己的杂文集《花边文学》、瞿秋白的译文集《海上述林》，鲁迅的译稿《思想·山水·人物》、鲁迅与瞿秋白合作编校的《萧伯纳在上海》、王志之的诗文集《落花集》等。这个篇幅不小，光《海上述林》就占了三册，里面也是值得细细研究的。

六是题字、题签。在新版《手稿全集》里，这分属两个小类，我这里还是合起来说。因为都是题款，这里面情况还是颇为复杂的。有赠书题款，有各种便笺类文本，封面题签，清单、目录，名单、作品说明、封袋标注，签名等等，门类芜杂，但是正因为如此，也就十分有研究价值。很多背景情况尚不清楚，加以深入研究后，当会有更多发现。

　　七是设计稿与画稿。之前，我曾经编过《画者鲁迅》和《鲁迅的艺术世界》，里面收录了我当时所能搜集到的鲁迅绘画、美术设计作品，包括书刊封面设计，所画的《如松之盛》，还有北大校徽、国徽等。这些之前已经面世，但是这是第一次被收入手稿全集，标志着它们正式进入了鲁迅手稿的殿堂。

　　八是家用账。虽然收入的只是1923—1925三年的简单生活开支记录，但也是有研究价值的，至少补充了鲁迅日记的记载。在专家委员会中有人提出，应该作为鲁迅日记的附录，我觉得是有道理的。

　　九是账单收据。现在仅收了147件收据，主要是稿费、版税收入。实际上鲁迅的类似收条更多，光是上海鲁迅纪念馆收藏的上海北新书局版税收据就有192张，但由于很多收据上面都是没有鲁迅签名，而是由别人（例如许广平）代签的，所以没有收。但我觉得，那上面的鲁迅印章，应该是鲁迅所钤。所以那些收据其实也是应该收的，其中保留了大量信息，细加研究，可以发现很多东西。

　　十是剪报。鲁迅有剪报的习惯，早在日本留学时期，就开始剪报并保存。后来在北京、上海时期都各有大量剪报。这里分为几个方面：

　　甲：日本时期的剪报，其中有自己发表在《河南》上的论文《摩罗诗力说》《文化偏至论》《破恶声论》《人之历史》《科学史教篇》等，有章太炎的时评《印度中兴之望》《中国人之爱国》，独应的《论俄国革命与虚无主义之别》《论文章之意义暨其使命因及中国近时论文之失》《读书杂识》，独应译俄国契诃夫文《庄中》《寂寞》等。还有未标明作者的《哀弦篇》。早年有人提出，"独应"应为鲁迅笔名，但后来被否定了。或者认为有可能是周作人或别的人。但看这些论文笔力之雄健，似非作人笔意，至于究竟出于谁之手，尚可研究。

　　此外北京鲁迅博物馆收藏剪报201页，其中有鲁迅标注笔迹的143页；上海鲁迅纪念馆收藏有上海时期有关时事的剪报34页。重要的是，收入本书的，都是有鲁迅手迹的。北京鲁迅博物馆所藏，看来是随意叠放的，因为次序是乱的。前面多为上海时期内容，后面却有一批1924、

1925 年《京报副刊》和别的报纸剪报夹在中间，甚至还有广东"清党时期"的剪报。

上海鲁迅纪念馆所藏的剪报，则全部是上海时期内容。综观鲁迅剪报的来源之广，令人惊讶。稍加统计，有《申报》《新闻报》《晶报》《时事新报》《民国日报》《大公报（上海）》《中华日报》《沪报》《福报》《铁报》《时报》《小日报》《大美晚报》《社会日报》《民国日报》《上海报》《小晨报》《小日报》《幸福报》《龙报》《正气报》，有日本人办的报纸中文版《日日新闻》《上海日报》《牡丹三日刊》《琼报》《大晶报》《响报》等，以及《福尔摩斯》《罗宾汉》《上海滩》《克雷斯》《却而斯登》《上海红报》《战士》《前锋月刊》《文艺月刊》等刊物，还有不知道背景的《情潮》。报纸方面还有南京《中央日报》、天津《益世报》、广州《民国日报》、香港《循环日报》，甚至有山东《国民新闻》，来源极其广泛，而且很多报刊极偏僻少见，它们的来源也很难索解。鲁迅似乎并未订阅如此众多的报刊，却能保留如此众多报刊，是一件颇为奇怪的事。如果要作一些揣测，则或许只有内山书店订有不少报纸，但其中也有北京时期报刊，可能都是从内山书店得到。特别要指出的是，这些被收入的剪报，还都是有鲁迅手迹的，没有手迹的还有大量，如北京鲁迅博物馆就有 58 页，因没有鲁迅手迹而未收入。

在内容方面，剪报内容广泛，首先是鲁迅特别关注的或与自己有关的人和事。其中很大一部分是关于国民党疯狂抓捕共产党和"文化围剿"的报道。鲁迅非常注意其动向，在杂文中时常加以引用和抨击。一个最突出的主题就是关于丁玲。从 1933 年 5 月到 6 月，鲁迅接连剪藏了关于丁玲被捕的消息报道多篇。还有关于杨铨被害的报道，关于抓捕丁玲而不久后被人暗杀的马绍武的报道，关于左联五烈士，关于张资平与黎烈文就《申报·自由谈》停载其长篇小说《时代与爱的歧路》的争论，也是鲁迅所关注的。还有一篇值得注意的文章，就是日本人野口米次郎关于与鲁迅谈话的记载《和鲁迅的对话——梅的古树底感想》，当时鲁迅看了非常不满，说完全没有把他的意思写出来，而且还因此生气地对内山说："以后不要再安排这样的见面了。"[1]但鲁迅的原意究竟是什么，他没有说。尽管如此，我们还是可以在鲁迅亲笔标注的《大美晚报》1935年11月30日的剪报上看到野口的文章，其中也提到当野口提出可以请日本模仿印度让英国托管那样来代管中国的事务的说法的时候，鲁迅确实生气地打断了他的话。而且野口也暗示了与鲁迅的关系因此终结。但鲁迅原意究竟是怎样的，还难以清晰地看出来，这也是可以进一步研究的。还有杨村人的《赤区归来记》，徐志摩遭难，徐丹甫的《北京文艺界之分门别户》，还有所谓抓住"共党""针穿两手"的荒唐报道，后来被鲁迅引入杂文。鲁迅还很关注蒋介石亲自出面提倡的"新生活运动"，但在文章中从不引用，在私下则予以讽刺。

关于自己的报道、记载，也是一个关注重点，包括刊登他的文章和书信，关于他的行踪，对他的谩骂，他也都十分注意剪下收藏。包括关于休士来访，鲁迅北平五讲等，甚至还有《鲁迅夫人新赋〈燕子楼曲〉》这样的报道。

此外，剪报中还有大量社会问题，从拐卖妇女到小学生自杀，从"孔子复活"到"太保阿书正法"等等社会问题，显然都是他写作杂文的材料。有的引用了，有的还没有机会用。这些剪报，贯穿了鲁迅从早年留学日本到晚年的近30年时光，对于研究鲁迅生平和思想，是十分重要的资料。

十一是信封。以往的《鲁迅手稿全集》书信集，是不收信封的。但是，信封也是一种研究资料，它与书信本该是在一起的。有时候，由于没有信封，还会造成书信时间、地点等无法确认或确认有误。近年在市场上出现的鲁迅致章廷谦书信的信封，还被拍卖到了42万元的高价。实际上，各收藏机构、收藏人所藏的鲁迅书信，有不少是带信封的，这次共收入信封597件，除个别见于报刊报道，绝大部分都是第一次面世。

---

[1]见鲁迅：《致增田涉（360203）》，《鲁迅全集》第14卷，北京：人民文学出版社，2005年，第382页。其中说："和名流的会见，也还是停止为妙。野口先生的文章，没有将我所讲的全部写进去，所写部分，恐怕也为了发表的缘故，而没有按原样写。"

此外，还有一些书信，文本原来已收入《鲁迅全集》，但手稿未收，这次也一并收入了。

除了第一类，其余各类虽然按例不收入《鲁迅全集》，但同样具有研究意义。按照一般表述，以往出版的《鲁迅全集》，字数大约为600万。但这远远不是鲁迅所做文化学术工作的全部。如果按手稿学的概念，鲁迅留下的书写文本大约在1500万字。目前的32000余页手稿，页面文字多寡不一，如以平均每页300字计算，总字数约1000万，也就是说，约400万字是新增的鲁迅文本。

这些过去未收集，或至少未收入《鲁迅手稿全集》的手稿，对于鲁迅研究的价值，显然是不容忽视的。要而言之，至少有这样几个方面：

一是对鲁迅生平的研究的价值，增添了不少以往不为人知或鲜为人知的史料，丰富了鲁迅生平研究资料。我们可以从中看到更立体、更加真实的鲁迅。可以说，在此之前，我们基本上是从其著作上了解作者，对他的日常生活，看到的还不是很多，虽然鲁迅因为出版了书信、日记，已经算让人较多看到他生活的内面，现在更清晰、细致地看到了他的日常生活，看到了他的几乎每一个环节，甚至一些细微动作。不仅看到了他的写作，也看到了他的其他创作、他的交往、他的柴米油盐、他的打杂。仅以上述十一大类新增文献而论，就有很多值得研究的问题。

二是对鲁迅作品研究的价值。这次新收入的大量手稿，涉及鲁迅的多方面创作，很多文章，通过手稿我们发现，它们并不是一挥而就的，而是有个修改过程，或者边写边改的过程。这表示，鲁迅在写作过程中的思路在不断变化中，如果仅止于从完成的作品出发去研究，有时候就不能准确地理解作品。了解了其写作过程中的修改历程，将有助于我们对作品有更深刻的理解。例如，鲁迅的《藤野先生》标题是经过修改的。如果仅看最后印出的标题，就不会有任何特别的发现。而我们通过看原始手稿，就发现了其修改的过程，就知道鲁迅最初是写了"吾师藤野先生"，然后把"吾师藤野"四个字删掉，然后又在删去的部分旁边，重新加添了"藤野"两个字。这就让我们看到,鲁迅或许是因为"吾师藤野先生"严格来说是有语病的,既然已经写了"吾师",后面再写"先生",或许在有的人看来,也可以说得通,但是鲁迅认为这样就是同义重复了。或许鲁迅也并不是因为感觉有语病而修改,但总之鲁迅觉得这样表述不好,所以决定修改,这都是可以研究的。此外,在鲁迅的手稿中,还有大量修改痕迹,其中也含有思路改变的情形,这种情形,应该引起研究者的注意。

三是对鲁迅思想精神的理解加深,看到鲁迅人生行止的光明磊落。这种类似于用放大镜仔细看鲁迅每一个细胞的做法,看到他人生的每一个细节。有很多人是经不起这样的全方位曝光的。从所有片纸只字,都没有任何可以损伤他的为人一丝一毫的污迹。这一点非常不易。从手稿中,同时也可以看到鲁迅对青年创作的提携不遗余力,他为很多青年校阅各种稿件,仔细修改,一笔不苟,不仅校阅单篇文章,而且校阅多种整本的书稿,为此花费了大量的时间和精力。鲁迅说,自己的生命就耗费在这些杂事中,看了这些手稿,方能对鲁迅的话有更深刻的理解。其中有大量个案值得研究。

四是通过手稿还可以加深理解鲁迅学术研究的意义和学术思想。完整地呈现鲁迅的手稿,让人们更清晰地看到鲁迅的学术思维,无论是在原创类作品中,还是在古籍研究、金石研究中,都有大量的命题可以研究。

五是对鲁迅书法研究的价值。手稿原本是书写者书法的体现。鲁迅作为一个作家、学者,同时也被认为是一个书法家。他的文字形态是多样的。包括创作中专注于思路时笔不停挥的流畅,写书信时悠然挥洒的随兴,夜深人静内心独白的日记的笔致工整,抄写古籍、描摹金石时的一笔不苟,校阅青年作品时的笔力渐弱而仍力求笔画清晰,笔意各不相同,笔致工草各异。以往对鲁迅书法的研究,基于已经披露的手稿,但现在又增加了大量手稿,其形态更加丰富了,为鲁迅书法研究提供了更多的研究资料。

（二）手稿学研究价值

新编《鲁迅手稿全集》一个极大的突破，就是拓宽了"手稿"的概念：从内涵到外延。对于什么是"手稿"，迄今在学术界还有不同看法。以往比较多的人认为，手稿指手写的文稿。进一步说，是指原创的文稿。也就是说，只有作者本人创作的文本，例如小说、散文、杂文、诗歌、书信、日记等。而翻译、抄稿、笔记、校样等等，都是不算在"手稿"内的。当20世纪70—80年代第一次编辑《鲁迅手稿全集》时，应该说还是具有较新的理念的，当时就曾有继续编印鲁迅译稿和辑校稿的打算，虽然只是部分实现，即编印了鲁迅辑校的古籍和石刻部分，而翻译部分没有实现。当然，虽说后来也由别的两家出版社影印出版了，但毕竟没有使用《手稿全集》的名称。当我们说起1986年版《鲁迅手稿全集》的时候，当然是不包含辑校古籍和石刻，更不包含翻译手稿的。因为编者原本就是打算将它们与《鲁迅手稿全集》分开编辑出版的。

但在国际上，从19世纪80年代，就有专门的手稿研究机构。20世纪50年代前后，就开始出现了一种新兴学科，就是手稿学，近年并发展提升成为"文本生成学"。这个学科对于手稿的理解，是作为一种文本生成从最初落笔到完成以至于印刷出版的完整过程中的阶段性成果来看待的。手稿本身反映了过程。所以，瑞士手稿学家冯铁先生认为"手稿是一个过程"。同时，手稿并非只有当它进行原创性书写的时候才是手稿，其概念要点大致如此：

1. 只要是经由书写者之手用笔或其他书写工具生产的图文产品，就是手稿，不论它是原创还是仿制。也就是说，不论是创作，还是翻译、抄录、校改、课堂笔记等等，都是手稿。实际上，不可否认的是，翻译、抄校、校改和做课堂笔记（除照抄板书外）过程本身，也是具有创造性的。很多人已经指出，翻译本身，就是一种再创造。一种语言文本翻译转换成另一种语言的文本时，实际上是不可能完全传达原文本的内涵和语法，特别是其语言的韵味的。我们所看到的一切翻译作品，都是翻译者的再创造成果，所以译稿当然是手稿。

2. 不但文本，即使是绘画、设计、雕塑、篆刻等，都是经由作者之手生产的文化产品，都有在一定程度上依托书面而存在的形式。在我们的日常生活中，绘画作品有"画稿"之称，设计有"设计稿"之名，雕塑也有小样，篆刻更是在刻成后还是会还原到书面上。所以，这些当然也都是手稿。因而，鲁迅的绘画、设计以至于篆刻作品，都是手稿。更何况，鲁迅使用的工具完全是他用来创作小说、杂文等的那支金不换毛笔，所以这些当然是手稿。

3. 即使是非创作文本，也是书写者的原创文本。例如纯粹的抄录（含课堂板书抄写），虽然在内容上并无原创，但至少在书写上留下了其个人的独特信息，对于研究书写者本身，具有研究价值。而鲁迅的抄稿一般都并非简单抄录，而是抄校。鲁迅的辑校古籍和辑校金石图文，之所以称为"辑校"，正是因为在辑录过程中都是有校勘的，校勘本身无疑是一种高级思维活动，其中充满了原创的精神。这些辑校稿，其中不但有关于鲁迅学术研究上的研究价值，而且有校勘学、文献学上的价值，当然也有书法价值。而书法研究，则可以说是中国手稿学不同于国际手稿学的特色之一。

4. 当代人创造图文产品，更多使用电脑、手机等工具。按照文本生成学的理念，它当然是经由书写者之手，使用书写工具生产的文本和图画。因此，电脑产生的文本、绘画产品，也是一种手稿。只不过是一种手稿的新形态。因此，国外已经有人在关注电脑写作痕迹的提取与研究。这在文本生成学的理念上，是完全可以理解的。

新版《鲁迅手稿全集》的编辑思想，可说就是建立在这样的手稿学理念上的。实际上，当本书出版的时候，大家会发现，这部书里的"手稿"，已经差不多等同于中文里另一个概念了，这就是：手迹。此书把目前能够搜集到的鲁迅手稿或手迹，几乎是片纸只字都予以收入了。

中国的手稿研究源远流长，早在商代就已有手稿研究的案例，如关于石鼓文的保护研究，此后历代绵延不绝。但手稿学作为一门科学学科，则可以说刚刚起步。新编《鲁迅手稿全集》，可说是中国手稿学研究起步阶段成果的重要标志和里程碑。同时，它将成为中国手稿学进入新阶段、踏上新里程的标志。这一点，即使与手稿学研究已有100多年历史、研究已有相当深度的西欧学术界相比，也是毫不逊色的重大成果。可以毫无愧色地说，它使中国手稿学走到了世界的前列。借助这一成果，我们可以更广泛地推广手稿学理念，推动中国手稿学研究的开展，促进手稿保护、收集整理、编辑出版，并促进更高阶段、更有深度的研究，推动手稿学理论的建设，从而与世界手稿学界齐头并进。

（三）文献学研究价值

《鲁迅手稿全集》收集了比《鲁迅全集》更全面细致和丰富的文献和信息。包括上一版手稿全集没有收入的信封、收据、设计、绘画、印章、校样、剪报、题签、题款等等，这些不仅是鲁迅的手稿或手迹，而且是文献，在文献学上具有重要的价值。从文献学的角度看，这告诉我们，研究一个人，特别是一个作家、思想家，所依据的文献，不应仅仅限于其原创作品。这些以往不被视为作家研究资料的文献，同样应当受到重视。

总体上，在文献学方面的价值，有两方面的意义。一是鲁迅的古籍整理和金石整理，都是典型的古典文献学研究，通过相对完整的鲁迅辑校古籍与金石成果，可以对鲁迅的文献学研究方法及其成果进行研究和评估，也可以对相关文献进一步深入研究。例如鲁迅开展的《嵇康集》校勘工作，后人可以借助这些手稿开展其版本学、目录学和校勘学等方面的研究。同样，鲁迅所抄校的古籍和金石文献，也提供了文献学上的新经验，可以帮助后人开展相关研究。至于鲁迅的辑佚工作成果《古小说钩沉》《唐宋传奇集》，也可以开展进一步研究。二是对鲁迅本人的文献的研究，就是现代文献学研究，也提供了极好的研究资料。事实上当编辑们在编辑《鲁迅手稿全集》的时候，也有意识地从文献学的角度适当扩大了收入范围，例如在周作人提供的鲁迅手稿后面，附有周作人的相关说明，也就是一种文献学的考虑。

（四）编辑出版学价值

在这方面，本书可以为正在蓬勃兴起的名家手稿集的编印规范，提供十分有价值的借鉴。迄今中国出版界对手稿集的编辑目的，一方面是出于保存文献的目的，但另一个更加直接的目的，则是出于欣赏的目的。其区别，有一个很明显的分别，就是看编辑的是"手稿全集"还是"手稿选集"。基本上，只有编辑"手稿全集"，可能是出于保存文献的目的为主，凡是编辑"手稿选集"的，大体上可以认定为出于欣赏的目的。事实上过往编印"手稿全集"的几乎没有，像1994年黄山出版社出版的《胡适遗稿及秘藏书信》42册，属于为保存文献而编印的，其他还有一些《钱玄同日记》《顾颉刚日记》等，也是为保存文献而编辑的，但可惜并非"全集"。但这些出版物，无论全或不全，无论有无保存文献的目的，但其编辑方法，则基本上都只是更便于欣赏，而较少研究的功能，或至少是没有考虑便于研究的功能。因此，当研究者对这些手稿进行研究的时候，就会发现使用非常不便。《日记》还好说，手稿、书信就比较困难了。也许其藏品来源还比较单一，但没有标注其尺寸、页数、出处等等信息，有的也缺乏考据，前后弄错的也有，这就给研究带来不便。至于"手稿选集"，基本上以欣赏为主了。例如1961年正式出版的《鲁迅诗稿》，对部分掌握信息的作品，加以标注尺寸，这在当时已经是先进的编辑方法了。但也仍然只对部分作品加以标注尺寸，而其出处往往不加注明，在研究时仍觉十分困难。比如对其中部分鲁迅诗稿，实际上是用鲁迅的日记文本加以编排的，但因未加注明，就使研究者对于其来历十分困惑，甚至造成误解。而对于欣赏鲁迅的手稿内容与书法，则是毫无影响的。

而新编《鲁迅手稿全集》则可以说是第一部按照手稿学的理念编辑的手稿集。这表现在如下两个方面：

收集的范围，按照手稿学的理念，只要是鲁迅的借助书写工具手书、手制作品，不仅原创文本，而且抄稿、笔记、校稿、校样、绘画、艺术设计、题签、题赠、剪报、收据等等，都予以收入，这是以往所有的手稿集所未有的；

编辑的方法，对写作时间、原件尺寸、收藏处所、原件状况等等，都加以注明、说明，便于研究。

应该说明，这种编辑方法还不是完全按照西方手稿学编辑方法编辑的。西方手稿学方法的手稿集的一个典型案例，就是德国的《荷尔德林全集》，就是完全按照手稿的原始面貌编排，一边是手稿原件印本，一边是用印刷体对位编排，二者对照阅读，可以更加清晰地感受作者写作的状态。另一个与我们更贴近的案例就是日本出版的《鲁迅增田涉师弟答问集》，也是完全按照《荷尔德林全集》的方法编印的。我们的《鲁迅手稿全集》目前是不可能做到那样的。这有三方面原因：第一，鲁迅手稿集数量多，如要按照那种编排法，工作量巨大，不是短期内能完成的；第二，这需要更加透彻地研究，例如对所有被涂改的部分都能加以辨识，才能按部位排出来，未识别的部分就成为空白，目前我们的研究还没有达到这个地步；第三，造价巨大。目前已经是78卷，如果要完全按照外方的编法，需要成倍增加篇幅。于此可见，即使我们能够识别出全部被涂改删除的部分，在可见的将来恐怕也不太可能按此编排。目前这个新编版本，已经比以往中国所有的手稿集，有了巨大的进步，也足以满足目前的保存文献同时便于研究需要了。

四、缺憾难免

但依我个人之见，本书的不足与缺憾也是无可避免地存在的，表现在四个方面：

（一）尚有遗珠。其实也是难免的。目前所知，还有少量已知的手稿或手迹尚有遗漏。在编辑完竣，进入印刷之际，我偶然翻阅陈梦雄的《〈鲁迅全集〉中的人和事》[1]，发现该书中记载了鲁迅赠沈兼士之子沈观（字劭颐）的两件赠书题字影印件。1984 年陈曾撰文介绍，2004年其文收入上述书中。但此次编辑搜集中竟然遗漏了，相信类似情况还会有。其次，鲁迅题赠国外友人的类似题赠，必定还有未被搜集的。更不用说已知而未见的鲁迅至少 400 万字手稿，以及被日人掳去的鲁迅1922 年日记，据传尚存于世，且俟重光有日。随着研究的深入，还将发现更多，这是必然的。当然，还有个别争议手稿，本着宁缺毋滥的原则，编委会定下有争议的手稿暂不收入的凡例，是正确的。但这并不代表永远排除其被认定为手稿的可能性，只是目前尚未得到更广泛的承认，需要更多证据来证实，慎重起见，这样规定是必要的。如果以后在研究中能够最终证实其可靠性，还可以在编辑《补编》时补入。

（二）未写题解。按照我的理解，本书编辑时应在每种手稿前撰一题解，说明此手稿的书写、发表与文本收集的情况。即说明本文写于何时，如果能写出本手稿书写于何时就更佳。然后，最好能说明手稿是否曾经（影印）发表，同时，说明文本收入哪本文集，现入《鲁迅全集》多少卷册。如能做到这样，是最理想的。目前在每种手稿前仅说明了文本写作时间，按我的理解，应该是说明本手稿的书写时间。当然，由于文本写作和手稿书写的时间，很多时候并不一致，以往人们的查考，将更多注意力放在文本写作的时间上，尚且未完全解决，手稿的书写时间有不少是与文本写作相同的，但也有不少难以确定。要完全查清有很大难度，需要长时间的研究和细致的梳理。

（三）未出线装本。1986 年版《鲁迅手稿全集》是珂罗版线装本，层次丰富，手感绝佳，印制之精美，自那以后，罕有其匹。本次出版，

---

[1] 见陈梦雄：《新发现的鲁迅书扉页墨迹两幅》，原载《人民日报》1984 年 11 月 14 日，题为《鲁迅赠书青年》，收《〈鲁迅全集〉中的人和事——鲁迅佚文佚事考释》，上海：上海社会科学院出版社，2004 年，第 311 页。

不少人建议，仍出版线装本。因为 20 世纪 80 年代能做到，现在更应该能做到。但由于各方面原因，最终确定用西式精装。从实用的角度看，以目前的照相排版技术，在清晰度上，不会比珂罗版差。虽然层次感会差一些，但目前珂罗版在中国几乎已经绝迹，只在极少数博物馆里有极少量作为"非遗"保存，要来承担这样一个巨大的工程，已经不现实。这是一个小小的缺憾。为了弥补这种缺憾，出版社在精装本的装帧上动了不少脑筋，一是采用帖装锁线方法，书页打开平服，翻阅更加便利；二是排版用竖排版式，使与鲁迅手稿更加协调；三是用中式翻身和西式翻身两种页序。因为当鲁迅用竖式编页来编排古籍、金石手稿的时候，用西式页序，就会发现页码的顺序相反。因此，排版中规定：古籍、金石部分使用中式翻身，而其他部分使用西式翻身。虽然导致两种相反的翻页方式，但读者基本上不会感受到有何不便。通过这些方法，弥补了未出线本的缺憾。出版社也不排除将来有条件再精印一部分线装本。我们期待着。

（四）未用对比式排版。已如前述，从手稿学的理念出发，未使用德国《荷尔德林全集》和日本《鲁迅增田涉师弟答问集》的编排方法，是个缺憾。但在目前中国，只能说这是超越现实可能性的。

对这些小缺憾的存在，笔者也是亲历者和参与者，而且有些问题也参与了决策。如果说有什么不当与不足，笔者也难辞其咎。但是，有些其实是"历史允许达到的高度"，也是探索中的必然。同时需要指出的是，这些小缺憾的存在并不足以减损本书的历史性成就和重要性。它将是一个新的出版传奇，成为一代人难以磨灭的时代记忆。

制作"数字鲁迅"

王 贺

关于《鲁迅全集》这一现代文学必读书、常见书（如果不是我们从事现代文学研究，首先要阅读的一部书的话）的"电子化""数字化"历史的研究，至今缺乏专门研究。实际上，大量"电子化""数字化"的鲁迅作品，不仅向我们提供了触手可及，随时可供阅览、查检、复制的鲁迅作品资料，而且这一过程本身也自有历史，经历了一个不断变化、发展的过程，同时其所生产、制作出的鲁迅形象，也不同于此前经由纸质媒介所建构的鲁迅形象，可谓一"数字鲁迅"像，但此"鲁迅像"究竟如何生成具体特点，亦须着力探讨，也正基于此种认识，本文拟就《鲁迅全集》的"电子化""数字化"历史作出较为系统、深入的考察，并以其间出现的四种主要模式——《鲁迅全集》电子版、电子书、手机应用程序及检索系统——为讨论对象，兼及其在视觉文化生产、电子游戏、机器人等领域的最新发展[1]，从"数字人文"、媒介考古学、文献学

---

[1] 该文曾以《追寻"数字鲁迅"：文本、机器与机器人——再思现代文学"数字化"及其相关问题》为题，发表于《文艺争鸣》2021 年第 11 期。全文近四万字。因篇幅限制，收入本书时删落近半论述，包括"数字鲁迅"在视觉文化生产、电子游戏、机器人等领域的最新发展。

这几重交错的学术视野出发，对"数字鲁迅"展开历史、理论和实用性、前瞻性等多方面的思考。

一、最早的《鲁迅全集》电子版

众所周知，在互联网浏览器诞生以前，最早的中文电子文本是由海外留学生制作的、存储于"中文诗歌网络"（CHPOEM-L）的《孙子兵法》电子版。"其制作时间是 1991 年冬，由得克萨斯州美国超级超导对撞机实验室李晓渝等人录入制作"。"中文诗歌网络"是"一个利用电子邮件交换自己喜爱的诗歌和文学作品的兴趣小组"，亦即一电子邮件列表（electronic mailing list，或称为"电子讨论列表"），由纽约大学布法罗分校中国留学生王笑飞创立，创建不久已有二百余人参加，该网络"不设编辑，也不定期出版，大家随时都可以把自己喜欢的诗歌发送到该网络上"[1]。

互联网出现以后，"新语丝"（1994 年 2 月创立，后发展为网站）、"橄榄树"（1995 年 3 月创立）等数百种电子期刊在海外相继问世，并开始整理发表中国古代、现代作家作品的电子版，其间偶见鲁迅作品，但并不为多，更无论"文集""全集"。直到后来如"新语丝"不仅建立了"读书论坛"，也建立了自己的"新语丝电子文库"，并在其中专门开辟"鲁迅专辑"，一心荟萃鲁迅作品电子版和鲁迅手稿、照片、传记、相关新闻报道及研究、评论资料，企图将"电子化""数字化"的鲁迅作品变成一个真正的、向所有人都开放的研究资料库，最终取得成功，才可以说是为这些海外学人在整理和传播现代文学遗产、探索和绘制未知的数

[1] 原文出自电子期刊《华夏文摘》第 38 期（1991 年 12 月 20 日出版）编后语《诗词爱好者的电脑交流网络介绍》，转引自李大玖：《第一份网络诗歌专辑——网络文学的起源史料（续三）》，网址见：http://blog.sina.com.cn/s/blog_5223ef410100k7za.html，2021 年 5 月 14 日检索。

字鲁迅版图之旅，竖起了一个小而醒目的界标。不过这一切都经历了长时期的积累和努力，如今也还在继续进行，须作专门研究。我们今天想要讲述早期《鲁迅全集》电子版的历史，还有另外一些内容不可不提。

```
../Lu-Xun/ 鲁迅作品

.....Introduction.gb 鲁迅传略 (方舟子输)
.....yecao.gb 散文诗集《野草》(方舟子输)
.....poetry.gb 鲁迅旧体诗集注 (座山雕、方舟子输)
.....nahan/ 小说集《呐喊》(不亮输)
.....zhaohua-xishi/ 散文集《朝花夕识》(莲波输)
.....Lu-Xun1.gif 鲁迅照片 (青年)
.....Lu-Xun2.gif 鲁迅照片 (晚年)

.....essays/ 杂文
......fen/ 杂文集《坟》
.......index.gb《坟》目录 (哈哈输)
.......being_father.gb 我们怎样做父亲 (哈哈输)
.......Leifeng_pagoda.gb 论雷峰塔的倒掉 (哈哈输)
.......Leifeng_pagoda2.gb 再论雷峰塔的倒掉 (哈哈输)
.......mirror.gb 看镜有感 (海生输)
.......open_eyes.gb 论睁了眼看 (海生输)
.......postscript.gb 写在"坟"后面 (哈哈输)

......er_xin_ji/ 杂文集《二心集》
.......good_goverment.gb 好政府主义 (方舟子输)
.......hard_translation.gb 硬译与文学的阶级性 (方舟子输)
.......knowing_and_doing.gb 知难行易 (方舟子输)
.......running_dog.gb 丧家的资本家的乏走狗 (方舟子输)

......wei_ziyou_shu/ 杂文集《伪自由书》
.......king_way.gb 王道诗话 (方舟子输)
.......light_coming.gb 光明所到 (方舟子输)
.......sell_soul.gb 出卖灵魂的秘诀 (方舟子输)

......huabian_wenxue/ 杂文集《花边文学》
.......Beijing_and_Shanghai.gb 京派和海派 (方舟子输)
.......friends.gb 朋友 (方舟子输)
.......new_year.gb 新年 (方舟子输)

......eryi_ji/ 杂文集《而已集》
.......literature_and_sweat.gb 文学与出汗 (方舟子输)
.......Wei-Jin_manner.gb 魏晋风度及文章与药及酒之关系 (方舟子输)
```

"新语丝电子文库"（1995 年 12 月 15 日）公布的电子版鲁迅作品目录

事实上，同样受惠于互联网和中文信息处理技术的发展，最早的《鲁迅全集》电子版却出现得很晚。准确地说，是在最早的中文电子文本问世近十年后才出现的。据笔者考察，2000 年 1 月在"4020 电子书"网站（https://www.wurexs.com）出现的《鲁迅全集》（txt 文件），或为最早的《鲁迅全集》电子版。这一文件只有 4.18MB 大小，至今虽已无法正常阅览、下载，但透过简介、文件名和详细目录，我们可以看到，其由 24 个文件夹、亦即 24 个单集构成，而在原网页所显示的"电子书简介"中，内中所收各单集依次包括《呐喊》《朝花夕拾》《中国小说的历史的变迁》《而已集》《二心集》《坟》《故事新编》《花边文学》《华盖集》《华盖集续编》等10种（可能这一简介并不全面）[1]。很显然，这些单集之间的秩序比较混乱，既非鲁迅自编文集的逻辑，也不是任何一种纸质版的《鲁迅全集》的编次和结构，另外一些重要的鲁迅著作也付之阙如。由于早期的txt文件多充满乱码，我们也可以大致猜得出来这一电子版的内文质量。但无论如何，与单集、文集相比，《鲁迅全集》电子版的出现，标志着鲁迅作品"电子化""数字化"实践进入新的历史阶段。

"4020电子书"网站上的《鲁迅全集》电子版

从世界范围内看，2000年也被认为是"多语种互联网发展的一个转折点，对于用户和内容都是如此"，从此不仅"信息能够用多种语言表达"，而且使用英语上网和浏览网页的互联网用户，和非英语国家和

[1] 不题撰人：《鲁迅全集txt下载》，网址见：https://www.wurexs.com/Txt/XiaoShuo-2972.html，2021年5月14日检索。

地区的用户的比例竟接近 1:1[1]。大约与此同时，即自 2000 年始，直至 2009 年，更多的中文电子书网站、文学网站和专业网站开始发表《鲁迅全集》电子版。据闻诸如"e 书"网、"亦凡公益图书馆"、"白鹿书院"、"中华书库"、"黄金书屋"、"清漪园"、"宇生工作室"、"文学视界"、网上"鲁迅纪念馆"、"鲁迅研究网"、"评读鲁迅网"等处，其时或设有子网站"鲁迅文库"，或有"鲁迅全集"栏目，或是提供了一些名为《鲁迅文集》《鲁迅全集》的电子版。这些电子版率多以 txt、html[2]格式文件存在且被阅读，但仍然名不副实，顶多只能算是"文集"。此外，也出现了一个专门的"鲁迅小说全集"论坛[3]。但无一例外，十余年后的今天，这些网站绝大多数或已注销，或遭关停、屏蔽，或成为僵尸网站，今已难以访问（除了"亦凡公益图书馆"和更早的"新语丝"在海外尚可访问），因此我们无法作出较为深入的讨论[4]。

但有一些早期的《鲁迅全集》电子版至今仍在网上流传，可谓"硕

---

[1]［加］玛丽·勒伯特，刘永坚译：《电子书出版简史》，北京：世界图书出版广东有限公司，2011 年，第 53—57 页。

[2]最新一代的超文本标记语言（Hypertext Markup Language）HTML5.0（简称 H5），因其提供的新元素和新的 API 简化了 web 应用程序的搭建，且可以被设计为在不同类型的硬件（个人电脑、平板、手机、电视机等）之上运行，实现跨平台运作，也被广泛运用于电子书（及其阅读器）的制作。基于 H5 的电子书阅读器，不仅可提供仿真翻页 3D 动画特效，支持全屏阅读、保存等功能，还可以用鼠标点击、滑动（个人电脑）或触摸滑动（移动设备）翻页，为读者带来近乎纸书一般的阅读体验。目前，一些期刊（如《长江学术》《香港文学》）和电子书（如一些产品手册、宣传册、教辅类读物）即采用了这一技术，但笔者目前尚未见到采用这一技术制作的《鲁迅全集》，故此对其不作深入讨论，而只简要讨论利用其第一代语言 html 发布的《鲁迅全集》电子版。不过，也正因此，本书对"电子版"和"电子书"的定义、二者之间的界限等问题的认识，保留了一定的弹性，并没有将其视为完全不同的两种文献、文本，而是在讨论其差异的基础之上，尽可能地指出了二者的关系和联系。

[3]参见葛涛：《"网络鲁迅"研究》，合肥：安徽大学出版社，2012 年，第 10—18 页。

[4]笔者早年也是这些网站的忠实读者、用户，而今回视这一"个人阅读史"，颇有些"白头宫女在，闲坐说玄宗"的况味。

果仅存"的数字历史遗迹。例如 2006 年前后，在"爱 txt 电子书论坛"（https://www.aitxtbbs.com）等处，出现了依据 1981 年人民文学出版社版《鲁迅全集》（16 卷本）整理的《鲁迅全集》前 8 卷的 txt 文件（其他网站上也有第 9、10 卷的 txt 文件）。这一文件保留了原书的卷次、目录、正文和注释，正文乱码较少，但一些生僻字均以空格代替，外文文字乃至原书的数字、标点符号等在这一电子版中也出现很多错误。当时的中文文字识别技术（OCR）水平也还不尽人意，其自动化程度和准确率远不如现在。另外，受限于 txt 这一电子文件格式本身的特点，所有这些《鲁迅全集》电子版也谈不上什么版式编排和较好的阅读体验。

相较之下，后起的"文学 100"网站（http://www.wenxue100.com）上出现的《鲁迅全集》电子版略胜一筹。其属 thtml 格式文件（虽是用特定的标准标记语言创建的网页文件、超文本文件，但对于普通读者而言，在浏览器中，其与 txt 格式文件无异——如果内容只是文字，没有图片、音视频等；所见者仍为文本文件，而不必关心背后的计算机语言：代码、字符和编码规则），优点是提供全文阅览和检索、下载，但这些功能仅限于网站注册付费用户，且其所收录的鲁迅作品的种类和数量均较此前的版本为多，共收录除鲁迅日记、翻译作品、科学作品外的 30 种单集，另有一种许寿裳编纂《鲁迅先生年谱》。但无论是 txt 格式、还是 html、thtml 格式的《鲁迅全集》电子版，有一共同缺陷，即不交代其所依据的纸质文献资料来源，不便于研究和引用。

也正是基于对这些既有的电子版的不满，读者转而开始自己生产制作新的、更好的《鲁迅全集》电子版。2006 年 11 月 7 日，一位名为"云飞 99"的读者，在"天涯论坛"网站（http://bbs.tianya.cn）子版"闲闲书话"，发出了制作其所谓的《2008 电子版〈鲁迅全集〉》的倡议。可惜网上"伸手党"为多，真正愿意动手者、响应者寥寥。尽管目前并无证据表明这一设想最终得到实现，但仅就其工作设想而言，不仅相当周密、细致，而且饱含着版本学和校勘学意识，其目标是希望能够制作一个新的，既有历史考订特色、又能并包现有各主要纸质版本的正文及其注释，且"尽量减少乱码、错误"，为读者考虑、最终还可以提供各种文件格式的《鲁迅全集》电子版。看起来，这是一个理想的、完美的版本。其后，作者独立整理完成了《华盖集》并公开发布，同时还撰写了《2005年版〈鲁迅全集·华盖集〉中的几个问题》[1]，其余未见下文。但正如全世界第一本电子书的设计灵感，来自一位西班牙的教师鲁伊斯·罗伯斯（Ángela Ruiz Robles）于1949年设计、供学生们使用的"机械、利用电力和气压驱动的百科全书"，这一"机械式百科全书"构成了其后所有电子书的雏形[2]，从此为人类书籍史开启新的航程，2006年由"云飞99"发起的制作《2008电子版〈鲁迅全集〉》的倡议，也同样可以视作其后《鲁迅全集》电子书努力实现的理想和一个理想、完美的"数字化"的《鲁迅全集》的理念形态，既可谓是《鲁迅全集》"电子化""数字化"历史上一项富有开创性意义的动议（其实至今众多的纸质版《鲁迅全集》也并未做到这一点），也是现代文学"数字化"历程中值得铭记的一个贡献。

二、其他重要的《鲁迅全集》电子版

一般认为，纸书《鲁迅全集》比较重要的版本主要有五种。依次是1938年鲁迅先生纪念委员会编印初版（20卷本）、1958年人民文学出版社版（10卷本）、1973年人民文学出版社版（20卷本）、1981年人民文学出版社版（16卷本）和2005年人民文学出版社版（18卷本）。

---

[1] 云飞99：《〈华盖集〉整理完成了，欢迎检查》，网址见：http://bbs.tianya.cn/post-390-3378-1.shtml；《2005年版〈鲁迅全集·华盖集〉中的几个问题》，网址见：http://bbs.tianya.cn/post-free-822156-1.shtml，2021年5月20日检索。

[2] ［英］罗德里克·凯夫、萨拉·阿亚德：《极简图书史》，戚昕、潘肖蔷译，北京：电子工业出版社，2016年，第244—245页。

与之相应，常见的《鲁迅全集》电子版，多以上述五种版本为底本制作而成，也可谓是除最早的电子版以外其他几种重要的版本。但在 2003 年之前，电子书制作技术较低，此时的 pdf（便携式文档格式）等格式文件的编辑工具功能相对有限，往往是将十数个扫描文件合并为同一文件，并无目录书签（这指的是电子文件目录，并非是说未扫描原书目录），也缺少批注、笔记等基本功能。

但在此后，尤其近十来年，《鲁迅全集》电子版开始大规模出现。在这一过程中，由 Adobe 公司开发的 pdf 格式及相应的编辑软件 Adobe Acrobat，因其便于制作、保存、浏览和打印，"或使用更高级的功能"[1] 如加密、保护等，能"为个人或企业提供安全、高效的文档管理体验"[2]，几乎占据了整个电子文件的生产和销售市场，pdf 格式的《鲁迅全集》电子版这一文件格式也逐渐成为主流、常见的文件格式。此外，djvu、uvz 等格式文件也较通行。笔者拥有的 1938 年鲁迅先生纪念委员会编印初版（20 卷本）、1958 年人民文学出版社版（10 卷本）、1981 年人民文学出版社版（16 卷本）这三个版本的电子版，也正是 djvu、uvz 等格式，并非 pdf 文件，但是，余如 1973 年人民文学出版社版（20 卷本）和 2005 年人民文学出版社版（18 卷本），以及其他版本的纸书《鲁迅全集》的电子版，则大多均为 pdf 格式。其发布时间均为 2006 年以后，其中 1973 年人民文学出版社版（20 卷本）《鲁迅全集》电子版最早，余则踵其武。这些电子版的制作者身份不详，但揆情度理，应与网络文化的主体是普通的、广大的匿名用户一样，或多由读者个体（并非政府、企事业单位）为了满足自己阅读、研究的需要，扫描加工制

[1] Blueboy001、w_ou 等："Adobe Acrobat"，网址见：https://baike.baidu.com/item/Adobe%20Acrobat/1696577#4_1，2021 年 5 月 19 日检索。

[2] 不题撰人："Adobe Acrobat"，网址见：https://acrobat.adobe.com/cn/zh-Hans/acrobat.html，2021 年 5 月 19 日检索。

作而成[1]，另一方面，2005年人民文学出版社版（18卷本）《鲁迅全集》的售价高昂，从某种程度上也刺激了读者寻找、自制电子版并将其分享的行为[2]。这也表明，这种从表面上看起来是由商业力量（或是其背后的新技术）主导的电子书生产、流通业态，同时也是读者面对纸书和新兴媒介，在众多的技术和设备之间，自发、自觉地进行选择而发展出的最优选项，正是两者之间的互动塑造了《鲁迅全集》电子版的历史面貌。

也不断有读者在使用过程中，对这些《鲁迅全集》电子版进行内容和功能的优化升级。例如，2012年12月，有读者发布了对2005年人民文学出版社版（18卷本）《鲁迅全集》扫描版pdf文件进行优化的新文件。在原文件的基础之上，添加了较为详细的目录书签，尽管这一书签不包括书信集、序跋集，也未经校对，不保证没有bug[3]，但与原本没有目录的电子版相比，想要从中查找、阅读特定作品，就显得方便多了。但在另一方面，从其他读者对这一文件的评论中，我们可以部分地窥见，当时的读者似乎并未普遍养成阅读这些套书的电子版的习惯。一位名为"浪女小刀"的读者言道，"这么大部头的电子书是用来收藏的把（吧）"，而新文件的开发者也不以为忤，以戏谑的口吻表示，"或

---

[1]不可否认，在图书"电子化""数字化"的过程中，有些出版商的态度相对比较积极，除了主动制作发售电子版（单gene或丛书），还向购买其纸书的读者免费提供在线访问、阅览权限。近几年来，以本社自有纸书为资源，开发相应的数据库产品，并以极高昂的价格向学术机构用户和个人用户兜售，也已成为不少出版商的重要经营策略。

[2]徐颖：《标价990元离谱？鲁迅全集豪华版吓退读者引争议》，网址见：https://www.chinanews.com/news/2005/2005-12-08/8/662286.shtml；韩石山：《这样的〈鲁迅全集〉我不买》，网址见：http://www.huaxia.com/wh/dskj/2006/00406612.html；月亮的两边、唐臣等：《鲁迅全集降低成本的胡思乱想（转载）》，网址见：http://bbs.tianya.cn/post-books-77729-1.shtml；云飞99：《制作2008电子版〈鲁迅全集〉的倡议》，网址见：http://bbs.tianya.cn/post-books-86683-1.shtml，以上均为2021年5月20日检索。

[3]浮游：《【电子书分享】鲁迅全集（1—18卷）人民文学出版社》，网址见：https://www.douban.com/group/topic/34958853/?dt_dapp=1，2021年5月15日检索。

者是买不起实体书用这个来爽一爽的"[1]。但随着掌上电脑（PDA，常见的手持终端设备）、平板电脑、Kindle阅读器、智能手机的出现和普及，市面上不仅出现了帮助读者如何挑选、购买这些新的机器和设备，介绍其操作系统和软硬件升级、使用办法的书籍[2]，也出版了一些传授电子书加工制作技术的专业读物，同时，读者对电子版（包括电子书）的阅读更成为一潮流。

实际上，即便是没有优化升级的电子版，因其所据者是较为可靠的纸书，制作技术不过是依原书的结构，扫描或拍摄原书的图像，而后将这些图像文件封包成一文件，故其质量亦较可靠（除了那些可能存在着漏扫原书内容如正文和边缘、扫描页码错乱、扫描图像扭曲或模糊、扫描颜色与原文颜色不同、出现波纹或交叉影线等问题），一般不甚影响阅读、研究。因此，这些电子版也被称为扫描版，其在很大程度上保留了纸书的内容和形式，在支持高压缩的同时具有分辨率较高、体积较小等特点，可满足跨平台兼容、方便打印（因其本身就是保留了排版形式的印前标准文件）和网络传输、保护文档内容不被随意修改等用户需求。根据上述所言五种纸质版的《鲁迅全集》制作成的电子版，便具有这样的特点，若是与更早之前出现的内容较为单薄、文字和标点错误百出的txt、html等文件相比，其虽属于对纸书的"克隆"，并无可以直接析出、用于文本数据挖掘和分析的全文（即将图像识别为文字，可全文检索），但却更具有参考价值。其实，利用来源比较清楚、版本比较可靠的电子版做研究，将其用作研究资料，至今已是学术研究的常态。早在20世纪90年代末，就有作家观察道，"不仅仅是牢骚满腹的学术界，我们的整个文化都在进行着这种转变，即远离印刷品时代的模式和习惯，

---

[1]浪女小刀：《评论〈【电子书分享】鲁迅全集（1—18卷）人民文学出版社〉》，网址见：
https://www.douban.com/group/topic/34958853/?dt_dapp=1，2021年5月15日检索。

[2]如周佳、尹利国、宋学民编著：《PDA（掌上电脑）一册通》，北京：北京大学出版社，2002年。

走向一个新世界，其显著特点是对电子通信的依赖性"[1]。数十年后的今天，我们对电脑、移动设备和互联网的依赖程度的加深，似更不言而喻，但有点令人奇怪的是，与古典文学、经学、文献学学者乐于承认自己所使用的某一种文献资料为电子版，或在具体研究中指出现存有哪些比较容易取得的电子版可供同行进行比较研究和系统考察不同[2]，近现代文学研究者有时似乎并不愿意承认这一点，甚至即便使用一些近现代图书、期刊、报纸合订本的影印本和源自网站、数据库的文献资料，也不愿意指出其为影印本或数字资源。

但无论如何，与纸质版《鲁迅全集》的携带不便、售价较高、不易取得、不能随时随地进行阅读等不足相比，不同的《鲁迅全集》电子版能克服这些限制，成为许多读者（其中既有普通读者，也有专业人士）的日常阅读对象。在中国大陆最大的读书社区"豆瓣网"，许多网友的相关讨论、评论就显示了这一点。在各群组的发帖、评论区和日记（日志）的评论区，还有读者慷慨分享了《鲁迅全集》电子版的下载地址，并讨论了各种版本的价格，以及如何利用电子版制作自己的纸书等问题。透过这些形形色色的阅读实践和认知，我们可以看出，他们并未有《鲁迅全集》电子版（也包括下文即将讨论的电子书）在价值等级上就天然地较纸书更低一等的偏见，或是有意矮化数字阅读行为的观念，毋宁说《鲁迅全集》电子版在其阅读和思考中所扮演的角色，几乎和纸书相同，同样促进了读者的审美、想象力和批判性思考能力的发展。

---

[1]［美］斯文·伯克茨，吕世生、杨翠英、高红玲译：《读书的挽歌——从纸质书到电子书》，北京：中国对外翻译出版公司，2001年，第133页。

[2]如叶纯芳在对十三经附校勘记的《春秋公羊注疏》的研究中，指出十行本为最早的经注疏合刻本，须善加利用，其中"目前较易取得阅读的电子版影印刻明修本有京都大学藏本、东洋文化研究所藏本、再造善本影印本"。见乔秀岩、叶纯芳：《文献学读书记》，北京：生活·读书·新知三联书店，2018年，第24页。

豆瓣网上出现的、不断优化升级的《鲁迅全集》电子版（pdf 文件）

三、《鲁迅全集》电子书诸类型及其特点

"电子书"（e-book）的概念和"电子版"（electronic edition）不同。"电子版"主要包括两种形式，一是根据纸质书刊、以之为"母本"进行扫描、摄制，然后生产出一个新的版本的文件，这个新的版本在最大程度上复制了"母本"的一切要素（除却其物质性），同时，这一制作过程实际也是一般所谓的"电子化""数字化"（本质是一种图像化），如常见的 pdf、djvu、uvz、jpg、tiff 等格式文件；一是将纸质书刊原有文字析出，利用相应的标记语言或程序，按照一定的结构、原则对其重新编码，制作成一个新的版本，这一过程亦即"文本化"（有时也称为"全文化"），如常见的 txt、html、doc（x）等格式的文件，因这些文件以文字信息为主，占用电脑内存较小，功能、界面大多友好且简单，对阅读环境、设备的要求不高，无须安装专门、特殊的阅读器，成为自 DOS 时代至今常见、流行的电子文本格式。

"电子书"则可定义为一种完全不同于纸质出版物的数字出版物。从大的方面来说，"电子书"包括了"电子版"，但这里要讲的，是一个比较狭窄的"电子书"定义，它有时指通过某种专门设备（如亚马逊公司开发的 Kindle 电子书、汉王公司开发的汉王电纸书等）和程序（如 IOS 系统的"阅读"程序、超星公司开发的 SSReader 软件、方正公司开发的 Apabi Reader 软件等）方能顺利阅读的文件，包括大多只能通过手机、平板电脑等手持终端进行阅读的 app、apk、jar 格式文件等（多被称作手机应用程序）；有时也指向一个带有目录和全文索引、编码结构更为复杂、功能更为强大（搜索、查找功能只是其基础功能之一）的电子文本，常见的如 exe、chm、epub、mobi、azw3、ceb 等格式的文件。早期的"电子书"多滞后于传统的纸质书刊，以文本文件和光盘、音像制品等形式出现，但在当下，电子书的生产、制作和发布，已自成一体，几乎与纸质版同步甚至更早（一个最近的例子是 2020 年上海人民出版社出版的新版《周作人集外文》上卷，就率先出版了电子书，而后才推出纸书），且拥有独立的数字出版版权，向作者提供版权保护，同时也出现了一批规模化的数字出版企业，不仅电子书的销售连年扩大，在人们的阅读习惯中也占据着越来越重要的位置，从某种程度上来说也预示着阅读的未来、书籍的未来。

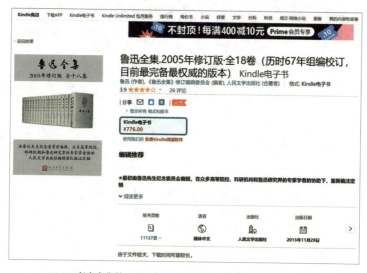

Kindle 商店发售的、人民文学出版社制作的《鲁迅全集》电子书

这些电子书大致可分为五类，其中第一类为手机应用程序，下节将做讨论。第二类为普通的、作为一个独立的电子文件、可供读者在本地设备保存并在离线环境下进行阅读的《鲁迅全集》电子书。较具代表性的作品有二：其一为 2005 年人民文学出版社版《鲁迅全集》（18 卷本）电子书（笔者所见者为 azw3 格式文件，仍由人民文学出版社制作出版），其在亚马逊中国商店的正式产品名称为"鲁迅全集.2005 年修订版·全18 卷（历时 67 年组编校订，目前最完备最权威的版本）"，售价人民币 299.99 元。除了具有一般电子书皆所拥有的便于携带、阅读不受外在环境限制、适合本地阅读等特点，与之前经由扫描制作而成、仅提供原书图像的同一纸书的电子版相比，这一电子书的特色在于不仅实现了文本化，还在最大程度上保留了原书的结构，即原书的目录（总目录，在正文之前）、正文和注释（为超链接）、索引、彩色插图等。阅读过程中，我们既可进行全文检索，也可以添加笔记、书签，并导出任何原文文句和自己所做的笔记、批注（虽然与在纸上做笔记所耗费的时间相比，在阅读器上可能需要花更多的时间），直接用作研究资料。更重要的是，与纸书相比，我们还可以利用 Kindle 阅读器内置的中英文字典、词典和自带的浏览器访问相关搜索引擎，查询原书注释之外任何需要查检的内容，在很大程度上扩充了原书的注释范围。但也正如许多读者所指出的那样，因《鲁迅全集》体量较大，将其全部内容放入同一文件，而不分册（即制成多个文件）的做法，调用阅读器内存较大，致使其易出现卡顿、重启等问题；同时，该书只有详尽的总目，但一旦进入正文阅读，各卷中并无二级目录（纸书则有），颇不便于阅读[1]。在这一版本的《鲁迅全集》Kindle 电子书问世之前，还有一些依据同一纸书

---

[1] hansyip、亚马逊买家、andyhewitt、米戈等：《评论〈鲁迅全集.2005 年修订版·全18 卷（历时 67 年组编校订，目前最完备最权威的版本）〉》，网址见：https://www.amazon.cn/product-reviews/B07BMKT2H3/ref=cm_cr_getr_d_paging_btm_next_3?ie=UTF8&reviewerType=all_reviews&pageNumber=3，2021 年 5 月 16 日检索。

制作的《鲁迅全集》电子书，因无注释等问题，遭到读者批评[1]。其二为读客文化依据2015年同心出版社推出的简体横排版《鲁迅全集》(20卷本，据1938年鲁迅先生纪念委员会编印初版整理)制作的Kindle电子书《民国时权威的〈鲁迅全集〉！（全二十卷）（收录鲁迅一生全部作品，原汁原味鲁迅的文字！）》，也拥有较高的销量和读者，评分较前者更高，但读者对该电子书存在的问题（如全集不全、目录不够精细、排版较差、阅读功能有限等）亦有所针砭[2]。有读者还有感于斯，耗时近一年，制作了自己理解的"《鲁迅全集》kindle电子书精校精排版"，以创造更好的阅读体验[3]。

第三类是内置在专门的阅读软件、程序（可安装在任一手机、电脑等设备中，读者无须购买专门的设备）中的《鲁迅全集》电子书，一般不支持离线阅读和保存为本地文件。如多看阅读、熊猫看书、起点读书、微信读书、豆瓣阅读等常见阅读软件中，均已上架多种版本的《鲁迅全集》。这些阅读软件，亦可视作一个数字图书馆，其中所收《鲁迅全集》电子书，或是据txt文本文件加工而来，或是依据纸版《鲁迅全集》重新制作（并非如电子版只扫描其图像）；或为单纯的、只能阅读的电子书，或为有声书，或兼具阅听两种功能；或为合集，或为单集；或免费，或售价数元、数百元不等。相对而言，其中据纸版《鲁迅全集》制作者，质量更为可靠。

第四类是既可通过专门的阅读软件、程序去阅读（无须下载），也

---

[1] 犟儿：《评论〈鲁迅全集（2005最新修订版）〉》，网址见：https://m.douban.com/book/comment/787110163?dt_dapp=1，2021年5月18日检索。

[2] 最好金龟换酒、赵五平、Sean等：《评论〈民国时权威的〈鲁迅全集〉！（全二十卷）（收录鲁迅一生全部作品，原汁原味鲁迅的文字！）》，网址见：https://www.amazon.cn/product-reviews/B013JV3G2K/ref=cm_cr_arp_d_viewpnt_rgt?ie=UTF8&reviewerType=all_reviews&filterByStar=critical&pageNumber=1，2021年5月18日检索。

[3] 牧豕Zzz：《〈鲁迅全集〉kindle电子书精校精排版》，网址见：https://zhuanlan.zhihu.com/p/326109497，2021年5月20日检索。

可下载后在电脑和专门的阅读器（如 Sony eReader 或 Barnes & Noble Nook 等设备）上进行阅读，且格式灵活的《鲁迅全集》电子书。笔者这里指的就是通过谷歌图书（Google Books）和谷歌应用商店（Google Play）——其宣称是"全世界访问人数最多的 Android 应用商店"——可以阅读和下载的《鲁迅全集》电子书。这一电子书售价 25.08 美元，出版于 2020 年 7 月，出版商为 Beijing Book Co.Inc.（一家在美国新泽西州注册并开展业务的公司），支持随时随地在线、离线阅读。全书收录常见的鲁迅作品单集 21 本，其学术作品、通信、日记等均失收，且不提供注释，除排版、字体较好外，别无可称，远不能与《鲁迅全集》Kindle 电子书相比。

第五类是无"全集"之名，却有"全集"之实的《鲁迅全集》电子书，其由各类单集分别组成，且单集种类、数量尽可能多而全。其技术特性则与第三类相同。如在七猫免费小说这一阅读软件中，虽无任一《鲁迅全集》，但收录了除却鲁迅译著、科学作品外的 39 种单集，其中主体部分仍为 2015 年人民文学出版社版《鲁迅全集》所收各集的文本，虽然删去了注释和彩插等（由此可推断出其据 txt 文本文件加工而来）。但这些大量的单集，在事实上构成了一个新的、数据库式的《鲁迅全集》，这些单集之间的意义的秩序因此就非作者、编者所框定，而恰需发挥读者的主体性和能动性，创建属于自己的"数字鲁迅"像，当然，有心人亦可逐一进行系统阅读，取得和其他《鲁迅全集》纸质版、电子版、电子书等几近相同甚至更为多元的认识。这一书籍存在、阅读形态，也正如同我们收藏了绝大多数版本的鲁迅作品单集纸书，甚至是各种版本的《鲁迅全集》纸书，乃至鲁迅辑录古籍、译文集、手稿全集等，从而在我们的个人收藏中建立了一个独一无二的"鲁迅全集"专藏。如果说在纸书时代，这一理想可能还显得过于浪漫、奢侈的话，在今天的电子书时代、数字时代，若欲实现此举，可能毫无困难（只需拥有一台智能手机）。

总之，和《鲁迅全集》纸质版拥有多个版本（除上述所举五个重要版本外，还有《编年体鲁迅著作全集》《鲁迅著译编年全集》《鲁迅全集（编年版）》《鲁迅全集（图文本）》《鲁迅全集（图文珍藏版）》《鲁迅大全集》等）一样，《鲁迅全集》电子书也有众多版本。但这里的"众多的版本"不仅是说名为"鲁迅全集"的电子书多种多样，如《鲁迅经典全集》《鲁迅经典作品合集》《鲁迅文学全集》《鲁迅小全集》等电子书（这些"全集"大多名不副实），还是说即便是同一种"鲁迅全集"电子书，即便内容未有任何更动，也有诸多格式、大小不一的文件，可供读者依据自己的阅读习惯、偏好和目前拥有的阅读软件、设备等情况，作出适合自己的选择。如《鲁迅文学全集》（全套 18 册，实为"鲁迅作品精选"）除了亚马逊中国商店提供的 azw3 格式文件，还有如由微信公众号"书单严选"在此基础上制作的其他多种格式（如 pdf、epub、mobi 等）；BooksOnline 网站更提供了由 Alex101 制作的、2005 年人民文学出版社版《鲁迅全集》（18 卷本）的四个格式的文件（包括了 pdf、mobi、djvu、epub）。它们都向读者提供免费下载。这也许构成一种"侵权"行为，但在客观上确乎可以帮助读者减轻电子书购买成本，分别利用不同的阅读器和软件进行阅读。不过，总的来说，与纸质版《鲁迅全集》投入的巨大的人力、物力、财力相比，或以电子书的生产、制作门槛较低，传统出版大社不甚重视开发相关产品，专业研究者很少参与其中等原因，目前可见的大多数《鲁迅全集》电子书无论其编纂原则、策略，还是所收文本与编校质量，乃至功能等，都显得较为单一、有限，还有很多可以进一步完善的地方，涉及的问题从数字技术、数字版权到数字环境中的人际、人机交互等行为，相当复杂。

与此相关的，关于电子书和纸书不同的阅读体验、效果，以及纸质书籍是否会因此走向消亡等问题的讨论，虽然并不是在《鲁迅全集》电子书的阅读实践中首次出现的，但在豆瓣网和其他一些网络平台上，仍有一些读者注意及之。看得出来，读者们颇为看重自己的阅读体验，他们认为不同的阅读载体，也许能达到同样的阅读效果，但却无法保证读者能够拥有共同的体验。这很可能与两种媒介本身的差异有关，"纸质书很适合慢慢读，反复读，电子书多少有点快速消费品的感觉"，也因此，在这些读者眼中，纸书仍有存在的必要，并将在很长的时间里作为人类记录、传播、交流自己思想和文明的载体（虽然实体书店可能会逐渐消失），发挥电子书无可取代的作用，而电子书的历史还太短，其革命性、先锋性意义还有待观察[1]，所见相当辩证。

在《鲁迅全集》电子书的形成历史上，早期也曾出现过 exe（可执行文件）、chm（已编译的帮助文件）等格式的《鲁迅全集》电子书。但这些电子书大多内容有限、功能较单一，且多由更早的《鲁迅文集》txt、html 格式文件改头换面而来，虽曾发挥过一定作用（毕竟聊胜于无），但在今天看来已相当简陋，既不能同五个版本的《鲁迅全集》电子版相提并论，也不能与其他格式（如 epub、mobi、azw3、手机应用程序）、名副其实的《鲁迅全集》电子书并肩而语，在此不多作讨论。

四、《鲁迅全集》手机应用程序

在上文关于"电子书"的论述中，笔者曾提到只能通过流行的移动设备（如手机等）进行阅读的电子书，并举出了常见的三种 app、apk、jar 格式文件。其实，除了 jar 文件可视作 txt 文件的升级版（由 Java 语言编写，jar 即来源于"Java Archive"，以示 Java 归档之意），可涵括文字之外的图像、声音等信息，app、apk 这两种格式的文件因较特殊，在今天很少被视作电子书，我们常常称之为手机应用程序，实际上的确也是移动互联网时代应运而生的数字技术。两者的区别也很明显，apk 文件只适用于安卓（Android）操作系统，是一安装包，是该系统下载 app 的一个工具，将其打开、安装之后即为 apk，而 app 文件则

---

[1] 减乐肥™、苏蓁蓁等：《评论〈纸质书不会消亡〉》，网址见：https://www.douban.com/note/183152562/?dt_dapp=1，2021 年 5 月 15 日检索。

是对在包括安卓系统、苹果系统（IOS）等任一操作系统中由第三方提供的智能手机应用程序的总称。

　　根据笔者目前掌握的资料，《鲁迅全集》手机应用程序不止一种[1]，皆有相应的读者、用户，总体用户数量相当大。但这里我们选择重点论述的，是其中较为常见的两种，一种是通过华为手机（采用安卓系统）应用市场可以下载的《鲁迅全集》（开发者为文盛，2019年10月29日上线，以下简称"华为版《鲁迅全集》"），一种则是通过苹果系统应用商店可以下载的《鲁迅全集（离线版）》（开发者为zhang jianwu，2012年上线，现已发布最新的3.6.0版本，以下简称为"苹果版《鲁迅全集》"）。这两款应用程序的上线时间虽有先后之别，但后出者的质量却并不及前者。无论是从其内容和文本编校质量来看，还是前端界面、功能及是否免费等方面来看，华为版《鲁迅全集》远远逊色于苹果版《鲁迅全集》，二者差异也相当明显。首先，在前端界面，前者按一书架设计，每层排列三种书籍，似受到早期数字图书馆设计理念的影响，后者则按数据库式进行架构，打开后不仅出现所收各书目录，也同时可以显示其中任一书籍目录的详细单篇目录（均为弹出式目录），并可点击访问，为读者省事不少；其次，在功能方面，前者亦不敌后者，存在着缺乏单篇文章目录、没有页码、无注释等问题。这也可以解释何以华为版《鲁迅全集》的用户评分较低（评分为3分，满分5分），且大多针对其功能的不完善之处；而苹果版《鲁迅全集》不仅文本有注释，还有题名和篇内检索、文字放大与缩小、更换字体、浏览习惯设置、导出原文、勘误及听书等功能，其制作技术也"采用了IOS系统流畅而稳定的翻页与排版技术，所有文章都放在了设备端，

---

[1]除了本书重点讨论的华为版《鲁迅全集》、苹果版《鲁迅全集》和简略讨论的华为版《鲁迅全集（简繁版）》，通过Google Play应用商店还可下载另一款免费的、适用于安卓操作系统的《鲁迅全集（有声）》（开发者为kittyboy）手机应用程序，用户相对较少。

完全离线阅读，不受有无网络的限制"[1]，阅读体验较好。另外，华为版《鲁迅全集》售价人民币 8 元，苹果版《鲁迅全集》则可免费下载、阅读，当然，在其阅读界面中，内嵌了不少广告，对阅读环境要求较高的用户可通过购买"升级"服务取消广告投放，享受纯净、无干扰阅读环境，用户对这一电子书的总体评价也比较高（评分为 4.6 分，满分 5 分）。

苹果应用商店发售的《鲁迅全集》（离线版）APP

---

[1] zhang jianwu：《鲁迅全集（离线版）》，网址见：https://apps.apple.com/cn/app/%E9%B2%81%E8%BF%85%E5%85%A8%E9%9B%86-%E7%A6%BB%E7%BA%BF%E7%89%88/id1089164660，2021 年 5 月 14 日检索。

当然，这两款手机应用程序也有共同的缺陷。尽管两者同样命名为《鲁迅全集》，但就其所收鲁迅作品而言，仍不具有"全集"性质，而只能算是"文集"（华为版《鲁迅全集》的销售界面的产品名称为《鲁迅全集》，但其图标和正式阅读界面却显示为《鲁迅文集》，就很能说明这一点）。具体而言，华为版《鲁迅全集》依次收录《坟》《热风》等单集21种，遗漏了《且介亭杂文末编》《集外集拾遗补编》《汉文学史纲要》及鲁迅书信、日记等内容，而苹果版《鲁迅全集》则不仅尽收前者所有作品，还收录了《古籍序跋集》《鲁迅旧体诗集》《鲁迅日记》《两地书》等4书，更趋近"全集"。有意思的是，虽然两者在所收文本种类、数量上有所不同，但都未能纳入《汉文学史纲要》《译文序跋集》等。

这些共同的问题究竟因何形成，是否因两种电子书的开发者不同所致？必须承认，关于华为版《鲁迅全集》开发者的情况，我们所知极少，但苹果版《鲁迅全集》的开发者无疑属于专业人士，拥有相当丰富的开发经验，且注意和用户互动，似乎随时准备着为之提供更新、优化和升级，使之成为一种尽善尽美的电子书。其先后开发了《老舍全集（离线版）》《沈从文全集》《莎士比亚全集（离线版）》《读林语堂》《读三毛》等多种电子书，《鲁迅全集》电子书的开发也正建立在这些工作的基础之上。对这两种电子书再进行深入比较研究可以发现，苹果版《鲁迅全集》是现有诸种《鲁迅全集》手机应用程序中比较值得重视、信赖的一种，虽然它仍然不是一个可以满足学术研究需要、名副其实的"全集"，但在日常阅读、普通读者在数字环境（尤其移动互联网环境）中的鲁迅阅读实践之中，仍可发挥其重要作用。进而言之，与我们通常将手机、平板电脑等理解为一项个人技术、一种通讯工具或是一种新媒介不同，各种《鲁迅全集》手机应用程序与各有优长的电子书的存在，不仅直接促进了鲁迅文学、思想的"媒介化"与"再媒介化"，也构成移动传播（从目前的发展态势看，其似乎已超过其他任何形式的媒介传播）嵌入社会、参与社会建构的一部分[1]。许多读者因使用／阅读共同的《鲁迅全集》电子书、应用程序而成为一个新的"想象的共同体"，发展出新的社会交往（如各种社交媒体上常见、活跃的在线小组、社群等），时常保持密切的联系。也正如其他"交往在云端"[2]的人际关系，这些关系有时可能极为短暂、脆弱，但有时，其强度、亲密度、忠诚度和持久性，也可能远胜现实生活中的同学、同事、同乡、朋友、亲人、情侣等任何一种传统社会关系，参与者在新的关系中，也建构了新的自我和身份认同。这恐怕是纸书时代我们难以想象的。

五、北京鲁迅博物馆"资料查询在线检索系统"及其他

2006 年，北京鲁迅博物馆（以下简称"鲁博"）官方网站开通。该网站的开通，被学者认为是"极大地推动了鲁迅的网络传播工作，进一步充实了鲁迅的网络传播的内容"[3]。同时，由该馆开发、该馆文物资料保管部提供内容的"资料查询在线检索系统"作为其中的一个重要组成部分，也正式上线。此一检索系统的前身或为 20 世纪 80 年代末该馆提出、北京计算机三厂开发部研制开发的"长城 286 微机《鲁迅全集》电脑检索系统"，但当时的检索系统以 1981 人民文学出版社版（16 卷本）

---

[1] 此处的简要分析，笔者受益于理查德·塞勒·林的研究，请参 [美] 理查德·塞勒·林，刘君、郑奕译：《习以为常：手机传播的社会嵌入》，上海：复旦大学出版社，2020 年。

[2] "交往在云端"一语，系南希·K. 拜尔姆的 *Personal Connections in the Digital Age* (2nd edition) 中译时译者的创造，参 [美] 南希·K. 拜厄姆，董晨宇、唐悦哲译：《交往在云端：数字时代的人际关系》(第 2 版)，北京：中国人民大学出版社，2020 年。

[3] 葛涛：《"网络鲁迅"研究》，合肥：安徽大学出版社，2012 年，第 30 页。

为底本，且"在 XENIX 环境下，用 Informix 数据库，及 C 语言来实现的"[1]，亦提供检索、简单统计等功能，但只能在本地机使用，然在十余年后，已取得不少新的进展。

北京鲁迅博物馆"资料查询在线检索系统"首页

2006年上线的"资料查询在线检索系统"，就包括鲁迅著作全编、译作全编及《鲁迅研究月刊》三个子系统，并可提供文章浏览、简单检索、高级检索等多种查询方式，及简单的综合统计功能（用户可统计全编、单集、单篇和某一文体的总字数，也可以根据鲁迅不同的署名统计相应的文章数量，此外，亦可统计书信总量和个人书信总量）。但从2020年开始，该系统又进行了更新和升级，不仅修改了用户访问界面、网址（http://www.luxunmuseum.com.cn/cx），功能也较此前收缩不少，仅保留了鲁迅著作全编检索系统，另外两个译作全编和研究资料检索系统

[1] 不题撰人：《长城286微机〈鲁迅全集〉电脑检索系统研制报告》，《鲁迅研究动态》1989年第12期。

均已取消。但即便如此，我们仍可利用此一在线检索系统，展开相关研究。不过，任一检索系统，究其实，乃是"电子化""数字化"的索引系统（亦即数据库之一种），其虽然建立在鲁迅著作全编文本化的基础之上，固然可以帮助我们快速、准确地查询到某一字、词、句所在的原文，找到一个小的语境（往往只有上下文几句话），但要循此更进一步，看到全篇甚至某一版本的《鲁迅全集》所收此文的单集的目录和其他文章，或欲下载这一检索的结果，就无能为力了。同时，这一检索系统和其他利用鲁迅部分作品的文本化所建立的语料库一样，也都并未交代建设系统过程中的数据源和底本情况，使我们难以直接引用，非得复核纸质版《鲁迅全集》或某一单集方可放心引用。

这里笔者所谓的"其他利用鲁迅部分作品的文本化所建立的语料库"中，比较重要的一种是由北京大学中国语言学研究中心建立的"CCL语料库检索系统"（http://ccl.pku.edu.cn:8080/ccl_corpus）。该系统由詹卫东、郭锐、谌贻荣等人于2003年开发，收录公元前11世纪至当代的中文语料已逾7亿字，主要"面向语言学本体研究和语言教学"[1]，供语言学研究者参考使用。尽管其中的"中文文本未经分词处理，检索系统以汉字为基本单位"，且"语料本身的正确性"需要研究者自己进行核实，但仍然支持复杂检索表达式（如不相邻关键字查询，指定距离查询）、对标点符号的查询（如查询"？"即可检索语料库中所有疑问句）、在结果中继续检索及查询结果的定制、下载等功能[2]。在这些大规模语料中，也包括了鲁迅、茅盾、老舍、曹禺、沈从文、张爱玲、钱锺书等诸多现代作家的文本语料，其中的鲁迅作品语料字节数为465333Byte，可能只是一本20万字左右的鲁迅小说杂文集的体量，与此相较，沈从文作品语料的字节数为463600（全部字数不详），钱锺书作品为

[1] 詹卫东、郭锐、常宝宝等：《北京大学 CCL 语料库的研制》，《语料库语言学》2019年第 1 期。

[2] 不题撰人：《〈CCL 语料库〉使用说明》，网址见：http://ccl.pku.edu.cn:8080/ccl_corpus/CCLCorpus_Readme.html，2021 年 5 月 13 日检索。

666860（全部字数不详），周立波著《暴风骤雨》则为 515723[1]（全书字数约 246000 字），可见其容量相当有限，换言之，该系统所收录的现代作家作品语料还远远不敷使用，也并未给予鲁迅作品以相对更为重要、特殊的位置，与现代文学（史）多将其视为"中国现代文学之父""中国现代文学奠基人"的崇高地位并不相称。即便如此，作为一个供学者免费使用，且其功能较为丰富的语料库、数据库，仍然有其独立的价值，特别是在基于语料库的语言学研究、将现代文学文本用于现代汉语研究方面，有其相当积极的意义。

质言之，在鲁迅著译全文数据库未出现以前，鲁博"资料查询在线检索系统"尽管只是一个关于鲁迅全部创作作品（不含译作等）的检索系统，但它仍然是最为全面的、值得参考的数据库。其他的检索系统如"CCL 语料库检索系统"等则构成了必要的补充[2]，特别是为有意利用鲁迅作品展开现代汉语研究、语言学研究的学者，提供了一定的帮助。但就其总体而言，还不能满足我们研究尤其展开"数字人文"研究的需要，也因此，建设鲁迅著译全文数据库等"专题数据库"就显得很有必要了。

---

[1]不题撰人：《（CCL）语料库规模与分布》，网址见：http://ccl.pku.edu.cn:8080/ccl_corpus/corpus_info.pdf，2021 年 5 月 13 日检索。

[2]除本部分所论述的"CCL 语料库检索系统"外，尚有 1979 年武汉大学开发的"汉语现代文学作品语料库"（527 万字）、1983 年北京航空航天大学开发的"现代汉语语料库"（2000 万字）、北京语言学院开发的"大型中文语料库"（5 亿字，10 分库）、清华大学开发的"现代汉语语料库"（1 亿字）等，内中都有不少鲁迅作品语料，但这些语料库不向外界开放使用，使人徒唤奈何。

第二章　著作版本

鲁迅著述单行本概览

宋　娜　马俊江　李　致　王　燕

　　鲁迅一生著述甚丰，仅就以专著或结成文集出版的即有小说集 3 种：《呐喊》《彷徨》《故事新编》；散文诗 1 种：《野草》；回忆散文 1 种：《朝花夕拾》；杂文集 16 种：《坟》《热风》《华盖集》《华盖集续编》《而已集》《三闲集》《二心集》《伪自由书》《南腔北调集》《准风月谈》《花边文学》《且介亭杂文》《且介亭杂文二集》《且介亭杂文末编》《集外集》《集外集拾遗》（这些都是鲁迅生前已经出版或编定。1981 年《鲁迅全集》十六卷本出版时，出版社又增编了《集外集拾遗补编》《古籍序跋集》《译文序跋集》，这不在我们讨论之列）；学术著作 3 种：《中国矿产志》《中国小说史略》《汉文学史纲要》；通信 1 种：《两地书》。此外，还有大量散在的书信与日记，更有与著述大体相等的译作。此处所要介绍的，仅是曾作为单行本出版的鲁迅著述，译作将有另文介绍。而本书中凡有专文介绍的单行本，此处亦一概从略。

《坟》

《坟》于 1927 年 3 月由北京未名社初版。但因收入鲁迅 1907 年在日本时所作文言论文 4 篇，为其从事文学活动初始之作，所以 1938 年复社版、1956 年和 1981 年人文版《鲁迅全集》均将其置于出版时间更早的《热风》和《华盖集》两本杂文集之前。《坟》所收 23 篇文章不但长，而且多从宏观上剖析中国历史、文化和现实，故而在 1925 年和 1930 年所作的两份《自传》中，鲁迅都将本书称为论文集。至于以"坟"名书的含义，鲁迅在《题记》和《写在〈坟〉后面》中做了解释，一是对自己过往生命的纪念，"一面是埋藏，一面也是留恋"；二是以"坟"喻自己的杂文，在那些"一心一意在造专给自己舒服的世界"的人们的眼前"放一点可恶的东西"。名文集为"坟"，也和鲁迅速朽的杂文观有关：希冀自己揭示黑暗的杂文与黑暗一同"和光阴偕逝，逐渐消亡"。《坟》的装帧不但卓有特色，且是鲁迅和陶元庆合作的结

《坟》1927 年未名社初版

果。初版《坟》的封面画上方著者、书名和写作时间1907—1925上中下三排的排列即是鲁迅的设计，在致陶氏的信中鲁迅说明了此点，且说"只要和'坟'的意义绝无关系的装饰就好"鲁迅的意思是装帧艺术具有独立性，也在鼓励陶氏放开手脚。而陶氏的才华使其作品不仅具有图案的装饰美，也蕴涵着对鲁迅及其作品的理解与诠释。封面图案构图简单：淡黄的背景上两个象征坟的三角形、棺椁的横截面和远近的三棵树。柔和的色调使图画虽以坟与棺为主，却无死的恐怖，而有生的显现。图案中树的造型形似汉字"火"，也正让人想起鲁迅热烈的生命。还值得一提的是在致李霁野的信中鲁迅虽说《坟》的封面画，自己想不出，今天写信托陶元庆去了"，但鲁迅还是自作了一幅有猫头鹰、雨、天、树、月和云的图案放在了初版扉页。可惜现在各种版本的《坟》皆删掉了这幅图画，它也少为人知了。《坟》由北京未名社、上海北新书局、上海青光书局、鲁迅全集出版社、重庆作家书屋、人民文学出版社累次再版。

《热风》

《热风》1925年11月由北京北新书局初版。收入鲁迅1918—1922年所作杂文41篇。它是鲁迅在"五四"新文化运动中的真实的战斗记录。所以文章以短文居多，且多为随感录的形式。这本书之所以命名为《热风》，鲁迅本人是这样说的："我却觉得周围的空气太寒冽了，我自说我的话，所

《热风》1925年11月北新书局初版

以反而称之曰《热风》。"该书为米色封面，书名为红字。鲁迅自题美术字"热风：鲁迅"，置于封面书脊一侧。《热风》曾由北新书局、鲁迅全集出版社、重庆作家书屋、人民文学出版社、上海文艺出版社累次再排。另有维吾尔文及朝鲜文本。编入《鲁迅全集》1938 年版第二卷，1956 及 1981 年版第一卷。

《野草》

《野草》1927 年 7 月由上海北新书局初版（人民文学出版社 1981 年版的《鲁迅全集》错注为北京北新书局）。列为鲁迅编辑的《乌合丛书》之一。初版的《野草》为 32 开道林纸毛边本。初版孙福熙绘的封面画上书名"野草"是鲁迅自书的朴拙的美术字。书名旁署的"鲁迅先生著"该是编者所加。

《野草》1927 年 7 月北新书局初版

《野草》收鲁迅1924年9月至1928年4月作的23篇散文诗，结集前曾以《野草》为总题连续发表于《语丝》。卷首的《题辞》作于编就《野草》的前两天，自第七版起为国民党检查机关删去，1938年复社版《鲁迅全集》亦未收入，直到1940年出版的全集单行本和翌年的《鲁迅三十年集》才又补入。1943年2月，姚蓬子主持的作家书屋也出过一版《野草》，封底印有"重庆市图书杂志审查处审查证图字第三二一四号"，这版被删的是《立论》。

关于《野草》诸篇的主旨和创作情况，鲁迅1931年在《〈野草〉英文译本序》和1933年《〈自选集〉自序》中说得最为集中。前者中提到的英文译者冯Y.S.原名冯余声，左联成员，其译本交给商务印书馆，毁于"一·二八"战火，世人无缘得见。但外文出版社1974年出版的著名翻译家杨宪益、戴乃迭夫妇的译本可谓名著名译了，但2000年外文社将其收入丛书《经典的回声》新版时，却无端多出不少印刷错误，令人遗憾。本书累经上海北新书局、鲁迅全集出版社、重庆作家书屋、人民文学出版社、香港三联书店、上海文艺出版社再版。另有朝鲜文、维吾尔文、蒙古文、哈萨克文文本。还有世界语、捷克文、日文、英文等外文文本。编入《鲁迅全集》1938年版第一卷，1956及1981年版第二卷。

《彷徨》

《彷徨》是鲁迅的第二本小说集，1926年8月由北新书局初版，列入作者自己所编的《乌合丛书》。书中所收11篇小说，作于1924—1925年。这11篇小说有9篇曾公开发表在《东方杂志》、《小说月报》、《妇女杂志》、《晨报副刊》、《民国日报副刊》、《语丝》周刊、《莽原》半月刊等报刊上，其中《孤独者》和《伤逝》两篇在收集前没有公开发表过。

《彷徨》是作者的时代苦闷和人生苦闷的双重结晶，同时更是他对

《彷徨》1926 年 8 月北新书局初版

这双重苦闷抗争的结晶。1933 年 3 月 2 日本山县初男在获赠《彷徨》的扉页上有作者亲自题的一首五言绝句："寂寞新文苑，平安旧战场。两间余一卒，荷戟独彷徨。"正是写作《彷徨》时心情的写照，这是一种有心求索、无地彷徨的人生。但作者从未放弃过自己的人生追求。

《彷徨》卷首引用了屈原的《离骚》中的诗句："朝发轫于苍梧兮，夕余至乎县圃；欲少留此灵琐兮，日忽忽其将暮。吾令羲和弭节兮，望崦嵫而勿迫；路漫漫其修远兮，吾将上下而求索。"这首诗正是当时作者在无地彷徨中"将上下而求索"真理的自我表白。

后来，小说集采用了陶元庆设计的封面，而陶的取意正是这首诗。封面底色桔黄，画面上三个人穿着墨绿色古装，并坐在椅子上，面对着一轮太阳，似看太阳，似观前方，似在沉思。人物和椅背多用几何线条，深红不圆的太阳昏沉沉地欲落不落。

《彷徨》累经北新书局、鲁迅全集出版社、重庆作家书屋、华东人民出版社、人民文学出版社、香港三联书店、上海文艺出版社再版。另

有维吾尔文、蒙古文、朝鲜文版。还有捷克文、越南文等外文版。编入
《鲁迅全集》各版第二卷。

《朝花夕拾》

《朝花夕拾》1928 年 9 月由北平未名社初版，收入鲁迅编辑的
丛书《未名新集》。本书所收 10 篇回忆散文于 1926 年 3 月至 12 月
在《莽原》半月刊连续发表，总题为《旧事重提》，结集出版时改为
《朝花夕拾》。

《朝花夕拾》1928 年 9 月未名社初版

《朝花夕拾》从把改完稿寄给未名社到出版整整历经一年，可能和
鲁迅对书的出版设计有关。1927 年 4 月在致台静农的信中，鲁迅说："《旧

事重提》我想插图数张，自己搜集。但现在无暇，当略迟。"翌年一月鲁迅写信对李霁野说："《朝花夕拾》上的插图，我在上海无处觅。"最后还是赖友人常维钧和川岛觅得图画，再加上自己搜集的材料，做了插图置于《后记》。但因"无常"的画像与记忆不符，"还自己动手，添画了一个我所记得的目连戏或迎神赛会中的'活无常'"，并旁书"那怕你，铜墙铁壁"。为封面画则更是费尽周折，才由陶元庆绘成，系用黄、黑、棕三色套印，鲁迅亲写美术字"鲁迅"与"朝花夕拾"，分别置于画的左上角和右下角。

《朝花夕拾》从写作、编就到最后成书，历经北京、厦门、广州和上海四地。环境"纷扰"，心境"芜杂"，遂使《朝花夕拾》在"带露折花"式的往事回忆的温情中，也纠葛着对历史和现实的愤激与沉重感。《朝花夕拾》累经北京未名社、上海北新书局、鲁迅全集出版社、重庆作家书屋、华北书店、华东人民出版社、人民文学出版社、香港三联书店、上海文艺出版社再版。另有蒙古文、朝鲜文版。还有捷克文、德文、日文、法文、英文、韩文等外文版。编入各版《鲁迅全集》第二卷。

《故事新编》

《故事新编》是鲁迅的一部历史小说集，上海文化生活出版社 1936年 1 月初版，为该社"文学丛刊"第一集之第二种。分精、平装两种。精装本系茶褐色布封面，书名及作者名以铅字印于左上角；平装本为厚道林纸封面，书名及作者名印于上端，又增印"文学丛刊"四字，下端印出版社名。

小说集内收作者 1922 年到 1935 年所作小说 8 篇。鲁迅说它是"神话、传说及史实的演义"，但实际上对当时的现实生活多有摄取，是所谓"古今杂糅"之作。其中的《理水》《采薇》《非攻》《起死》四篇在收集前未曾公开发表过。

《故事新编》1936 年 1 月上海文化出版社初版

　　《故事新编》出版后影响很大，并受到了读者的欢迎，上海文化生活出版社先后出版了 15 版。这还不算文化生活出版社在四川、桂林等地分社出版的版本。此外，鲁迅全集出版社、人民文学出版社、上海文艺出版社也多次再版。另有朝鲜文、维吾尔文本。还有波兰文、法文、匈牙利文、越南文、英文、西班牙文、俄文、阿拉伯文、日文等外文本，并且有的也是多次再版，如波兰文本就有克拉科夫与华沙分别出版的两种版本。编入各版《鲁迅全集》第二卷。

《华盖集》

　　《华盖集》1926 年 6 月由北京北新书局初版，为鲁迅第二本杂文集。共收杂文 31 篇。《题记》作于 1925 年 12 月 31 日。

　　除《题记》和《后记》外，书中所收 31 篇杂文都曾在报刊上发表过。

《华盖集》1926 年 6 月北新书局初版

　　对于书名，鲁迅在《题记》中做了解释："在和尚是好运：顶有华盖，自然是成佛作祖之兆。但俗人可不行，华盖在上，就要给罩住了，只好碰钉子。"《华盖集》事实上乃是鲁迅与帝国主义、北洋军阀及"现代评论派"文人斗争的记录。他向他们抗争，他们自然给他钉子碰。《华盖集》中多篇文字集中在女师大风潮上。《华盖集》累经北新书局、鲁迅全集出版社、重庆作家书屋、华东人民出版社、人民文学出版社、香港三联书店、上海文艺出版社再版。另有维吾尔文版。编入各版《鲁迅全集》第三卷。

《华盖集续编》

　　《华盖集续编》是鲁迅的第三本杂文集，1927 年 5 月由北京北新书局首次出版。本版《华盖集续编》为 32 开道林纸本；封面和《华盖集》

《华盖集续编》1927 年 5 月北新书局初版

大致相同，书名下加了长方形红色戳印"续编"两字，封面下端印有
"一九二六"字样。鲁迅在《华盖集续编·小引》中说："书名呢？年
月是改了，情形却依旧，就还叫《华盖集》。然而年月究竟是改了，因
此只得添上两个字：'续编'。"

《华盖集续编》收录了鲁迅 1926 年在北京和厦门所作的杂文 32 篇，
以及 1927 年作的《海上通信》一篇，共 33 篇。本集中收录的文章，尽
管如作者所言"仍然没有宇宙的奥义和人生的真谛"，但却有经历了
"三一八"这个"民国以来最黑暗的一天"、见惯了青年的血之后，用
饱含深情的笔写出来的力作。

本书初版没有版次和出版日期。虽然封面下端标明是"一九二六"
年，但从这本集子收录的内容来看，其出版当在 1927 年无疑。

本书累经北新书局、鲁迅全集出版社、华东人民出版社、人民文学
出版社、香港三联书店、上海文艺出版社再版。另有维吾尔文版。编入
各版《鲁迅全集》第三卷。

《而已集》

《而已集》1928 年 10 月由上海北新书局初版，收鲁迅 1927 年杂文 29 篇，卷末的附录《大衍发微》是 1926 年作品，其《附记》作于 1928 年。

《而已集》1928 年 10 月北新书局初版

鲁迅自编文集一般皆有序跋，而 1928 年 10 月 30 日校完《而已集》时，鲁迅只引录了编完《华盖集续编》时写的八行白话诗放在本集前作为《题辞》。《题辞》中有本集书名的含义，更有鲁迅的悲愤。《题辞》本为北洋政府制造的"三一八"惨案作，一年后鲁迅置身广州，虽时空已变，但"仿佛时间独与中国没有关系"，南北两地虽殊，而屠杀则无异。依然是"许多血和许多泪……屠伯们逍遥复逍遥，／用钢刀的，用软刀的。／然而我只有'杂感'而已"。

《而已集》封面由鲁迅自己设计：底为米色，书名则为黑色。"鲁迅而已集"为鲁迅自书美术字。

本书累经北新书局、鲁迅全集出版社、人民文学出版社、香港三联书店、上海文艺出版社再版。编入各版《鲁迅全集》第三卷。

《三闲集》

《三闲集》是鲁迅的第五本杂文集，也是鲁迅到上海后的第一本杂文集，1932年9月由上海北新书局首次出版。本版为大32开道林纸毛边本；封面米白色底，书名是红字；靠书脊边直印鲁迅手书体书名"三闲集"。

《三闲集》得名于创造社成员成仿吾的一篇攻击性文章——《完成我们时代的文学革命》。成仿吾在文章中说，"鲁迅先生坐在华盖之下正在抄他的小说旧闻"，是一种"以趣味为中心的文艺""它所暗示着的是一种在小天地中自己骗自己的自足，它所矜持着的是闲暇，闲暇，第三个闲暇"。其实，鲁迅是"将编《中国小说史略》时所集的材料，印为《小说旧闻钞》，以省青年的检查之力"，并不是什么"有闲"。

《三闲集》上海北新书局1932年9月版

因此，鲁迅在编《三闲集》时，不禁又想到了这些，于是，在《序言》中忍不住回敬道："成仿吾以无产阶级之名，指为'有闲'，而且'有闲'还至于有三个……我以为无产阶级是不会有这样锻炼周纳法的，他们没有学过'刀笔'。"因此，鲁迅将此书定名为《三闲集》，"尚以射仿吾也"。

《三闲集》收录了作者1927—1929年间创作的杂文34篇，后附1932年结集时所作并带点后记性质的《鲁迅著译书目》一篇，共计35篇。查看收入本集中的文章，篇篇都非"有闲"，每一篇都是"感应的神经、攻守的手足"。《三闲集》中的文章，诚如瞿秋白所言："特别显露出那种经过私人问题去照耀社会思想和社会现象的笔调。"

《三闲集》累经北新书局、鲁迅全集出版社、人民文学出版社、香港三联书店、上海文艺出版社再版。编入各版《鲁迅全集》第四卷。

《二心集》

《二心集》1932年10月由上海合众书店初版。系鲁迅"1930年与1931年两年间杂文的结集"，收1930年杂文11篇，1931年26篇，末附译文《现代电影与有产阶级》。卷首《序言》中鲁迅解释了书名的由来。1930年5月7日《民国日报》发表了署名男儿的文章《文坛上的贰臣传——鲁迅》，攻击鲁迅"被共产党屈服"。鲁迅说："在坏了下去的旧社会里，倘有人怀一点不同的意见，有一点携贰的心思，是一定要大吃其苦的。而攻击陷害得最凶的，则是这人的同阶级的人物。"于是"仿《三闲集》例而变其意，拾来做了这一本书的名目"。本书封面灰黄色，鲁迅自书"鲁迅：二心集"，印成红字，置于靠书脊边。

《二心集》出版后大受欢迎，一年之内连出四版。但因其对无产阶级文艺的宣传和对国民党反动统治的猛烈批评，屡遭查禁。1933年2月被禁；1934年10月又被删剩16篇，书店以《拾零集》之名出版。1942年又被禁售。

《二心集》1932 年 10 月上海合众书店初版

《拾零集》1934 年 10 月合众书店版

尽管如此,《二心集》仍被合众书店、鲁迅全集出版社、成都生活书店、上海国民书店累次再版。全国解放后又被华东人民出版社、人民文学出版社、香港三联书店、上海文艺出版社多次再版。编入各版《鲁迅全集》第四卷。

《伪自由书》

《伪自由书》是鲁迅的第七本杂文集,1933 年 10 月由上海北新书局以"青光书局"名义出版。32 开道林纸毛边本。封面上靠右有鲁迅自书美术字书名:"鲁迅:伪自由书 一名'不三不四集'",黑字。

《伪自由书》海青光书局 1933 年 10 月初版

本书收录了作者 1933 年 1—5 月间所作的杂文 43 篇,大部分文章在结集前发表在《申报·自由谈》上。

文章发表在《自由谈》上，结集时却偏偏定名为《伪自由书》，其中不无作者对编辑和当局的揶揄。鲁迅说："《自由谈》并非同人杂志，'自由'更当然不过是一句反话，我决不想在这上面去驰骋的。"但之所以投稿，一方面是因为郁达夫向鲁迅约稿，"为了朋友的交情"；另一方面则是作者希望借此能够"给寂寞者以呐喊"，是"老脾气"使然。而《自由谈》1933年5月25日发出"从兹多谈风月"的启事，更证明了所谓"自由"，其实只是"伪自由"而已。

本书中《王道诗话》《伸冤》《曲的解放》《迎头经》《出卖灵魂的秘诀》《最艺术的国家》《内外》《透底》《大观园的人才》九篇文章，系瞿秋白所作，有的是根据鲁迅的意见或与鲁迅交换意见后写成的。

1936年11月《伪自由书》曾由上海联华书局改名为《不三不四集》印行一版。该版为32开白报纸平装本；白底封面，上端横列书名，仍是作者自书美术字。

《伪自由书》累经上海联华书局、鲁迅全集出版社、鲁迅文集出版社、人民文学出版社、香港三联书店、上海文艺出版社再版。另有维吾尔文版。编入《鲁迅全集》1938年版第四卷；1958及1981年版第五卷。

《南腔北调集》

《南腔北调集》1934年3月由上海同文书店初版。收杂文51篇，是他反抗国民党文化围剿的真实记录之一。1933年1月上海《出版消息》发表署名美子的《作家素描（八）·鲁迅》，说"鲁迅很喜欢演说，只是有些口吃，并且是'南腔北调'"，鲁迅即取此流言以为书名。

因日本有一同文书院，与出版《南腔北调集》之书局同名，1934年5月上海《社会新闻》竟发文《鲁迅愿做汉奸》，文中造谣说《南腔北调集》"由日本同文书局出版，凡日本书店均有出售"，"丐其老友内山完造介绍于日本情报局，果然一说便成，鲁迅所获稿费几及万元"。《南腔

《南腔北调集》1934年3月上海同文书店初版

北调集》因流言而得名，也随流言而问世，鲁迅屡被流言所缠，但这恐怕是他一生中所遭遇的最恶毒的流言了。

此书累经上海联华书局、鲁迅全集出版社、华东人民出版社、人民文学出版社、香港三联书店、上海文艺出版社再版。编入各版《鲁选全集》第四卷。

《准风月谈》

《准风月谈》是鲁迅的第九本杂文集，1934年12月由上海兴中书局初版。本版《准风月谈》为32开道林纸毛边本，封面右端竖印书名"准风月谈"，系鲁迅自书美术字，下有鲁迅笔名"旅隼"朱印，版权页上有鲁迅朱印白文版权证印花。

《准风月谈》收录了作者1933年6—11月所作的杂文64篇。本集

《准风月谈》1934 年 12 月上海联华书局以"兴中书局"名义出版

是鲁迅继《伪自由书》之后在《申报·自由谈》上所发表杂文的又一结集，可以说是《伪自由书》的"姊妹篇"。

本书的得名，源自《申报·自由谈》迫于当局的压力，于 1933 年 5 月 25 日刊出的"吁请海内文豪，从兹多谈风月"的启事。让关心时政的作者谈谈风月，让犀利的杂文变得云淡风轻，显然有违鲁迅"以笔为枪"的创作目的。鲁迅的《准风月谈》，其实是"真风云谈"。

在本书中，几乎平均三篇文章鲁迅就换一个笔名。如此频繁地更换笔名，一方面显示了当时言论严重受压制的情形，一方面也展示了鲁迅不屈不挠的斗争精神。

本书累经上海兴中书局、上海联华书局、鲁迅全集出版社、人民文学出版社、香港三联书店、上海文艺出版社再版。编入各版《鲁迅全集》第五卷。

《花边文学》

《花边文学》1936年6月由上海联华书局初版，收入鲁迅1934年1—11月所作杂文61篇。本书封面系米白色，书名、作者名均红色铅字排印。外围黑色花边。

《花边文学》1936年6月联华书局初版

1934年7月廖沫沙曾以林默的笔名发表《论"花边文学"》讽刺鲁迅杂文发表时"四周围着花边，……虽然不痛不痒，却往往渗有毒汁，散布了妖言"。鲁迅遂取之命名为自己的杂文集，表现出他对"同一营垒里的青年战友"的暗箭的愤懑。

本书累经上海联华书局、鲁迅全集出版社、重庆峨嵋出版社、上海前进书店、香港三联书店、上海文艺出版社再版。编入各版《鲁迅全集》第五卷。

《且介亭杂文》

《且介亭杂文》是鲁迅的第十本杂文集，1937 年 7 月由上海三闲书屋初版。需要说明的是，本版《且介亭杂文》和《且介亭杂文二集》《且介亭杂文末编》均系鲁迅去世后，许广平以"三闲书屋"的名义自费出版；后经鲁迅好友内山完造的协助，在内山书店总销售，才得以面世。本版《且介亭杂文》为 32 开白报纸平装本；封面白底黑字，中间竖排鲁迅自书书名"且介亭杂文"，下有鲁迅朱印白文章；版权页上有鲁迅朱印白文版权证印花。

《且介亭杂文》1937 年 7 月三闲书屋初版

《且介亭杂文》收录作者 1934 年所作的杂文 37 篇，1935 年底作者写完《序言》和《附记》后并亲自编定。集中除《草鞋脚〈小引〉》没有发表外，其他文章都发表在当时的报刊上。

"且介亭"是鲁迅对自己在上海北四川路的寓所所起的名号。当时，作者所在地区是"越界筑路"（帝国主义者越出租界范围修筑马路）区域，也就是所谓的"半租界"。"且介"即取"租界"二字之各半，名副其实"半租界"；在半租界的亭子间写出来的杂文，也就被戏称为《且介亭杂文》了。

鲁迅说，这是"在官民的明明暗暗，软软硬硬的围剿'杂文'的笔和刀下的结集"。它真实地记录了时代的面影。

本书累经鲁迅全集出版社、重庆峨嵋出版社、人民文学出版社、香港三联书店、上海文艺出版社再版。另有朝鲜文本。编入各版《鲁迅全集》第六卷。

《且介亭杂文二集》

《且介亭杂文二集》是鲁迅的第十二本杂文集，1935 年 12 月 31 日经作者亲自编定，1937 年 7 月由上海三闲书屋初版。因为"昨天编完了去年的文字，……谓之且介亭杂文；今天再来编今年的……便都收录在这里面，算是《二集》"，《且介亭杂文二集》因此得名。本版为 32 开白报纸平装本，封面和《且介亭杂文》同，版权页上有鲁迅白文版权证印花。

《且介亭杂文二集》收录了鲁迅 1935 年所作的文章 48 篇。目录为 49 篇，其中《"题未定"草（四）》有目无文（鲁迅因病拟写未就），并在目录中该篇题目后用括号注明"不发表"。本书前有 1935 年 12 月 31 日写的《序言》，后附 1935 年 12 月 31 日夜半至 1936 年 1 月 1 日写的《后记》。作者在《后记》中说："这是带着枷锁的跳舞，当然只足发笑的。但在我自己，却是一个纪念，一年完了，过而存之……"《且介亭杂文二集》编在岁末年初，多多少少带了年终总结的味道。

本书累经鲁迅全集出版社、重庆峨嵋出版社、人民文学出版社、香港三联书店、上海文艺出版社再版。编入各版《鲁迅全集》第六卷。

《且介亭杂文二集》1937 年 7 月三闲书屋初版

《且介亭杂文末编》

《且介亭杂文末编》是鲁迅的第十三本杂文集，作者生前开始着手编辑，后经许广平编定，1937 年 7 月由上海三闲书屋初版。

本版《且介亭杂文末编》为 32 开白报纸平装本，封面装帧和《且介亭杂文》同，版权页上有鲁迅白文版权证印花。

本书收录鲁迅 1936 年所作杂文 35 篇，其中《附集》21 篇，后附许广平所作《后记》。

1936 年是鲁迅生命的最后一年。似乎是有所感应，鲁迅于去世前约两个月发表了一篇带有遗嘱性质的文章——《死》，也像是在总结自己的一生。除了对黑暗时政的继续抨击和对文艺充满智慧的理解，此时鲁迅的笔下更多了些温情的回忆。

即使是在病中，鲁迅仍不时地鞭策自己"要赶快做"。鲁迅曾计划

《且介亭杂文末编》1937 年 7 月三闲书屋初版

编《夜记》，许广平根据鲁迅的遗愿，于鲁迅去世三个月之后，将《半夏小集》《这也是生活》《死》《女吊》等四篇，以及《且介亭杂文》中的两篇、《且介亭杂文二集》中的四篇、《且介亭杂文末编》中的三篇，编成《夜记》。此外，许广平还广泛搜罗了鲁迅 1936 年发表的文章 21篇（其中，包括《半夏小集》等四篇文章）编成《附集》，收入《且介亭杂文末编》。

本书累经鲁迅全集出版社、重庆峨嵋出版社、人民文学出版社、香港三联书店、上海文艺出版社再版。编入各版《鲁迅全集》等六卷。

《集外集》

《集外集》是鲁迅 1933 年以前出版的文集中未曾编入的诗文的合集，1935 年 5 月由上海群众图书公司出版。鲁迅亲自设计封面，并书"鲁迅《集外集》",直书黑字。封面呈淡灰色。但书出版时,著者名却改在书名之下,且未用鲁迅手书之字。书中收杂文 26 篇、新诗 6 首和旧体诗 13 首,另有附录《〈奔流〉编校后记》11 则。1934 年 12 月鲁迅在通信中说"集名还是《集外集》好;稿已看了一遍,改了几处"。《集外集》的书名为鲁迅所定,而且经鲁迅亲自校订并作序,编者就是此信的收信人杨霁云。

《集外集》1935 年 5 月群众图书公司初版

此书累经上海群众图书公司、鲁迅全集出版社、华东人民出版社、人民文学出版社、上海文艺出版社再版。编入各版《鲁迅全集》第六卷。

《集外集拾遗》

《集外集拾遗》书名系鲁迅自己拟定，但未编完便因病中止。1939年5月10日，本书由鲁迅全集出版社初版，列为《鲁迅全集》单行本"著述部之二十二"。本版《集外集拾遗》为32开白报纸平装本；前有扉页，印有"鲁迅全集单行本著述之部二十二"字样；版权页上有鲁迅朱印白文版权证印花。

《集外集拾遗》1939年5月鲁迅全集出版社初版

"集外集拾遗"，顾名思义，是由于种种原因未曾收录的文章的结集。1939年版《集外集拾遗》收录了作者已出版的各集中未曾编入的诗、文等作品。其中，小说、杂文、通讯等54篇，译文3篇，歌谣4篇，旧体诗21题、29首，附录6篇，按语、备考等14则。此外，本版《集外集拾遗》中还附有杨霁云写的《〈集外集〉编者引言》和许广平的《编后说明》。《集外集拾遗》中的大部分文章收入前都已经在报刊上刊发。

1959 年 1 月，人民文学出版社出版了注释本。本版《集外集拾遗》收录鲁迅杂文 126 篇，其中新增 78 篇，广泛收罗了其他各集中没有的作品，力争真正做到"拾遗"。

本书累经鲁迅全集出版社、华东人民出版社、人民文学出版社、香港三联书店、上海文艺出版社再版。编入各版《鲁迅全集》第六卷。

《两地书》

《两地书》是鲁迅与许广平的通信集。鲁迅和许广平都很珍惜彼此的通信，原件都保存得很好。原信存 160 封，北京鲁迅博物馆鲁迅研究室编的注释本《鲁迅致许广平书简》和 1984 年湖南人民出版社出版的《鲁迅景宋通信集》都分别全部收入原信。但正如鲁迅在《〈两地书〉序言》里说"我们的处所，是在'当地长官'，邮局，校长，……都可以随意

《两地书》1933 年上海青光书局初版

检查信件的国度里",一封信能株连多人是很常见的事,所以在编辑《两地书》时鲁迅对原信做了不少的改动和增删。《两地书》收二人 1925 年 3 月至 1929 年 6 月间信札 135 封,其中鲁迅致许广平书简 67 封半(半封是指其中第三十二封注明"前缺"的"测词"),景宋致鲁迅 67 封。

本书累经上海青光书局、上海北新书局、鲁迅全集出版社、成都复兴书局、人民文学出版社再版。还有日文等外文本。编入《鲁迅全集》1938 年版第七卷,1958 年版第九卷,1981 年版第十一卷。

《呐喊》版本新考

陈子善

　　《呐喊》是鲁迅的第一部新文学创作集，1923 年 8 月由北京大学新潮社初版，收入《狂人日记》《孔乙己》《药》《阿 Q 正传》等 15 篇中短篇小说。而今，《呐喊》早已被公认为是划时代的中国新文学经典之作，对《呐喊》的研究也早已成为鲁迅研究乃至中国现代文学史研究的重中之重，《呐喊》的思想蕴含和艺术特色不断被阐发，研究成果早已蔚为大观。但是，《呐喊》是如何诞生的？《呐喊》的版本变迁又是怎样的？除了人们已经熟知的《呐喊》第 13 次印刷时抽出最后一篇小说《不周山》[1]，至今未得到较为全面的梳理，本文就根据《呐喊》最初三个版本对这些问题进行探讨。

---

[1] 鲁迅为何在 1930 年 1 月《呐喊》第 13 次印刷（第 13 版）时抽出书中最后一篇《不周山》，他后来在《〈故事新编〉序言》中作过具体解释，参见鲁迅：《故事新编·序言》，《鲁迅全集》第 2 卷，北京：人民文学出版社，2005 年，第 353—354 页。

《呐喊》1923 年 8 月北京新潮社初版

一、《呐喊》初版本印数之谜

鲁迅何时起意把他已经发表的中短篇小说结集成《呐喊》？由于鲁迅 1922 年的日记至今未见踪影，已找不到明确的文字记载。但有名的《〈呐喊〉自序》的落款时间是"一九二二年十二月三日，鲁迅记于北京"[1]，而《呐喊》中最晚发表的《社戏》和《不周山》的发表时间也都是 1922 年 12 月 [2]，那么，据此两点大致可以推断，早在 1922 年 12 月或更早些时候，鲁迅已把《呐喊》书稿编竣，打算付印了，《〈呐喊〉自序》的最后一段话也是这样说的："所以我竟将我的短篇小说结集起

[1] 鲁迅：《〈呐喊〉自序》，《鲁迅全集》第 1 卷，第 442 页。

[2]《社戏》发表于 1922 年 12 月上海《小说月报》第 13 卷第 12 号。《不周山》发表于 1922 年 12 月 1 日北京《晨报四周年纪念增刊》，收入《故事新编》时改题《补天》。

来，而且付印了。"[1]但是，迟至整整八个月之后，《呐喊》初版本才得以问世，其间相隔的时间确实比较长。

显然，很可能一时找不到合适的出版社，《呐喊》的出版最初并不一帆风顺。这就不能不说到鲁迅的学生孙伏园了。孙伏园在20世纪20年代前期先后主编《晨报副刊》和《京报副刊》，催生了鲁迅的《阿Q正传》等名作，对新文学和新文化的开展和传播厥功至伟，这些早已为文学史家所津津乐道。但他从1923年开始又主持北京大学新潮社的出版事务，这个历史功绩也不可没，现在却几乎无人提及。如果不是孙伏园主持新潮社出版事务出现转机，《呐喊》的问世时间可能还要推迟。

鲁迅日记1923年5月20日有这样一条重要记载：

> （下午）伏园来，赠华盛顿牌纸烟一合，别有《浪花》二册，
> 乃李小峰所赠托转交者，夜去，付以小说集《呐喊》一卷，并
> 印资二百。

当时孙伏园是鲁迅的常客。在这个5月20日之前，孙伏园已于6日、13日两次拜访鲁迅，10日晚周氏兄弟三人加上孙伏园还"小治肴酒共饮"。一定在此期间或更早，孙伏园问鲁迅邀约书稿，鲁迅才决定把已编好的《呐喊》交其付梓。有趣的是，鲁迅还自掏腰包，借给孙伏园二百元印费，《鲁迅全集》对此的注释是"《呐喊》将于本年8月由新潮社出版，因该社经费支绌，故鲁迅借与印资"[2]。当然，孙伏园在次年3月14日和4月4日把这笔印资分两次归还了鲁迅，1月8日

---

[1]鲁迅：《〈呐喊〉自序》，《鲁迅全集》第1卷，第442页。
[2]鲁迅：《日记》1923年6月注〔2〕，《鲁迅全集》第15卷，第471页。

还向鲁迅支付了稿酬[1]。否则，用今天的话来讲，《呐喊》就是鲁迅自费出版的了。

鲁迅把《呐喊》书稿于 1923 年 5 月 20 日交付孙伏园后，很快，或者可以说一点也没有耽搁，6 月付印，8 月就出书了[2]。但是，初版本印数多少？因版权页并未印出，一直是个谜。收录颇为完备的《鲁迅著译版本研究编目》在介绍《呐喊》时，初版本和再版本的印数均付阙如，就是一个明证[3]。笔者友人谢其章兄在微信上晒出一则《出版掌故·〈呐喊〉五百本》，长期困扰鲁迅研究界的《呐喊》初版本印数之谜终于在无意中被揭开了：

> 鲁迅以《呐喊》的稿件交孙伏园去付印，并拿出所蓄二百元作为印刷费，再三叮咛，"印五百份好了。"然而第一版印了一千本，鲁迅先生气恼的说："印一千本，有谁要呢？"直至现在，《呐喊》销至几十万本，鲁老先生自己是毫不知道了。

这则《出版掌故·〈呐喊〉五百本》以补白的形式刊于 1933 年 1 月杭州《艺风》创刊号，署名"孔"。《艺风》主编是孙福熙，他正是孙伏园之弟，还为鲁迅设计了《野草》及《小约翰》初版本的封面，"孔"应该就是他本人。孙福熙无疑是《呐喊》出版过程的知情者，其理由很简单，"拿出所蓄二百元作为印刷费"，鲁迅日记已有明确

---

[1] 鲁迅日记 1924 年 3 月 14 日云："晚伏园来并交前新潮社所借泉百。"4 月 4 日又云："晚孙伏园来并交泉百，乃前借与新潮社者，于是清讫。"而在此之前的 1924 年 1 月 8 日鲁迅日记云："下午孙伏园来部交《呐喊》赢泉二百六十。"《鲁迅全集》第 15 卷，第 504、507、497 页。

[2] 《呐喊》初版本版权页印得很清楚："一九二三年六月付印　一九二三年八月初版。"

[3] 参见周国伟编著：《鲁迅著译版本研究编目》，上海：上海文艺出版社，1996 年，第 72 页。

记载，但鲁迅日记迟至1951年出版影印本[1]才公开，这则《出版掌故》早在1933年就刊出了，如果不是知情者，怎么可能了解得如此一清二楚？因此，他所提供的《呐喊》初版本印了一千本，也应该是可信的。只不过他又说《呐喊》到1933年时已"销售几十万本"，却是有些夸大了[2]。

更有意思的是，孙福熙披露，按鲁迅本意，《呐喊》初版只印五百本就可以了。孙伏园自作主张印了一千本，鲁迅还觉得印得太多而不高兴，正如鲁迅自己后来所表示的："近几年《呐喊》有这许多人看，当然是万料不到的，而且连料也没有料"[3]。这些正可看出鲁迅最初对印行《呐喊》的态度，而我们以前对此一直是不知道的，这也为鲁迅传记增添了新的生动的材料。

二、"新潮社文艺丛书"

应该特别提出的是，《呐喊》初版本是作为"新潮社文艺丛书"第三种出版的，初版本扉页上印得很清楚，竖排的书名"呐喊"之右侧，印有"文艺丛书 周作人编 新潮社印"一行字，书脊下端也印有"新潮社文艺丛书"七个字，版权页上则印着"文艺丛书"，"著者 鲁迅""编者 周作人""发行者 新潮社"。这就清楚无误地告诉我们，"新潮社文艺丛书"（以下简称"文艺丛书"）的主编是周作人，孙伏园是协编者，用今天的话说，就是责任编辑。换言之，《呐喊》的出版，也可视为周氏兄弟合作的又一个影响深远的重大文学成果，而"文艺丛书"

---

[1]《鲁迅日记》手稿影印本，上海：上海出版公司，1951年4—5月。

[2] 据周国伟编著《鲁迅著译版本研究编目》的统计，至1930年7月上海北新书局第14次印刷（第14版），《呐喊》的印数累计达48500册，此后印数不明。因此，到1933年初，《呐喊》的印数，无论如何无法达到"销售几十万本"。

[3] 鲁迅：《华盖集续编·〈阿Q正传〉的成因》，《鲁迅全集》第3卷，第395页。

也是周作人所主编的唯一一套新文学丛书。所以,有必要对"文艺丛书"也略作考察。

《呐喊》初版本版权页上端印有"新潮社文艺丛书目录"广告,照录如下:

(1)春水(已出版价三角)冰心女士诗集。

(2)桃色的云(已出版价七角)爱罗先珂童话剧。鲁迅译。

(4)我的华鬘 周作人译。希腊英法日本诗歌及小品三十余篇。

(5)纺轮故事 法国孟代作。CF女士译[1]。童话十四篇。

(6)山野掇拾 孙福熙作。游记八十篇。

(7)托尔斯泰短篇小说 孙伏园译。

这份"文艺丛书"目录广告共七种,第三种即《呐喊》,"目录"中未再列。到了1923年12月,《呐喊》再版本问世,版权页又有"新潮社文艺丛书目录"广告,与初版本所印大同小异,所不同者,《春水》和《桃色的云》已在"再版中",《纺轮故事》"已出版",《山野掇拾》则在"印刷中",周作人译《我的华鬘》已改名《华鬘》,也在"(印刷中)"。可见"文艺丛书"当时颇受读者欢迎。然而,使人困惑的是,周作人生前出版的各种著译中并无《华鬘》,那么,已在"印刷中"的《华鬘》到底出版了没有?周作人确有一本翻译集《陀螺》于1925年9月由新潮社初版,列为"新潮社文艺丛书之七",这已与"文艺丛书"两次广告所示的"第4种《华鬘》",丛书名到丛书排列顺序都有所不同了。但是《陀螺》的内容也正是"希腊英法日本诗歌及小品",共278篇,

---

[1] CF女士,即张近芬,当时在北京大学求学,为周作人学生,李小峰女友。前引鲁迅1923年5月20日记中所记李小峰托孙伏园转交鲁迅的二册《浪花》,正是CF女士即张近芬所著翻译和创作新诗合集,1923年5月新潮社初版。

由此不难断定，最终未能出版的《华鬘》是《陀螺》的原名，而出版了的《陀螺》正是《华鬘》的扩充版。

因此，应该进一步把已经出版的"文艺丛书"书目全部开列如下：

1. 春水　冰心　1923年5月　新潮社

2. 桃色的云　鲁迅译　1923年7月　新潮社

3. 呐喊　鲁迅　1923年8月　新潮社

4. 纺轮故事　CF女士（张近芬）译　1924年5月　北京北新书局[1]

5. 山野掇拾　孙福熙　1925年2月　新潮社

6. 两条腿　李小峰译　1925年5月　北京北新书局

7. 陀螺　周作人译　1925年9月　新潮社（丛书之七）

8. 微雨　李金发　1925年11月　北京北新书局（丛书之八）

9. 竹林的故事　废名　1925年10月　新潮社（丛书之九）

10. 雨天的书　周作人　1925年12月　新潮社

11. 食客与凶年　李金发　1927年5月　上海北新书局

从这份书目可知，"新潮社文艺丛书"共出版11种，由新潮社和新创办的北新书局分别出版。"文艺丛书"原定出书计划中，仅孙伏园译《托尔斯泰短篇小说》一种流产。有必要补充一句，后来续出《呐喊》的北新书局老板李小峰也是鲁迅的学生。必须指出的是，周作人的丛书主编并不是挂名的，他为这套丛书倾注了大量心血。最近刚在日本九州大学图书馆发现的冰心《春水》手稿，就是由周作人保存下来的，这说明他

[1]据李小峰夫人蔡漱六在《北新书局简史》（刊1991年6月《出版史料》总第24辑）中称，"1925年3月北新书局开办"，但《纺轮故事》和下面要讨论的《呐喊》三版本都是1924年5月就由北京北新书局出版了，可见蔡漱六的回忆不确。

当时确实亲自审定了"文艺丛书"第一种《春水》书稿[1]。《纺轮故事》书后有他的《读〈纺轮的故事〉》，《两条腿》和《竹林的故事》由他作序，《微雨》署"周作人编"等等，也都说明了他当时付出的辛劳。至于李金发象征主义新诗的代表作《微雨》和《食客的凶年》是周作人慧眼独具，接受出版，早已为文学史家所知晓。更应指出的是，鲁迅不但以《呐喊》和《桃色的云》加盟"文艺丛书"，也参与了这套丛书的编辑工作，鲁迅日记 1923 年 8 月 12 日云："夜校订《山野掇拾》一过"，8 月 13 日又云："夜校订《山野掇拾》毕"[2]，就是一个有力的证据。在 20 世纪 20 年代的中国新文坛上，"新潮社文艺丛书"虽然不及"文艺研究会丛书"和"创造社丛书"那样声势浩大，毕竟自有其鲜明特色和影响，《呐喊》《雨天的书》《春水》《微雨》《竹林的故事》等文学史上早有定评的重量级作品都在这套丛书中亮相，更应刮目相看，而这一切都是与周氏兄弟的共同努力分不开的。

三、《呐喊》再版本与兄弟失和

必须指出，《呐喊》初版本是 1923 年 8 月 22 日才问世的，是日鲁迅日记云："晚伏园持《呐喊》二十册来。"鲁迅对《呐喊》的出版还是满怀喜悦，23 日和 24 日接连两天将样书分赠各位友人，包括催生了《狂人日记》的钱玄同[3]。

有趣的是，《呐喊》甫一问世，最先作出反应的是上海《民国日报·觉悟》。1923 年 8 月 31 日，《觉悟》副刊就发表了署名"记者"的《小说

---

[1] 参见［日］中里见敬：《冰心手稿藏身日本九州大学：〈春水〉手稿、周作人、滨一卫及其他》，《中国现代文学研究丛刊》2017 年第 6 期。

[2] 鲁迅：《日记》，《鲁迅全集》第 15 卷，第 478 页。

[3] 鲁迅日记 1923 年 8 月 24 日云："以《呐喊》各一册赠钱玄同、许季市。"《鲁迅全集》第 15 卷，第 479 页。

集〈呐喊〉》，高度评价《呐喊》的横空出世。文章第一句就欣喜地宣称：
"在中国底小说史上为了它就得'划分时代'的小说集，我们已在上海
看到了。"这离鲁迅收到《呐喊》样书才 9 天。而北京文坛对《呐喊》
的第一篇评论则要晚了 20 天，1923 年 9 月 21 日，北京《晨报副刊·文
学旬刊》发表署名也是"记者"的《文坛杂记》，此文共两部分，第一
部分就是对《呐喊》的品评，这位"记者"表示：

> 我们最近在文学界上得到一本很有力量的作品，使我们异
> 常欢忻！《呐喊》的价值，固然不用我们来介绍，但他那种特
> 殊的风格，讽刺而带有深重的悲哀的笔锋，使阅者读后，惊心
> 且有回味。

《晨报副刊·文学旬刊》是文学研究会在北京的机关刊物，由王统
照主编，这位"记者"可能就是王统照。不过，本文并不是要追溯《呐喊》
的接受史，而是要接着讨论《呐喊》的再版本。这些评论应该对《呐喊》
很快再版会起作用，至少孙伏园可以据此去说服鲁迅。

孙伏园在他自己主编的《晨报副刊》上广告《呐喊》出版是从 1923
年 9 月 12 日开始的，是日《晨报副刊》中缝广告栏刊出《呐喊》和《桃
色的云》两书广告：

呐　喊（鲁迅著短篇小说十五篇）

桃色的云（鲁迅评爱罗先珂童话剧）

价均七角　连邮八角　北大新潮社发行

这则广告连载了一周。由此应可推断，《呐喊》在北京真正发行大
致从 1923 年 9 月中旬才开始。但是，一个多月，确切地说是一个月又
三个星期之后，首印的一千本《呐喊》就被抢购一空了。1923 年 11 月 5 日，
孙伏园又在自己主编的《晨报副刊》中缝广告栏刊出"新潮社文艺丛书

发售预约"，预告丛书第四种《纺轮故事》和第五种《山野掇拾》即将出版，在广告末尾特别告诉读者："《呐喊》第一版已经售完，待著者许可即行再版，特此附白。"这则广告在《晨报副刊》上连载了整整十四天，真的是广而告之，不断提醒想读《呐喊》但已买不到《呐喊》的读者，《呐喊》初版本售缺，要等待"著者许可"才能再版。

"著者"也即鲁迅对再版《呐喊》一度心存疑虑，未能马上"许可"，这不是笔者的臆断，而是有历史文献为证的。1924 年 1 月 12 日，也即《呐喊》再版本问世之际，孙伏园主编的《晨报副刊》发表署名曾秋士的《关于鲁迅先生》。曾秋士这个名字无疑很陌生，其实是孙伏园的笔名[1]。但此文一直不为人所注意，也从未收入孙伏园的集子[2]。此文之所以重要，不仅是孙伏园后来所写的评论《药》《孔乙己》等文的滥觞，更提供了围绕《呐喊》再版本出版前后的宝贵史料。

在《关于鲁迅先生》中，孙伏园先是抱怨"鲁迅先生的《呐喊》，出版快半年了。听说买的人虽然很多，但批评的却未见十分踊跃"，接着对给他"印象最为深刻"的《药》和鲁迅自己"最喜欢"的《孔乙己》作了解读，然后透露道：

> 鲁迅先生所以对于《呐喊》再版迟迟不予准许闻有数端。
> 一、听说有几个中学堂的教师竟在那里用《呐喊》做课本，甚至有给高小学生读的。这是他所极不愿意的。最不愿意的是竟有人给小学生选读《狂人日记》。他说："中国书籍虽然缺乏，给小孩子看的书虽然尤其缺乏，但万想不到会轮到我的《呐

---

[1] 参见张梦阳等编：《1913—1983 鲁迅研究学术论著资料汇编》第 1 卷，北京：中国文联出版公司，1985 年，第 43 页。此书收入《关于鲁迅先生》一文时，就注明作者"曾秋士（孙伏园）"。

[2] 孙伏园著《鲁迅先生二三事》（1942 年重庆作家书屋初版，1944 年再版，1980 年湖南人民出版社增订重版），以及商金林编《孙伏园散文选集》（1991 年百花文艺出版社初版，1992 年再版），均未收入此文。

喊》。"他说他虽然悲观，但到今日的中小学生长大了的时代，也许不至于"吃人"了，那么这种凶险的印象给他们做什么！他说他一听见《呐喊》在那里给中小学生读以后，见了《呐喊》便讨厌，非但没有再版的必要，简直有让他绝版的必要，也有不再做这一类小说的必要。……

二、他说《呐喊》的畅销，是中国人素来拒绝外来思想、不爱读译作的恶劣根性的表现。他说中国人现在应该赶紧读外国作品。……

鲁迅显然对《呐喊》初版本问世后出现的一些阅读现象感到不满和担忧，这也是《呐喊》接受史上一直未引起关注的。值得庆幸的是，孙伏园最后还是说服了鲁迅，决定《呐喊》尽快再版。在初版本问世四个月之后的1923年12月，《呐喊》就再版了。这个仍由新潮社印行的再版本，除了唐弢在《闲话〈呐喊〉》中曾经提到过外，尚无人专门论及[1]。然而，这个再版本特别是与它直接间接相关的若干史实确实有重新审视的必要。

《呐喊》初版本封面装帧由鲁迅自己设计，简洁朴实，再版本一仍照旧，扉页也无改变。有变化的是版权页，除了如上所述"新潮社文艺丛书目录"广告略有调整，还有一处实质性的变动，即把初版本的"印刷者 京华印书局" 改为"印刷者 京师第一监狱"，《呐喊》再版本竟由监狱中的犯人来印刷，今天看来像个笑话，当时想必也大大出乎鲁迅所料。对此，唐弢早已有恰切的分析[2]，本文不再赘言。

更值得关注的是如下两个细节，《呐喊》初版本扉页上的"周作人编"和版权页上的"编者 周作人"，这两处再版本都保留下来了。联系再

---

[1]参见唐弢：《闲话〈呐喊〉》，《晦庵书话》，北京：生活·读书·新知三联书店，1980年。

[2]参见唐弢：《闲话〈呐喊〉》，《晦庵书话》，第20—21页。

版本出版的时间节点，这就非同小可了。1923 年 12 月，其时周氏兄弟已失和四个月左右，鲁迅已在本月买下阜成门内西三条 21 号新居准备装修后搬入，所以这两处保留，未必是鲁迅乐于见到的。

其实，《呐喊》的初版和再版过程几乎与兄弟失和过程形影相随，这是我们绝不应该忽视而以前一直忽视的。不妨把 1923 年 7 月至 8 月鲁迅日记中关于兄弟失和的记载摘要转录如下：

> 7 月 14 日：是夜始改在自室吃饭，自具一肴，此可记也。
>
> 7 月 19 日：上午启孟自持信来，后邀欲问之，不至。
>
> 7 月 26 日：上午往砖塔胡同看房。下午收拾书籍入箱。
>
> 7 月 29 日：终日收书册入箱，夜毕。
>
> 7 月 30 日：上午以书籍、法帖等大小十二箱寄存教育部。
>
> 7 月 31 日：下午收拾行李。
>
> 8 月 1 日：午后收拾行李。
>
> 8 月 2 日：下午携妇迁居砖塔胡同六十一号。
>
> 8 月 22 日：下午与秦姓往西城看屋两处。[1]

《呐喊》初版本尚在印刷中，7 月 14 日的鲁迅日记就首次记载兄弟失和，是夜起鲁迅改在自室用餐，"此可记也"，四个字浓缩了鲁迅的不胜感慨。7 月 19 日所记的那封信即有名的周作人正式向鲁迅宣告断交的"大家都是可怜的人间"之信[2]。有意思的是，8 月 22 日下午鲁迅还与人"往西城看屋两处"，为兄弟失和后分居寻找长期住处而奔波，晚上孙伏园就送来了《呐喊》初版本的样书，鲁迅当时的心情应该是喜忧参半吧？喜的是《呐喊》终于诞生，忧的是兄弟也终于分道扬镳。在这样的背景下，又隔了四个月印出的《呐喊》再版本，扉页和版权页却

---

[1] 鲁迅：《日记》，《鲁迅全集》第 15 卷，第 475—479 页。

[2] 周作人 1923 年 7 月 18 日致鲁迅信中语，《鲁迅研究资料》1980 年 4 月第 4 期。

仍赫然印着"周作人编""编者 周作人",固然一方面为兄弟两人此次最后的合作留下了一个珍贵的纪念,但另一方面也已经显得那么不合时宜,此次合作应该到此画上句号了。

四、《呐喊》三版本与"乌合丛书"

孙伏园在《关于鲁迅先生》末尾声明:"《呐喊》的再版闻已付印,三版大概是绝无希望的了。"如果这是指《呐喊》不可能再在"新潮社文艺丛书"中三版,真的是一语成谶,"绝无希望的了"。兄弟失和,不仅住所、财务、藏书等要分开,在写作上也要尽可能分开[1]。应该可以这样说,《呐喊》再版本问世后,鲁迅与周作人主编的"文艺丛书"切割的想法就开始萌生了。1924年1月又发生了一件事,更坚定了鲁迅的想法。该年1月11日,鲁迅致孙伏园信中有如下一段耐人寻味的话:

> 钦文兄小说已看过两遍,以写学生社会者为最好,村乡生活者次之,写工人之两篇,则近于失败。如加淘汰,可存二十六七篇,更严则可存二十三四篇。现在先存廿七篇,兄可先以交起孟,问其可收入"文艺丛书"否?而于阴历年底取回交我,我可于是再加订正之。[2]

画龙点睛的是"兄可先以交起孟,问其可收入'文艺丛书'否?"这一句,虽然兄弟早已失和,鲁迅还在关心周作人主编的这套"文艺

---

[1]尽管周氏兄弟失和以后,他们仍同时在《语丝》《京报副刊》等刊上亮相,但他们在创作上彼此紧密合作、互相直接配合的情景毕竟一去不复返。

[2]鲁迅:《240111致孙伏园》,《鲁迅全集》第11卷,第444页。

丛书"，但他已不能再出面，想通过孙伏园的中介，把他欣赏的许钦文的小说集安排进"文艺丛书"出版，可谓用心良苦。六天以后，鲁迅又"访孙伏园于晨报馆，许钦文亦在，遂同往宾宴楼晚饭"[1]，这次饭局一定也会谈到出版许钦文小说集事。鲁迅的推荐结果如何？结果是令人遗憾的，许钦文的小说集并未纳入"文艺丛书"出版。到底是孙伏园出于某种考虑未转书稿，还是周作人明确拒绝，已不可考。但这段不愉快的经历可能也是促使鲁迅决定退出"文艺丛书"，自立门户的又一个催化剂。

1924 年 5 月，《呐喊》三版本出版，鲁迅果然改弦更张，把三版本移交李小峰主持的北京北新书局印行了。三版本扉页上清楚地自右至左分三行竖印："乌合丛书之一　呐喊　鲁迅著　一九二四年五月三版。四千五百一至七千五百本"，版权页则作："乌合丛书之一　呐喊　一本　实价七角　北京东城翠花胡同十二号北新书局发行"，以此宣告了《呐喊》自该版起正式脱离周作人主编的"文艺丛书"。

特别值得注意的是，《呐喊》三版本的印数。这个印数与《呐喊》初版和再版本的印数是互相衔接的，也就是说，既然上述初版本印了 1000 本，三版本又是从 4501 本起印，那么再版本的印数理应自 1001 本至 4500 本，即印了 3500 本。至此，《呐喊》初版、再版和三版本的印数，在《呐喊》诞生 94 年之后首次全部考定，即 1000 本、3500 本和 3000 本。

除此之外，引人注目的是，《呐喊》三版本首次纳入鲁迅自己主编的"乌合丛书"，这也是"乌合丛书"的第一种书。关于"乌合丛书"，鲁迅最初的设想是属于他所创办的"未名丛刊"的一部分，后来才改变主意，一分为二，"未名丛刊"专收翻译作品，"乌合丛书"专收新文学创作，他在《未名丛刊与乌合丛书》中说得很明白：

---

[1] 鲁迅：《日记》，《鲁迅全集》第 15 卷，第 498 页。

现在将这分为两部分了。"未名丛刊"专收译本，另外又分立了一种单印不阔气的作者的创作的，叫做"乌合丛书"。[1]

"乌合丛书"和"未名丛刊"是鲁迅首次主编的新文学创作和翻译丛书，也是他文学编辑生涯真正的开始，其影响和意义不容低估。

"乌合"，临时聚合的一群人之意。所谓"乌合丛书"，与"未名丛刊"一样，"并非学者们精选的宝书，凡国民都非看不可"，只是"想使萧索的读者，作者，译者，大家稍微感到一点热闹。内容自然是很庞杂的，因为希图在这庞杂中略见一致，所以又一括而为相近的形式"[2]，鲁迅强调，"乌合丛书"共同的特点就是都出自"不阔气的作者"之手。而鲁迅把《呐喊》作为"乌合丛书"第一种推出，可见他把自己也归入"不阔气的作者"之列，与刚出茅庐、出书并不容易的许钦文等青年作家相提并论，尽管当时《呐喊》印行了两版，已经不胫而走，广获好评。后来他的第二本小说集《彷徨》和散文诗集《野草》，也都编入"乌合丛书"，分别作为"乌合丛书"的第五种和第七种，于1926年8月和1927年7月由北京北新书局出版。"不阔气的作者"，这就是鲁迅当时对自己作者身份的一个明确的定位。

《呐喊》三版本列为"乌合丛书"第一种，不仅意味着鲁迅与"文艺丛书"的决裂，自然也应视为他对青年作家的倾力支持。这与后来北平未名社出版"未名新集"，鲁迅把散文集《朝花夕拾》作为"未名新集"第二种出版是同样性质。"乌合丛书"第二种就是许钦文未被"文艺丛书"接纳的短篇小说集《故乡》，1926年4月北京北新书局初版，第三、第四种是高长虹的散文及新诗集《心的探险》和向培良的短篇小说集《飘渺的梦及其他》，同时于1926年6月由北京北新书局初版，而第六种是女作家淦（冯沅君）的短篇小说集《卷葹》，1927年1月北

---

[1]鲁迅编：《未名丛刊与乌合丛书》，台静农编：《关于鲁迅及其著作》，北京：未名社，1926年，书末广告页。

[2]同上。

京北新书局初版。"乌合丛书"总共就只有这七种，少而精，而且除了鲁迅自己所著三种，许钦文、高长虹、向培良三种也都是鲁迅亲自"选定"[1]。所以，尽管这些作品集并未印上"鲁迅编"三个字，"乌合丛书"确确实实是鲁迅编定的。作为鲁迅亲自编选的第一种新文学创作丛书，"乌合丛书"同样在20世纪20年代中国新文坛上占有耀眼的一席之地，而这亮丽耀眼正是由《呐喊》三版本所开启。

综上所述，之所以详细考证《呐喊》初版、再版和三版本的来龙去脉，是因为《呐喊》在中国现代文学史上无可取代的重要历史地位，以及这三个版本与周氏兄弟失和、"新潮社文艺丛书"和"乌合丛书"虽然并不十分复杂却又颇为敏感的关系，并可从这一新的角度窥见鲁迅当时的心态。由于《呐喊》再版和三版本稀见[2]，以往的鲁迅研究一直未能对此展开研讨。随着这三个版本的印数、变更和相互关系的基本厘清，也希望能对《呐喊》研究的进一步深入有所帮助。而对《呐喊》这三个版本的查考，又提醒我们，研究现代文学作品，初版本固然应该重视，再版和三版本等也并非可有可无，有的甚至具有独特的研究价值，从而对更完备地建构现代文学版本学也不无裨益。

---

[1] 高长虹在《〈故乡〉小引》中明确表示《故乡》"这个选本，则大半是鲁迅先生的工作"。而《乌合丛书》广告中也已声明《心的探险》"鲁迅选并画封面"、《缥缈的梦及其他》"鲁迅选定"。但"乌合丛书"第六种《卷葹》，由于鲁迅日记中并无鲁迅与作者冯沅君有过交往的记载；《卷葹》初版本问世时，鲁迅又远在广州；鲁迅撰写的《未名丛刊与乌合丛书》广告（刊1927年7月北新局初版《野草》书末广告页）中也无《卷葹》的广告，故而有理由推断，《卷葹》是北新书局老板李小峰安排在"乌合丛书"中出版，鲁迅未必与闻此事。

[2] 20世纪90年代以降，《呐喊》初版本据原版数次影印，包括上海鲁迅纪念馆1991年编印的"鲁迅小说集影印本"系列和北京鲁迅博物馆2013年编印的"鲁迅作品初版本系列"等均已收入，已不难见到，反而再版本和三版本颇为少见，且一直未进入研究者的视野。

巴金与鲁迅的散文集《夜记》

陈子善

鲁迅晚年出版著译，巴金主持的文化生活出版社成为首选。1935年8月，文化生活出版社出版鲁迅译高尔基著《俄罗斯的童话》，列为巴金主编的"文化生活丛刊"第三种。同年11月，文化生活出版社出版鲁迅译果戈理著《死魂灵》，列为黄源主编的"译文丛书"第一种。1936年1月，文化生活出版社又出版鲁迅的最后一部小说集《故事新编》，列为巴金主编的"文学丛刊"第一集第二种。此外，鲁迅翻印的《死魂灵百图》也委托文化生活出版社发行。凡此种种，都说明了鲁迅对巴金和文化生活出版社的欣赏和信任。

然而，还有一种鲁迅的散文集，由巴金提议，鲁迅也拟交文化生活出版社出版，因鲁迅突然去世，书未及写成，后由许广平续编才付梓，那就是而今已鲜为人知的《夜记》。

对散文集《夜记》，巴金在1956年7月13日所作的《鲁迅先生就是这样的一个人》中有颇为具体而生动的回忆：

（《故事新编》出版）几个月后，我在一个宴会上又向鲁迅先生要稿，我说我希望"文学丛刊"第四集里有他的一本集子，他很爽快地答应了。过了些时候他就托黄源同志带了口信来，告诉我集子的名字：散文集《夜记》。不久他就病了，病好以后他陆续写了些文章。听说他把《半夏小集》《"这也是生活"》《死》《女吊》四篇文章放在一边，已经在作编《夜记》的准备了，可是病和突然的死打断了他的工作。他在10月17日下午还去访问过日本同志鹿地亘，19日早晨就在寓所内逝世了。收在"文学丛刊"第四集中的《夜记》还是许景宋先生在鲁迅先生逝世以后替他编成的一个集子。每次我翻看这两本小书，我就感觉到他对待人的诚恳和热情，对待工作的认真和负责，我仿佛又看到他那颗无所不包而爱憎分明的仁爱的心。[1]

巴金这段话充满了感情，他认为鲁迅的《故事新编》和已在写未及写成而由许广平编定的《夜记》这两本文化生活出版社出版的鲁迅晚年著作，体现了鲁迅"对待人的诚恳和热情，对待工作的认真和负责"，可见这两本书在巴金心目中的位置。两个月后，巴金在为苏联《文学报》所作的《鲁迅——纪念鲁迅诞生七十五周年》一文中，又特别提到《夜记》：

又过了几个月，有一次见到鲁迅，我请他再为出版社写点东西，希望"文学丛刊"第四集中能有一卷他的作品。他高兴地答应了。过了些日子，鲁迅托作家黄源转告我，这一卷题名《夜记》。不久他就病了。康复以后，他一连写了几篇。听说

---

[1]巴金：《鲁迅先生就是这样一个人》，初刊《中国青年报》1956年8月1日，引自《忆鲁迅》，北京：人民文学出版社，1957年，第107—108页。

他专心致志地编《夜记》……[1]

巴金这两段回忆之所以重要，因为它们透露了如下信息：

一、《夜记》这个书名是鲁迅亲自拟定的，而且这是本"散文集"。

二、鲁迅答应为巴金写第二本集子是在"一个宴会上"。这个宴会，我以前推断是1936年2月9日黄源在宴宾楼举行的"共同商定《译文》复刊事"之宴[2]。现在看来，1936年5月3日"译文社邀夜饭于东兴楼，夜往，集者约三十人"[3]的可能性更大。因为5月3日译文社宴会后"不久他就病了"。5月18日起鲁迅持续发热，6月5日起日记被迫暂停，7月1日起日记才逐渐恢复，这与巴金的回忆正相吻合。而且，巴金计划把这本新集收入"文学丛刊"第四集，1936年2月时，第一集尚在陆续出版中，5月时考虑第四集篇目才更合理。

三、《半夏小集》《"这也是生活"》《死》《女吊》四篇，鲁迅特意"放在一边"，准备编入《夜记》。巴金是"听说"，听谁说？正是许广平，下面将具体谈及。《半夏小集》作于1936年"八月间，也许是九月初"[4]，《"这也是生活"》作于1936年8月23日，《死》作于1936年9月5日，《女吊》作于1936年9月19—20日[5]，确实都作于鲁迅"病好以后"，

---

[1] 巴金：《鲁迅——纪念鲁迅诞生七十五周年》，初刊苏联《文学报》1956年9月25日（俄译版），中文版转引自《巴金全集》第19卷，北京：人民文学出版社，2000年，第464页。

[2] 参见陈子善：《鲁迅与巴金见过几次面》，《中国现代文学文献学十讲》，上海：复旦大学出版社，2020年，第388—389页。

[3] 1936年5月3日鲁迅日记，参见陈子善：《鲁迅与巴金见过几次面》，《中国现代文学文献学十讲》，第389—390页。

[4] 《半夏小集》初刊1936年10月《作家》第2卷第1期。冯雪峰回忆"这九则杂感写于八月间，也许是九月初"，参见《谈有关鲁迅的一些事情·关于〈半夏小集〉》，《一九二八年至一九三六年的鲁迅：冯雪峰回忆鲁迅全编》，上海：上海文化出版社，2009年，第279页。

[5] 《"这也是生活"》《死》《女吊》三篇的写作时间均根据作者文末落款时间。

也确实都是"散文"，构成"散文集"《夜记》最基本的内容，也是《夜记》中鲁迅亲自选定的篇目。

《夜记》1937年4月由文化生活出版社初版，列为"文学丛刊"第四集第十种。全书按鲁迅晚年编集以"编年"为序的惯例，分三辑共13篇，目录如下：

1934年：《病后杂谈》《病后杂谈之余》；1935年：《在现代中国的孔夫子》《"题未定"草（一至五）》《陀思妥夫斯基的事》《"题未定"草（六至九）》；1936年：《我要骗人》《〈出关〉的"关"》《半夏小集》《"这也是生活"》《死》《女吊》《关于太炎先生二三事》

值得注意的是，书末许广平在"鲁迅先生逝世后三个月又五天"所作的《后记》。她在《后记》中明确表示：

> 文化生活出版社的预告，早已登过有一本《夜记》。现在离开预告好久了，不兑现的事情，是鲁迅先生所不大肯做的。——就在这个意义上，我才敢于编辑这一本书。
>
> 我查那些遗稿，其中《半夏小集》《"这也是生活"》《死》《女吊》是去年大病之后写的，另外放在一处。好像听他说过，预备做《夜记》的材料，不幸没有完成。我只好从一九三四年编好而未出版的《杂文集》里选两篇，三五年《杂文二集》里选四篇，三六年《杂文末编》里，除《夜记》四篇外，再加四篇，共十四篇。[1]

这就告诉我们实际付梓的《夜记》，系鲁迅最初自定的篇目（即《半夏小集》等四篇）和许广平所增补的九篇文章合并而成。接着许广平对为何增补那九篇原本鲁迅本人已编入《且介亭杂文》《且介亭

---

[1] 许广平：《鲁迅〈夜记〉编后记》，转引自《许广平文集》第1卷，南京：江苏文艺出版社，1998年，第413页。

杂文二集》和《且介亭杂文末编》的文字作了说明。作为鲁迅的未亡人，许广平这样增补，当然自有其理由，增补后的《夜记》实际已成为散文和杂文的合集，即鲁迅自定四篇和从"且介亭杂文三集"中所选杂文的合集。

不过，应该强调一下《夜记》最初的定位，即鲁迅把《半夏小集》《"这也是生活"》《死》《女吊》四篇"另外放在一处"的初衷。首先，《夜记》应该是一本散文集，这不仅巴金在上述回忆中特别提到，"文学丛刊"第四辑共十六册的出版广告中早就是这样告示的：

　　夜记　鲁迅　散文[1]

更有力的证据来自冯雪峰的回忆。1937 年 11 月 1 日，冯雪峰以"O. V."笔名在《宇宙风》第 50 期发表《鲁迅先生计划而未完成的著作》一文，以显著篇幅具体说到《夜记》：

　　鲁迅先生病后写的《"这也是生活"……》《死》《女吊》，都是一类文体的诗的散文，他说预备写它十来篇，成一本书，以偿某书店的文债。这计划倘能完成，世间无疑将多一本和《朝花夕拾》同类的杰作，但他来不及写成了。在《女吊》之后，连他已有腹稿的两篇也来不及写，记得他说过，一篇是关于"母爱"的，一篇则关于"穷"。当他写好《女吊》后，大约是九月二十或二十一的晚间，我到他那里去，他从抽屉里拿出原稿来说："我写好了一篇。就是我所说的绍兴的'女吊'，似乎比前两篇强一点了。"我从头看下去，鲁迅先生却似乎特别满意其中关于女吊的描写，忽然伸手过来寻出"跳女吊"

[1]据芦焚《里门拾记》（"文学丛刊"第四集第四种，1937 年 1 月初版）和胡风《野花与箭》（"文学丛刊"第四集第十六种，1937 年 1 月初版）等书的广告页。

开场的那一段来指着道："这以前不必看，从这里看起罢。"我首先感到高兴的却是从文章中看出先生的体力逐渐恢复了。他还说道："这一篇比较的强一点，还有一个理由，是病后写得比较顺手了。病中实在懒散了。"于是接下去又说："这以后我将写母爱了，我以为母爱的伟大真可怕，差不多盲目的……"[1]

显而易见，冯雪峰所说的鲁迅"预备写它十来篇""都是一类文体的诗的散文""成一本书"，就是指《夜记》，而"以偿某书店的文债"即指巴金主持的文化生活出版社的约稿。作为鲁迅晚年关系特别密切的知情人，他再次明白无误地确认《夜记》是散文集，还预言如写成必将是与《朝花夕拾》"同类的杰作"。他还透露鲁迅准备再写关于"母爱"、关于"穷"诸文。因此，从这个意义上来衡量许广平所编的《夜记》，恐怕与鲁迅最初的设想还存在一些距离。

有必要指出的是，鲁迅的"且介亭杂文三集"中，《且介亭杂文》《且介亭杂文二集》是鲁迅自己编定，且各写了序和后记，而《且介亭杂文末编》是许广平代为编定的，"末编"的说法应也是她所拟的，鲁迅不可能预知自己活不过 1936 年。许广平在《且介亭杂文末编》的《后记》中已告诉我们：

> 一九三六年作的《末编》，先生自己把存稿放在一起的，是自第一篇至《曹靖华译〈苏联作家七人集〉序》。因《太炎先生而想起的二三事》和《关于太炎先生二三事》，似乎同属姊妹篇，虽然当时因是未完稿而另外搁开，此刻也把它放在一起了。

---

[1] 冯雪峰：《鲁迅先生计划而未完成的著作》，《一九二八年至一九三六年的鲁迅：冯雪峰回忆鲁迅全编》，第 190—191 页。

《附集》的文章，收自《海燕》《作家》《现实文学》《中流》等，《半夏小集》《"这也是生活"》《死》《女吊》四篇。先生另外保存的，但都是这一年的文章，也就附在《末编》一起了。[1]

也就是说，《且介亭杂文末编》中第一辑最后一篇《因太炎先生而想起的二三事》，加上全部"附集"都不是鲁迅自己编定的。由此设想，至少《因太炎先生而想起的二三事》和"附集"中的《我的第一个师父》两篇如编入《夜记》，也许更为合适。如果再扩大一点，《末编》第一辑中《我要骗人》、《写于深夜里》（不也是"夜记"吗？）、《关于太炎先生二三事》等篇或也可移入《夜记》里。这样一部新的《夜记》，可能更接近鲁迅的原意。这是我这次重读许广平编《夜记》和相关资料产生的一点新想法，供有兴趣的读者参考。

当然，许广平编《夜记》保存了鲁迅自拟书名和自定篇目，且比"且介亭杂文三集"更早问世[2]，自有其存在的价值和历史意义，这是完全可以肯定的。《夜记》初版本分精装和普通平本两种，此后就一直以平装本行世，封面书名"夜记"两字先后使用过黑色、淡绿色和红色三种颜色。初版当月就再版，次月又接连印行了第三版和第四版，到1949年5月，《夜记》已先后印行12版，这还不包括1942年7月重庆文化生活出版社印行的"渝一版"[3]。可见此书问世后一直深受读者欢迎。即便是1938年6月第一部《鲁迅全集》出版时，《夜记》大概因书中文章已分别收入《且介亭杂文》初集、二集和末编而不被编入，但在以后相当长的一段时间里，文化生活出版社版《夜记》仍与《鲁迅全集》

---

[1] 许广平：《〈且介亭杂文末编〉后记》，转引自《许广平文集》第1卷，第418页。

[2] 《且介亭杂文》《且介亭杂文二集》《且介亭杂文末编》三书均于1937年7月由上海三闲书屋初版。

[3] 《夜记》"渝一版"抽去《我要骗人》一篇，故此版只收12篇，这无疑系当局审查所为，该版封底书脊边印有"重庆市图书杂志审查处审查证世图字第2665号"字样。

和鲁迅其他各种单行本并行不悖。直到 1949 年以后，《夜记》才在鲁迅著作出版谱系中完全消失[1]。

《夜记》（精装本）1937 年 4 月，上海文化生活出版社初版　　《夜记》（平装本）1937 年 4 月，上海文化生活出版社初版

然而，"夜记"这个书名毕竟是鲁迅亲拟，《半夏小集》等四篇散文编入《夜记》也是鲁迅亲定，有什么理由让这本书不复存在呢？诚然，鲁迅生前有几个预拟书名，最后都未能出书。如《杨贵妃》，鲁迅想写

[1] 只有周国伟编《鲁迅著译版本研究编目》（上海文艺出版社 1996 年 10 月初版）列出《夜记》，列为 1949 年前出版的鲁迅"著作"类之最后一种。其前一种为《门外文谈》，上海天马书店 1935 年 9 月初版，系尹庚主编的"天马丛书"之一。此书非鲁迅自编，但征得鲁迅同意和支持，也已于 1958 年、1972 年由北京文字改革出版社和北京人民日报社两次重印。

而未能写出[1]，如《五讲三嘘集》，也只在《答杨邨人先生公开信的公开信》中提过一笔，并未付之实施；如"起信三书"到底哪三书？也一直有争议。至于他想写的关于中国知识分子的长篇小说和中国文学史，更只是一个设想[2]。但是，《夜记》的情况完全不同，此书既有书名，首批四文鲁迅自己又已写就，许广平编《夜记》又曾长期存在并产生社会效应，那么，像现在这样，《夜记》不管是书名，还是一本书即许广平编的《夜记》，几乎都已不复存在，《鲁迅全集》中已无《夜记》的任何踪迹，而《夜记》所承载的鲁迅的真实想法和巴金与鲁迅的深厚友情，知道的人也越来越少，那实在太可惜了。

"夜记"是鲁迅丰富的著述中极有意思的一个集名，意味深长。在我看来，原汁原味重版许广平编的《夜记》是别有纪念意义的。那么，我们就期待鲁迅初编、许广平编定而由巴金主持的文化生活出版社出版的《夜记》影印本早日问世。

---

[1] 郁达夫在《奇零集·历史小说论》中回忆《杨贵妃》是小说，冯雪峰在《鲁迅先生计划而未完成的著作》中也持此说，而孙伏园在《鲁迅先生二三事·杨贵妃》中回忆《杨贵妃》是剧本。

[2] 参见冯雪峰：《鲁迅先生计划而未完成的著作》，《一九二八年至一九三六年的鲁迅：冯雪峰回忆鲁迅全编》，第190—192页。

关于《阿 Q 正传》三个版本的辑校

李宗刚

从最初原发的《晨报副镌》，到上海北新书局 1930 年版的《呐喊》单行本，再到人民文学出版社 1981 年版的《鲁迅全集》，《阿 Q 正传》的版本到底发生了怎样的变化？正是带着这样的疑问，我们拟对此三

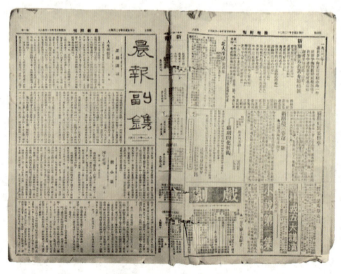

《晨报副镌》1921 年 12 月 4 日

个版本进行辑校[1]。为了能够确保辑校的便利，我们在此将 1930 年版的《呐喊》简称为《呐喊》，1981 年版的《鲁迅全集》简称为《鲁迅全集》。

第一章　序

原文［这一章算是序］改为［序］（《呐喊》收录版本 P113 与《鲁迅全集》P487 同）［文字修改］。

原文［也未受他子孙的拜托；］改为［也未曾受他子孙的拜托；］（《呐喊》收录版本 P114 与《鲁迅全集》P487 同）［文字修改］。

原文［给了他一个嘴吧］改为［给了他一个嘴巴］［文字修改］（《呐喊》收录版本 P115 与《鲁迅全集》P488 同）［文字修改］。

原文［谢了地保一百文酒钱］改为［谢了地保二百文酒钱］（《呐喊》收录本 P116 与《鲁迅全集》P488 同）［文字修改］。

原文［更加合不上了］改为［更加凑不上了］（《呐喊》收录版本 P117 与《鲁迅全集》P489 同）［文字修改］。

原文［照英国流的拼法写他为阿 Quei，］改为［照英国流行的拼法写他为阿 Quei，］（《呐喊》收录版本 P117 与《鲁迅全集》P489 同）［文字修改］。

原文［因此籍贯也就有些定不下］改为［因此籍贯也就有些决不定］（《呐喊》收录版本 P117 与《鲁迅全集》P489 同）［文字修改］。

原文［但是我这"阿 Q 正传"到那时又怕早经消灭了。］改为［但是我这阿 Q 正传到那时却又怕早经消灭了。］（《呐喊》收录版本

---

[1] 为了更加直观地呈现出文本的改动情况，本书在收录该文时对其进行了一定的删减，重点关注不同版本对于文字的修改，仅作了标点调整而无文字修改的句子没有单独列出。除下文已经列出的改动外，其他标点改动还有 80 余处。

P118）改为［但是我这《阿Q正传》到那时却又怕早经消灭了。］（《鲁迅全集》P490）［标点和字修改］。

第二章　优胜记略

原文［将来恐怕要隽秀才者也；］改为［将来恐怕要变秀才者也；］（《呐喊》收录版本 P119 与《鲁迅全集》P490 同）［文字修改］。

原文［而阿Q在精神上独不表格外的崇奉］改为［而阿Q在情神上独不表格外的崇奉］（《呐喊》收录版本 P120）改为［而阿Q在精神上独不表格外的崇奉］（《鲁迅全集》P490）［文字修改］。

原文［总还是阿Q吃亏的时候多。］改为［总还是阿Q喫亏的时候多，］（《呐喊》收录版本 P121）改为［总还是阿Q吃亏的时候多。］（《鲁迅全集》P491）［标点和字修改］。

原文［他们便假作吃惊的说：］改为［他们便假作喫惊的说：］（《呐喊》收录版本 P121）改为［他们便假作吃惊的说：］（《鲁迅全集》P491）［文字修改］。

原文［便不再往下说］改为［便不再往底下说］（《呐喊》收录版本 P122 与《鲁迅全集》P491 同）［文字修改］。

原文［闲人这才心满意足得胜的走了。］［闲人这才心满意足的得胜的走了，］（《呐喊》收录版本 P122 与《鲁迅全集》P492 同）［标点和字修改］。

原文［阿Q想在心里］改为［阿Q想在心里的］（《呐喊》收录版本 P122 与《鲁迅全集》P492 同）［文字修改］。

原文［闲人也不放，］改为［闲人也并不放，］（《呐喊》收录版本 P122 与《鲁迅全集》P492 同）［文字修改］。

原文［似乎打人的是自己，］改为［似乎打的是自己，］（《呐喊》收录版本 P125 与《鲁迅全集》P494 同）［文字修改］。

原文［不久也就仿佛是自己打了别人一般，］改为［不久也就彷佛是自己打了别个一般，］（《呐喊》收录版本 P125）改为［不久也就仿佛是自己打了别个一般，］（《鲁迅全集》P494）［文字修改］。

第三章　续优胜记略

原文［忿忿的躺下了，］（《呐喊》收录版本 P126 与原文同）改为［愤愤的躺下了，］（《鲁迅全集》P494）［文字修改］。

原文［而现在是他的儿子］改为［而现在是他的儿子了］（《呐喊》收录版本 P126 与《鲁迅全集》P494 同）［文字修改］。

原文［唱着"小孤孀上坟"到酒店去。］改为［唱着小孤孀上坟到酒店去。］（《呐喊》收录版本 P126）改为［唱着《小孤孀上坟》到酒店去。］（《鲁迅全集》P494）［符号修改］。

原文［被打也就讬庇有了名，］改为［被打的也就讬庇有了名。］（《呐喊》收录版本 P126—127）改为［被打的也就托庇有了名。］（《鲁迅全集》P494）［标点和字修改］。

原文［令人看不入眼。］改为［令人看不上眼。］（《呐喊》收录版本 P127 与《鲁迅全集》P495 同）［文字修改］。

原文［不知道因为新洗还因为粗心，］改为［不知道因为新洗呢还是因为粗心，］（《呐喊》收录版本 P128 与《鲁迅全集》P495 同）［文字修改］。

原文［很命一咬，］（《呐喊》收录版本 P128 与原文同）改为［狠命一咬，］（《鲁迅全集》P495）［文字修改］。

原文［抢过去就是一拳，］，改为［抢进去就是一拳。］（《呐喊》收录版本 P129 与《鲁迅全集》P496 同）［标点和字修改］。

原文［要拖到墙上照例去碰头。］改为［要墙到墙上照例去碰头。］（《呐喊》收录版本 P129）改为［要拉到墙上照例去碰头。］（《鲁迅全集》P496）[文字修改]。

原文［颈子也直了，］改为［腿也直了，］（《呐喊》收录版本 P130 与《鲁迅全集》P496 同）[文字修改]。

原文［因为要报警，］改为［因为要报仇，］（《呐喊》收录版本 P131 与《鲁迅全集》P497 同）[文字修改]。

原文［不由的轻轻的说出来了。］改为［便不由的轻轻的说出来了。］（《呐喊》收录版本 P131 与《鲁迅全集》P497 同）[文字修改]。

原文［于他倒反觉得轻松些，］改为［于他倒似乎完结了一件事，反而觉得轻松些，］（《呐喊》收录版本 P132 与《鲁迅全集》P497 同）[标点和字修改]。

原文［"咳，哑！"］改为［"咳，开！"］（《呐喊》收录版本 P132）改为［"咳，哑！"］（《鲁迅全集》P497）[文字修改]。

原文［默笑着，说：］（《呐喊》收录版本 P132 同）改为［呆笑着，说：］（《鲁迅全集》P497）[文字修改]。

原文［又仿佛全身比拍拍的响了之后更其轻松］改为［又仿佛全身比拍拍的响了之后更轻松］（《呐喊》收录版本 P133 与《鲁迅全集》P498 同）[文字修改]。

第四章　恋爱的悲剧

原文［臣诚恐惶恐死罪死罪］改为［臣诚惶诚恐死罪死罪］（《呐喊》收录版本 P134 与《鲁迅全集》P498 同）[文字修改]。

原文［便反感到了胜利的悲哀。］改为［便反而感到了胜利的悲哀。］（《呐喊》收录版本 P134 与《鲁迅全集》P498 同）[文字修改]。

原文［这或者也是中国精神文明冠于全球的一个证据。］改为［这或者也是中国精神文明冠于全球的一个证据了。］（《呐喊》收录版本 P134 与《鲁迅全集》P498 同）[文字修改]。

原文［刁蝉］改为［貂蝉］（《呐喊》收录版本 P136 与《鲁迅全集》P499 同）［文字修改］。

原文［我们虽然不知道他曾经蒙什么明师指授过］改为［我们虽然不知道他曾蒙什么明师指授过］（《呐喊》收录版本 P136 与《鲁迅全集》P499 同）［文字修改］。

原文［在礼教上是不应该的］改为［在礼教上是不应该有的］（《呐喊》收录版本 P137 与《鲁迅全集》P500 同）［文字修改］。

原文［曾在戏台下的人丛中扭过一个女人的大腿，］改为［曾在戏台下的人丛中拧过一个女人的大腿，］（《呐喊》收录版本 P137 与《鲁迅全集》P500 同）［文字修改］。

原文［吃过晚饭，］改为［喫过晚饭，］（《呐喊》收录版本 P137）改为［吃过晚饭，］（《鲁迅全集》P500）［文字修改］。

原文［定例不准掌灯，］改为［虽说定例不准掌灯，］（《呐喊》收录版本 P138 与《鲁迅全集》P500 同）［文字修改］。

原文［一吃完便睡觉。］改为［一喫完便睡觉，］（《呐喊》收录版本 P138）改为［一吃完便睡觉，］（《鲁迅全集》P500）［文字修改］。

原文［然而也偶然有些例外，］改为［然而偶然也有一些例外：］（《呐喊》收录版本 P138 与《鲁迅全集》P500 同）［标点和字修改］。

原文［太太两天没有吃饭哩］改为［太太两天没有喫饭哩］（《呐喊》收录版本 P138）改为［太太两天没有吃饭哩］（《鲁迅全集》P500）［文字修改］。

原文［"我和你困觉。我和们困觉！"］改为［"我和你困觉，我和你困觉！"］（《呐喊》收录版本 P139 与《鲁迅全集》P501 同）［标点和字修改］。

原文［一刹时很寂然］改为［一刹时中很寂然］（《呐喊》收录版本 P139 与《鲁迅全集》P501 同）［文字修改］。

原文［慌张的将烟管插在裤要带上，想去春米。］改为［慌张的将畑管插在裤带上，就想去春米。］（《呐喊》收录版本 P139）改为

［慌张的将烟管插在裤带上，就想去舂米。］（《鲁迅全集》P501）［文字修改］。

原文［他那"女……"的思想也没有了，］改为［他那"女……"的思想却也没有了。］（《呐喊》收录版本 P140 与《鲁迅全集》P501 同）［标点和字修改］。

原文［似乎一件事也已经收束了，］改为［似乎一件事也已经收束，］（《呐喊》收录版本 P140 与《鲁迅全集》P501 同）［文字修改］。

原文［赵府一家连两日不吃饭的太太也在内，］改为［赵府一家连两日不喫饭的太太也在内，］（《呐喊》收录版本 P140）改为［赵府一家连两日不吃饭的太太也在内，］（《鲁迅全集》P502）［文字修改］。

原文［谁不知道你规矩］改为［谁不知道你正经］（《呐喊》收录版本 P141 与《鲁迅全集》P502 同）［文字修改］。

原文［便用一顶毡帽做了抵。］改为［便用一顶毡帽做抵押，］（《呐喊》收录版本 P142 与《鲁迅全集》P502—503 同）［标点和字修改］。

原文［吴妈此后倘有不测，应由阿 Q 负责。］改为［吴妈此后倘有不测，惟阿 Q 是问。］（《呐喊》收录版本 P142 与《鲁迅全集》P503 同）［文字修改］。

原文［因为老太太拜佛的时候可以用，留着了，赵太爷自然省了工钱。］改为［因为太太拜佛的时候可以用，留着了。］（《呐喊》收录版本 P143 与《鲁迅全集》P503 同）［标点和字修改］。

第五章　生计问题

原文［只是没有人叫做短工］改为［只是没有人来叫他做短工］（《呐喊》收录版本 P144 与《鲁迅全集》P504 同）［文字修改］。

原文［这委实是一件非常"妈妈的"的事。］改为［这委实是一件非常"妈妈的"的事情。］（《呐喊》收录版本 P144 与《鲁迅全集》

P504 同）［文字修改］。

原文［像回覆乞丐一般的摇手道：］改为［像回覆乞丐一般的摇手道——］（《呐喊》收录版本 P145）改为［像回复乞丐一般的摇手道：］（《鲁迅全集》P504）［标点和字修改］。

原文［阿 Q 愈觉得希奇了］（《呐喊》收录版本 P145 同）改为［阿 Q 愈觉得稀奇了］（《鲁迅全集》P504）［文字修改］。

原文［位置在王胡之下的，］改为［位置是在王胡之下的，］（《呐喊》收录版本 P145 与《鲁迅全集》P504 同）［文字修改］。

原文［不知道是颂扬还是煽动的。］改为［不知道是解劝，是颂扬，还是煽动。］（《呐喊》收录版本 P146 与《鲁迅全集》P505 同）［标点和字修改］。

原文［这一场"龙虎斗"似乎并无胜败，看的人也似乎不很满足，也没有发什么议论，］改为［这一场"龙虎斗"似乎并无胜败，也不知道看的人可满足，都没有发什么议论，］（《呐喊》收录版本 P147 与《鲁迅全集》P505 同）［文字修改］。

原文［以及此外可吃的之类］改为［以及此外可喫的之类］（《呐喊》收录版本 P148）改为［以及此外可吃的之类］（《鲁迅全集》P506）［文字修改］。

原文［他于是蹲倒便拔］改为［他于是蹲下便拔］（《呐喊》收录版本 P149 与《鲁迅全集》P506 同）［文字修改］。

原文［你怎么跳进园里来偷萝卜。……呵呀，罪过呵，呵唷，］改为［你怎么跳进园里来偷萝卜！……阿呀，罪过呵，阿唷，］（《呐喊》收录版本 P149 与《鲁迅全集》P506 同）［标点和字修改］。

原文［你能叫得他答应么］改为［你能叫得他答应你么］（《呐喊》收录版本 P149 与《鲁迅全集》P507 同）［文字修改］。

原文［幸而从衣兜里落下一个萝卜去，］改为［幸而从衣兜里落下一个萝卜来，］（《呐喊》收录版本 P150 与《鲁迅全集》P507 同）［文字修改］。

原文［阿Q于是捨了石块］改为［阿Q于是抛了石块］(《呐喊》收录版本 P150 与《鲁迅全集》P507 同)［文字修改］。

原文［一面走一面吃］改为［一面走一面喫］(《呐喊》收录版本 P150)改为［一面走一面吃］(《鲁迅全集》P507)［文字修改］。

原文［待三个萝卜吃完时］改为［待三个萝卜喫完时］(《呐喊》收录版本 P150)改为［待三个萝卜吃完时］(《鲁迅全集》P507)［文字修改］。

第六章 从中兴到末路

原文［阿Q先前的上城］改为［阿Q前几回的上城］(《呐喊》收录版本 P150—151 与《鲁迅全集》P507 同)［文字修改］。

原文［却大与先前不同，］改为［却与先前大不同，］(《呐喊》收录版本 P151 与《鲁迅全集》P507 同)［文字修改］。

原文［人人愿意知道现钱和新夹袄的阿Q的中兴史，本来是天然的事，所以在酒店里，茶馆里，庙檐下，便渐渐的问出来了。］改为［人人都愿意知道现钱和新夹袄的阿Q的中兴史，所以在酒店里，茶馆里，庙檐下，便渐渐的探听出来了。］(《呐喊》收录版本 P152 与《鲁迅全集》P508 同)［文字修改］。

原文［然而已偶有大可佩服的地方］改为［然而也偶有大可佩服的地方］(《呐喊》收录版本 P153 与《鲁迅全集》P509 同)［文字修改］。

原文［气忿而且担心］(《呐喊》收录版本 P157 与原文同)改为［气愤而且担心］(《鲁迅全集》P511)［文字修改］。

原文［"老鹰不吃窠下食"］改为［"老鹰不喫窝下食"］(《呐喊》收录版本 P158)改为［"老鹰不吃窝下食"］(《鲁迅全集》P511)［文字修改］。

原文［只要自己夜里警醒点就是了］改为［只要自己夜里警醒的就

是了］（《呐喊》收录版本 P158）改为［只要自己夜里警醒点就是了］（《鲁迅全集》P511）［文字修改］。

原文［只有一班闲人们却还要寻根究底的去探阿 Q 的底细。］改为［只有一班闲人们却还要寻根究底的去探阿 Q 的细底。］（《呐喊》收录版本 P159）改为［只有一班闲人们却还要寻根究底的去探阿 Q 的底细。］（《鲁迅全集》P512）［文字修改］。

原文［只站在洞外接东西］改为［只站在门外接东西］（《呐喊》收录版本 P159）改为［只站在洞外接东西］（《鲁迅全集》P512）［文字修改］。

第七章　革命

原文［加以午间喝了两碗空肚酒］改为［加以午间喫了两碗空肚酒］（《呐喊》收录版本 P161）改为［加以午间喝了两碗空肚酒］（《鲁迅全集》P513）［文字修改］。

原文［不知怎么一来］改为［不知怎样一来］（《呐喊》收录版本 P161）改为［不知怎么一来］（《鲁迅全集》P513）［文字修改］。

原文［我喜欢谁就是谁。］改为［我欢喜谁就是谁。］（《呐喊》收录版本 P162 与《鲁迅全集》P513 同）［文字修改］。

原文［酒醉错斩了郑贤弟，］改为［酒醉了错斩了郑贤弟，］（《呐喊》收录版本 P162）改为［酒醉错斩了郑贤弟，］（《鲁迅全集》P513）［文字修改］。

原文［"Q 老，"］改为［"老 Q，"］（《呐喊》收录版本 P163 与《鲁迅全集》P514 同）［文字修改］。

原文［喫完之后］（《呐喊》收录版本 P164 同）改为［吃完之后］（《鲁迅全集》P514）［文字修改］。

原文［红焰焰的火光照着他张开的嘴。］改为［红焰焰的光照着他张开的嘴。］（《呐喊》收录版本 P165 与《鲁迅全集》P515 同）［文字修改]。

原文[样样也照旧。]改为[样样都照旧。](《呐喊》收录版本P166与《鲁迅全集》P515同)[文字修改]。

原文[他仍然肚饿,]改为[他也仍然肚饿,](《呐喊》收录版本P166与《鲁迅全集》P515同)[文字修改]。

原文[他急急拾了几块断砖,]改为[他急急拾下几块断砖,](《呐喊》收录版本P166)改为[他急急拾了几块断砖,](《鲁迅全集》P516)[文字修改]。

原文[伊大喫一惊的说。](《呐喊》收录版本P166同)改为[伊大吃一惊的说。](《鲁迅全集》P516)[文字修改]。

原文[龙牌固然已经碎在地上,而且不见了观音娘娘座前的一个宣德炉。]改为[龙牌固然已经碎在地上了,而且又不见了观音娘娘座前的一个宣德炉。](《呐喊》收录版本P168与《鲁迅全集》P516—517同)[文字修改]。

第八章　不准革命

原文[看见的人大抵说,]改为[看见的人大嚷说,](《呐喊》收录版本P169与《鲁迅全集》P517同)[文字修改]。

原文[又用一支竹筷将辫子盘在头顶上,]改为[他用一支竹筷将辫子盘在头顶上,](《呐喊》收录版本P170与《鲁迅全集》P518同)[文字修改]。

原文[店铺里也不说要现钱,]改为[店铺也不说要现钱。](《呐喊》收录版本P170与《鲁迅全集》P518同)[标点和文字修改]。

原文[而且也用一支竹筷。]改为[而且也居然用一支竹筷。](《呐喊》收录版本P170与《鲁迅全集》P518同)[文字修改]。

原文[小D是甚么东西呢?](《呐喊》收录版本P170同)改为[小

D 是什么东西呢？］（《鲁迅全集》P518）［文字修改］。

原文［也敢来做革命党的罪］改为［他敢来做革命党的罪］（《呐喊》收录版本 P171）改为［也敢来做革命党的罪］（《鲁迅全集》P518）［文字修改］。

原文［很喫了惊］（《呐喊》收录版本 P172 同）改为［很吃了惊］（《鲁迅全集》P519）［文字修改］。

原文［阿 Q 轻轻的走近了］改为［阿 Q 轻轻的走进了］（《呐喊》收录版本 P172）改为［阿 Q 轻轻的走近了］（《鲁迅全集》P519）［文字修改］。

原文［却不知道怎样说才好］改为［却不知道怎么说才好］（《呐喊》收录版本 P172 与《鲁迅全集》P519 同）［文字修改］。

原文［思想里才又出现了白盔白甲的碎片。］改为［思想里才又出现白盔白甲的碎片。］（《呐喊》收录版本 P174 与《鲁迅全集》P520 同）［文字修改］。

原文［有一天，他照例的混到夜深，待酒店要关门，才踱回土谷祠去。拍，吧～～～～～！］改为［有一天，他照例的混到夜深，待酒店要关门，才踱回土谷祠去。

拍，吧～～～～～！］（《呐喊》收录版本 P174—175 与《鲁迅全集》P520 同）［段落调整］。

原文［阿 Q 却逃而又停的两三回。］改为［阿 Q 却跳而又停的两三回，］（《呐喊》收录版本 P175）改为［阿 Q 却逃而又停的两三回。］（《鲁迅全集》P521）［标点和字修改］。

第九章　大团圆

原文［免得喫苦］（《呐喊》收录版本 P179 同）改为［免得吃苦］（《鲁迅全集》P523）［文字修改］。

原文［阿 Q 这时很喫惊］（《呐喊》收录版本 P181 同）改为［阿 Q

这时很吃惊]（《鲁迅全集》P524）［文字修改］。

原文［那人却又拿着一处地方教他画花押］改为［那人却又指着一处地方教他画花押］（《呐喊》收录版本 P181 与《鲁迅全集》P524 同）［文字修改］。

原文［早掣了纸笔去］改为［早已掣了纸笔去］（《呐喊》收录版本 P181 与《鲁迅全集》P524 同）［文字修改］。

原文［他和把总闹了气了。］改为［他和把总呕了气了。］（《呐喊》收录版本 P182 与《鲁迅全集》P524 同）［文字修改］。

原文［上面还坐着照例的光头子，］改为［上面还坐着照例的光头老头子；］（《呐喊》收录版本 P183 与《鲁迅全集》P525 同）［标点和字修改］。

原文［阿 Q 也照例的下了跪。］改为［阿 Q 也照的下了跪。］（《呐喊》收录版本 P183）改为［阿 Q 也照例的下了跪。］（《鲁迅全集》P525）［文字修改］。

原文［“你还有什么话说么？”］改为［“你还有什么话么？”］（《呐喊》收录版本 P183 与《鲁迅全集》P525 同）［文字修改］。

原文［他不过便以为人生天地间，］改为［他不过以为人生天地间，］（《呐喊》收录版本 P184）改为［他不过便以为人生天地间，］（《鲁迅全集》P525）［文字修改］。

原文［“小孤孀上坟”欠堂皇，“龙虎斗”里的］改为［小孤孀上坟欠堂皇，龙虎斗里的］（《呐喊》收录版本 P184）［《小孤孀上坟》欠堂皇，《龙虎斗》里的］（《鲁迅全集》P526）［符号修改］。

原文［他同时想将手一扬］改为［他同时将手一扬］（《呐喊》收录版本 P184）改为［他同时想将手一扬］（《鲁迅全集》P526）［文字修改］。

原文［要吃他的肉］改为［要喫他的肉］（《呐喊》收录版本 P185）改为［要吃他的肉］（《鲁迅全集》P526）［文字修改］。

原文［永是不远不近的跟着他走。］改为［永是不远不近的跟他走。］（《呐喊》收录版本 P186 与《鲁迅全集》P526 同）［文字修改］。

原文［最大的却在举人老爷，］改为［最大的倒反在举人老爷，］（《呐喊》收录版本 P186 与《鲁迅全集》P526 同）［文字修改］。

原文［因为终于没有追赃，］改为［因为终是没有追赃，］（《呐喊》收录版本 P186）改为［因为终于没有追赃，］（《鲁迅全集》P526—527）［文字修改］。

原文［不坏何至被枪毙呢？］改为［不坏又何至于被枪毙呢？］（《呐喊》收录版本 P187 与《鲁迅全集》P527 同）［文字修改］。

《集外集》诸版本

乔丽华

在 1935 年前后，鲁迅重新誊录了集外文（已在刊物发表但未收入鲁迅自编杂文集的文章）约 30 篇。这些誊抄稿现收藏于国家图书馆，已收入文物出版社出版的《鲁迅手稿全集》第八册。读者可以看到：这批抄稿都用绿格稿纸抄写，大部分系鲁迅手迹，也有部分剪报，有部分是许广平代抄；字迹整洁，几乎没有涂改，文末一律注明原发表刊物和日期。

1938 年许广平在《集外集拾遗》的"编后说明"中，对这批誊抄稿的来由做了如下说明：

> 鲁迅先生豫备这集子的意思大约是这样的吧：因为《集外集》所载的尚觉有未备之处，似乎还可以补足一下。所以特地托老友宋紫佩先生，把平寓所存的《晨报副刊》，《京报副刊》，《莽原周刊》等寄来。之后，费了不小心血，自己亲自抄录，有可以补充的，随时给写下《补记》，如《编完写起》等是。有在本文之后添列别人文件作备考的，如《咬嚼之余》，《咬

嚼未始乏味》,《田园思想》等是,为了添加备考,所以本文虽则在《集外集》登载过,这里仍将篇名列入。其《梦》,《爱之神》,《桃花》,《他们的花园》,《人与时》,《渡河与引路》,《杂语》,《流言和谎话》等,虽则费了先生一番功夫,抄写出来,但因已见《集外集》,而亦未附加补记之类,由广平斗胆抽去,以免重出。[1]

可见鲁迅抄写旧作是为修订《集外集》与编辑《集外集拾遗》。《集外集》是1933年以前出版的作品集中未曾编入的诗文的合集,由杨霁云编辑,1935年5月上海群众图书公司初版。鲁迅在《集外集》编辑过程中提出了许多具体建议,并萌发了亲自编定《集外集外集》(后定名为《集外集拾遗》)的想法。由于《集外集拾遗》未能编成鲁迅就去世了,因此这批重抄稿就留给了许广平。而许广平对这批手稿无疑是很重视的,1938年编辑《集外集拾遗》,凡有鲁迅生前抄稿的,她都一律根据抄稿而非初刊,且收入了鲁迅生前补充的"备考"和"补记"(或"案语"),充分体现了鲁迅的编辑理念。但对于已登载于《集外集》的《梦》《爱之神》等篇,她认为一则已经收入杨霁云编的《集外集》,二则没有"附加补记之类",所以"斗胆抽去,以免重出"。

本文将这批被抽去的重抄稿与初刊、《集外集》的三个版本(1935年版,人民文学出版社1981年版、2005年版)进行比对,从细微的差别中追溯鲁迅重抄旧作的意义所在,在此基础上探讨各版《集外集》的编辑理念,并对《集外集》的编辑原则贡献一点意见。

---

[1] 许广平:《集外集拾遗·编后说明》,鲁迅先生纪念委员会编《鲁迅全集》第7卷,鲁迅全集出版社,1938年,第887页。

一、重抄稿：不仅仅是抄写

《鲁迅手稿全集》第八册归类于《集外集》的手稿中，有 14 篇用绿色格稿纸抄写，除《〈集外集〉序言》1 篇当为排印前的原稿，其余 13 篇系重抄稿。这 13 篇重抄稿，可分为如下三种情况：

（一）鲁迅自己抄写的手稿，计 9 篇：

《梦》 手稿 1 页。本篇最初发表于 1918 年 5 月 15 日北京《新青年》月刊第四卷第五号，署名唐俟。

《爱之神》 手稿 1 页。本篇最初发表于 1918 年 5 月 15 日《新青年》第四卷第五号，署名唐俟。

《桃花》 手稿 1 页。本篇最初发表于 1918 年 5 月 15 日《新青年》第四卷第五号，署名唐俟。

《他们的花园》 手稿 1 页。本篇最初发表于 1918 年 7 月 15 日《新青年》第五卷第一号，署名唐俟。

《人与时》 手稿 1 页。本篇最初发表于 1918 年 7 月 15 日《新青年》第五卷第一号，署名唐俟。

《杂语》 手稿 2 页。本篇最初发表于 1925 年 4 月 24 日北京《莽原》周刊第 1 期，署名鲁迅。

《编完写起》 手稿 3 页。本篇最初发表于 1925 年 5 月 15 日北京《莽原》周刊第 4 期，署名鲁迅。发表时共 4 段，总题《编完写起》。后来作者将第一、二两段合为一篇，改题《导师》，末段改题为《长城》，编入《华盖集》，本篇是其中的第三段，增加"补记"，写作时间为 1935 年 2 月 15 日。

《流言和谎话》 手稿 3 页。本篇最初发表于 1925 年 8 月 7 日北京《莽原》周刊第 16 期，署名鲁迅。

《选本》 手稿 4 页。本篇最初发表于 1934 年 1 月北平《文学季刊》创刊号，署名唐俟。

（二）鲁迅与他人共同抄写的手稿，计2篇：

《渡河与引路》 手稿4页。抄稿第一、第二段系鲁迅所抄写，后面由他人（可能是许广平）抄写。本篇最初发表于1918年11月15日《新青年》第五卷第五号"通信"，署名唐俟。

《田园思想》 手稿6页。抄稿中第1页正文为鲁迅手迹，附录的来信5页，除开头两行，均由许广平所抄。本篇最初发表于1925年6月12日北京《莽原》周刊第8期。署名白波、鲁迅。

（三）手抄加剪贴的稿件，计2篇：

《咬嚼之余》 稿纸5页。本篇将发表在1925年1月22日《京报》副刊第44号上的文章剪下，鲁迅手写标题及发表时间。附录文章《无聊的通信》《关于〈咬文嚼字〉》《〈咬文嚼字〉是"滥调"》三篇，也是报纸文章剪贴，结尾发表时间和刊物为鲁迅手写，《〈咬文嚼字〉是"滥调"》一篇最后一节部分文字为鲁迅手抄。

《咬嚼未始"乏味"》 稿纸2页。本篇将发表在1925年2月10日《京报》副刊第57号上的文章剪下，鲁迅手写标题及发表时间。附录文章《咬嚼之乏味》，也是报纸文章剪贴，结尾发表时间和刊物为鲁迅手写，最后一节部分文字为鲁迅手抄。

新诗《人与时》

综上，在以上 13 篇重抄稿中，鲁迅亲自完整抄写的有 10 篇（《田园思想》的正文也是鲁迅本人抄写）。对这 10 篇重抄稿与初刊本进行逐字汇校，可以发现，鲁迅亲手抄写的 10 篇文稿，仅《爱之神》《人与时》两首新诗无异文[1]，其余 8 篇都存在修改。也就是说，在抄写的过程中，鲁迅不仅会添加"案语"（《编完写起》），补入"备考"（《咬嚼之余》和《咬嚼未始"乏味"》），还对字词、标点加以斟酌和修改。以几首新诗为例，鲁迅先生只在五四时期创作过新诗，他也自称"我其实是不喜欢做新诗的"（《〈集外集〉序言》），但直至晚年抄写这些诗作，他仍在对个别字词进行斟酌，或改写。鲁迅还有一首打油诗《我的失恋》，原诗发表于 1924 年 12 月 8 日《语丝》周刊第 4 期，后收入散文诗集《野草》，该诗一共四节，大约在 1932 年至1936 年题赠给在上海开业的助产士津岛文子的《我的失恋》第四节，我们可以看到他在重录此诗时有三处改写（括号里为题赠给津岛文子的改写版）[2]：

> 我的所爱在豪家；
>
> 想去寻她兮（欲往从之兮）没有汽车，
>
> 摇（仰）头无法泪如麻。
>
> 爱人赠我玫瑰花；
>
> 回她什么（何以赠之）：赤练蛇。
>
> 从此翻脸不理我。
>
> 不知何故兮——由她去罢。

---

[1]《人与时》第 8 行：手稿、初刊均为"我不和你说什么"；"和"，初版作"知"。由此可知初版本"知"系误排。

[2]可参看内山完造《十八年后再追忆》，载《我的朋友鲁迅》，何花、徐怡等译，北京：北京联合出版公司，2012 年，第 167 页。1951 年津岛文子将这幅诗稿赠送给内山完造，1953 年内山完造捐赠给上海鲁迅纪念馆收藏。

实际上收入《集外集拾遗》的几篇重抄稿也是这种情况，可以这么说，凡经过鲁迅自己抄写过的，总有修改的痕迹，就会产生异文。自然这是作者的权利，同时也显示了鲁迅身为作家无穷的创造力，以及对文字的一丝不苟，到了近乎苛刻的地步。作家的重抄旧作不是机械复制，而是再创造的过程。从这批手稿我们可以遥想鲁迅先生伏案抄稿的情景：即便抄写早年旧作，他仍不断在推敲字句，仍在寻求最恰当的表述。

所以鲁迅的这批重抄稿并不仅仅是抄写。这批当初被抽去的重抄稿，乃是在初刊、初版本之外的一个新版本。许广平当时没有注意到重抄稿与初刊之间的细微差别，抽去了这部分稿件是可以理解的，其理由也未必不成立。所幸她完整地保留了这批重抄稿，而且在《集外集拾遗》的编后说明中做了必要的交代，使我们了解到鲁迅重抄这些文章有着明确的意图，他是以作者和编辑者的双重身份抄写的，所以这批手稿也是鲁迅生前确定的最后一个版本。

二、重抄稿与《集外集》各版本的关系

《集外集》是鲁迅作品集中较为特殊的一个集子，由杨霁云编辑而得到鲁迅本人认可。尽管在编辑过程中鲁迅给予了许多指导意见，终究是他人所编，与鲁迅自己的编辑理念还是有区别的。

在《集外集》编就后，鲁迅"尚觉有未备之处"。从鲁迅当时的书信及许广平的编后说明可知，鲁迅对《集外集》感到不足主要有两方面原因：其一是内容方面——经国民党中央图书审查委员会审查后抽去了鲁迅的9篇杂文和杨霁云的《编者引言》，这引起了鲁迅的愤怒，所以他一开始打算在1935年的杂文集后面附录这10篇"选文"——被国民党检查官抽去的文章，但后来又打算索性编一本《集外集拾遗》。这方面已有诸多研究者论及，本文不再详述。这里想重点探讨

第二个原因，即编辑理念。杨霁云编的《集外集》仅收入鲁迅本人的文章；文字上，除个别地方经鲁迅校改，基本遵从报纸杂志初刊，也就是说根据原刊排印。作为第三者，杨霁云采用原刊并无不妥，因为他的出发点是把鲁迅未收入集的作品搜集起来出版。相比之下，从这批重抄稿（包括收入《集外集拾遗》的抄稿）可以看到，鲁迅身为作者在编定自己的文集时拥有较大的自由，可以做更多"补足"工作：

1. 对发表的文章再次校正、修改。如前所述，以上 13 篇重抄稿中，有 10 篇做了字词或标点的修改。可见鲁迅并不以原刊为最终版本，而是要行使作者的权利，对他认为需要修改的地方进行修订、改写。

2. 增加"备考"。如《咬嚼之余》，为说明此文写作的语境，附录了与此相关的三篇文章；《咬嚼未始"乏味"》附录了《咬嚼之乏味》一篇。鲁迅之所以在自己的集子中收入其他人的文章，无疑是希望读者在时隔多年后能了解各方的立场，再现当初论争的背景和意义。

3. 添加"案语"（或"补记"）。如《编完写起》最初发表时共 4 段，其中前 3 段已编入《华盖集》，本篇是其中的第 3 段，故鲁迅认为有必要写一段"补记"加以说明。

这些重抄稿体现了鲁迅的编辑理念，作者本人的意志，后来者在修订《集外集》时不能不加以参考，也由此造成了《集外集》各版本面貌的复杂性。且看 1935 年以来《集外集》各版本的情况：

1. 1935 年杨霁云所编《集外集》（上海群众图书公司出版），系根据初刊而非鲁迅抄稿，个别字句经鲁迅校订（1938 年版《鲁迅全集》收入的《集外集》仍采用了杨霁云编辑的版本）。

2. 1981 年版《鲁迅全集》（人民文学出版社出版）根据鲁迅的编辑原则，对《集外集》的篇目做了调整，又将原收入《集外集拾遗》的"备考"和"案语"移入本集，还增添了一篇文章的备考。正文同 1935 年版，未参校手稿[1]。

3. 2005 年版《集外集》（人民文学出版社出版）跟 1981 年版的不同之处主要在于，凡有手稿的篇目，字词或标点根据手稿做了校订，注释标明"现据鲁迅重抄稿校订"，但校订了哪些地方没有注明。此外，2005 版有个别地方未根据手稿校改。如《杂语》一篇：

第 77 页第 16 行（2005 版）："倘若真能有这样的一个"，手稿无"真"，初刊、初版、81 版同 05 版。

又如《田园思想》一篇：

第 89 页第 2 行（2005 版）："我所憎恶的所谓'导师'"，"我所"，初刊、初版、81 年版作"我们"，手稿同 05 版。

第 89 页第 6 行（2005 版）："横竖他也什么都不知道"，手稿"他也"后面有"本来"二字，初刊、初版、81 版同 05 版。

可见尽管 2005 年版基本上参校手稿，但也有个别字词根据初刊，没有按照手稿校改。甚至同一篇文章中也出现不同情况，有的根据初刊，有的根据手稿。可能编辑者有特别的考虑，但也可能是漏校，总之标准未能统一。

以上梳理了各版本与鲁迅抄稿的关系，这里有必要讨论一下《集外

---

[1] 1981 年人民文学出版社《鲁迅全集》第七卷《集外集》编者说明："……这次只抽去已编入《三闲集》的《〈近代世界短篇小说集〉小引》和译文《Petöfi Sándor 的诗》两篇。《咬嚼之余》《咬嚼未始"乏味"》《田园思想》三篇的"备考"，系本书出版后由作者亲自抄出，原拟印入《集外集拾遗》的，现都移置本集各有关正文之后；《通讯（复霉江）》的来信则系这次抄补的；《〈奔流〉编校后记》初版时遗漏最后一则，现亦补入；所收旧体诗按写作时间的先后，在顺序上作了调整。"2005 年版《集外集》的编者说明与 1981 年版完全相同。

集》的编校标准。可以看到，1981 年版《集外集》与 1935 年版《集外集》从篇目到编排都有大幅调整，两个版本之间有较大差异。应该说，1981 年版更接近鲁迅的编辑理念，但还有可以完备的地方，如《记杨树达君的来袭》的一篇未补上"备考"。1924 年 12 月 1 日《语丝》第 3 期的目录是这样处理的：标题为《关于杨君袭来事件的辩正（两篇）》，署名为"鲁迅 李遇安"，而不是独立的两篇（其实应该是三篇，后面还附有鲁迅给孙伏园的信）。孙伏园的这一做法应该是符合鲁迅意图的。现在的《鲁迅全集·集外集》里只收了鲁迅方面的"辩正"和他给孙的信，李遇安的文章未予收入，而 2005 年版也依旧未补上。

2005 年版与 1981 年版差异不大，但文字上有个别不同：1981 年版根据初刊，而 2005 年版根据鲁迅的抄稿。总体而言，从 1981 年版到 2005 年版，鲁迅的这批重抄稿越来越受到重视，编辑者愈来愈倾向于以鲁迅手稿作为定本。在存在异文的时候，需要确定哪一个异文更有权威性（authority），哪个更有可能是作者要表达的意图，手稿研究对于判定作者最终意图是非常重要的，手稿是非常重要的物证。但这里仍有个疑问：初刊与手稿，究竟哪个更权威？就《集外集》而言，后人在编辑时，应该根据初刊还是重抄稿，如何取舍？鲁迅的重抄稿与初刊的文字，差别是细微的，很难说孰优孰劣。一般而言，初刊能体现当时的语境，重抄稿的改动则可能更多呈现作者此时此地的心境。以鲁迅在五四时期创作的几首新诗为例，此时的改写是否能取代彼时的文字？如新诗《他们的花园》第 7 行：初刊为"好生拿了回家，映着面庞，分外添出血色"，手稿将"添"改为"映"，这样的改动是否更佳？又如《我的失恋》，应该说原诗更加口语化，而后来抄录改写的诗稿，用词相比之下较为古雅，意境有较大变化。二者哪个更忠实地传达了作者的旨意？哪个版本更应被保留？恐怕见仁见智，很难取舍。

新诗《他们的花园》

　　鲁迅作为一个富有经验的编辑者，曾在《〈中国新文学大系〉小说二集序》指出："自编的集子里的有些文章，和先前在期刊上发表的，字句往往有些不同，这当然是作者自己添削的。但这里却有时采了初稿，因为我觉得加了修饰之后，也未必一定比质朴的初稿好。"对于初刊本与作者修改本何者更能体现作者意图，何者更加权威的问题，编辑者（包括作者自己）也常常难以决定。以往编者的主要任务是确定作者的最终意图，确定一个权威的版本。不过近年来研究者（特别是版本研究者和手稿研究者）对于"定本"提出了更多的质疑，更倾向于认为"文学是一个过程"。已故瑞士汉学家冯铁在中国现代作家手稿研究方面卓有建树，他在一次访谈中对此有很清晰的论述：

　　　　法国和德国手稿研究近几十年来取得的新进展称为法国派
　　　　和德国派。法国派代表人物是 Bellemin Noel 和 Louis Hay，他们的核心观点在中国有两种翻译，一种叫"谱系校勘学"，另一种叫"文本生成学"。他们认为手稿研究的重心是表现作家创作的过程，而不是创作的效果，反对在编纂过程中形成所谓"定本"，特别是还在世的作家，因为作者还活着，作家还可以对自己的作品进行再次改写。"文本生成学"（或叫做"谱系校勘学"，后同）的目的，就是把文本变动的过程描述清楚，过程比效果更有意思，也更有意义。"文本生成学"的另一个重要观点，是将手稿视为作者创作过程独立性的证据，因此手稿前后变动的过程——时间维度——非常重要，手稿呈现的空间情况，如修改文字在手稿中的具体位置、手稿使用的材料、书法特征等等，也非常具有意义。所以，研究手稿，时间和空间两个维度都十分重要，而且应该分得清楚。[1]

他还举了编辑荷尔德林著作的例子：

> 荷尔德林晚年精神错乱，但他并没有停止创作，在纸上有大量诗歌的记录，都不太清楚哪些文字属于一首诗，哪些文字属于另外一首诗歌，之前荷尔德林全集的编纂者，都是自己决定了文字的归属，将他们编纂成一首一首的作品，这些新的编纂者，反对编者决定文字的方法，他们直接呈现这些手稿本来的面目，让读者自己来决定作品的情况。其手稿研究的核心思想，是反对编纂者的权力和责任，让读者自己来获取定本的权力。[2]

---

[1]［瑞士］冯铁、周维东：《文学是一个过程——瑞士汉学家冯铁（Raoul David Findeisen）访谈》，《现代中国文化与文学》2015 年第 1 期。

[2]同上。

《鲁迅全集》的编辑与荷尔德林著作的编辑情况大不相同，但也未尝不存在编纂者与读者的权力问题。编辑者在校勘过程中需要确定哪一个文本具有权威性，哪个是作者的最终意图。对鲁迅手稿及版本研究让我们重新审视"定本"的地位。从1935年版到1981年版，再到2005年版，《集外集》的修订已经相当完善，但有个明显的缺憾是未能呈现"过程"。《集外集》的编辑，无论根据初刊还是根据手稿，最好的做法是编者在注释中加以说明，指出初刊、初版和手稿的不同，把文本变动的过程描述清楚，在提供一个定本的同时让读者拥有全面的信息，给读者选择和判断的权力。

1949年前鲁迅著作版本目录
（1903—1949）

王锡荣等

说明

这个书目收录北京图书馆（现国家图书馆）、新闻出版署版本图书馆、北京鲁迅博物馆、文物出版社以及其他单位和个人所藏1949年前的鲁迅著作。由于排版困难，所有汉文以外的文本一律译成汉文，不另列原文。藏书单位及藏书号码在条目后的括号内标出，藏书单位概用简称，如北京图书馆简称"北图"，新闻出版总署版本图书馆简称"版本"，北京鲁迅博物馆简称"鲁博"，文物出版社简称"文物"。

1936年前的版本

原著

中国矿产志 鲁迅编著 上海 普及书局光绪丙午（1906）初版（鲁博 Ban95/1.4/1^c）

中国矿产志　鲁迅编著　上海　文明书局、普及书局、有正书局 1907 年正月十五日增订第三版（鲁博 Ban95/1.4/1^A）

中国矿产志　鲁迅编著　上海　中华书局 1912 年 10 月订正第四版（北图 357·42/959）

呐喊　鲁迅著　北京　新潮社 1923 年 8 月初版（鲁博 Ban28/1.2/18—1）

呐喊　鲁迅著　北京　新潮社 1923 年 12 月再版（鲁博 455/4.1/2^A）

呐喊　鲁迅著　北京　北新书局 1924 年 5 月第三版（北图 SC2301）

呐喊　鲁迅著　北京　北新书局 1926 年 5 月第四版（鲁博 453/4.1/2^B）

呐喊　鲁迅著　北京　北新书局 1926 年 8 月第五版毛边本（鲁博 453/4.1/2^C）

呐喊　鲁迅著　上海　北新书局 1928 年 9 月第十版（鲁博 453/4.1/2^F）

呐喊　鲁迅著　上海　北新书局 1930 年 7 月第十四版毛边本（鲁博 453/4.1/2^D）

呐喊　鲁迅著　上海　北新书局第十八版毛边本（鲁博 453/4.1/2）

呐喊　鲁迅著　上海　北新书局第十九版（北京大学 813.87/7789a）

呐喊　鲁迅著　上海　北新书局 1935 年 9 月第二十二版（鲁博 453/4.1/2^K）

呐喊　鲁迅著　上海　北新书局 1936 年 1 月第二十三版（北图 82/276037/〈3 7〉）

呐喊　鲁迅著　上海　北新书局 1937 年 6 月第二十四版毛边本（鲁博 453/4.1/2^E）

呐喊　鲁迅著　北京　北新书局（北图 SC822）

呐喊　鲁迅著　上海　北新书局（北图 SC2302）

呐喊　鲁迅著　上海　北新书局（北图 857.63/814-3）

中国小说史大略　鲁迅著　线装（北图 SC539）

小说史大略　鲁迅著　油印讲义照相影印本（北图 SC444）

中国小说史略（上）　鲁迅著　北京　新潮社 1923 年 12 月初版

本书为鲁迅赠章廷谦书，上有鲁迅题字并印章，内容为"请你从'情人的拥抱里’，暂时汇出一只手来，接收这干燥无味的《中国小说史略》。我所敬爱的一撮毛哥哥呀！鲁迅 二三，十二，十三”。（北图 SC898）

中国小说史略（下） 鲁迅著 北京 新潮社 1924 年 6 月初版（北图 210.91/3/：2）

中国小说史略 鲁迅著 北京 北新书局 1925 年 9 月合订再版（北图 827.09/814）

中国小说史略 鲁迅著 北京 北新书局 1926 年 11 月第三版（北图 82/276037〈3 6〉）

中国小说史略 鲁迅著 上海 北新书局 1931 年 7 月订正初版毛边本（鲁博 476/4.1/25^F）

中国小说史略 鲁迅著 上海 北新书局 1933 年 3 月第九版（北图 82/276037〈3 6〉）

热风 鲁迅著 上海 北新书局（北图 SC921）

热风 鲁迅著 上海 北新书局（北图 SC4502）

热风 鲁迅著 上海 北新书局（北图 848/814-17）

彷徨 鲁迅著 北京 北新书局 1926 年 8 月初版毛边本（鲁博）

彷徨 鲁迅著 上海 北新书局 1926 年 10 月第六版毛边本（鲁博）

彷徨 鲁迅著 上海 北新书局 1931 年 7 月第十版毛边本（鲁博 456/4.1/5^A）

彷徨 鲁迅著 1932 年 1 月毛边本（北图 82/276037/〈17〉）

中国文学史略 鲁迅著 油印讲义

本书为鲁迅在厦门大学的讲义，上有章廷谦的说明，内容为“中国文学史略讲义四页及文学史讲义肆拾捌页为鲁迅先生一九二六年在厦门大学讲授时所编印”。（北图 SC932）

华盖集 鲁迅著 北京 北新书局 1926 年初版（北图 848/814-4/：1）

华盖集 鲁迅著 上海 北新书局 1928 年 8 月再版（北图 SC1858）

华盖集续编 鲁迅著 上海 北新书局 1927 年初版（北图 848/814-4/：2）

华盖集续编 鲁迅著 上海 北新书局 1933 年 3 月第五版（北图 SC1857）

华盖集续编 鲁迅著 北京 北新书局 1935 年 9 月第六版（北图 82/276037/〈32〉）

坟 鲁迅著 北京 未名社 1927 年初版（北图 848/814-1）

野草 鲁迅著 上海 北新书局 1928 年 1 月第三版毛边本（鲁博 457/4.1/6^E）

野草 鲁迅著 上海 北新书局 1935 年 9 月第十版（北图 82/276037/〈38〉）

朝花夕拾 鲁迅著 北京 未名社 1928 年 9 月初版

本书为鲁迅赠孙斐君书，上有鲁迅题字和印章，内容为"奉赠斐君兄。迅。一九二八，十，八。上海"。（北图 SC901）

朝花夕拾 鲁迅著 上海 北新书局 1932 年 8 月重排三版（北图 848/814-14=7）

朝花夕拾 鲁迅著 上海 北新书局 1932 年 9 月第三版毛边本（鲁博 Ban28/1.2/18-5）

朝花夕拾 鲁迅著 上海 北新书局 1933 年 2 月第四版（北图 848/814-14）

朝花夕拾 鲁迅著 （北图 848/814-14=8）

而已集 鲁迅著 上海 北新书局 1928 年 10 月初版毛边本

本书为鲁迅赠章廷谦书，上有鲁迅题字，内容为"奉赠矛尘兄迅自上海一九二八年十一月二十七日"。（北图 SC909）

而已集 鲁迅著 上海 北新书局 1929 年 2 月再版毛边本（北图 848/814-22）

而已集 鲁迅著 上海 北新书局 1929 年 7 月第三版毛边本（鲁博 462/4.1/11^c）

而已集 鲁迅著 上海 北新书局 1935 年 10 月第五版（北图 82/276037/〈13〉）

三闲集　鲁迅著　上海　北新书局 1932 年 9 月初版毛边本（北图 848/814-03）

三闲集　鲁迅著　上海　北新书局第二版（北图 82/276037/〈10〉）

二心集　鲁迅著　上海　合众书店 1932 年 10 月初版（北图 82/276037/〈12〉）

二心集　鲁迅著　上海　合众书店 1933 年 1 月第三版（北图 848/814-06）

拾零集　鲁迅著　上海　合众书店 1934 年 10 月（北图 848/814-12）

二心集　鲁迅著　上海　时代文化社 1936 年 11 月再版（鲁博）

二心集　鲁迅著　上海　国民书店（北图 82/276037/〈12〉）

两地书　鲁迅、景宋合著　上海　青光书局 1933 年 4 月初版毛边本

本书为鲁迅赠章廷谦书，上有鲁迅题字，为"呈矛尘兄　鲁迅一九三三年五月八日上海"。（北图 SC910）

两地书　鲁迅、景宋合著　上海　青光书局 1933 年 6 月再版（北图 856.18/814）

伪自由书　鲁迅著　上海　青光书局 1933 年 10 月初版（北图 848/814-88）

不三不四集　鲁迅著　上海　联华书局 1936 年 11 月普及本初版（鲁博 468/4.1/17）

南腔北调集　鲁迅著　上海　同文书店 1934 年 3 月初版（北图 848/814-174）

准风月谈　鲁迅著　上海　兴中书局 1934 年 12 月初版（北图 SC1856）

准风月谈　鲁迅著　上海　联华书局 1936 年 5 月普及本（北图 848/814-67）

集外集　鲁迅著　上海　群众图书公司 1935 年 5 月初版（北图 82/276037/〈5〉）

故事新编　鲁迅著　上海　文化生活出版社 1936 年 1 月初版（北图 857.63/814-10）

故事新编　鲁迅著　上海　文化生活出版社 1936 年 2 月再版（鲁博 Ban28/1.2/18-4）

花边文学　鲁迅著　上海　联华书局 1936 年 6 月普及本（北图 S 4493）

花边文学　鲁迅著　上海　联华书局 1937 年 2 月再版（北图 848/814-486）

夜记　鲁迅著　许广平编　上海　文化生活出版社 1937 年 4 月初版布精装（鲁博 490/4 1/39）

夜记　鲁迅著　许广平编　上海　文化生活出版社 1937 年 4 月初版（鲁博 490/41/39）

且介亭杂文　鲁迅著　上海　三闲书屋 1937 年 3 月初版（北图 848/814-36/：1）

且介亭杂文二集　鲁迅著　上海　三闲书屋 1937 年 7 月初版（北图 848/814-36/：2）

且介亭杂文末编　鲁迅著　上海　三闲书屋 1937 年 7 月初版（北图 848/814-36/：3）

鲁迅创作选集　鲁迅著　东京　文求堂书店 1932 年初版（北图 857 63/814-77）

鲁迅自选集　鲁迅著　上海　天马书店 1933 年 3 月初版（鲁博 509/4 1/58^A）

鲁迅自选集　鲁迅著　上海　天马书店 1933 年 8 月再版（鲁博 509/4 1/58）

鲁迅自选集　鲁迅著　上海　天马书店 1934 年 2 月第三版（鲁博 509/4 1/58）

门外文谈　鲁迅著　上海　天马书店 1935 年 11 月初版（北图 802 078/814-3）

鲁迅书信选集　鲁迅著　文林选　上海　龙虎书局 1936 年 3 月第三版（北图 82/276037/〈25〉）

鲁迅书信选集　鲁迅著　文林选　上海　龙虎书局 1936 年 11 月第四版

（北图 856 28/814/〈677〉）

鲁迅近作精选 鲁迅著 徐如选辑 上海 文林书局 现代文 1936 年 5 月初版（北图 82/276037/〈43〉）

鲁迅讽刺文集 鲁迅著 上海 永生书店 1936 年 10 月初版（北图 848/813-775）

杂感集 鲁迅著 上海 时代文化社 1936 年 10 月初版（北图 848/814-52）

鲁迅最后遗著 鲁迅著 上海 莽原书屋 1936 年 11 月初版（北图 848/814/〈516〉）

鲁迅论文选集 鲁迅著 阿梁选 上海 龙虎书店 1936 年 11 月第四版（北图 848/814/〈376〉）

鲁迅讽刺文集 鲁迅著 上海 文业书局 1936 年 11 月初版（北图 848/813-775=2）

鲁迅杂文集 鲁迅著 北平 未名书屋 1936 年 11 月初版（北图 848/814〈126〉）

鲁迅文选 鲁迅著 少侯编 上海 仿古书店 1936 年 2 月初版（北图 848/814/〈598〉）

鲁迅先生语录 雷白文编 1936 年 12 月初版（鲁博 J527/4.1/76[B]）

翻译

月界旅行 （法）儒勒·凡尔纳著 鲁迅译 日本翔鸾社印刷 进化社发行 1903 年 10 月初版（鲁博 Ban 282/1.3/2[B]）

地底旅行 （法）儒勒·凡尔纳著 鲁迅译 日本东京出版 上海普及书局、南京启新书局发行 1906 年 3 月初版（鲁博）

域外小说集 鲁迅、周作人合译 1909 年 2 月、6 月自刊初版上、下二册（鲁博）

域外小说集（全一册） 鲁迅、周作人合译 署周作人译述 上海 群益书社增订版 1920 年（鲁博丁 444/3.4/114[D]）

现代小说译丛 鲁迅等译 署周作人译 上海 商务印书馆 1922 年 5 月初版（鲁博丁 737/3.4/128^A）

工人绥惠略夫 （俄）阿尔志跋绥夫著 鲁迅译 上海 商务印书馆 1922 年 5 月初版（北图 879.57/376）

工人绥惠略夫 （俄）阿尔志跋绥夫著 鲁迅译 北京 北新书局 1927 年 6 月初版（北图 879.57/376）

一个青年的梦 （日）武者小路实笃著 鲁迅译 上海 商务印书馆 1922 年 7 月初版（北图 861.55/103-0）

一个青年的梦 （日）武者小路实笃著 鲁迅译 上海 商务印书馆 1924 年第三版（北图 861.55/103-0）

一个青年的梦 （日）武者小路实笃著 鲁迅译 北京 北新书局 1927 年 9 月再版毛边本（鲁博丁 407/3.4/77^B）

爱罗先珂童话集 （俄）爱罗先珂著 鲁迅译 上海 商务印书馆 1922 年 7 月初版精装（北图 879.59/941）

爱罗先珂童话集 （俄）爱罗先珂著 鲁迅译 上海 商务印书馆 1924 年 2 月第四版（鲁博丁 396/3.4/66^C）

爱罗先珂童话集 （俄）爱罗先珂著 鲁迅译 上海 商务印书馆 1929 年 11 月第七版（鲁博丁 396/3.4/66^D）

桃色的云 （俄）爱罗先珂著 鲁迅译 北京 新潮社 1923 年 7 月初版 本书扉页上题有"鲁迅先生所赠"墨笔字样。（北图 SC924）

桃色的云 （俄）爱罗先珂著 鲁迅译 北京 北新书局 1926 年再版 毛边本（鲁博丁 397/3.4/67^A）

桃色的云 （俄）爱罗先珂著 鲁迅译 上海 北新书局 1927 年 5 月 第三版（北图 879.59/941-0）

桃色的云 （俄）爱罗先珂著 鲁迅译 上海 生活书店 1935 年 4 月 再版（鲁博丁 397/3.4/67^C）

苦闷的象征 （日）厨川白村著 鲁迅译 北京 未名社 1924 年 12 月 初版

本书为鲁迅赠孙斐君书，有鲁迅题字并印章，内容为"送给斐君兄。译者"。（北图 SC900）

苦闷的象征 （日）厨川白村著　鲁迅译　上海　北新书局1928年8月第五版（北图 812/665-43）

苦闷的象征 （日）厨川白村著　鲁迅译　北京　未名社1929年8月第七版毛边本（北图 812/665-43）

苦闷的象征 （日）厨川白村著　鲁迅译　上海　北新书局1930年5月第八版（北图 812/665-33）

出了象牙之塔 （日）厨川白村著　鲁迅译　北京　北新书局1925年12月初版（北图 812/665-4）

出了象牙之塔 （日）厨川白村著　鲁迅译　上海　北新书局1932年8月再版毛边本（北图 812/665-4=2）

出了象牙之塔 （日）厨川白村著　鲁迅译　上海　北新书局1937年5月第五版（北图 812/665-4=2）

小约翰 （荷）望·蔼覃著　鲁迅重译　北京　未名社1928年1月初版（北图 SC928）

小约翰 （荷）望·蔼覃著　鲁迅重译　北京　未名社1929年5月再版（北图 881.659/941）

思想·山水·人物 （日）鹤见祐辅著　鲁迅译　上海　北新书局1928年初版毛边本（北图 861.478/600-3）

壁下译丛 鲁迅译　上海　北新书局1929年4月初版（北图 SC914）

奇剑及其他 鲁迅等译　上海　朝花社1929年4月初版（北图 SC2077）

在沙漠上及其他 鲁迅等译　上海　朝花社1929年9月初版毛边本（北图 82/276037/〈54〉）

近代美术史潮论 （日）板垣鹰穗著　鲁迅译　上海　北新书局1929年初版精装（北图 909/280）

现代新兴文学的诸问题 （日）片上伸著　鲁迅译　上海　大江书铺

1929 年 4 月初版（北图 812/826）

艺术论 （苏）卢那察尔斯基著　鲁迅重译　上海　大江书铺 1929 年 6 月初版（北图 900/491）

文艺与批评 （苏）卢那察尔斯基著　鲁迅重译　上海　水沫书店 1929 年 10 月初版毛边本（北图 812/491=2）

文艺与批评 （苏）卢那察尔斯基著　鲁迅重译　上海　水沫书店 1930 年 3 月再版（北图 812/491）

文艺政策 （日）藏原惟人、外村史郎辑译　鲁迅重译　上海　水沫书店 1930 年 6 月初版（北图 SC4505）

艺术论 （俄）蒲力汉诺夫著　鲁迅重译　上海　光华书局 1930 年 7 月初版毛边本（鲁博丁 63/3.1/6^B）

毁灭 （苏）法捷耶夫著　鲁迅重译　上海　三闲书屋 1931 年 10 月用大江版重印（北图 SC919）

毁灭 （苏）法捷耶夫著　鲁迅重译（北图 879.57/732-8）

竖琴 鲁迅等译　上海　良友图书印刷公司 1933 年 1 月初版精装（北图 879.57/814-3）

竖琴 鲁迅等译　上海　良友图书印刷公司 1933 年 11 月第三版精装（北图 879.57/814-3）

十月 （俄）雅各武莱夫著　鲁迅译　上海　神州国光社 1933 年 2 月初版（北图 879.57/154/〈814〉）

十月 （俄）雅各武莱夫著　鲁迅译　上海　神州国光社 1933 年 11 月再版（鲁博丁 373/3.4/43^D）

一天的工作 鲁迅等译　上海　良友图书印刷公司 1933 年 12 月第三版（北图 879.57/814-0）

一天的工作 鲁迅等译　上海　良友图书印刷公司 1936 年 3 月第四版（北图 879.57/814-0）

表 （苏）班台莱耶夫著　鲁迅重译　上海　文化生活书店 1935 年 7 月初版精装（北图 879.59/124-9）

俄罗斯的童话 （苏）高尔基著 鲁迅译 上海 文化生活出版社 1935 年 8 月初版（鲁博丁 365/3.4/35^B）

死魂灵 （俄）果戈理著 鲁迅译 上海 文化生活出版社 1935 年 11 月初版（北图 879.57/472-0）

死魂灵 （俄）果戈理著 鲁迅译 上海 文化生活出版社 1936 年 3 月第四版精装（鲁博丁 355/3.4/25^A）

坏孩子和别的奇闻 （俄）契诃夫著 鲁迅译 上海 三闲书屋 1935 年初版（北图 SC913）

苏联作家二十人集 鲁迅等译 上海 良友图书印刷公司 1936 年 7 月初版精装（北图 879.57/814-30）

苏联作家二十人集 鲁迅等译 上海 良友图书印刷公司 1936 年 7 月初版（北图 SC912）

辑录·校勘

百喻经 僧伽斯那著 鲁迅出资重刻 金陵刻经处 1914 年 9 月初版木刻本（鲁博 E193/3/72^C）

会稽郡故书杂集 鲁迅辑录 1915 年 2 月木刻本线装（鲁博）

小说旧闻钞 鲁迅辑录 北京 北新书局 1926 年 8 月初版（北图 SC931）

小说旧闻钞 鲁迅辑录 上海 联华书局 1935 年 7 月印成（改排重印）毛边本（鲁博丁 535/4-1/84^D）

唐宋传奇集 鲁迅校录 上海 北新书局 1927 年 12 月初版上下册
本书为鲁迅赠孙斐君书，上有鲁迅题字并印章，内容为"奉赠斐君兄。迅。一九二七，一二，二九。上海。"（北图 SC903）

唐宋传奇集 鲁迅校录 上海 联华书局 1934 年 5 月（北图 857.241/814）

艺术介绍及其他

近代木刻选集（一） 鲁迅编选 上海 朝花社 1929 年 1 月初版（鲁博）

蕗谷虹儿画选　鲁迅编选　上海　朝花社 1929 年 1 月初版（鲁博丁 618/6/16^B）

近代木刻选集（二）　鲁迅编选　上海　朝花社 1929 年 2 月初版（鲁博丁 619/6/17^A）

比亚兹莱画选　鲁迅编选　上海　朝花社 1929 年 4 月初版（鲁博丁 620/6/18^B）

新俄画选　鲁迅编选　上海　光华书局 1930 年 5 月初版（鲁博丁 620/6/19）

梅斐尔德木刻士敏土之图　（德）梅斐尔德木刻　鲁迅介绍　上海　三闲书屋 1930 年初版线装（鲁博（一）690/3.7.2/25）

一个人的受难　（比）麦绥莱勒木刻　鲁迅介绍　上海　良友图书印刷公司 1933 年 9 月初版（鲁博丁 1048/6/45）

北平笺谱　鲁迅、郑振铎合编　北平　版画丛会 1933 年 12 月初版（北图新善本 619）

引玉集　鲁迅编选　上海　三闲书屋 1934 年 3 月初版（北图 SC6122）

木刻纪程（壹）　鲁迅编选　上海　铁木艺术社 1934 年 6 月初版　线装本（鲁博甲 105/1.2/36）

十竹斋笺谱　鲁迅　郑振铎合编　北平　版画丛刊会 1934 年 12 月初版（鲁博）

凯绥·珂勒惠支版画选集　（德）凯绥·珂勒惠支作　鲁迅选画并作序目亚格纳斯·史沫特黎序　上海　三闲书屋 1936 年印制
本书为鲁迅对须藤医生的题赠本　（鲁博丁 1049/6/46）

凯绥·珂勒惠支版画选集　（德）凯绥·珂勒惠支作　鲁迅介绍　上海　文化生活出版社 1935 年 10 月改版精装（鲁博（二）316/6/29）

死魂灵一百图　鲁迅介绍　上海　文化生活出版社 1936 年 5 月初版精装（鲁博（二）317/6/30）

死魂灵一百图　鲁迅介绍　上海　三闲书屋 1936 年 5 月（鲁博丁 622/6/20^B）

苏联版画集 鲁迅编选 上海 良友图书印刷公司 1936 年 7 月初版精装（北图 932.1948/814-4=3）

萧伯纳在上海 乐雯剪贴翻译并编校 鲁迅序 上海 野草书屋 1933 年 3 月初版（鲁博丁 432/3.4/102）

海上述林 鲁迅编 上海 诸夏怀霜社 1936 年初版精装（北图 813/476=5/：1-2）

1937—1949 年的版本

解放区的版本

原著

鲁迅全集（1—20 卷） 鲁迅先生纪念委员会编 大连 光华书店 1948 年 9 月重印布面精装（北图 089.8/814=2/：1-：20）

鲁迅三十年集（1—30 册） 鲁迅先生纪念委员会编 大连 光华书店 1947 年 10 月重印（北图藏，号见细目）

1 会稽郡故书杂集（82/276037/〈48〉）

2 坟（82/276037/〈23〉）

3 集外集拾遗（82/276037/〈47〉）

4 热风（82/276037/〈30〉）

5 嵇康集（82/276037/〈3〉）

6—7 古小说钩沉（82/276037/〈6〉）

8 呐喊（82/276037/〈37〉）

9 中国小说史略（82/276037/〈7〉）

10 野草（848/814-34=3）

11 华盖集（82/276037/〈31〉）

12 华盖集续编（82/276037/〈31〉）

13 彷徨（82/276037/〈17〉）

14 小说旧闻钞（Ⅰ 210.91/5）

15 故事新编（82/276037/〈34〉）

16 朝花夕拾（未编目）

17 而已集（848/814-22=3）

18 三闲集（82/276037/〈10〉）

19 唐宋传奇集（82/276037/〈22〉）

20 汉文学史纲要（82/276037/〈27〉）

21 二心集（82/276037/〈12〉）

22 集外集（82/276037/〈5〉）

23 南腔北调集（82/276037/〈8〉）

24 伪自由书（Ⅰ 210.4/3=2）

25 准风月谈（Ⅰ 210.4/17=2）

26 两地书（82/276037/〈1〉）

27 花边文学（82/276037/〈29〉）

28 且介亭杂文（82/276037/〈40〉）

29 且介亭杂文二集（82/276037/〈41〉）

30 且介亭杂文末编（82/276037/〈42〉）

呐喊 鲁迅著 不著出版单位及年代，据封面有人头作反抗呼喊状，断为解放区版本（鲁博丁 453/4.1/2r）

彷徨 鲁迅著 鲁迅先生纪念委员会编 哈尔滨 光华书店 1947 年 11 月再版封面为兰色图案（北图 857.63/814-9=3）

野草 鲁迅著 鲁迅先生纪念委员会编 大连 光华书店 1947 年 9 月第二版（北图 848/814-34=3）

华盖集 鲁迅著 鲁迅先生纪念委员会编 大连 光华书店 1947 年 12 月初版（北图 848/814-4=3/：1）

故事新编 鲁迅著 鲁迅先生纪念委员会编 大连 光华书店 1947 年 5 月第一版（北图 857.63/814-10=3）

朝花夕拾 鲁迅著 鲁迅先生纪念委员会编 大连 光华书店 1947 年

9月第二版（北图848/814-14=3）

　　南腔北调集　鲁迅著　鲁迅先生纪念委员会编　哈尔滨　光华书店1947年11月再版（北图848/814-174=3）

　　伪自由书　鲁迅著　鲁迅先生纪念委员会编　大连　光华书店1948年2月初版（北图848/814-88=3）

　　两地书　鲁迅著　鲁迅先生纪念委员会编　大连　光华书店1948年4月初版（北图856.18/814=3）

　　准风月谈　鲁迅著　鲁迅先生纪念委员会编　哈尔滨　光华书店1947年11月再版（北图848/814-67=3）

　　花边文学　鲁迅著　鲁迅先生纪念委员会编　哈尔滨　光华书店1947年11月再版（北图848/814-48=3）

　　且介亭杂文　鲁迅著　鲁迅先生纪念委员会编　大连　光华书店1946年10月第一版（鲁博丁471/4.1/20j）

　　且介亭杂文　鲁迅著　鲁迅先生纪念委员会编　东安　东北书店1947年10月出版（鲁博丁807/4.1/99）

　　且介亭杂文　鲁迅著　鲁迅先生纪念委员会编　哈尔滨　光华书店1947年11月再版（北图848/814-29=3）

　　朝花夕拾　鲁迅著　华北书店1942年8月油印本（北图SC1368）

　　汇编本

　　鲁迅论文选集　延安1940年10月上、下二册（北图SC1853、1854）

　　鲁迅论文选集　新华日报华北分馆编印1941年10月初版（北图SC1851）

　　鲁迅论文选集　华北新华书店编印1942年初版（北图SC1855）

　　阿Q正传　鲁迅著　徐懋庸注释　华北书店1943年7月出版（北图857.63/814-2/〈948〉）

　　理水　鲁迅著　徐懋庸注释　华北书店1943年出版（北图SC1849）

　　鲁迅小说选集　解放社编　张家口　新华书店晋察冀分店1946年1月

（北图 SC6186）

鲁迅论文选集 解放社编 张家口 新华书店晋察冀分店 1946 年 4 月
（北图 SC5721）

文选 鲁迅著 大连 大众书店 1946 年 6 月编印 （北图 SC3872）

鲁迅杂感集 冀南书店 1946 年 10 月编印 （北图 SC1376）

鲁迅小说选 东北书店编印 1947 年 4 月再版 （北图 SC3310）

鲁迅论美术 张望编 大连 大众书店 1948 年 4 月初版 （北图 907.8/814）

鲁迅社会论文选 吉林书店编印 1948 年 8 月 （北图 848/814-70）

鲁迅文艺创作选 吉林书店编印 1948 年 8 月初版 （北图 848/814/
〈182〉）

鲁迅论美术 张望编 东北书店 1948 年 10 月初版 （北图 907.8/814=2）

鲁迅论中国语文改革 华东新华书店总店编 1948 年 12 月 （北图
802.078/814）

鲁迅活页文选 张家口 鲁迅学会选注 新华书店印行 （北图 SC4492）

阿 Q 正传 □□新华书店 （北图 857.63/814-2）

鲁迅小说选 东北书店编印 （北图 857.63/814-7）

鲁迅选集 新华日报华北分馆编印 不著年代 （北图 SC98）

翻译

小约翰 （荷）望·蔼覃著 鲁迅据德译本转译 鲁迅先生纪念委员
会编 大光华书店 1947 年 6 月再版 （北图 I563.8/1）

毁灭 （苏）法捷耶夫著 鲁迅据藏原惟人日译本转译 华北书店
1943 年 （北图 879.57/723-8=2）

表 （苏）班台莱耶夫著 鲁迅据爱因斯坦女士德译本转译 华北新
华书店 1942 年 12 月初版 （北图 SC2081）

表 （苏）班台莱耶夫著 鲁迅据爱因斯坦女士德译本转译 华北书
店 1943 年 2 月新二版 （北图 879.59/124-9=2）

表 （苏）班台莱耶夫著 鲁迅据爱因斯坦女士德译本转译 晋察冀

新华书店 1945 年 1 月（鲁博丁 399/3.4/69^c）

表 （苏）班台莱耶夫著 鲁迅据爱因斯坦女士德译本转译 张家口新华书店晋察冀分店 1946 年 2 月（北图 S4498）

表 （苏）班台莱耶夫著 鲁迅据爱因斯坦女士德译本转译 哈尔滨光华书店 1948 年 9 月重印（北图 879.59/129-9=3）

表 （苏）班台莱耶夫著 鲁迅据爱因斯坦女士德译本转译 太岳新华书店 1949 年 4 月重印 上海生活书店原版（北图 879.59/124-9=4）

表 （苏）班台莱耶夫著 鲁迅据爱因斯坦女士德译本转译 河南中原新华书店 1949 年 6 月（北图 879.59/124-9=5）

表 （苏）班台莱耶夫著 鲁迅据爱因斯坦女士德译本转译 山东新华书店 1949 年 7 月初版（北图 879.59/124-9=6）

国统区、沦陷区的版本

原著

鲁迅全集（1—20 卷） 鲁迅先生纪念委员会编 上海 复社 1938 年出版（北图 089.8/814=3/：1-：20）

鲁迅全集（1—20 卷） 鲁迅先生纪念委员会编 上海 作家书屋 1948 年 12 月第三版（北图 089.8/814/：1-：20）

鲁迅三十年集（1—30 册） 鲁迅先生纪念委员会编 上海 鲁迅全集出版社 1941 年 10 月初版（北图藏，号见细目）

1 会稽郡故书杂集（839.23215/814）

2 坟（848/814-1=2）

3 集外集拾遗（848/814-87=2/：2）

4 热风（SC283）

5 嵇康集（SC284）

6—7 古小说钩沉（857.22/814=2/：1-：2）

8 呐喊（857.63/814-3=2）

9 中国小说史略（827.09/814=2）

10　野草（SC288）

11　华盖集（848/814-4=2/：1）

12　华盖集续编（848/814-4=2/：2）

13　彷徨（SC291）

14　小说旧闻钞（郑8616）

15　故事新编（857.63/814-10=2）

16　朝花夕拾（848/814-14=2）

17　而已集（848/814-22=2）

18　三闲集（848/814-03=2）

19　唐宋传奇集（857.241/814=2）

20　汉文学史纲要（820.92/814）

21　二心集（848/814-06=2）

22　集外集（848/814-87=2/：1）

23　南腔北调集（848/814-174=2）

24　伪自由书（848/814-88=2）

25　准风月谈（848/814-67=2）

26　两地书（856.18/814=2）

27　花边文学（848/814-48=2）

28　且介亭杂文（848/814-29=2/：1）

29　且介亭杂文二集（848/814-29=2/：2）

30　且介亭杂文末编（848/814-29=2/：3）

鲁迅全集补遗　唐弢编　上海出版公司1948年6月再版布面精装（北图 089.8/814-7）

会稽郡故书杂集　鲁迅辑　上海　鲁迅全集出版社1946年7月第二版鲁迅全集单行本著述之部23（鲁博丁536/4.1/85c）

古小说钩沉　鲁迅辑　上海　鲁迅全集出版社1939年11月初版　鲁迅全集单行本24（北图857.22/814=2）

呐喊　鲁迅著　上海　鲁迅先生纪念委员会印行1938年鲁迅全集单行

本著述之部 2（鲁博丁 453/4.1/2G）

呐喊 鲁迅著 成都 北新书局 1942 年 9 月蓉版（北图 857.63/814-3=6）

呐喊 鲁迅著 鲁迅先生纪念委员会编 成都 复兴书局 1943 年 4 月蓉版鲁迅全集单行本（北图 82/276037/〈37〉）

呐喊 鲁迅著 林兰编 上海 北新书局 1943 年 12 月蓉一版 汉英对照（北图 82/276037/〈37〉）

呐喊 鲁迅著 鲁迅先生纪念委员会编 鲁迅全集出版社 1949 年 1 月第七版（鲁博丁 39/4.1/2）

中国小说史略 鲁迅著 重庆 作家书屋 1943 年 9 月渝一版（北图 82/276037/〈36〉）

热风 鲁迅著 重庆 作家书屋 1944 年渝一版（北图 82/276037/〈30〉）

热风 鲁迅著 鲁迅先生纪念委员会编 上海 励新书店出版 不著出版年月（北图 848/814-17=5）

华盖集 鲁迅著 重庆作家书屋 1943 年 5 月渝一版（北图 82/276037/〈31〉）

野草 鲁迅著 鲁迅先生纪念委员会编 上海 鲁迅全集出版社 1941 年 5 月第三版（北图 SC7702）

野草 鲁迅著 重庆 作家书屋 1943 年 2 月渝一版（北图 82/276037/〈38〉）

而已集 鲁迅著 鲁迅先生纪念委员会编 上海 鲁迅全集出版社 1941 年 3 月鲁迅全集单行本（北图 82/276037/〈13〉）

三闲集 鲁迅著 鲁迅先生纪念委员会编 重庆 峨嵋出版社 1944 年 4 月渝一版（北图 82/276037/〈10〉）

二心集 鲁迅著 上海 合众书店 1940 年 3 月再版（鲁博丁 464/4.1/13H）

二心集 鲁迅著 上海 合众书店 1949 年 1 月第七版（北图 848/814-06）

伪自由书 鲁迅著 鲁迅全集出版社 1945 年（北图 82/276037/〈18〉）

故事新编 鲁迅著 重庆 文化生活出版社四川分社 1942 年 6 月（北

图 857.63/814-10=7）

故事新编 鲁迅著 前进出版社（鲁博 J459/4.1/8H）

花边文学 鲁迅著 上海 前进书店 1946 年 8 月第四版（北图 848/814-48=7）

夜记 鲁迅著 许广平编 上海 文化生活出版社 1941 年第七版（北图 848/814-55）

夜记 鲁迅著 许广平编 重庆 文化生活出版社四川分社 1942 年 7 月第一版（北图 82/276037/〈11〉）

且介亭杂文 鲁迅著 鲁迅先生纪念委员会编 重庆 峨嵋出版社 1943 年 8 月初版（北图 82/276037/〈39〉）

且介亭杂文 鲁迅著 鲁迅先生纪念委员会编 重庆 峨嵋出版社 1943 年 8 月初版 鲁迅全集单行本（鲁博丁 471/4.1/20A）

且介亭杂文二集 鲁迅著 鲁迅先生纪念委员会编 重庆 峨嵋出版社 1943 年 1 月第一版鲁迅全集单行本（北图 82/276037/〈41〉）

且介亭杂文末编 鲁迅著 鲁迅先生纪念委员会编 重庆 峨嵋出版社 1942 年 7 月初版（北图 82/276037/〈42〉）

集外集拾遗 鲁迅著 鲁迅先生纪念委员会编 上海 鲁迅全集出版社 1941 年鲁迅全集单行本 22（北图 848/814-87=2/：2）

鲁迅书简 许广平编 上海 三闲书屋 文化生活出版社据手迹影印 1937 年 6 月初版精装

封底有"甘六年七月甘六日许广平先生赠送"印。（北图 856.28/814）

半夏小集 鲁迅著 上海 青年书店 1937 年 2 月初版（北图 848/814-92）

阿 Q 正传 鲁迅著 上海 中原书局 1948 年 10 月渝三版 汉英对照（鲁博 J1015）

阿 Q 正传 鲁迅著 上海 激流书店 1949 年 9 月出版 汉英对照（鲁博 Ban97/1.2/39B）

鲁迅自选集 鲁迅著 上海 天马书店 1942 年 1 月桂林版（北图 82/276037〈15〉）

祝福 鲁迅著 （美）爱特伽·斯诺译 香港 齿轮编译社 1941 年 5 月初版 汉英对照（北图 857.7/814=2）

祝福 鲁迅著 柳无垢编注 桂林 远方书店 1943 年 4 月 汉英对照（北图 82/276037/〈28〉）

祝福 鲁迅著 柳无垢译 上海 世界英语编译社 1947 年 2 月 汉英对照（北图 857.7/814）

伤逝 鲁迅著 陈立民译 上海 世界英语编译社 1947 年 2 月 汉英对照（北图 82/276037/〈27〉）

高老夫子 鲁迅著 王际真译 桂林 远方书店 1942 年 2 月 汉英对照（北图 82/276037/〈4〉）

高老夫子 鲁迅著 王际真译 上海 世界英语编译社 1947 年 2 月 汉英对照（北图 82/276037/〈4〉）

鲁迅书简 许广平编 上海 鲁迅全集出版社 1946 年 10 月布面精装（北图 856.28/814=2）

鲁迅语录 宋云彬编 桂林 文化供应社 1940 年 10 月（鲁博 J526/4.1/75）

鲁迅语录 舒士心编 鲁迅出版社 1941 年 1 月初版（鲁博 J526/4.1/75^D）

鲁迅诗集 奚名编 白虹书店 1941 年 8 月初版（北图 82/276037/〈16〉）

鲁迅语录 宋云彬选辑 桂林 文化供应社 1942 年 3 月再版（北图 82/276037〈21〉）

鲁迅文选 罗伽明编 桂林 草原出版社 1942 年 7 月第一版（北图 82/276037/〈19〉）

鲁迅小说选（附评） 葛斯永、杨祥生合编 重庆 新生图书文具公司 1943 年 6 月初版（北图 857.63/814-7/〈742〉）

鲁迅短篇集 王一平编 上海 艺光出版社 1944 年 4 月（北图

82/276037/〈26〉）

一件小事 鲁迅著 光明书店 1947 年 6 月印行（北图 857.63/814-08）

门外文谈 鲁迅著 光明书局 1946 年印行（北图 802.078/814-3=2）

鲁迅论语文改革 倪海曙编 上海 时代出版社 1949 年 4 月初版（北图 802.594/920-7）

鲁迅杰作选 巴雷选编 新象书店 1947 年 1 月（北图 SC5094）

鲁迅自述 左群集录 大光书店（北图 78/276037/〈5〉）

鲁迅自叙传 上海 良友出版社出版（北图 782.88/814-7）

鲁迅小说集选 一册，版本不明（北图 82/276037/〈53〉）

翻译

壁下译丛 鲁迅辑译 上海 北新书局 1940 年再版（北图 861.3/813）

小彼得 （奥地利）至尔·妙伦著 署许广平译 上海 联华书局 1939 年 1 月初版 书名页作"许遐译"（鲁博 J416/3.4/86ᴮ）

十月 （苏）A. 雅各武莱夫著 鲁迅据井田孝平日译本转译 上海 鲁迅全集出版社 1938 年 5 月初版（北图 879.57154/〈814〉=4）

十月 （苏）A. 雅各武莱夫著 鲁迅据井田孝平日译本转译 上海 鲁迅全集出版社 1940 年 6 月再版 鲁迅全集单行本 26（北图 879.57/154/〈814〉=2）

毁灭 （苏）法捷耶夫著 鲁迅据藏原惟人日译本转译 汉口 光明书店 1947 年 9 月（北图 879.57/723-8=4）

竖琴 鲁迅编译 上海 良友复兴图书印刷公司 1941 年再版（北图 SC8725）

表 （苏）班台莱耶夫著 鲁迅据爱因斯坦女士德译本转译 重庆 学艺出版社 1945 年 10 月渝版（北图 SC4507）

表 （苏）班台莱耶夫著 鲁迅译 北平 生活书店 1946 年版（北京大学 885/1083.1）

表 （苏）班台莱耶夫著 鲁迅据爱因斯坦女士德译本转译 上海 生

活书店 1947 年 2 月第二版（鲁博 J399/3.4/69[B]）

俄罗斯的童话 （苏）高尔基著　鲁迅据高桥晚成日译本转译　上海文化生活出版社 1947 年 8 月第五版（北图 879.48/643-8）

恶魔 （苏）高尔基等著　鲁迅译　桂林　文化合作事务所 1942 年 9月编印（北图 I14/5）

死魂灵 （俄）果戈理著　鲁迅据德译本转译　上海　文化生活出版社 1940 年 11 月第十版（鲁博 J355/3.4/25[B]）

译丛补 鲁迅辑译　鲁迅先生纪念委员会编　上海　鲁迅全集出版社 1939 年鲁迅全集单行本 21（北图 813/814）

坏孩子和别的奇闻 （俄）契诃夫著　鲁迅译　重庆　雅典书屋 1945年再版（北京大学 883/2042）

解放区出版的几种鲁迅著作

王锡荣

在我国新民主主义革命的进程中，鲁迅的著作在文化和思想上的巨大作用是众所周知的，然而他的著作是怎样在革命中发挥作用的呢？它是怎样直接地激励、教育了革命战争中的人民和战士呢？

从现今所见鲁迅著作版本中，也可以看到，由于他的著作不但在上海、北京、重庆、成都、桂林等国民党统治地区出版发行，而且还冲破重重障碍，进入了革命根据地，红色的解放区，并在这里生长发展起来。这些著作成为革命队伍的精神食粮，激发了革命战士的战斗意志，在人民解放战争中发挥了巨大的作用。

鲁迅著作在革命根据地被印刷出来，大概起源于 1938 年版《鲁迅全集》的传入。在此以前，早有革命者从上海等地进入苏区，或者会有少量携入。1940 年延安解放社出版了《鲁迅论文选集》，从那时起，到 1949 年新中国成立以前，随着解放区的不断扩大，鲁迅著作的发行面越来越广，出版的数量也日益增加。解放区翻印了《鲁迅全集》二十大卷，重印了《鲁迅三十年集》，并两次重印了鲁迅全集单行本全套。此外，值得重视的是，在 40 年代初，根据地尚处在十分困难的情况下，革命文化工作者们根据当时当地情况，因地制宜，编印了多种鲁迅著作选本。在没有印刷机械的地方，人们甚至用油印迅速及时地传播着鲁迅著作，有力地、有效地配合着革命战争。现在，这些枪林弹雨中产生出来的鲁迅著作，一部分被完好地保存了下来。在全国第一次大型鲁迅著作版本展览会上，我们怀着喜悦的心情读到了这些珍贵的版本。

解放区和革命根据地所出篇幅最大的当然是《鲁迅全集》了，这部书现在还经常可以看到。但它出版的比较晚，1948 年才出版于东北解放区。但在此之前，东北解放区和其他革命根据地的人民，早就在阅读鲁迅著作了。

1940 年 10 月，为了纪念鲁迅先生逝世四周年，延安解放社编选了一套《鲁迅论文选集》和《鲁迅小说选集》。

据有关记载，当时在延安要找一部鲁迅著作并不容易。以至 1941 年 1 月"延安鲁迅研究会"成立后因《鲁迅全集》未运到而无法开展研究工作。但也不是绝对没有，《鲁迅全集》是 1938 年 8 月出版的，据一篇介绍文章说，"很快"就送到了延安，不至于三年后才送到吧。但总之，一般人很难看到，而编选《鲁迅论文选集》和《鲁迅小说选集》是非看《全集》不可的，不知当时文化工作者是怎样找到原著的。

《鲁迅论文选集》彩色粉连纸印。我们在展览会上看到的，已不见原来的封面了，只有扉页还基本完好，上端印仿体字书名，横排下端为"解放社编"，正文老五号宋体字竖排。

这部《选集》是解放社为我军文化水平较低的同志和青年们编选的，以便他们读懂。编者在卷前的《关于编辑〈鲁迅论文选集〉的几点声明》中说：

> 鲁迅是近代中国最伟大的文学家、思想家、革命家。现代中国的青年，从鲁迅先生的作品中可以得到很多有益的宝贵的东西。所以我们决计从他的二十大本《鲁迅全集》中选出二本集子。一本是《鲁迅小说选集》，一本是《鲁迅论文选集》，

作为青年所必需的读物。

开宗明义道出了编选意图，事实上，这套选集也是选得比较通俗而且比较全面的。《论文选集》选入鲁迅从 1918 年到 1936 年的杂文、书信、演讲记录等共 83 篇，一般常为人们所举的重要文章基本上都入选了。

尤其值得一提的是：《论文选集》书前刊有瞿秋白的《〈鲁迅杂感选集〉序言》，并且，编者在《几点声明》中特别指出：

> 从这篇《编序》里，可以看出这位已故的革命家如何深刻的了解鲁迅！

为了使青年们看懂，编者注意选入一些较通俗的文字，培养青年的阅读能力。编者说：

> 《伪自由书》《准风月谈》《花边文学》等中的论文，因当时言论压迫的关系，先生多用曲笔写出，对于现在一般读者难于理解，所以选得少一些；此外，如《坟》中文言文写的部分，也没有选入。

更有意义的是，这本选集还是现在可以见到的鲁迅著作最早的注释本。此书共有注释 97 条，差不多每篇都加了注释。这些注释带着强烈的战斗气息，文字清晰流畅，通俗易懂。如第 231 页注一，注《〈守常全集〉题记》中的"守常"：

> 守常，就是李大钊同志的"字"。李大钊同志，是五四运动的领袖，中国伟大的思想家，中国共产党发起和创造人之一。

这条注释通俗流畅而又简洁明了地说明了李大钊同志的身份和历史

地位，给予李大钊同志以高度的评价，这都是非常正确的，对于文化程度较低的大部分农民出身的战士和当地群众来说，也是适当的、必要的。

编者还把那些在初发表时被检查官老爷删去而鲁迅在编集时补入的文字一律恢复，并一一注明："这一篇在发表时被检查官删去"，揭露和抨击了反动派的文化专制政策。

《鲁迅论文选集》出版后，受到了广泛的欢迎，各根据地新华书店和新华日报等纷纷翻印，1941 年 10 月，新华日报华北分馆翻印 3000 册，由新华书店和新华日报的各地办事处发行，仍用彩色粉连纸印。1942 年 3 月华北新华书店翻印 2000 册，仍用红、绿、黄三种颜色的粉连纸印，由新华书店总店及各地分店发行。1946 年 4 月，新华书店晋察冀分店又翻印 2000 册，纸张改为马兰草纸，封面改为淡黄色底，红色竖栏。

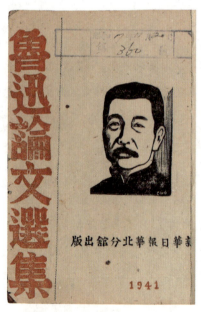

《鲁迅论文选集》（上册），1941 年 10 月
新华日报华北分馆出版

作为《鲁迅论文选集》的姐妹篇，《鲁迅小说选集》于 1941 年 10 月出版。在《鲁迅论文选集》卷前的《关于编辑〈鲁迅论文选集〉的几

点声明》，说到当时是先出《鲁迅论文选集》，然后还将有《鲁迅小说选集》，而在《鲁迅小说选集》卷前，则有《关于编辑〈鲁迅小说选集〉的几点声明》说："根据我们编辑《鲁迅论文选集》时的目的和计划，我们现在选出这本《鲁迅小说选集》。"清楚地说明了二者的关系。

《鲁迅小说选集》共收鲁迅从 1918 年至 1935 年所作小说 17 篇，分别从《呐喊》《彷徨》《故事新编》中选出，并附《〈呐喊〉自序》《〈自选集〉自序》《我怎么做起小说来》《阿Q正传的成因》《〈出关〉的"关"》和《自传》等六篇文章，内容均系鲁迅谈自己的经历、创作的文字，以便读者了解作者的写作意图和思想内涵。

此书 1941 年 10 月由新华书店晋察冀分店（设在张家口）印行，次年曾再版。1946 年 1 月，又由该书店改版印行，与《鲁迅论文选集》取同一版式，封面款式也与 1946 年版《论文选集》相同。

《鲁迅小说选集》扉页，1946 年 1 月新
华书店晋察冀分店翻印版

这本小说选集的编选也是十分精细的，力图反映鲁迅的丰富思想和

鲁迅小说特点的各个方面。编者在《关于编辑〈鲁迅小说选集〉的几点声明》中说：

> 选《狂人日记》就是比较着重它的历史意义的成分多一些，选《一件小事》，是着重其表现了作者和无产者的关联这意义上的成分多一些，选《示众》，则是偏于技巧的成分上多一些的；"诸如此类"。

这就可以看出编者的苦心了。

这两种《选集》的频繁翻印，再好不过地说明鲁迅著作在革命根据地受到怎样热烈的欢迎，"革命文化，在革命前是革命的思想准备；在革命中，是革命总战线中的一条必要和重要的战线"。鲁迅作品的战斗精神，是革命人民在革命斗争中不可缺少的精神食粮和思想武器。

不但如此，革命根据地编选、注释的鲁迅著作，还反过来影响国统区、沦陷区。《鲁迅小说选集》出版后，1946 年上海"新新出版公司"曾经翻印，只把其中《关于编辑〈鲁迅小说选集〉的几点声明》稍作删改，以适应在国统区出版的需要（《鲁迅论文选集》未见有国统区翻印本，但不排除其可能）。这一事实，有力地说明着这一版本的珍贵价值，也说明着解放区的革命文化怎样影响着国统区，更说明了鲁迅著作的强大生命力。

1941 年 1 月，延安鲁迅研究会成立，开始了深入的鲁迅研究。在这样的情况下，晋察冀边区政府所在地张家口也成立了"张家口鲁迅学会"，这个学会开始工作的一个标志，被保存了下来，这就是他们编辑出版的《鲁迅活叶文选》。

这是一种不定期的简装小册子，式样与我们过去经常看见的《中华活叶文选》一样。笔者所见第一辑，共 42 页，封面用三号楷体铅字竖排居中，左下方有"张家口鲁迅学会选注 / 新华书店印行"字样。其中收《战略关系》《迎头经》《最艺术的国家》《"杀错了人"异议》

《鲁迅活叶文选》（全二册）扉页，1946年9月
1日、10日新华书店初版

《言论自由的界限》《大观园的人才》《不负责任的坦克车》《推》《"抄
靶子"》《踢》《冲》《礼》等十二篇杂文，前七篇选自《伪自由书》，
后五篇选自《准风月谈》。在书前有《第一辑提要》八条，介绍了所
选文章的写作背景及其艺术特点等，而且更道出其伟大的现实意义。
其中说：

　　鲁迅在那时所抨击的国民党统治下的虐政，以至人民所处
的惨境，到现在，不但没有丝毫的不同，而且更残暴了。所不
同的只是在卖国政府之上，换了一个主子，即去掉日本军阀，
却换来了美帝国主义分子而已。要知道先驱者的战斗如何，近
二十年中时势的变迁如何，鲁迅这一类评论，我们实在应该用
心来钻研。

这一段痛快淋漓的文字，读来令人感奋，对于读者理解鲁迅原著精神，无疑是很有帮助的。

《鲁迅活叶文选》在每一篇文章的第一条注释中都指出这一篇杂文的主旨，如《战略关系》篇下注云："这篇是谴责国民党不抵抗政策的文章"，《迎头经》篇下注云："这也是一篇谴责不抵抗主义的文章"，《最艺术的国家》篇下注云："这篇文章的主题，是暴露国民党当局的两面政策，这是一篇最洗练的短评。"还有比较详细的，也都围绕主题，简明地加了解释。这其实就是现在所谓题解了，虽然还太简单，但却是有益的尝试。

《鲁迅活叶文选》薄薄的 42 页，约 18000 字，注释却有 34 条之多，与"提要"合计近 2000 字，这在当时确实要算十分详细、通俗的本子了。另外，把"活叶文选"这种形式运用于鲁迅著作，还是首创。这种轻便的战斗武器，是普及鲁迅著作的有效方式，在鲁迅著作的出版史上，是重要的、别开生面的一页。可惜现在只看到第一辑，此后是否续出，不得而知。

鲁迅著作能够迅速、广泛地在解放区传播，与这些印行书中准确有力的注释是大有关系的，而这些注释所以准确有力，是同一些与鲁迅相熟的人参加工作有关。一个典型的例子，就是徐懋庸。这里再介绍他所编注的两种版本。

徐懋庸在上海时期，曾担任"左联"行政书记，经常接触鲁迅，这是已为大家所知道了的。1938 年，徐懋庸到了延安。1943 年春，徐懋庸从抗大被调到太行文联工作。因为他对鲁迅著作比较熟悉，许多战友请他把学习体会写出来，他有感于此，因而着手做鲁迅著作的注释工作。他在那里先后编辑注释了《阿 Q 正传》和《理水》两本小册子，分别作为《鲁迅作品选注》之一和之二，由抗日根据地的华北书店出版并发行到涉县、延安、左权等地。

《阿 Q 正传》是《鲁迅作品选注》之一，此书用土纸印成，封皮用的也是很粗糙而且很薄的纸，封面为白底，右上方为红色手写体书名：

"阿Q正传"，其左偏下分二列："鲁迅作品选注之一／徐懋庸注释"。
此书1943年7月由华北书店出版发行，共计66页，每页19行，行36字，
老五宋竖排。

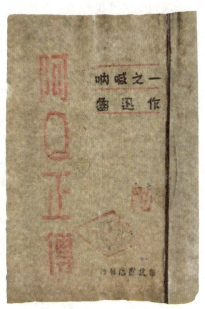

《阿Q正传》，1943年7月华北书店出版发行　　　　《阿Q正传》，1941年华北书店版

徐懋庸在书前的《注释者的声明》中说明了他编注此书的起因：

　　我对鲁迅的作品，也只是浅尝，未有高度的了悟，但因爱
好特深，读的较久较熟，又得了马列主义和其他一些知识的帮
助，所以，在与许多青年同志讨论的时候，有些见解，往往被
认为对鲁迅的读者可能有帮助。前年冬，抗大的一个同志，曾
提议道："把你对这些作品的意见，写出来发表罢。"于是我
开始想到注释的办法，但那时没有决心做。今年，因为重新参
加文化工作了，许多朋友，又以此相劝诱，认为对研究鲁迅的
运动不为无益。那么，我就试试看罢。

徐懋庸在注释中确实是努力用马列主义来解释鲁迅著作精义的。例如，第二章中阿Q在和别人口角时说"我们先前——比你阔的多啦！你算是什么东西！"的地方注道："用假想的（或者即使是实在的）'先前阔'来掩饰目前的真正的困苦，这是主观主义的思想方法之一种。"

在阿Q说"我的儿子会阔得多啦！"的地方注道："用完全是幻想的前途的'阔'，来抬高自己的身价，看不起别人，这又是一种主观主义的思想方法。"

在《续优胜记略》一章中注道："……这就是说对压迫者，要反抗，对受压迫的人民，要仁慈。这就是革命者的态度。斯大林说，列宁式的政治家，一方面'奋勇作战，无情对待人民公敌'，另一方面'钟爱自己的人民'。这样的人们，如共产党、八路军，就是鲁迅所希望的中国的救星。"

在《恋爱的悲剧》一章注释中他写道："……这悲剧的造成者主要的不是别的，就是人剥削人、人压迫人的社会制度。"

当阿Q被枪毙而众人麻木地看热闹的时候，注者写道：

> 阿Q在先前曾经参观过一个革命党的被杀，以为"好看好看……"现在他看到人们对于他的死也在喝采，觉得他们的眼光像吃人的狼一样可怕，在那里要他的灵魂。在这里，我们是不能只怪阿Q的愚蠢的，因为在长期的封建势力影响之下，被压迫的群众，不会互相了解痛苦，而且还各各附和着封建统治阶级欣赏别的被压迫者的灾祸。鲁迅对于这种不觉悟的"庸众"，常常感到很悲愤。……但是只要有革命的阶级去启发被压迫群众的阶级觉悟，那么被压迫群众之间，就会互相了解，互相同情，团结起来去反抗共同的压迫者了。

在全部46条注释中，充满了这样的深入浅出的阐发。在当时出版的鲁迅著作注释文字当中，这本书的水平要算是比较高的。

徐懋庸的注释，常常联系到当时的现实，紧扣当时政治形势，抨击国民党政府反动统治之处，随处可见。例如，在写到阿Q挨了"假洋鬼子"的哭丧棒，转眼又"早已有些高兴了"的时候注文写道：

> 这种不抵抗主义，这种挨打以后"倒似乎完结了一件事，反而觉得轻松些"的感觉，这种"忘却"的法宝，是存在于许多中国人的思想意识里面的。远的不说，只说自从"九一八"事变以来，中国统治阶级中间有许多人，不也是用阿Q的妙法对付了日本帝国主义的侵略和打击的么！就是抗战以来，也还有许多这样的人：敌人一来就逃跑，或者挨了敌人的打马上就轻松地忘记了痛苦，却找共产党、八路军去闹磨擦，正像阿Q的挨了"假洋鬼子"的打以后去欺侮小尼姑；而且，还时时刻刻想投降敌人。

这一段话痛快淋漓地揭穿了反动统治者色厉内荏的本质，活脱地画出了他们的丑恶嘴脸。

徐懋庸这个注本的意义和价值，正在于它有力地配合了革命形势和人民利益的需要。它没有对字义作详细的解释，而对鲁迅作品的深刻含意及其现实意义的阐发，却是不厌其详的：本文25000来字，注文却有12000多字，差不得占到50%！

徐懋庸选注的另外一个本子《理水》，也是很有意义的。

《理水》这篇小说，主要是表现在国难当头的时候，老百姓与剥削阶级的不同态度，歌颂了像大禹一样为国家人民埋头苦干、任劳任怨的革命者。徐懋庸的注释较好地领会了这一精神，在注释中处处注意阐发。如，禹向舜等人谈治理洪水经过并请舜注意有关问题时，注释写道：

> 为了"给大家有饭吃"而"每天孳孳"（每天不倦地努力工作）；顾不上家庭，就不顾家庭，总是为国家人民的前途打

算；立了大功，不以为满足，立刻就考虑未来的问题——这样的"禹"，确实是真正的政治家。这样的政治家，在历史上是极少见的，就是有，也不是彻底的为人民的，但在现在的中国，现在的抗日民主根据地里，却每日可以看到了。

他是把正在浴血奋战抗击侵略者的中国共产党领导下的革命人民比做"禹"来歌颂的。徐懋庸在注释中加以阐发，使读者更明白，更能认识到这一点。

另一方面，注释配合整风运动，注意指出《理水》中描写的"鸟头先生"们的荒谬逻辑是不科学的思想方法。比如：

> 他们根据"禹"字中间，包含着一个"虫"字，他便断定禹是一条虫。因为"鲧"字左旁是个"鱼"字，便断定"鲧"是一条鱼。这样的"研究"方法，实在太可笑了，也太容易了。但当有人证明鲧实有其人的时候，他又硬说是人家名字弄错了，硬要客观事实来迁就自己的"学说"，不愿意承认自己的"学说"的错误。这就是最顽固的主观主义。

又如，小说写到"学者"否定禹的存在时，注释写道：

> 单凭自己的想象，以无中生有的"证据"，来抹杀禹的存在，这是"无实事求是之心"；把这种意见写成"夸夸其谈一大套"，发表出来给大家看，这是"有哗众取宠之意"；还靠这种文章以敛钱，一则即所谓想"以装腔作势来达到名誉地位和'威达敏'的目的"，更是卑劣了；这种作品，"传播出去"，真是"祸国殃民"的。

这段注文中，引用了毛泽东同志关于整风问题的讲话，批评得切中要害，对人很有启发。对于革命根据地读者理解作品、理解毛泽东同志的讲话，都显然很有帮助的。

注释者对鲁迅的作品，诚如他自己所说，是读得很熟的，在注释中时时引用鲁迅其他文章中的话，来互相印证，运用得十分恰当。

《理水》一书，仅30页，注释有27条，注文字数也占到本文的将近半数。该书的出版比《阿Q正传》迟两个月，1943年9月仍由华北书店出版，河南涉县、山西左权县等地有分店发行。此书封面款式与《阿Q正传》相同，所不同的是，《阿Q正传》的版权页在书末，而《理水》在书前。

在开始的时候，徐懋庸是打算选注一套丛书的。他在《注释者的声明》中说：

> 从《阿Q正传》注起，是因为它的读者最多，而且内容最丰富的缘故，此后的计划是，想从《呐喊》里面选《孔乙己》、《明天》、《药》，《彷徨》里面选《祝福》、《肥皂》、《伤逝》、《离婚》，还从《故事新编》里选《铸剑》、《理水》、《采薇》、《出关》等篇，或者，更推而广之，选些论文来注释……

看这个计划是挺大的。但我们现在所看到的，也就只《阿Q正传》和《理水》这两种，中间似乎并未再出，而此后也不见有"之三"，或更后的。注释者在太行文联只有一年，1944年3月就被调去北方局党校参加整风，看来是因此搁下了，这是使我们感到遗憾的。

鲁迅著作是革命军队和人民的精神食粮，鲁迅精神启迪着他们的精神世界，鲁迅精神激励他们冲锋陷阵，鲁迅著作伴随着他们南征北战。鲁迅著作在解放区的广泛传播，再好不过地说明了这种情况。

它记录着中华民族一个时代的面貌，它不知经过多少读者的手，也无法了解有多少人从它之中汲取过力量和勇气。看着它们，使我们更加热爱鲁迅，更懂得要记住那段难忘的历史。

鲁迅著作在台湾地区

陈漱渝

你见过黄河入海的情景吗？从源头至入海口的漫长流程中，水随山转，百折千回。那浊浪排空、喷烟吐雾的气势，何人能够截堵！你见过长江出峡的情景吗？那沸腾的波涛，砰然万里，如箭离弦，如马脱缰，如虎出山，又有谁能够阻拦！

人类文学艺术的发展，就像一条气势磅礴、奔腾不息的长河，也是无法阻遏的。鲁迅著作在台湾的命运，就雄辩地证明了这一客观规律。

台湾新文学运动的历史，原本是跟鲁迅密不可分的。在 1923 年至 1982 年的近 60 年间，鲁迅著作在台湾的传播可以说经历了两次高潮期和 30 余年的断裂期。

第一次高潮期是 1923 年至 1925 年。据目前掌握的资料，鲁迅的名字初见于台湾报端是 1923 年 6 月 15 日。这一天出版的《台湾民报》上，刊登了"秀湖生"（许乃昌）撰写的《中国新文学运动的过去、现在和将来》，文章介绍中国大陆最活跃的作家和最有影响的作品时，突出介绍了鲁迅。被称为台湾新文学开创期"三杰"之一的杨云萍在鲁迅逝世十周年时回忆道："民国十二三年（即 1923、1924 年）前后，本省虽然在日本帝国主义宰割下，也曾掀起一次启蒙运动的巨浪。对此运动……最大的影响就是鲁迅先生。他的创作如《阿Q正传》等，早已被转载在本省的杂志上，他的各种批评、感想之类，没有一篇不为当时青年所爱读，现在我还记忆着我们那时的兴奋。"（《纪念鲁迅》）杨云萍为台湾大学历史系退休教授。他的作品以诗歌、小说为主，数量不多，但被认为是"台湾新文学有了实质收获的肇始"。

跟杨云萍并称为"台湾新文学开创期三杰"的，是张我军和赖和。张我军（1902—1955），原名张清荣，笔名有一郎、迷生、忆、MS、野马、以斋、剑华、老童生、大胜、四光等。台湾省台北县板桥镇人。1923年和1925年两度来北京，初入中国大学国文系，第二年转入师范大学，成为鲁迅的学生。鲁迅的小说《狂人日记》《故乡》《阿Q正传》及译文《狭的笼》等，就是经张我军介绍转载于《台湾民报》的。鲁迅1926年8月11日日记记载："张我军来并赠《台湾民报》四本。"1927年4月11日，鲁迅作《写在〈劳动问题〉之前》，回忆起1926年夏天在北京跟张我军会见的情景，并称赞他是在困苦中仍想为中国的现在和将来尽力的台湾青年。

赖和（1894—1943），原名赖河，字懒云，笔名懒云、甫三、安都生、灰、走街仙等。台湾彰化市人。1917年至1919年，他在厦门行医期间，接受了"五四"新文化运动的洗礼，从此自觉肩负起疗治生理疾病与社会疾病的双重使命。人们之所以将他誉为"台湾的鲁迅"，不仅因为他跟鲁迅同样有过早年家道败落，青年时期曾经学医的生活经历，而且更因为他在鲁迅的影响下，在台湾文坛树起了反帝反封建的大旗，开辟了社会写实的方向。他跟鲁迅一样，都是创作的多面手，在艺术风格上也颇有近似之处——比如作品多运用卓越的讽刺技巧，悲剧因素跟喜剧因素互相渗透、互相转化，等等。他们两人的崇高人格，也都具有强烈的感召力。

在台湾新文学萌芽期，宣传鲁迅甚力的还有一位蔡孝乾。1925年4月他在《中国新文学概观》一文中指出，鲁迅的小说是循着"为人生而艺术"和"为社会而艺术"的方向创作的；这些作品"不特描写的手法，大起变化，描写的对象（材料），也有变化，渐及于平民社会——农民，职工，车夫，或由新旧思想冲突而引起的家庭悲剧，结婚痛苦等"（转引自廖汉臣：《新旧文学之争》，《文献资料选集》第 425 页）。据有关资料介绍，蔡孝乾是中国共产党台湾省工作委员会负责人（见李敖：《蒋宋美龄通奸》，第 138 页，李敖出版社 1989 年 5 月初版），他对鲁迅的评价，看来也代表了台湾共产党人对鲁迅的态度。

不过，在日据时期，由于日本殖民当局的重重限制，台湾人民接触鲁迅著作毕竟是一件极为困难的事情。直到 1945 年 8 月日本投降，台湾光复，台湾才出现了鲁迅著作传播的第二次高潮期。当时译介鲁迅著作甚力的，有被誉为"压不扁的玫瑰花"的杨逵。

杨逵（1905—1985），原名杨贵，笔名杨建文等。台南县新化镇人。是台湾新文学成熟期的最重要的作家之一。鲁迅生前，曾经读到胡风编译的朝鲜和中国台湾短篇小说集《山灵》，其中就有杨逵的小说处女作《送报伕》。这篇具有文学和历史双重价值的作品，曾获得日本东京左翼刊物《文学评论》征文二等奖。鲁迅逝世后，杨逵跟他妻子叶陶合编的《台湾新文学》杂志立即载文深表悼念。1938 年，他从友人的遗物中得到一套日本改造社出版的《大鲁迅全集》七卷本。通过系统阅读鲁迅著作，他在思想、气质和创作风格上跟鲁迅更为接近。

1947 年 1 月，台湾东华书局为了消除日本殖民文化的影响，帮助台湾六百多万同胞在跟祖国隔绝半个世纪之后真正理解祖国的文化，特发刊了一套"中国文艺丛书"，精选国内名作家巨著，加以日文全译及详细注解，既帮助读者提高文学素养，又帮助长期受日语教育的台湾民众掌握祖国语言。杨逵为这套丛书编译了一本中日文对照的《阿 Q 正传》。书前有杨逵 1947 年 1 月 20 日撰写的一篇日文序言《鲁迅先生》。他指出："我翻译在此的《阿 Q 正传》是先生的代表作，也是先生对于应该诅咒的恶势力以及保守主义宣告的死刑判决，敬请大家仔细体会。我认为非我们彻底抛弃这种恶势力和保守主义，否则就根本无法期待有任何

《阿Q正传》（1947年台湾省东华书局《中国文艺丛书》之一）

进步。"文中还引录了他为纪念鲁迅逝世十周年而撰写的一首悼诗——《纪念鲁迅》：

呐喊又呐喊，真理的叫唤；
针对恶势力，前进的呼声！

敢骂又敢打，青年的壮志；
敢哭又敢笑，青年的热肠！

一声呐喊，万声响应；
如雷又如电，闪闪烁烁！

鲁迅未死，我还听着他的声音！

鲁迅不死，我永远看到他的至诚与热情！

　　杨逵的这首诗，表达了他对鲁迅的热爱之心与崇仰之情，但技巧难免幼稚，因为杨逵一直用日文写作。他自己说，一旦改写中文，"拿起笔来就像阿Q画圆圈，总是画不圆"。

　　与杨逵译介鲁迅小说的同时，王禹农还译介了鲁迅的《狂人日记》《孔乙己》《头发的故事》《药》等短篇小说，作为"现代国语文学丛书"第一、二、三辑，由东方出版社于1947年1月发行。王禹农先生是台湾标准国语通信学会成员，著有《标准国语讲义录》（八册）、《虚字用法例解》等，在台湾的国语运动中发挥了积极作用，也是在台湾普及鲁迅著作的有功之臣。同一时期出版的鲁迅著作，据笔者所见尚有蓝明谷译注、解说的《故乡》，列为"现代文学学习丛书"之一，由台湾现代文学研究会印行。笔者所得《故乡》，由台北东方出版社于1947年8月印行，新竹市文昌书局经售，原主人是新竹女子中学初三学生陈照美，可见此书在台湾流行的广泛。

《狂人日记》，1947年台湾省东方出版社初版　　　《药》，1947年台湾省东方出版社初版

台湾之所以掀起鲁迅著作的第二次传播高潮期，跟鲁迅挚友许寿裳先生的努力是密不可分的。1946年6月25日，许寿裳应台湾省长陈公洽（仪）的电邀，抵台北筹办编译馆，随后来台的还有鲁迅的学生和友人台静农、李霁野、黎烈文，以及鲁迅研究专家李何林等，他们的到来，无形中在台湾文坛刮起了一股"鲁迅风"。

1947年11月，为纪念鲁迅逝世十周年，台湾文化协进会的会刊《台湾文化》出版了纪念特辑要目有：

《纪念鲁迅》杨云萍

《鲁迅的精神》许寿裳

《斯沫特莱记鲁迅》高歌译

《鲁迅先生与中国新兴木刻艺术》陈烟桥

《漫忆鲁迅先生》田汉

《他是中国的第一位新思想家》黄荣灿

《鲁迅旧诗录》谢似颜

《在台湾首次纪念鲁迅先生感言》雷石榆

这期"特辑"的插图照片中，还有鲁迅的手迹、鲁迅像、鲁迅所用的书桌照片等。在台湾系统介绍鲁迅，这是有史以来第一次，在台湾文化史上谱写了重要的一页。此后，《台湾文化》上还刊登过许寿裳的《鲁迅的人格和思想》（二卷一期）、《鲁迅和我的友谊》（二卷五期）、《鲁迅的游戏文章》（二卷八期），以及李何林的《读〈鲁迅书简〉》（二卷二期）、台静农的《〈古小说钩沉〉解题》（三卷一期）等。1948年2月18日深夜，许寿裳先生惨遭暗杀。1949年，杨逵被台湾当局逮捕，一度生死未卜，被监禁12年始获释。曾向鲁迅学过木刻的美术家黄荣灿亦遭害而死。李何林、李霁野等先后逃离台湾。从此，台湾的文化人噤若寒蝉，《台湾文化》出至第六卷第三、四期合期后终刊。台湾文坛又恢复了沙漠般的沉寂与郁闷。从1949年至1982年前后，鲁迅著作的出版和研究工作在台湾经历了30余年的断裂期。

在台湾国民党当局对鲁迅著作进行"查、封、禁、堵"的漫长岁月里，出现了很多荒谬绝伦的现象：在台湾出版的胡云翼所写的中国文学史当代部分中，鲁迅竟被改为"卢信"，周树人竟被改为"邹述仁"，实在是滑天下之大稽。女作家聂华苓曾用切身经历回顾了五六十年代鲁迅著作在台湾的命运："鲁迅的书在台湾买不到；也没人公开看他的书。东海大学图书馆有鲁迅的书，但不借给学生，藏在地下室。我在台湾大学和东海大学教现代文学和写作，才有资格借到鲁迅的书。家住台北，东海大学在台中。鲁迅的书就是在台北、台中之间奔驰的火车上看的；书面包着《中央日报》，报上的标语是'反共必胜，建国必成'，有人走过，我就把书阖上，闭上眼作打瞌睡状；《中央日报》掩盖下的鲁迅却在'呐喊'。"（《关于鲁迅的杂想》，载《三十年后》，湖北人民出版社1980年版，第16页）

不过，即使在禁锢得比罐头还要严密的政治环境中，鲁迅著作仍以手抄本或复印件的形式在地下流传，有形无形地影响了一批台湾本土作家和海外华人学者。

台湾著名的乡土作家陈映真上小学六年级时，曾读到一本收有《阿Q正传》的中国现代小说集，使他真切了解到中华民族的悲苦命运，在他幼小的心灵中裁种了真切、生动的民族认同感，裁种了眷怀祖国的深厚感情，从而影响了他一生的命运。1968年，他应邀赴美国爱荷华大学"国际写作中心"从事写作的前夕，突然被国民党当局以意图颠覆、叛乱罪逮捕入狱，关押8年之久。他的"罪证"之一，就是偷读了鲁迅的著作。

跟李敖、龙应台并称为"台湾三怪杰"之一的柏杨，50年代从事小说创作，60年代多写杂文，跟陈映真同年以"通匪""匪谍"罪名入狱，坐牢长达9年。人们普遍认为柏杨的杂文风格跟鲁迅杂文有诸多相似之处，但柏杨自认为他的小说倒是学鲁迅的，"是真的受了鲁迅影响"。他几乎阅读过鲁迅的全部小说，感到"自从白话运动以来，鲁迅的小说还是最好的"。

在20世纪50年代至70年代，台湾一些有才华的作家在海外才得到了广泛接触鲁迅作品的机会。比如著名女作家施叔青，留学美国期间才得到大量阅读二三十年代中国新文学作品的机会。她说："鲁迅的《狂人日记》给了我很大的震动。《野草》集子里的短文，我几乎背得出来。"另一位女作家李黎，在台湾只读过《阿Q正传》的手抄本，赴美留学后，她才广泛阅读包括鲁迅杂文在内的30年代文学作品，由此懂得"三十年代的社会是那样，难怪中国人民要革命，难怪要求一个新政府"。综上所述，可知无论是日据时代的台湾作家，或者是台湾本土作家以及海外华人作家，都跟鲁迅作品有着割不断的精神联系。正因为如此，台湾的有识之士才不断抗议台湾当局的文化禁锢政策，即使鲁迅的论敌梁实秋也反对把鲁迅作品列为禁书。他援引西哲的话说："我不拥护你的观点，但拥护你说话的权利。"

据我所知，80年代以来，有三次舆论的波涛猛烈冲击了台湾查禁鲁迅著作的堤防。

第一次冲击波掀起于1982年至1983年。1981年下半年，鲁迅长孙周令飞从日本来台定居，台湾舆论界为之哗然。本文不拟对这一事件作政治评价。笔者想强调的是，由此产生的连锁反应，就是要求对鲁迅著作开禁。当年十月，台湾一家有影响的文史杂志《传记文学》率先推出了一个"特辑"——"从周令飞来台论鲁迅生平"。该刊主编刘绍唐先生在《编辑后记》中呼吁："周令飞并非一普通人，而是鲁迅的长孙，连带而来的是对鲁迅其人的评价问题，鲁迅作品的开放问题。这些难题和后遗症，希望当局拿出批准周令飞入境的魄力，作出不使一般国人失望的决定。"

1983年10月11日，台湾"立法委员"康宁祥在"立法院"指责台湾书刊查禁政策的荒谬与不公，建议"行政院"撤销《戒严时期出版物管理办法》。他说，鲁迅等中国现代作家的选集，许多书局和出版社都有翻印，但被列为禁书。这种查禁政策，不但损伤文化命脉，妨碍学术自由，党同伐异，更进而造成整个文化、思想乃至政治界的畸形禁忌。他建议立刻下令禁止军人和党部干部干涉出版法的执行，成立专案小组，全面检讨30年代文化思想和文学作品的查禁标准，并聘请富有声望的学者专家组成"诉愿委员会",使被查禁的书刊作者有辩护和救济的机会。康宁祥的质询,引起了台湾舆论界的广泛共鸣。

第二次冲击波掀起于1987至1988年。1987年10月1日,台湾大型文学杂志《当代》第十八期出版了"鲁迅专辑",共收有关鲁迅的论文六篇:

《鲁迅与现代艺术意识》李欧梵

《鲁迅〈秋夜〉的分析》熊秉明

《鲁迅和他的"门徒"》葛浩文

《鲁迅·日本·竹内好及其他》李永炽

《要是鲁迅还活着》程步奎

《从神还原到人——访问李欧梵谈鲁迅研究》金恒炜

《当代》编辑在《前言》中指出,鲁迅在台湾是个禁忌,这是鲁迅的悲哀,也是中国人的悲哀。他希望"政治归政治,学术归学术",而不使学术路线成为政治斗争或政权运动中的一环。

1988年,在台湾出现了"阿Q热"。这年4月,辅新书局发行了张清柏、史克非主编的《阿Q正传》,内收:

自序

鲁迅小传

《阿Q正传》导读

《阿Q正传》

《阿Q正传》分析

《狂人日记》

《药》

程十发:《阿Q正传》一〇八图

该书编者不仅在《鲁迅小传》中肯定了鲁迅小说无论在思想上或艺术上是具有划时代意义,而且赞扬他晚年的"杂感"锋锐凌厉,变成了对罪恶势力的一种冷酷无情的匕首与投枪。

同年底,台湾金枫出版有限公司推出了一套由龚鹏程教授总策划的

"经典丛书","选择了历史上文采斐然、意蕴深刻且影响宏远的重要经典，以最好的版本，重新标点校勘，并邀请专家撰写导读。如有必要，则补加注释、解说、图证及相关资料索引，以使经典能更生动有力地向现代人说话"。这套囊括了20本经典作品的丛书中，第12种即是鲁迅的《阿Q正传》。该书"导读"由哥伦比亚大学教授夏志清撰写。"附录"部分选收了鲁迅的《狂人日记》，王德威的《重识〈狂人日记〉》，林毓生的《鲁迅思想的特质》，以及程十发《〈阿Q正传〉一〇八图》中的36幅。

同年12月，台湾另一家大型文学杂志《联合文学》第四卷第二期推出了《现代人看"丑陋的中国人"阿Q》专辑，目次为：

前言

《狂人日记》

《阿Q正传》鲁迅

《过去评论家评阿Q编辑部纸上座谈会——学人作家评"阿Q"》方瑜等十七人

《街头访问问阿Q》徐秀玲 陈维信

《艺术册叶——名家笔下的阿Q造型》陈平芝

《校园访阿Q》胡正之

《阿Q在校园》张宜芜

《各行各业对阿Q的看法》编辑部

《〈阿Q正传〉出版目录》秦贤次

该专辑编者在前言中指出，自《阿Q正传》问世以来，"阿Q在一般国人的印象中成了典型的'丑陋的中国人'，而'阿Q精神'则成为人们自我解嘲的口头禅，代表了怯懦者的'精神胜利法'。……'阿Q'的现象今日已不止是一个文学现象，早成为一个文化现象、一个社会现象"。"专辑"着重讨论了四个问题：一、阿Q真正代表中国人的精神面貌吗？二、鲁迅在什么样的心情下创作出阿Q这个人物？阿Q与鲁迅的性格之间（或内心世界）有没有关联？三、如果说阿Q曾起过镜子的作用，今日的中国人还有没有"阿Q精神"呢？四、《阿Q正传》在中国现代文学中的地位如何？参加笔谈者各抒己见，推动了台湾对鲁迅著作的深入探讨。该刊记者在街头访问的 60 人中，大部分年轻人皆未看过《阿 Q 正传》，所以，这一调查活动的开展，也推动了鲁迅著作在台湾的普及。就是在这一年，台湾出版界在紧锣密鼓地暗中策划出版鲁迅作品集。

1989 年，正值鲁迅诞辰 108 周年，台湾掀起了对鲁迅禁区的第三次冲击波。至此，台湾原国民党当局设置的查禁鲁迅著作的堤防已完全坍塌。

这年 9、10 月，台湾出版界的最大盛事就是几乎同时推出了三种不同版本的《鲁迅全集》。一、唐山出版社版。据鲁迅全集出版社所出《鲁迅三十年集》，增补书信、日记、佚文，分十三卷。二、谷风出版社版。据人民文学出版社 1981 年版，改简体字为繁体字，对原注略有删节，分十六卷。三、风云时代出版公司版。共 30 本。《中国时报》9 月 25 日载文评论说："鲁迅是公认的中国近代的伟大的文学家、思想家，而在台湾，中国新文学传统可说断层了 40 年，如今《鲁迅全集》得以在台出版，乃是台湾文化界、出版界的一件大事。"

为了在台湾进一步普及鲁迅著作，台湾天元出版社同年还出版了笔者选编的《鲁迅语录》四卷本。第一辑为《谈文论艺》，第二辑为《华夏剖析》，第三辑为《人生品味》，第四辑为《人物评估》。海风出版社出版了卢今选评的《中国新文学大师名作赏析：鲁迅》。此书在台湾颇受欢迎，至今已出三版。1990 年，台湾智慧大学出版社又出版了林郁主编的《鲁迅小语录》。此书第一部分为鲁迅语录，第二部分为鲁迅诗集，第三部分为鲁迅简谱。编者认为，"要说从五四到三十年代的文坛，论享誉之隆盛，地位之崇高，恐怕还无人及得上鲁迅""这是由他几十年来的言行文采所证明的，而不是任何人硬戴在他头上的桂冠""在新的时代、新的形势下，我们应该正确地、全面地、完整地理解与认识鲁迅，使之在今天的精神文明中闪烁出新的灿烂光彩"……

台湾有一位担任"国大代表"的作家、评论家刘心皇先生，曾著有

《鲁迅这个人》一书（1986 年东大图书公司印行），其中有一节为《〈且介亭二集〉的〈后记〉——禁书、审查原稿和带着枷锁的跳舞》。他在总结 30 年代"文化围剿"的历史教训时说："'禁书'的效果不彰，因为越禁越有人要看，反而在暗中流通。""如今，研究这一史实，是想把它作为一面镜子，照一照得失，总是有益的。语云：'前事不忘，后事之师。'是值得三思的。"我想，刘心皇先生的这一结论，不仅是对 20 世纪 30 年代国民党政府"文禁"政策的正确批评，也是对台湾当局从 40 年代末期至 80 年代初期查禁鲁迅著作的深刻反思。"抽刀断水水更流"，这难道不是自然界乃至人类社会的一条普遍规律吗？

第三章 语文教材

播撒鲁迅精神的种子
——关于教材中的鲁迅

陈漱渝

　　本文所说的教材，主要指中学语文教材。在鲁迅作品的受众中，中学生应该是一个最主要的群体。他们当中的有些人正是因为在中学接受了鲁迅作品的陶冶，在后来的人生阶段才一如既往地成了鲁迅忠实的读者，对人格的生成和学养的提高都产生了难以估量的作用。当然，这本书也涉及了小学教材和海外的部分教材。

一、"语文"课的由来

　　提到语文教材，首先需要对"语文"这一名词的由来作一番历史回顾。

　　中国古代，教育机构的形式多样，被称为庠、序、学、校等。自唐代始设书院，多以应举为目的。民间教育机构称为私塾，也称蒙馆、书塾、塾馆，教学年限不定。为给儿童启蒙，教材多择定为"四书"《三字经》《百家姓》《千字文》等。自1901年开始，清政府开始推行"新政"，命令将省城书院改设大学堂，各府及直隶州改设中学堂，各县改设小学堂。

1906 年废除了延续一千多年的科举制度。1907 年以"国文科"取代"读经科",不过当时的"国文"仍以文言文为"文范",以《尚书》《国语》《国策》为主要教材。1913 年 3 月,鲁迅、朱希祖、许寿裳、马幼渔等以"读音统一会"会员名义提议采用注音字母,经表决获通过;1918 年年底,教育部通令在全国范围颁行,在帮助人们识字正音方面发挥了不小的作用。1920 年,北洋政府教育部颁布第七号令,将国民学校的"国文"改为"国语"。初小教材不杂文言,高小酌加文言,但仍以白话为主体。"国文"和"国语"虽然名称只有一字之差,内容都是进行母语教学,但"国文"的概念突出了书面阅读的重要性,而"国语"的概念突出了白话文(语体文)的重要性;强调言文一致,"文学革命"与"国语统一"合流。正是在 20 世纪 20 年代,鲁迅作品开始进入了国语读本。

"语文"二字是"国语"和"国文"的统称,内涵可以囊括语文课的诸多功能特征,1950 年 6 月由叶圣陶敲定。根据叶圣陶的理念,口语为"语",书面为"文",亦即"说出来的是语言,写出来的是文章"。小学教学应偏重"语",中学教学应偏重"文"。当然,"语"中有"文","文"中也有"语"。语文教学的任务,主要包括听话、说话、阅读、写作这四个方面。

叶圣陶先生是中国现代中小学语文的开山者之一。1949 年 4 月 8 日晚,陆定一、周扬等中央负责宣传工作的领导人邀请叶圣陶等学者在北京饭店聚餐。由于当时中央人民政府尚未成立,时任华北人民政府主席的董必武及各副主席出席了这次宴会。席上决定成立"教科书编审委员会",由叶圣陶任主任委员,鲁迅的三弟周建人和党史研究专家胡绳为副主任委员,宋云彬等为委员。1950 年 1 月 25 日,教育部与编审局又联合组成中学教科书编审委员会,其时叶圣陶已出任出版总署副署长兼编审局局长,但仍主持并参与教科书的编审工作。1950 年秋,出版总署编审局改组为人民出版社和人民教育出版社。叶圣陶任人民教育出版社社长兼总编辑。此后,人教社编选的语文教材成了全国的通用教材,这种局面直到新时期才被打破。

二、鲁迅作品为什么应进入教材

鲁迅文艺创作的发端应在 1898 年前后（写有《戛剑生杂记》《蒔花杂志》等文言作品）。他最早公开发表译作在 1903 年，文学活动最早被媒体报道是 1909 年，以白话短篇小说《狂人日记》为中国新文学奠基是在 1918 年。这就是说，鲁迅作品的传播史、接受史至今已经跨越了一个世纪。传播鲁迅作品的重要途径是教学，鲁迅作品的阐释者主要是教师——他们当中有些人本身就是独立的研究者，当然更多的教师是参考了研究者的学术成果之后，又在课堂上加以发挥。所以，研究教材中的鲁迅，既填补了鲁迅研究领域的一个空白，又深化了对鲁迅作品传播史和接受史的研究。

鲁迅作品进入语文教材不仅是出于编者的慧眼，而且是历史的必然选择。因为鲁迅作品作为中国文学的经典，不仅经受了历史检验，而且也为当今读者所认同。宋代大儒朱熹认为阅读经典要讲求三个方法：一是"少看熟读"；二是"反复体验"；三是"埋头理会"，而教材则是传播经典的有效途径。在课堂上，教师可以帮助学生对经典之作反复诵读，深入思考；也能结合当时的历史情境和当今的社会现状，对经典进行重新解读。

鲁迅作品成为经典首先取决于它的内容。鲁迅是中国现代最接地气的作家，毕生为中国人的生存、温饱和发展而呐喊，希望中国人在国际竞争的大潮中能挣得作为人的应有地位，而不致从"世界人"中挤出，最终"失了世界"。他毕生坚守平民立场，以广大底层民众的利益来判断是非，决定取舍，表达爱憎，从而成了穷人和不幸者的忠实代言人。他虽然以近乎残酷的目光逼视现实的真实，但又让读者相信，生活虽然像一条漫长的隧道，有时幽暗到伸手不见五指，但隧道的尽头必然有光明。鲁迅的思想具有锋利的批判性，他的人格具有最可宝贵的斗争性，因此他的作品不仅具有拨动心弦的艺术魅力，而且具有启人心智的思想内涵。不仅教人如何作文，提高读者的文化素质；而且教人如何做人，提高读者的道德情操。既能帮助学生增加文化底气，又能帮助学生打好精神底色。

单纯从语言文字的角度，鲁迅作品也堪称范本。鲁迅是中国现代白话文的奠基者，他作品的语言是经过千锤百炼而成的专属于他自己的语言。他用这种富于个性色彩的语言表达创作个体对历史和现实生活的独特认知——这种体验既是极具个性的发现，又是可以沟通读者心灵的共性体验。总之，鲁迅作品是真正的经典，而真正的经典必然具有恒久的价值，值得一代接一代有精神追求的人们阅读。特别是在垃圾读物泛滥的时代，珍惜经典更具有重大的现实意义。一个精神萎缩的民族，决不能长久支撑一个经济强大的国家，反而会使一时的经济奇迹化为泡沫，使整个社会步入歧途。这方面的历史经验值得认真借鉴，这方面的历史教训必须牢牢记取！

三、民国时期教材中的鲁迅

根据目前接触的资料，1949 年前的国文或国语读本近 300 种。最早收入鲁迅作品的应该是民智书局出版的《初中国语读本》，编者仲九、俍工。仲九即沈仲九，他在"五四"新文化运动中曾关注社会主义与劳动问题，积极为《星期评论》周刊撰稿。编这套教材时他正在上海吴淞中学执教。俍工即孙俍工，当时在上海中国公学中学部执教，是一位教育家、评论家。这套教材是全新的国文教材，书中选取的全部是模范的白话文，在当时产生了很大的影响。

接触 1949 年前的国文教材，有两个令我惊讶地发现：一、所选鲁迅作品在数量上远远超出了 1949 年后的语文教材，其中除开有至今仍作为保留篇目的《一件小事》《社戏》《故乡》《药》《记念刘和珍君》等名篇外，还有战斗力极强的杂文《中国文坛上的鬼魅》，以及一些 1949 年后语文教材中从未选用的书信、日记、序跋和学术论著（如《中

《初级中学国语文读本》第三编

国小说史略》中的《神话与传说》《清之谴责小说》《〈北平笺谱〉序》》……
表现出编者视野的开阔、选材的广泛。二、鲁迅不少译文也进入了国文
教材，如《狭的笼》《小鸡的悲剧》《雕的心》《鱼的悲哀》《父亲在亚
美利加》《夏季的旅行》《徒然的笃学》《罗生门》《苦闷的象征》《勃
兰宁诗三篇》《池边》《鼻子》等，体裁有童话、小说、诗歌、随笔、
学术论文。

　　众所周知，鲁迅的文化活动是从翻译外国文学作品开始的。他一生
共翻译了 15 个国家 77 位作家的 225 部（篇）作品，字数接近 300 万字，
几乎跟创作的字数相等。鲁迅在留日时期、北京时期和上海时期有不同
的翻译取向，被教材选用的多为北京时期的译作。这些译作之所以获得
教材编选者的青睐，是因为字里行间不仅表达了对被虐待者苦痛的呼声

和对强权者的憎恶，而且也表现了鲁迅广博的人类关怀和强烈的生命意识。这些译作中洋溢的赤子之心，更是滋润莘莘学子心田的甘霖雨露。瞿秋白指出："翻译——除出能够介绍原本的内容给中国读者之外——还有一个很重要的作用，就是帮助我们创造出新的中国现代言语。"鲁迅也强调，他的译文之所以"不完全中国化"，就是"不但在输入新的内容，也在输入新的表现法"，以疗治中国人思维不精密的沉疴（鲁迅《二心集·关于翻译的通信》）。长期以来，我们对鲁迅译文在中国现代语言建设过程中的历史作用评估得很不充分，通过研究教材中的鲁迅作品，对鲁迅译文社会影响估计过低的偏见将会逐渐得到矫正。

鲁迅作品不仅出现在 1949 年前中小学的国文教材，而且也进入了高等院校的文科讲坛。在 20 世纪二三十年代，约 20 位新文学作家在大学开设了新文学课程，如周作人、朱自清、沈从文、废名、苏雪林等，讲授内容自然会或多或少涉及鲁迅作品。从 1929 年春开始，朱自清在清华大学、燕京大学、北平师范大学讲授《中国新文学研究》，就以鲁迅的《狂人日记》为教材，肯定了作品"冷隽的字句，挺峭的文调"，"谨严的结构与讽刺的古典的笔调"，同时认为作品流露出"冷酷的感伤主义"。

除开朱自清之外，促使中国现代文学成为高校一门正式学科的首推杨振声。在《〈中国新文学大系〉小说二集序》中，鲁迅曾肯定杨振声的作品"极要描写民间疾苦"，文笔也有长进；但同时批评他太重主观性，因而削弱了人物的生命力，使他笔下的典型成了作家的傀儡。杨振声对鲁迅的小说也十分推崇。抗战时期，他跟朱自清编选的《国立西南联合大学大一国文》中，就选收了鲁迅的《示众》，在该校《大一国文习作参考文选》中增选了鲁迅的《狂人日记》，作为"语体文示范"；在该校大一学生的《散文读物》和《课外读物》中，又都选入了《鲁迅自选集》。1949 年之后，他率先在北大中文系开设《现代文学名著选》，以鲁迅的两部小说集《呐喊》《彷徨》为教材。

在 1949 年前出版的国文教材和课外阅读文选中，至今仍在图书市场热卖的有 1932 年开明书店出版的《开明国语课本》等"老课本"。

除开这本由叶圣陶撰文、丰子恺插图的小学教材外，开明书店还出版了《开明新编国文读本》《开明国文讲义》《开明国文读本参考本》《开明语体文选类编》《开明活页文选》等教材和阅读资料，书中都收录了鲁迅作品和译文。这些教材既是中国现代教育史上的宝贵资源，又成为畅销的怀旧纪念品和创意商品。对于民国国文教材中儒雅的语言、从容的节奏，对传统文化的尊崇，对儿童本位的重视，特别是课文中洋溢的爱国主义情怀，无疑应予高度的历史评价，但也不能过分夸大其跨时代的意义。因为不同时代有不同的语文观，也有不同的评价标准与表达方式。"民国范儿"的教材再好，毕竟解决不了当今社会面临的新情况新问题。正如马王堆出土的瓜子，能够展出，却不能直接搁进嘴里去品尝。

《开明国文读本》第四册

《开明国文读本参考书》第一册

谈到民国时期教材中的鲁迅作品，自然还要涉及解放区的教材和沦陷区的教材。由于战争年代的动荡，解放区教材散佚的情况十分严重，但就目前掌握的 11 套教科书来看，都选有鲁迅作品，反映出鲁迅在解放区崇高的文化地位。解放区专门学校教材中也有鲁迅作品。比如，周扬在延安鲁迅艺术学院开设"新文学运动史"课程时，就讲授了鲁迅的《我们现在怎样做父亲》，认为这篇杂文"合乎科学的，充满真正民主精神的新伦理道德标准，也可以说是一种与共产主义原则相吻合的标准"（《新文学运动史讲义提纲》，《文学评论》1986 年第 2 期）。沦陷区的教材我们掌握得更不充分，只知道有些地方一度沿用过沦陷前的教材，比如1945 年的北平，一些中学仍沿用中华书局 1937 年出版的《新编初中国文》，书中选收了鲁迅的散文诗《秋夜》《好的故事》《雪》《风筝》，小说《故乡》《鸭的喜剧》，均无删节。

《新编初中国文》第一册

民国时期教材中还有一个特殊门类，叫自编教材。对这类教材进行准确统计是不可能的事情。有人回忆：1921 年春，毛泽东在湖南一师附小高级部创办了一个"成年失学补习班"，国文老师是谢觉哉，教材是自编的，多为白话文。毛泽东曾要求学生熟读并抄写鲁迅的小说《故乡》和杂文《我们现在怎样做父亲》，他认为抄录有助于记忆（许志行：《毛主席教我学语文的一点记忆》，《语文学习》1978 年第 3 期）。不论许志行的回忆是否准确无误，但鉴于鲁迅在中国文坛的特殊地位，自编教材中选用过鲁迅作品应该是毋庸置疑的。

四、1949 年后"文革"前教材中的鲁迅

1949 年之后语文教材的变化情况，应该分为三个阶段——即"十七年"、"文革"时期和新时期来谈。

在"文革"前的"17 年"中，笔者先是当学生，后来当中学语文教师，对当时语文教学的情况有过切身体验。总的感受是，对于语文教学的任务，一直在强调政治性、文学性和工具性这三个方面摇摆，始终没有找到一个合理的平衡点。

新中国成立初期的语文教材是在陕甘宁边区教育厅编审的《中等国文》基础上发展而来的。教学任务除进行听读写的全面训练之外，还将"思想政治教育"也涵盖其中。50 年代中期进行汉语、文学分科教学实验。汉语教学包括标点、文字、修辞、语法、词汇、语音等六项训练，高中文学教学则以中国文学史为线索选择诗文。笔者高中时代使用的就是张毕来等先生主编的《文学》课本。因为教学突出了文学性，教材多为经典之作，因此受用终生，至今不忘。文学和汉语分科教学试验因 1958 年"大跃进"运动而中断。由于当时强调"兴无灭资""厚今薄古""教学为无产阶级政治服务"，语文教学走了一段弯路。1959 年 6 月，报纸上展开了关于语文教学中目的任务的讨论，倾向性的意见是语文教学

中"道"和"文"不可分割。1963 年 5 月，人民教育出版社制定的《全日制中学语文教学大纲》由教育部正式颁布实施。以这一大纲为基础编制的教材注重了基础知识教育和基本能力培养，体现了"语文是基本工具"的指导思想。

新中国成立初期的语文教学有不少地方教材。50 年代中期，经国家教育行政部门授权，教材由人民教育出版独家编写出版，才成为了"国定制教材"。直到 20 世纪 90 年代，语文教材才由"一花独放"至"百花齐放"。

"文革"前中学语文教材中选收的鲁迅作品，以数量而言，约占全册课文的1/30 至 1/16，涉及的文体包括小说、杂文、散文诗、诗歌、书信，大多为全文，也有节选。此外，配合鲁迅作品教学，还选用了一些相关文章，如毛泽东《在鲁迅逝世周年纪念大会上的演说》，瞿秋白的《鲁迅的精神》（节自《〈鲁迅杂感选集〉序言》），臧克家的《有的人》，阿累的《一面》，周晔的《我的伯父鲁迅先生》。这些文章，既突出了鲁迅在中国革命史、文学史上的崇高地位，也展现了鲁迅丰富的人性，并非全是金刚怒目、横眉冷对的一面。就笔者的阅读体验而言，入选教材的鲁迅作品中，对学生影响最大的并不是《答北斗杂志社问》这一类指导写作的文字，因为学生的练笔跟作家的创作毕竟距离遥远。而《记念刘和珍君》《为了忘却的记念》这一类充满了作家血性和人间正气的文字，却能使学生受用终生——他们从中感悟到了什么是博大的爱，什么是神圣的憎！小学语文教材中的鲁迅作品不多，有限的篇目中，有的是改写和节选的相关文字，如《我的伯父鲁迅先生》，故不赘述。

五、"文革"时期教材中的鲁迅

"文化大革命"的十年，学校经历了"停课闹革命"和"复课闹革命"

两个阶段；在"复课闹革命"期间又开展了"学习黄帅，反击右倾翻案风"等一系列政治运动。学生砸玻璃、撬地板、批老师，没有一天真正恢复了正常的教学秩序。遵循毛泽东主席关于"教育要革命""教材要彻底改革"的指示，提出"教材坚持以阶级斗争为纲，贯彻党的基本路线，把转变学生的思想放在首位"，"注意引导学生参加三大革命实践，不断提高分析问题和解决问题的能力"。由于"文革"期间人民教育出版社被撤销，编辑人员下放，各地自编了不少语文教材。因为毛泽东发表了"读点鲁迅"的"最高指示"，周恩来总理也指示"中文系教材，可以先用鲁迅作品，再慢慢扩大"，所以鲁迅作品在语文教材中仍占据了显赫的位置。不过，在为现实政治服务的思想指导下，很多鲁迅作品遭到了实用主义解读。如学习鲁迅《答托洛斯基派的信》，"向一切假马克思主义作坚决斗争"。学习鲁迅的《流氓的变迁》，把《水浒》"做反面教材，使人民都知道投降派"。学习鲁迅的《华德焚书异同论》，"批判林彪和孔孟之道"。学习鲁迅的《庆祝沪宁克服的那一边》，"对资产阶级实行全面专政，发扬永远进击的革命精神，把社会主义革命进行到底"。刚粉碎"四人帮"时，又牵强附会地把《三月的租界》《捣鬼心传》选入教材，似乎鲁迅在40年前就识破了"四人帮"的阴谋诡计。

在以阶级斗争和路线斗争为纲的思想指导下，这种批判的矛头甚至也指向了鲁迅本人。比如鲁迅谈到藤野先生对他的"不倦的教诲，小而言之，是为中国，就是希望中国有新的医学；大而言之，是为学术，就是希望新的医学传到中国去"，有的教学参考资料却认为："鲁迅当时还没有掌握马列主义，因此沿用了学术为全人类服务这个缺乏阶级观点的提法。"不过，在"文革"后期，也有一些教师和研究者重现鲁迅文本的解读，坚持从原文出发，字斟句酌，释疑解惑，李何林先生和薛绥之先生等就是以这种谨严的治学态度对广大中学教师进行辅导，成为了"文革"后期鲁迅作品教学的一个亮点。

六、新时期教材中的鲁迅

进入新时期以来，语文教学跟全国其他领域一样，也经历了一个拨乱反正的过程。1978 年 3 月，教育部颁布了《全日制十年制中学语文教学大纲》。这份文件是在 1963 年《全日制中学语文教学大纲》的基础上制定的，重申语文教学的工具性和重视"双基"教育的必要性，强调在"语文教学中，思想政治教育应该和读写训练辩证统一"。这对于"文革"时期语文教学中的泛政治化起到了矫正作用。

从 20 世纪 90 年代开始，全国陆续推广了九年义务教育教材，以能力培养为核心，重视语文基础知识、应用能力、表达能力的培养和缜密有序的思维训练，尊重阅读规律，增强了语文学习的有效性和实用性。2003 年教育部又制订了"新课标"，把语文课程的基本特点明确界定为"工具性与人文性的统一"。

笔者以为，对语文课"工具性"的理解比较容易取得共识，即培养学生听、说、读、写的能力，表情达意的能力。然而语文课程并非单纯传授某一种知识技能的工具，而是奠定整个文化素质的基础，所以经过了半个世纪的探索，又提出了"人文性"的概念，但对"人文性"的理解容易见仁见智。中国典籍中的"人文"一词来自《周易》。《易经·贲卦·象辞》："观乎天义，以察时变；观乎人文，以化成天下。"大意是：观察天上日月星辰的运转，可以明察春夏秋冬时序的变化。观察人间的伦常秩序，可以教化民众，移风易俗。可见古文中的"人文"一词原本包含了教化的意思。而西方的人文主义则是跟中世纪神学相对立的概念，表达了对人类生存目的和意义的世俗关怀，其中同样包含了人性陶冶的内容。语文教学是人文教育的重要途径和核心内容之一，落脚点是人的精神境界的提升。当今语文教学中强调的人文性，自然不能仍旧停留在欧洲文艺复兴时期的水平，而应该赋予它以新的时代精神。人文性的核心，归根结底就是世界观的问题。语文教学中"工具性与人文性的统一"，就是不仅要让学生学会语音语法、遣词造句、布局谋篇、修辞逻辑，而且要帮助学生确立正确的人生追求、奋斗目标、理想信念，真正做到施教于学生的灵魂。从这个意义上来说，鲁迅作品就是"工具性与人文性相统一"的理想文本。

近些年来，有些语文教材根据提高学生语文运用能力和人文素养的目标，选择一些重要的人文性内容概括成主题，用几篇课文组合成单元加以体现。如上海王铁仙教授主编的高中语文教材，就在"为理想而斗争"的单元中选入了鲁迅的《为了忘却的记念》，在"文化的制约与创造"单元中选收了鲁迅的《拿来主义》，在"书话与书评"单元中选收了鲁迅的《白莽作〈孩儿塔〉序》，在"文学作品中的典型"单元中节选了鲁迅的《阿Q正传》。笔者认为，这种做法就是体现语文教学人文性与工具性统一的新尝试。

然而在由计划经济向市场经济转型的过程中，商业化、世俗化和意识形态多元化对鲁迅研究和鲁迅作品教学带来了不可避免的影响。在多元化语境中，鲁迅作品中表达的一些信念和原则经常受到质疑。鲁迅峻急刚毅的性格和针砭痼弊不留情面的文风，在有些人看来也似乎显得跟当下的价值取向不相吻合。因此，出现了鲁迅作品是否应该从语文教材中"大撤退"的讨论。

据2009年8月16日《人民日报》一篇署名文章介绍，从2004年开始，许多省的高中语文课本减少了鲁迅作品的入选数量。当时我国大陆地区已经有六至七套地方性的语文教材。湖北省当年秋天高一年级的语文教材中，删掉了《药》和《为了忘却的记念》这两篇重要作品。一位新版《高中语文》的执行主编说："由于时代背景的差异，早期白话文与当下汉语的差异以及鲁迅作品本身的深刻性等原因，鲁迅作品教学中确实存在学生难懂、老师难教、教学目标难以实现的现象。"同年8月13日《中国青年报》上有一篇与此相关的文章，陈述了语文教材中大幅度压缩鲁迅作品的四个理由：一、鲁迅已经成为当今中学生的"三怕"（一怕文言文，二怕写作文，三怕周树人）之一。"鲁迅作品再继续在教材中存在下去，对于鲁迅先生倒不啻于一种戕害"。二、"鲁迅是当代愤青的重要思想来源，少学点鲁迅，可少制造一批愤青"。三、长期以来，鲁迅被异化和道具化。"绝大多数中学课堂除了主题先行，肢解鲁迅并把他变成一个战斗性符号之外，似乎并没有更多的本事"。四、"当下语文教材视鲁迅为鸡肋，更根本的原因或许在于，这个社会革命激情的消退与宽容精神的增长，语文教材内容的变革，亦成为社会转型的副产品"。

以上看法很快遭到了异议。反对者认为：以难懂作为排斥鲁迅作品进入教材的理由是站不住脚的。"难"与"易"原本是一个相对的概念。受众的年龄不同，文化水平不同，对"难"与"易"的感受也不同。遴选教材要充分考虑学生的年龄特征，由浅入深，这是毫无疑义的，但这并不意味着中小学生就无法跨越鲁迅作品的文字障碍。单从鲁迅作品的字词句而言，其难度难道超过了《诗经》《楚辞》一类文言文作品吗？难道会有什么专家学者因此而主张文言文应该从教材中"大撤退"吗？孔子距今两千五百多年，《论语》中也有不少阅读障碍，但仍然作为文化经典在教学中进行传承，为什么离我们不到一百年的鲁迅作品反而要被剔除呢？所谓"愤青"并不是一个科学的概念，也许是指对现实的某些方面持激烈批判的青年。正确的批判是推动社会前进的车轮，过激的情绪则应该予以正确的疏导，但鲁迅的批判对象与愤青的批判对象有着时代的不同，不能混为一谈。长期以来，在鲁迅作品的教学过程中的确存在神化、肢解等缺点，但教学的缺点不能依靠剔除教材解决。至于鲁迅作品是否与时代需求相悖，这是一个值得认真讨论的问题，反映出不同意见双方对当今时代的不同认识和对当今需求的不同理解。

主张鲁迅作品从教材中"大撤退"的代表人物是以"文坛刀客"自诩的山西作家韩石山。他在2005年出版的《文学自由谈》第5期上发表了一篇名文，题为《中学课本里的鲁迅作品》。他认为，中学语文课本选鲁迅作品，选上一两篇是可以的，但目前一选就是十几篇，是绝对的多，怎么都说不过去。接着，这位"刀客"对教材中入选的鲁迅作品逐一进行了点评。他认为：《狂人日记》散布了悲观情绪，艺术上也不成熟；《社戏》不是小说，只能说是随笔；《故乡》结尾，无端地发了那么多议论，是小说的败笔；《孔乙己》虽然为鲁迅本人最为欣赏，但过多地交代了过程；《药》的写法十分直露，没有写活一个人物，连场景都没有写出来，笔调压抑而沉闷；《祝福》过多地使用了转折语，过多的"鲁迅调"；节选的《阿Q正传》从技巧上无师法之可能，主人公是一个农村的流氓，调戏妇女、偷人财物，既麻木不仁，又冥顽不灵，"说是怎样的深刻，怕都是评论者的附会"；《阿长与〈山海经〉》有段话是对妇女人格的慢侮；《记念刘和珍君》古文句或太多，骂詈语太多；《"友邦惊诧"论》全是激愤之语，时有谩骂的句子，乃文章之大忌。评来点去，被这位"反鲁英雄"肯定的只有《为了忘却的记念》和《从百草园到三味书屋》这两篇文章。

对韩石山的观点批驳得最认真、最有力的是福建作家房向东。他专门写了一本书，叫《著名作家的胡言乱语》，2011年1月由上海书店出版社出版。这本书"虽然笔间富于感情，但却能在血脉偾张、豪情激荡时做到以实为据，以理服人，理性与感性完美相融，论点与论据交相辉映"。囿于篇幅，无法一一介绍房向东的精彩论点。对于鲁迅作品进入教科书的问题，房向东总的看法是："现在中学课文中不是鲁迅作品太多的问题，是选鲁迅哪些作品的问题。鲁迅作品多是经典性的，选这一篇还是那一篇，从作品质量的角度说，问题不会太大。"但"选文一定要切中鲁迅的终极关怀，那就是国民性和立人问题，通过鲁迅作品的阅读，启蒙大众，改造人本身，从而达到再造新人的目的"（《著名作家的胡言乱语》，180—181页，上海书店出版社2011年1月出版）。

但也有专家认为，所谓鲁迅作品从现行教材中"大撤退"是媒体的炒作。担任人民教育出版社新编语文教材执行主编的温儒敏教授说，许多传媒争相报道鲁迅作品在教材中大幅减少是不准确的。在人教社新编的语文教材中，必修课中是减少了鲁迅篇目（高中语文6册原选5篇，现保留3篇，减少2篇），原因是课程改革后，必修课只占1.25学年，余下1.75学年用作选修与复习，而在选修课教材中，不但保留了鲁迅作品，而且还增加了一些篇目（如《铸剑》《范爱农》）。他强调："无论哪个语文教材版本，鲁迅至今仍然是选收篇目最多的作家。"他又说："鲁迅是近百年来对中国文化及中国人了解最深的思想者，也是最具独立思考和艺术个性的伟大作家，鲁迅已经积淀为现代最重要的精神资源，所以让中学生接触了解一点鲁迅，是非常必要的，教材编写必须重视鲁迅。但重视不等于选文越多越好……"（《温儒敏论语文教育》，88—90页，北京大学出版社2010年1月出版）。

新时期不少高校的中文系开设了《鲁迅研究》课程，当然会选读不少鲁迅作品，但并无统编教材，故不予评介。

七、教材中鲁迅作品的阐释与接受

由于鲁迅作品语言文字具有的模糊性、多义性、复指性，意义具有的不确定性；又由于讲授这些作品历史情境的差异，教师和学生审美情趣、价值取向的不同，因而对同一文本往往会产生不同或不尽相同的理解。汉儒董仲舒所说的"《诗》无达诂""《易》无达占""《春秋》无达辞"（《春秋繁露》卷三《精华》篇），反映的大概就是这种阅读现象。不过，鲁迅作品终归会有其客观价值，鲁迅创作总也会有其主观意图，只是一旦进入教学过程，教师和学生就会有意无意地参与审美再创造，而不只是对教材进行简单的复制和还原。所以，作为教材的鲁迅作品的接受史，就相当于不同时期、不同读者之间进行的一场阅读经验交流。不过有的阐释比较合理，接近作者原意，表现出读者与鲁迅之间心灵的感应；而有的阐释则可能悖谬，是对文本的误读，表现出读者与鲁迅之间心灵的偏离。从鲁迅作品阐释的嬗变性，可以反映出历史风涛的涌动，时代潮汐的起伏，其研究价值会远远超出教学领域。比如鲁迅前期杂文的代表作《灯下漫笔》，对中国封建时代的等级制、"循环"历史和固有文明进行了十分犀利的批判，号召青年扫荡"食人者"，掀掉"人肉的筵宴"，毁灭制作人肉宴席的"厨房"。但在时兴文化保守主义的当下，一些教材的编选者纷纷向这篇作品亮起了红灯和黄牌，致使此文在所有新课标高中语文教材中都被淘汰出局。又如 1927 年 12 月 23 日，鲁迅写了一篇杂文《文学与出汗》，曾被选入人民教育出版社的语文教材，沿袭到 1990 年，后被删削。有专家解释其原因："这篇杂文属于论辩之作，虽然泼辣而俏皮，但在鲁迅杂文乃至全部现代杂文之中，其思想的深刻性与艺术的独创性恐怕跟经典尚有一定距离。"其实，产生变化的恐怕并不是这篇杂文固有的思想性和艺术性，而是因为时过境迁，一些学者认为这篇杂文鲜明的阶级观点跟强调"和谐""包容"的当下显得极不协调。

不过，新时期的鲁迅作品教学取得的成绩仍然是有目共睹的，无论在观点还是方法上都有很多新的突破。作为传统教材的《祝福》，长期以来都习惯于用封建"四权"（即政权、神权、族权、夫权）来分析祥林嫂悲剧的根源，但如今不少教师力图摆脱旧说，深入挖掘小说叙事中被遮蔽的主题。他们认为，祥林嫂形象的重要之处，并不在于她所遭受的"四权"压迫，也不在于她周围社会对其不幸遭遇的冷漠和嘲讽，而在于她身遭不幸之后向小说中的叙述者"我"提出的疑惑。祥林嫂对灵魂、地狱的探问，是蕴涵着深奥的"知性"及"智性"难题。这才是小说情节的焦点及意义所在。"文革"之前，鲁迅名著《阿Q正传》进入教材时，侧重节选"不准革命"或"生计问题"等章节，意在批判辛亥革命的不彻底性，与毛泽东批评辛亥革命缺少农村大变动的论断相呼应。但就从作品的实际而言，阿Q心目中的"革命"无非是"我要什么就是什么，我喜欢谁就是谁"，这种"革命观"很难谈得上有什么进步意义，而作品的启蒙意义（如对国民劣根性的批判）却因为不符合当时的阶级观点而被遮蔽了。在当前的教学中，有老师提出了一种"生命教育"理念，通过《阿Q正传》的教学分清消极避世的"精神胜利法"与现代生活中适当的心理调节的差别，从而贯彻尊重生命尊严、弘扬生命价值、促进生命发展的教育主张。这种教学试验，显示出对鲁迅作品的内涵及意义进行不同阐释的可能性。鲁迅的《社戏》，在长期的教学过程中侧重强调农村少年的矫健英武、勇敢机智，歌颂劳动人民的无私和淳朴。现在有的教师运用这篇教材培养学生健康的审美情趣，包括景物美、人情美、民俗美、语文美、构思美、主题美、细节美……又通过多媒体创造开卷有益的教学情境，更增强了学生的审美体验。

教学方法的创新，更是新时期鲁迅作品教学的一道靓丽风景。有的学校把鲁迅博物馆或纪念馆的展厅作为教学现场，把课堂教学与博物馆的文化资源相结合。有的学校利用特有的文化历史资源进行鲁迅作品教学，像北京鲁迅中学在校园内的刘和珍、杨德群纪念碑前讲授《记念刘和珍君》，北京师大附中在自编教材中介绍鲁迅与师大附中、与琉璃厂文化的关系。更多的教师采用了多媒体教学的方式，在课堂上播放鲁迅作品朗诵录音，播放跟课文内容有所联系的历史图片，引导学生生动、活泼、主动地学习。这些方式都是对传统语文教学的一种创新和超越。

余话：海外教材中的鲁迅

在国外和我国港、澳、台地区，鲁迅作品也不同程度地进入了教材。比如王润华先生曾撰写了《新马华文教科书中的鲁迅作品》一文，系统介绍了新加坡、马来西亚教科书中使用鲁迅作品的情况，反映出鲁迅作品在东南亚地区的影响越来越大。

其实，鲁迅作品在日本和朝鲜的影响更加广泛。早在1927年，鲁迅的小说《故乡》就被译成了日文，1953年又被教育出版社收入了中学国语教科书，供中学三年级学生学习。1972年中日邦交实现正常化，日本通行的6套国语教科书都收录了《故乡》。在日本读者的心目中，《故乡》跟其他选入教材的日本文学作品几乎同样享有"国民文学"的地位。日本鲁迅研究的活跃期是20世纪40年代末、50年代初。在关西的京都和关东的东京，一些进入大学主修中国文学的学生组织和学术团体，他们把鲁迅研究与反思日本历史、反对新老殖民主义结合起来，取得了丰硕的研究成果，出现了一批享有盛誉的学术大师，如丸山昇、竹内实、北冈正子等。但 90 年代以后日本的鲁迅传播逐渐走向低谷。

同样是在 20 世纪 20 年代至 30 年代，一些在中国的朝鲜留学生通过课堂教学和社团活动接触了鲁迅作品。比如鲁迅作品的朝鲜文译者柳树人就是在延吉第二中学读书的时候，通过老师读到了《新青年》刊载的《狂人日记》。他认识到"鲁迅先生不仅写了中国的狂人，也写了朝鲜的狂人"。从那时起，鲁迅就成为了他崇拜的第一位中国人。朝鲜革命领袖金日成 20 年代在中国东北求学，通过他的中学语文老师、狂飙社成员尚钺读到了鲁迅的《阿Q正传》《祝福》，从而更清楚认识了当时社会的腐败状况，更加坚定了革命的决心。从 20 年代到 30 年代，以复旦大学为中心成立了"高丽留学生联合会"，成员多达几百人，其中不少人通过原作了解了鲁迅。

20 世纪 50 年代，朝鲜最高学府金日成综合大学及其他大学的中国语言文学专业开设了"中国文学史"课程，鲁迅作品成了重点教学内容和科研项目。在韩国，从 70 年代到 80 年代，已有数十所大学开设了中文专业，鲁迅作品是重点授课项目。2001 年，韩国新元文化社出版了《初中生看的〈阿Q正传〉》，2003 年青色自行车社又出版了《鲁迅——只依靠笔锋唤醒十亿人口的小说家》，都是面向青少年的普及性读物。韩国鲁迅研究家朴宰雨教授说："中国二十世纪文学家中，韩国人读得时间最长作品最多的就是鲁迅。这是因为鲁迅的文学可读性强，又有极高的文学表达力，而且跟日本统治时代民族解放的需要和军阀法西斯时期的民主化斗争很自然地产生了共鸣。"

越南成为新生的社会主义国家之后，把鲁迅的《阿Q正传》等作品选进了中学使用的《文学选读》课本，又特聘中国专家到河内等地的大学开设鲁迅研究课程。

在台湾地区，进入教材和课外读物的鲁迅作品有《阿Q正传》，杨逵译为日文，东华书局 1947 年 1 月出版。《狂人日记》，王禹农译为日文，东方出版社 1947 年 1 月出版。《故乡》，蓝明谷译为日文，现代文学研究会 1947 年 8 月出版。《孔乙己·头发的故事》，王禹农译为日文，东方出版社 1948 年 1 月出版。《药》，王禹农译为日文，东方出版社 1948 年 1 月出版。台湾 1945 年光复之前为日本殖民地，居民很多人不识母语。为了"去日本化"，当时采用了中、日文对照的方式进行国语教育。进入新时期以来，大陆鲁迅研究者陈漱渝在台湾不少高校宣讲鲁迅，并编选出版了《青少年鲁迅读本》。北京大学钱理群教授在台湾清华大学开设了《鲁迅选读课程》。香港行政区的中六中国文学课程中，鲁迅的《药》是指定作品。

在横跨欧亚的苏联，艾德林编选的《鲁迅短篇小说集》作为"中学生读物丛书"之一，在莫斯科儿童出版社出版，除译有小说 10 篇之外，还附录了 8 篇散文诗。

在北欧，瑞典是一个有汉学研究传统的国度。1964 年，瑞典出版了一本《〈阿 Q 正传〉及其他》，译者雷阿德·埃克奈尔，内收鲁迅小说、杂文 21 篇，其中部分译文被选进了中小学教材，产生了较大影响。

在西欧，鲁迅小说和杂文已被编入中学读物，如《80 年代之材料》。1986 年，意大利北部伐勒西地区的一所中学，举行了纪念鲁迅逝世 50 周年的展览会。

20 世纪 70 年代，法国的鲁迅研究比较活跃，主要推动者是米歇尔·露阿教授和马蒂娜·埃梅里教授。她们在巴黎第七大学和第八大学开设鲁迅作品研读课，并将鲁迅作品和文言论文译成法文，还在巴黎第七大学阿卡里翁剧场上演了《阿 Q 正传》，改编者让·儒尔德衣。

1970 年，英国学者詹纳在牛津大学出版社出版了名为《现代中国小说》的选本，其中收录了鲁迅的小说《孔乙己》《故乡》《祝福》。

在美国，很多鲁迅作品都是由高等学校出版社出版。哥伦比亚大学早在 1941 年就出版了华裔学者王际真翻译的《阿 Q 及其他——鲁迅小说选》，1974 年，美国麻城理工学院出版社出版了伊罗生重新编选的中国现代短篇小说选《草鞋脚》，该书收录了鲁迅的《狂人日记》《药》《孔乙己》《风波》《伤逝》。1981 年，杨宪益和戴乃迭合译的《鲁迅小说全集》也由美国印第安纳大学出版社印行。笔者不了解这些作品是否进入了美国大学的课堂，但在美国学生中产生了一定影响是可以断言的。1995年，哥伦比亚大学出版社出版了一部《哥伦比亚中国现代文学读本》，其中"小说"部分收入了鲁迅的《〈呐喊〉自序》《狂人日记》《孔乙己》，这是英语世界第一本以20世纪中国文学为对象的阅读文选。1996年，美国斯坦福大学出版社推出了由丹顿主编的《现代中国文学思想读本》，鲁迅的《摩罗诗力说》《论照相之类》《〈呐喊〉自序》《文艺与政治的歧途》《论第三种人》入选，是个人入选文章最多的作家。以上所述，仅涉及海外入选教材的相关鲁迅作品，并非全面介绍鲁迅作品在域外的传播情况，这是需要说明的。

当鲁迅刚刚去世的时候，不少青年学生自发地来到鲁迅墓前，挥泪宣誓："先生，没有死；青年，莫彷徨！花谢，种子在，撒播在青年的脑海。"进入教材的鲁迅作品，就是撒播鲁迅精神的种子，必将在一批批学生心灵的沃土上培养出绚丽的文化之花，结出丰硕的生命之果。

第四章　翻译绍介

偷运天火给国人的普罗米修斯
——鲁迅翻译外国文学版本概览

李春林

鲁迅曾经说过："人往往以神话中的 Prometheus 比革命者，以为窃火给人，虽遭天帝之虐待不悔，其博大坚忍正相同。"（《鲁迅全集》2005 年版，4.213-4。后文凡引用鲁迅文者均出自此版，且仅注明卷号页码，圆点前为卷号，后为页码）鲁迅正是这样一位窃火给国人的普罗米修斯；虽然他说"我从别国里窃得火来，本意却在煮自己的肉"（4.214），尽管应说确实也含有此种目的，但他如是言之也是出于他同资产阶级自由派及创造社、太阳社这些极左的假革命派论战的需要；其真正的主旨还是在于为国民精神的改造与前进提供灯火。正是由于为中国人民努力运输些切实的精神食粮的自觉要求，鲁迅成为中国 20 世纪译介外国文学的伟大的先行者和成就最丰者。

从 1903 年翻译雨果的《哀尘》（《随见录》之一章，后写入《悲惨世界》），到 1936 年逝世前翻译果戈理《死魂灵》第二部残稿，鲁迅先后共译了 15 个国家 128 位作家的作品（含个别作品片段及讲话记录），具体名单如下（国别与作家名字均以翻译时间先后为序）：

法国（6人）：雨果、凡尔纳、腓立普、亚波里耐尔、J.Cocteau、纪德。

美国（1人）：路易斯托仑。

英国（2人）：哈葛德、兰格。

匈牙利（3人）：赖息、Andor Gábor、裴多菲。

俄国（55人）：安特莱夫、迦尔洵、阿尔志跋绥夫、爱罗先珂、契里珂夫、托洛茨基、皮里尼亚克、布哈林、叶夫列依诺夫、左琴科、A.雅柯夫列夫、隆茨、理定、费定、罗加切夫斯基、马伊斯基、卢那察尔斯基、普列汉诺夫、沃隆斯基、瓦进、渥辛斯基、拉斯柯尔尼科夫、波隆斯基、烈烈维奇、阿卫巴赫、雅克波夫斯基、I.雅柯夫列夫、拉狄克、普列忒内夫、罗陀夫、别泽勉斯基、梅希且略珂夫、开尔显崔夫、略萨诺夫、别德内依、尼古拉·确木努易、扎米亚京、高尔基、谢芙琳娜、法捷耶夫、戈庚、卓祖利亚、萧洛霍夫、富尔曼诺夫、英贝尔、潘菲洛夫、伊利英科夫、聂维洛夫、里亚希克、玛拉什金、果戈理、萨尔蒂科夫、契诃夫、班台莱耶夫、内斯妥尔·珂德略来夫斯基。

波兰（1人）：显克维支。

日本（39人）：上野阳一、高岛平三郎、武者小路实笃、森鸥外、芥川龙之介、菊池宽、中根弘、秋田雨雀、江口涣、夏目漱石、有岛武郎、厨川白村、山本修二、伊东干夫、鹤见祐辅、长谷川如是闲、金子筑水、片山孤村、岛崎藤村、中泽临川、生田长江、铃木虎雄、青野季吉、板垣鹰穗、黑田辰男、片上伸、蔗谷虹儿、千叶龟雄、臧原惟人、昇曙梦、野口米次郎、山岸光宣、尾濑敬止、岩崎昶、本庄可宗、刘米达夫、上田进、立野信之、石川涌。

德国（10人）：海涅、尼采、凯尔沛来斯、拉斐勒·开培尔、保罗·赉赫、梅斐尔德、路特威锡·棱、Barin、O.毗哈、格罗斯。

芬兰（2人）：亚勒吉阿、明那·亢德。

保加利亚（1人）：伐佐夫。

捷克（1人）：凯拉绥克。

荷兰（3人）：Multatuli、望・蔼覃、波勒・兑・蒙德。

西班牙（1人）：巴罗哈。

奥地利（2人）：翰斯・迈伊尔、莉莉・珂贝。

罗马尼亚（1人）：萨多维亚努。

这些译作的总字数约三百万字，约占鲁迅著述全部字数之半；鲁迅还写了大量介评外国文学的文章，涉及21个国家166位作家。这个数字还不包括他在著述中偶尔提到的外国作家（如伊朗的莪默伽亚谟，迦太基的奥古斯丁，南非的旭莱纳）。可以断言，仅就译介外国文学方面所做的贡献而言，中国作家亦无出鲁迅其右者。鲁迅的这些翻译成果，大多以专著或先在报刊上发表后结集的形式问世。本文即是对这些译著版本进行一次系统的爬梳。

《月界旅行》与《地底旅行》

1903年10月和1906年3月，青年鲁迅在日本出版了两部译著：法国儒勒・凡尔纳的科幻小说《月界旅行》与《地底旅行》。前者由东京进化社出版，后者由上海普及书局、南京启新书局出版。《月界旅行》有鲁迅所作《辨言》；封面呈米黄色，黑字，书名为隶书直排，书名之上端，又分两行印"科学小说"四字，亦为隶体。《地底旅行》封面图为彩色的火山，起伏的海浪，远处的帆影。书名为楷书红字，从右至左斜列（本文关于各书封面介绍，多参考周国伟《鲁迅著译版本研究编目》，上海文艺出版社，1996年版）。两书后由香港今代图书公司再版。均收入1938年版《鲁迅全集》第11卷，1958年版《鲁迅译文集》第1卷，2009年版《鲁迅著译编年全集》第1卷。

1903 年 12 月东京进化社初版《月界旅行》　　1906 年 4 月上海普及书局、南京启新书局初版
《地底旅行》

《域外小说集》

1909 年 2 月和 6 月，中国翻译史上一件具有重大意义的事件发生了，这就是《域外小说集》的出版。

此书由鲁迅与周作人合译，共两册。第一册收作品 7 篇，其中安特莱夫的《谩》和《默》系鲁迅译；第二册收 9 篇，迦尔洵的《四日》为鲁迅译。其余均由周作人译。鲁迅撰写了《序言》和《略例》以及两则《杂识》（安特莱夫、迦尔洵）。此书在东京出版，署"会稽周氏兄弟纂译"，周树人发行，上海广昌隆绸庄寄售。封面均为单色，上端印有一长方形希腊少女弹琴的图案，书名《域外小说亼》系陈师曾所作篆体字。但当时销售不佳，仅售出 40 本。1921 年上海群益书社出改版本，两册合一，增加作品 21 篇，均周作人译，鲁迅撰《序》，署名周作人。1936 年 12 月中华书局据群益版重印，1940 年 11 月出第 3 版。2006 年 1 月北京新星出版社出版"鲁迅书系"，此书列入。

《域外小说集》（第一册） 　　　　　《域外小说集》（第二册）

1909 年 3 月 2 日、1909 年 7 月 27 日，日本东京神田印刷所印制

　　此书之前，中国虽已有人开始翻译外国文学，但无论从原作选取还是从翻译风格来看，都很难说与约十年后中国新文学的诞生存有精神关联。而《域外小说集》的翻译，却是"异域文术新宗，自此始入华土"（10.168），一种可以转移性情、改造社会、为人生的文学开始进入中国场域。捷克学者普实克说鲁迅的文言小说《怀旧》是中国现代文学的先声；我以为《域外小说集》亦具有此种意义：它最早为中国现代文学提供了模板，是为古旧寂寥的中国报春的第一燕。遗憾的是，当时的中国尚未经过五四文化革命的洗礼，没有接受这只春燕的场域与氛围，因此此书未得到广大读者的响应。但它作为中国现代文学的最早先声，却永远彪炳史册。鲁迅翻译的 3 篇作品收入 1938 年版《鲁迅全集》第 11 卷，1958 年版《鲁迅译文集》第 1 卷，2009 年版《鲁迅著译编年全集》第 1 卷。

《一个青年的梦》

鲁迅于 1919 年 8 月 2 日至 1920 年 1 月 18 日翻译日本作家武者小路实笃的剧本《一个青年的梦》。译文最初刊于 8 月 3 日至 10 月 25 日北京《国民公报》，该报被禁停刊后，移至《新青年》月刊第 7 卷第 2—5 期发表。1922 年 7 月，商务印书馆出版单行本，列为《文学研究会丛书》之一；1927 年 9 月，上海北新书局再版，列于《未名丛刊》中。初版封面为单色，无图案；北新书局重印版却有一幅颇具日本风韵的三色彩版花鸟画。

《一个青年的梦》剧本，日本武者小路实笃著，
鲁迅译，1922 年 7 月商务印书馆版

鲁迅先后为剧本写了《译者序》和《译者序二》，均发表于《新青年》第 7 卷第 2 号（1920 年 1 月），但都未收入单行本。印入单行本中的则是鲁迅为该书写的《后记》。鲁迅在这些文章中阐明，《一个青年的梦》之主旨"是在反对战争"（10.212）；鲁迅读后"很受些感动，觉得思

想很透彻，信心很强固，声音也很真"（10.209）；他之所以将其译成中文则在于"这剧本很可以医许多中国旧思想上的痼疾"（10.212）。单行本中还印有作者 1916 年写的《自序》及特地为中译本写的《与支那未知的友人》一文。本书后经商务印书馆及北新书局累次再版。收入 1938 年版《鲁迅全集》第 12 卷，1958 年版《鲁迅译文集》第 2 卷，2009 年版《鲁迅著译编年全集》第 3 卷。

《工人绥惠略夫》

鲁迅于 1920 年 10 月间译阿尔志跋绥夫的中篇小说《工人绥惠略夫》。最初连载于《小说月报》。1922 年 5 月，上海商务印书馆出版单行本，列为《文学研究会丛书》之一。封面系单色图案，绘有两个带翅膀的小孩子，分别站立于左右，书名为黑字，居中。鲁迅为此书写了《译了〈工

《工人绥惠略夫》，俄国阿尔志跋绥夫著，鲁迅译，1927 年上海北新书局重印本

人绥惠略夫〉之后》，刊于《小说月报》第 12 卷第 7 号，后收入单行本卷首。本书后累经上海商务印书馆及北新书局再版。1920 年 10 月 30 日又完成了阿氏短篇小说《幸福》的翻译，并撰《译者附记》，与译文一起初发表于《新青年》第 8 卷第 4 号，后收入商务印书馆 1922 年 5 月出版的《现代小说译丛》。1921 年 4 月 28 日又译完阿氏另一小说《医生》，并撰《译者附记》，两者同时发表于《小说月报》第 12 卷号外《俄国文学研究》，后亦收入《现代小说译丛》。鲁迅用半年左右的时间将阿尔志跋绥夫的三部（篇）作品翻译过来，与他致力于改造国民性的思想相关。阿尔志跋绥夫的作品极力揭示俄国国民性的麻木，《工人绥惠略夫》还写出了愚众对于改革者的冷漠。这些，都可以作为中国的参照。收入 1938 年版《鲁迅全集》第 11 卷，1958 年版《鲁迅译文集》第 1 卷；《工人绥惠略夫》和《幸福》收入 2009 年版《鲁迅著译编年全集》第 3 卷，《医生》收入该书第 4 卷。

《现代小说译丛》（第一集）

除阿尔志跋绥夫的作品外，鲁迅 1921 年还翻译了其他俄国作家安特莱夫（2 篇），契里珂夫（2 篇），保加利亚伐佐夫（1 篇），芬兰作家明那·亢德和亚勒吉阿（各 1 篇）的作品，这些作品与所翻译的阿尔志跋绥夫的两篇短篇作品，一起收入《现代小说译丛》（第一集）。该书由上海商务印书馆于 1922 年 5 月出版，系鲁迅、周作人、周建人合译的现代短篇小说集，除鲁迅所译 9 篇外，尚有 21 篇。其封面为黄、白、蓝三色相间，书名为白底蓝字，横印。该书后经上海商务印书馆及香港建文书局累次再版。2006 年北京新星出版社"鲁迅书系"列入此书。鲁迅所译收入 1938 年版《鲁迅全集》第 11 卷，1958 年版《鲁迅译文集》第 1 卷，散在 2009 年版《鲁迅著译编年全集》第 3、4 卷。

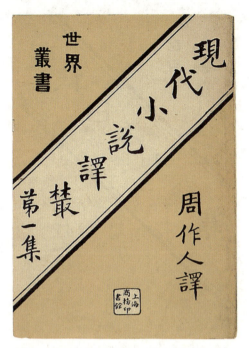

《现代小说译丛》，鲁迅与周作人、周建人合译，
1922 年商务印书馆版

《现代日本小说集》

　　1921 年，鲁迅翻译了多篇日本短篇小说，其中有森鸥外的《沉默之塔》，芥川龙之介的《鼻子》和《罗生门》，菊池宽的《三浦右卫门的最后》，4 篇译作均撰有《译者附记》，且都曾在报刊上发表过。1922 年 6 月鲁迅又较集中地翻译了日本短篇小说：夏目漱石的《挂幅》和《克莱喀先生》，森鸥外的《游戏》，有岛武郎的《与幼小者》和《阿末的死》，江口涣的《峡谷的夜》，菊池宽《复仇的话》。这 7 篇译作与 1921 年所译的 4 篇一起收入上海商务印书馆 1923 年 6 月出版的《现代日本小说集》中。该书封面为黄白两色，书名系斜印的白底蓝字。系鲁迅与周作人合译，共 30 篇，另 19 篇为周作人的译作。鲁迅所译的作品，大多是对他的创作发生了影响的作家的作品，如夏目漱石、森鸥

《现代日本小说集》，鲁迅与周作人合译，1923
年商务印书馆版

外、芥川龙之介、有岛武郎等。《现代日本小说集》以周作人名义出版，
卷首有周作人撰写的序言，卷末有《关于作者的说明》，鲁迅撰写了关
于自己所译诸家的条目。此书后经上海商务印书馆及香港建文书局累次
再版。2006 年北京新星出版社"鲁迅书系"列入此书。鲁迅所译各篇收
入 1938 年版《鲁迅全集》第 11 卷，1958 年版《鲁迅译文集》第 1 卷，
2009 年版《鲁迅著译编年全集》第 4 卷。

《爱罗先珂童话集》

爱罗先珂是一位盲诗人，也是一位优秀的童话作家。他的作品也对
鲁迅的创作发生过影响。

鲁迅 1921 年 8 月 16 日译《狭的笼》并撰《译者附记》，这是他翻译爱罗先珂童话的正式开始。在这篇《译者附记》中，鲁迅简要地介绍了爱罗先珂的生平，认为他是用血和泪写了这篇作品。后又陆续译了《池边》《春夜的梦》《鱼的悲哀》《雕的心》《世界的火灾》《古怪的猫》《两个小小的死》《为人类》《小鸡的悲剧》《时光老人》《"爱"字的疮》《红的花》。鲁迅为大多数作品写了《译者附记》。以上诸作及《译者附记》绝大部分都在报刊上发表过。1922 年 7 月上海商务印书馆初版的《爱罗先珂童话集》含上述 13 篇作品中的前 9 篇，余 4 篇为 1938 年《鲁迅全集》第 12 卷所补入。初版单行本为炒米色封面，书名系铅字竖印居中，为紫色。卷首有鲁迅写于 1922 年 1 月 28 日的《〈爱罗先珂童话集〉序》、爱罗先珂全身坐像及世界语原作诗一首。1938 年版《鲁迅全集》还收有鲁迅所译日本江口涣的《忆爱罗先珂华希理君》。鲁迅在《序》中说，"我觉得作者所要叫彻人间的是无所不爱，然而不得所爱的悲哀"，"我

《爱罗先珂童话集》，1933 年 10 月商务印书馆版

愿意作者不要出离了这童心的美的梦，而且还要招呼人们进向这梦中，看定了真实的虹，我们不至于是梦游者"（10.214）。鲁迅用诗的语言，概括了爱氏作品的特质，并且希望爱氏的作品最后能使人们认识到真实的生活。《爱罗先珂童话集》后在商务印书馆多次再版，香港今代图书公司亦曾再版。收入1938年版《鲁迅全集》第12卷，1958年版《鲁迅译文集》第2卷，散在2009年版《鲁迅著译编年全集》第4、5卷。

《桃色的云》

在鲁迅翻译爱罗先珂童话的同时，从1922年4月30日至5月25日，他还翻译了爱罗先珂用日文写作的三幕童话剧《桃色的云》，并撰《译者附记》和《记剧中人物的译名》。译文及附记连载于5月15日至6

雲 的 色 桃

譯 迅 魯　作 珂 先 羅 愛

《桃色的云》，1934年10月上海书店初版

月 25 日《晨报副刊》。单行本于 1923 年 7 月由新潮社出版。封面为橘黄色图案，系鲁迅亲自摹绘的石刻云纹，书名与著者名为横印黑字，分成两行置于下端。书中收有鲁迅写的《序》。卷首印有日本中村彝所作的爱罗先珂彩色画像。还收有鲁迅译的秋田雨雀致爱罗先珂的信：《读了童话剧〈桃色的云〉》及鲁迅所作《记剧中人物的译名》。由于对于动植物的译名较乱，所以另写《记剧中人物［按：即动植物］的译名》，以便读者参考。鲁迅译介外国作品特别是儿童文学作品，是很注意有益于读者的接受的。《桃色的云》后来经北新书局和生活书店多次再版。收入 1938 年版《鲁迅全集》第 12 卷，1958 年版《鲁迅译文集》第 2 卷，2009 年版《鲁迅著译编年全集》第 4 卷。

《苦闷的象征》

　　从 1924 至 1927 年，对于日本文学的翻译，又成为鲁迅译事活动的主要内容。首先是对于厨川白村的翻译。鲁迅对厨川的兴趣与他对弗洛伊德的兴趣相关联：鲁迅后来所把握的弗洛伊德学说，应当说是经过了厨川改造后的弗氏学说——当然，也有着鲁迅自己的独特的领会与思索。鲁迅于 1924 年 9 月 22 日至 10 月 10 日翻译厨川的论文集《苦闷的象征》，刊于同年 10 月 1 日至 31 日《晨报副刊》。在此期间，围绕着对《苦闷的象征》的翻译，鲁迅还先后写有《译〈苦闷的象征〉后三日序》《〈自己发见的欢喜〉一节之后译者附记》《〈文艺鉴赏的四阶段〉一节之后译者附记》等文，均刊于同年 10 月的《晨报副刊》。同年 12 月新潮社出版单行本。陶元庆为本书作封面画，一把钢叉叉着一个少女的舌头。这正是所谓"人间苦"的象征性表达。封面呈淡红色。书前有鲁迅作的《引言》，书后有鲁迅译的山本修二所写的《后记》及附录：常惠译的莫泊桑的《项链》。卷首有著者像，书中有《蒙娜丽莎》、莫泊桑头像等 5 幅图。

《苦闷的象征》，日本厨川白村著，鲁迅译，1926
年3月北新书局版

　　《苦闷的象征》后经北新书局累次再版，1930年即已出8版，累印
2万册。1935年已出12版。1960年8月，香港今代图书公司亦再版。
收入1938年版《鲁迅全集》第13卷，1958年版《鲁迅译文集》第3卷，
2009年版《鲁迅著译编年全集》第5卷。

《出了象牙之塔》

　　鲁迅于1924年底至1925年之交，翻译了厨川白村的文艺评论集《出
了象牙之塔》，某些节还写了《译者附记》，大都刊于同时的《京报副刊》
和《民众文艺周刊》。1925年12月由北京未名社出版单行本。仍由陶
元庆作封面画：一个裸女倚树远望，有麻点的树身中有"未名丛刊"四字。
共收论文10篇，其中《论英语之研究》系用英文写作，鲁迅未译成中文。

《出了象牙之塔》，日本厨川白村著，鲁迅译，1925
年12月北京未名社初版

书后附有鲁迅所写之《后记》。书中插有《著者在书斋中》《勃朗宁画像》
等5图。

鲁迅移译此作，是要借他人之酒杯，浇自己之块垒——对于本国的
世态，"一一加以辛辣的攻击和无所假借的批评"（10.268）。

《出了象牙之塔》累经新潮社与北新书局多次再版。1960年8月，香
港今代图书公司亦再版。收入1938年版《鲁迅全集》第13卷，1958年版
《鲁迅译文集》第3卷，散在2009年版《鲁迅著译编年全集》第5、6卷。

《思想·山水·人物》

1925—1928年间，鲁迅还陆续翻译了日本作家鹤见祐辅的杂文集《思
想·山水·人物》中的多篇文章，并对某些篇章撰有《译者附记》。原

作共收杂文 31 篇，鲁迅选译 20 篇，其中多数在未收入单行本之前于当时的许多报刊上发表过。单行本于 1928 年 5 月由上海北新书局出版。封面系湖绿色，书名为铅字排印，中有由云彩和飞鸟组成的小画。卷首有鲁迅写的《题记》，书中有《著者在美国霍特生河畔》《中国北京城和骆驼》等图 9 幅。鲁迅在《题记》中写道：书中"关于英美现势和国民性的观察，关于几个人物……的评论，都很有明快切中的地方，滔滔然如瓶泻水，使人不觉终卷"（10.299）。此作的移译，亦是服务于鲁迅改造中国国民性的总目的的。

《思想·山水·人物》，鲁迅译，1928 年 5 月北新书局初版

1929 年，上海北新书局再版《思想·山水·人物》。收入 1938 年版《鲁迅全集》第 13 卷，1958 年版《鲁迅译文集》第 3 卷，散在 2009 年版《鲁迅著译编年全集》第 6—9 卷。

《小约翰》

1926年7月6日至8月13日，鲁迅翻译了荷兰作家望·蔼覃的童话《小约翰》。1928年1月北京未名社出版。孙福熙为本书作封面画：一裸体小孩，在海滨高山之旁举手向月。书名系美术字，置于封面左下方。卷首有作家头像、鲁迅写的《引言》、德国赉赫的《原序》，书后有荷兰波勒·兑·蒙德撰写的《拂来特力克·望·蔼覃》、鲁迅撰写的《动植物译名小记》。童话内容主要是写主人公小约翰在梦幻世界中探寻真理、知识与幸福的曲折经历。鲁迅在《引言》中不仅介评了作者与作品，还回顾了他自1906年钟情于《小约翰》直至1929年才将译稿整理完毕的曲折历程，显现出先生对外国文学译介的执着。

《小约翰》，鲁迅与齐寿山合译，1928年1月
未名社初版

《小约翰》累经未名社、生活书店、鲁迅全集出版社、人民文学出版社、香港建文书局等再版。收入1938年版《鲁迅全集》第14卷，

1958 年版《鲁迅译文集》第 4 卷，2009 年版《鲁迅著译编年全集》第 8 卷。

《小彼得》和《表》

鲁迅对外国儿童文学的译介一直怀有浓烈的兴趣，在《小约翰》之后，他还校改、翻译、出版了奥地利女作家至尔·妙伦的《小彼得》和苏联作家班台莱耶夫的《表》。前者系许广平（署名许霞）所译，鲁迅做了校改。《小彼得》通过一个孩子的视角以童话的形式抒写无产阶级的苦难。该书 1929 年 11 月由上海春潮书局出版。封面为米色布纹纸，书名为黑色美术字，横排于上端，有一图案居中。该书后累经上海春潮书局、上海联华书局、少年儿童出版社、香港建文书局再版。

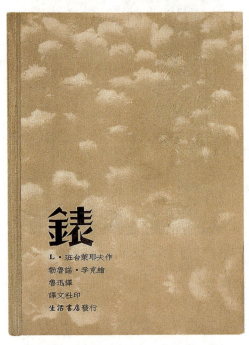

《表》，鲁迅译，1935 年 7 月生活书店初版

后者为鲁迅亲译，作者则是一位由流浪儿成长起来的苏联无产阶级作家。所写的也正是一个流浪儿的成长：他因偷表而历经心理的阵痛，终于成为一名新人。该书于1935年7月由上海生活书店出版。封面为青纸硬封面，取该书中的一幅插图为封面图，书名为美术字，置于左下角，下列著、译、发行者的名字。该书后累经生活书店，华北新华书店，（桂林）新少年出版社，胶东文联、青联，晋察冀新华书店，（重庆）学艺出版社，新少年书局，哈尔滨光华书局，河南新华书店，山东新华书店，浙江新华书店，北京三联书店，人民文学出版社，少年儿童出版社等再版，共27次。《表》和《小彼得》收入1938年版《鲁迅全集》第14卷，1958年版《鲁迅译文集》第4卷，《表》收入2009年版《鲁迅著译编年全集》第18卷。

《俄罗斯的童话》

鲁迅于1934年9月至1935年4月间翻译了高尔基的《俄罗斯的童话》，其中前9篇曾在《译文》月刊发表过，后7篇遭国民党书报检查部门禁止，未能继续刊登。后与前9篇一起印入单行本，1935年8月上海文化生活出版社出版。封面为绿色双线框，书名为黑色铅字。卷首有作者头像及鲁迅写的《小引》。鲁迅在文中指出：这部书"虽说'童话'，其实是从各方面描写俄罗斯国民性的种种相，并非写给孩子们看的"（10.441）。这是鲁迅翻译此作的重要原因。

《俄罗斯的童话》累经文化生活出版社再版，达9次之多。收入1938年版《鲁迅全集》第14卷，1958年版《鲁迅译文集》第4卷，散在2009年版《鲁迅著译编年全集》第17—18卷。

《俄罗斯的童话》，鲁迅译，1935 年 8 月文化生活出版社初版

《药用植物及其他》

  鲁迅于 1930 年 10 月 18 日译完了日本刘米达夫写的《药用植物》，刊载于同年 10—11 月《自然界》第 5 卷第 9—10 期，后与许炳熙、陈阳均等撰写的《其他有用植物》合为《药用植物及其他》一书，1936 年 6 月由商务印书馆出版。封面系白底黑字，四周是咖啡色边框，由动植物图案组成。署名王云五、周建人主编，乐文（鲁迅笔名）等译著，系"中学生自然科学丛书"之一。商务印书馆曾两次再版此书。鲁迅译的《药用植物》收入 1938 年版《鲁迅全集》第 14 卷，2009 年版《鲁迅著译编年全集》第 12 卷。

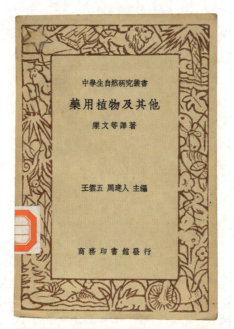

《药用植物及其他》1936 年 8 月，上海商务印书馆再版本

《近代美术史潮论》

鲁迅自幼即对美术极有兴趣，而在他的晚年，又为中国的版画事业行了奠基礼。同对外国文学一样，他对外国美术也兴味盎然，不独引进作品（如各国木刻），而且移译论著。1927 年 12 月至 1928 年 2 月，他翻译的日本板垣鹰穗《近代美术史潮论》即是如此。译文初在《北新》半月刊上连载，后于 1929 年由上海北新书局出版单行本。该书精装本系黑布封面；平装本则为淡黄色胶纸封面，中间印有一幅深黄色小画。书名为蓝黑色仿宋体字，横排于封面上端。该书收美术论文 9 篇，末附"注"，插画 140 幅，是一部图文并茂的美术史论著。

1959 年 4 月，人民文学出版社曾将本书重排出版。收入 1938 年版《鲁迅全集》第 15 卷，1958 年版《鲁迅译文集》第 5 卷，2009 年版《鲁迅著译编年全集》第 9 卷。

以民族底色彩为主

的

近代美术史潮论

日本板垣鹰穗著   鲁迅译

上海北新书局重校印行·一九二九年

《近代美术史潮论》1929年，上海北新书局重校本

《艺术论》（卢氏）

鲁迅于 1929 年 4 月 22 日译完了苏联著名文艺理论家、文化战线上的领导人之一卢那察尔斯基的《艺术论》。其中《艺术与阶级》一文曾刊于 1928 年 10 月 1 日《语丝》周刊第 4 卷第 40 期，余均未发表过。单行本 1929 年 6 月 15 日由上海大江书铺出版。该书封面系白底黑字，书名为双线美术字，竖印居中。上部还有黄绿两色图案画。含论文 5 篇，附录 1 篇，卷首有作者的原序及鲁迅撰写的《小序》。鲁迅在《小序》中介评了作者的生平与著述及本书的主要内容及翻译的艰难。

此书经大江书铺三次再版。收入 1938 年版《鲁迅全集》第 15 卷，1958 年版《鲁迅译文集》第 6 卷，2009 年版《鲁迅著译编年全集》第 10 卷。

《艺术论》（卢氏），1929 年 6 月上海大江书铺初版

《艺术论》（普氏）

　　时过半年（1929 年 10 月 12 日），鲁迅又译完了俄国马克思主义奠基人、著名马克思主义理论家普列汉诺夫的《艺术论》。据外村史郎日译本译出。除一篇外，单行本出版之前未发表过。单行本于 1930 年 9 月由上海光华书局出版。该书封面为灰白色布纹纸，书名为横排美术字。收论文 4 篇，卷首有鲁迅写的《译本序》。鲁迅为第 4 篇论文《论文集〈二十年间〉第三版序》写有《译者附记》，曾刊于 1929 年 7 月 15 日《春潮》月刊第 1 卷第 7 期。鲁迅在这篇《译者附记》中指出：普列汉诺夫的著作是"科学底社会主义的宝库"，"他又是用马克思主义的锄锹，掘通了文艺领域的第一个"（10.347）。事实上，鲁迅不独通过普列汉诺夫接受了马克思主义的文艺观，也是通过普列汉诺夫，进一步确立了自己

《艺术论》（普氏），1930年光华书局版

的唯物史观。鲁迅购有 10 种普列汉诺夫著作，他对马克思主义整体性接受主要是通过普列汉诺夫。

该书曾经人民文学出版社再版。收入 1938 年版《鲁迅全集》第 17 卷，1958 年版《鲁迅译文集》第 6 卷，2009 年版《鲁迅著译编年全集》第 11 卷。

《文艺与批评》

此期间鲁迅还编译了一本卢那察尔斯基的文艺评论集《文艺与批评》，1929 年 8 月 16 日译讫，10 月由上海水沫书店出版。封面为乳白色布纹纸，书名为橘黄色美术字。含论文 6 篇，其中 3 篇曾先行发表于《奔流》月刊、《春潮》月刊。诸文均系鲁迅从日译本选译。卷首

《文艺与批评》，鲁迅译，1929 年水沫书店版

有鲁迅所译的日本尾獭敬止作的《为批评家的卢那卡尔斯基》，可视为代序。书末有鲁迅撰的《译者附记》。在《译者附记》中，鲁迅对所收 6 篇论文一一做了介评，并这样写道：这些论文"虽然不过是一些杂摘的花果枝柯，但或许也能够由此推见若干花果枝柯之所由发生的根柢。但我又想，要豁然贯通，是仍须致力于社会科学这大源泉的"（10.332）。这就是说，鲁迅翻译卢氏的这些文学评论，是希望读者以此了解马克思主义的文艺观。同时，鲁迅又强调直接学习马克思主义社会科学的必要性。

此书 1930 年 3 月水沫书店再版。收入 1938 年版《鲁迅全集》第 17 卷，1958 年版《鲁迅译文集》第 6 卷，散在 2009 年版《鲁迅著译编年全集》第 10、11 卷。

《文艺政策》

鲁迅于 1928 年 5 月至 1930 年 4 月 12 日翻译了苏联文艺政策的文件汇集《文艺政策》，1930 年 6 月上海水沫书店出版。封面设计与《文艺与批评》相同。系据藏原惟人和外村史郎的日译本重译。收有《关于对文艺的党的政策——一九二四年五月九日关于文艺政策的评议会的议事速记录》《观念形态战线和文学——一九二五年一月第一回无产阶级作家全联邦大会的决议》《关于文艺领域上的党的政策——俄罗斯共产党中央委员会的决议（一九二五年七月一日《真理报》所载）》三文（这些文章是苏俄"同路人"作家与无产阶级作家两派文艺论争的产物，最后一文是对这一论争的总结，肯定了"同路人"的主张与创作，批评了无产阶级作家的极左的主张与创作，被称为是一篇马克思主义文艺观的纲领性文献。但后来被斯大林推翻），卷首有藏原惟

《文艺政策》1930 年水沫书店版

人所作《序言》，卷末有冯雪峰译冈泽秀虎作的《以理论为中心的俄国无产阶级文学发达史》和鲁迅撰的《后记》。鲁迅在《后记》中引用了自己在《〈奔流〉编校后记（一）》中的话："从这记录中，可以看见在劳动阶级文学的大本营的俄国的文学的理论和实际，于现在的中国，恐怕是不为无益的。"（10.340）这正是鲁迅翻译此书的目的所在。

此书上海水沫书店于 1930 年 10 月再版。收入 1938 年版《鲁迅全集》第 17 卷，1958 年版《鲁迅译文集》第 6 卷，散在 2009 年版《鲁迅著译编年全集》第 9、10 卷。

《现代新兴文学的诸问题》

此期间鲁迅除了从日文转译苏俄无产阶级文艺论著外，还直接翻译了日本文艺批评家所写的无产阶级文艺论著。他于 1929 年 2 月 14 日译完了片上伸的《无产阶级文学的诸问题》，改题为《现代新兴文学的诸问题》（书题的改动恐与当时高压的时代背景有关），同年 4 月 1 日由上海大江书铺出版。封面为橘黄色，书名为紫红字，上中部有装饰性图案。卷首有鲁迅撰的《小引》，指出"……翻译这篇的意思，是极简单的。……借这一篇，看看理论和事实，知道势所必至，平平常常，空嚷力禁，两皆无用，必先使外国的新兴文学在中国脱离'符咒'气味，而跟着的中国文学才有新兴的希望——如此而已"（10.321-2）。鲁迅翻译此书是为了中国无产阶级文学的健康成长——而其重要前提就是要克服以创造社、太阳社极左分子们为代表的"符咒"气味。

大江书铺在本书初版之翌年，又两次再版此书。收入 1938 年版《鲁迅全集》第 17 卷，1958 年版《鲁迅译文集》第 5 卷，2009 年版《鲁迅著译编年全集》第 10 卷。

《现代新兴文学的诸问题》1929 年 4 月大江书铺版

《壁下译丛》

　　视野极为开放、胸襟特别宽广的鲁迅，在他致力于无产阶级文学的建设，并为此而大量输入外国无产阶级文学理论之同时，对于外国的其他种种文艺思潮、理论与流派不独不弃之不顾，而且也相当重视，积极引进。1929 年 4 月上海北新书局出版的《壁下译丛》即是如此。该书封面为湖绿色，深绿图案。这部文艺论文集，收论文 25 篇，作者 10 人，除俄国的开培尔外，都是日本人。这 25 篇文章中有 17 篇曾分别发表于当时的一些报刊。整本文集涉及无产阶级文学的不过三分之一，其余则是关于各国各种文体、流派、作家等的介评，如《东西之自然诗观》《西班牙剧坛的将星》《自然主义的理论及技巧》等。尤为引人注目的是，文集中还有关于现代派文学的介评，如《表现主义》。这表明，鲁迅不独在自己的创作中采用了某些现代派技巧，而且他对于现代派文艺理论也是熟悉的。鲁迅为某些译文写了《译者附记》。单行本卷首有鲁迅撰

《壁下译丛》1929 年 4 月北新书局版

的《小引》。从这篇《小引》中可以看出，鲁迅编译此书的目的之一仍是为了批评当时所谓"革命文学家"的种种谬论。

此书在初版当年即再版，累印 9000 册。收入 1938 年版《鲁迅全集》第 16 卷，1958 年版《鲁迅译文集》第 5 卷，散在 2009 年版《鲁迅著译编年全集》第 6—10 卷。

《译丛补》

如上所述，《壁下译丛》事实上是鲁迅在报刊上所发表的散在的译文的结集。但鲁迅散见于各种报刊的译作甚多；许广平在先生过世后编辑《鲁迅全集》时继续大力搜求，在唐骏、阿英、徐川、柳亚子、席涤尘等先生的帮助下，又觅得鲁迅生前所译论文 17 篇，小说 11 篇，杂文 8 篇，诗 3 篇，共 39 篇，作为《壁下译丛》之补充，故名《译丛补》。

1939 年 11 月鲁迅全集出版社出版单行本。封面为白底蓝字，书名系铅字体。1958 年出版《鲁迅译文集》时，又补入后来发现的译作 32 篇（其中论文 13，杂文 13，诗 5，剧 1），另有附录 5 篇。

《译丛补》1939 年 11 月鲁迅全集出版社版

在论文部分，仍包罗甚广，既有当时世界文艺状况的总揽，如《一九二八年世界文艺界概观》，又有单个的作家作品论，如《关于绥蒙诺夫及其代表作〈饥饿〉》；既有无产阶级文学的阐述，如《无产阶级革命文学论》，又有现代主义文学的介评，如《表现主义的诸相》。

小说部分无疑是《译丛补》的最重要部分。从所收的 11 篇作品中，可以看出鲁迅译介外国文学的取向：俄罗斯 6 人 7 作：古典作家果戈理、萨尔蒂科夫 - 谢德林、迦尔洵各 1，"同路人"作家左琴科 2、雅柯夫列夫 1、高尔基 1（虽然通常高尔基被认为是苏联无产阶级文学的奠基人，但苏俄极左的无产阶级作家们是不承认的，反而称其为"同路人"作家）。

东欧（巴尔干）作家2人2作：罗马尼亚的萨多维亚努1、保加利亚的伐佐夫1。西欧1人2作：法国的腓力普2。很明显，鲁迅是将俄国及东欧国家的文学作为自己译介的绝对重点的。而在对于苏联文学的译介中，又将"同路人"作家作品的译介作为重点。至于西欧作家，鲁迅选取的则是一位出身工人家庭、作品也是描写下层社会生活、名气甚至不十分大的作家。由此亦昭示出鲁迅的平民意识。

杂文部分的作者有俄国、苏联作家和日本作家，如阿尔志跋绥夫、皮里尼亚克、理定、有岛武郎等，也有法国大作家纪德和现代派作家让·科克多的作品。

诗歌部分则收有法国著名现代派诗人亚波里耐尔的作品。我们由此再次发现鲁迅对于西方现代派文学的广泛涉猎与兴趣。

收入1938年版《鲁迅全集》第16卷，1958年版《鲁迅译文集》第10卷，散在2009年版《鲁迅著译编年全集》第7—14、16—19卷。

《十月》

鲁迅从1929年1月至1930年8月翻译了苏联"同路人"作家雅各武莱夫（雅柯夫列夫）中篇小说《十月》。《十月》由上海神州国光社1933年2月出版。它是一部描写十月革命期间莫斯科武装起义的小说。作品深刻地反映了革命斗争的残酷性，含有"污秽和血"。鲁迅对此作的真实性与艺术表现的清新，都很赞赏。该书封面为米色，书名与作者名俄文原文横排斜印，底部横印"鲁迅编·现代文艺丛刊之一·鲁迅译"，系黑底白文，卷首有《作者自传》，书末有鲁迅所作《后记》。该书后经上海神州国光社、鲁迅全集出版社、人民文学出版社累次再版。收入1938年版《鲁迅全集》第18卷，1958年版《鲁迅译文集》第7卷，2009年版《鲁迅著译编年全集》第12卷。

《十月》，鲁迅译，1933 年 2 月神州国光社版

《毁灭》

鲁迅从 1929 年下半年起至 1930 年 12 月 26 日，翻译了法捷耶夫的长篇小说《毁灭》。它是一部表现苏联国内战争时期西伯利亚地区一支游击队的战斗生活的作品，被视为无产阶级文学代表作之一。但是就具体文本而言，它却具有"同路人"文学的浓烈色彩。这支队伍几乎没有打过像样的胜仗，而是在白军的追剿之下不断逃跑求生，造成大量伤亡。"一百五十人只剩了十九人，可以说，是全部毁灭了。……这和现在世间通行的主角无不超绝，事业无不圆满的小说一比较，实在是一部令人扫兴的书"（10.366）。作品真实地反映了现实生活，并不刻意美化现实；同时在艺术上也很成功，人物个性鲜明，心理描写细腻，风景描写蕴有浓烈的诗意，使得这部无产阶级作家创作的小说染有"同路人"文学的风韵。法捷耶夫这位无产阶级作家一直被极左派批评，但他的《毁灭》却得到了倾心于"同路人"文学的鲁迅的

《毁灭》1931 年 10 月，上海三闲书屋版

喜爱，将译作视为自己"亲生的儿子"（4.394）。

　　鲁迅译稿最初曾在《萌芽月刊》连载，后鲁迅又在日译本基础上参照英、德译本校改一遍。单行本由大江书铺于 1931 年 9 月出版。封面白底，咖啡色图案，从上至下印"法捷耶夫著　毁灭　隋洛文译　大江书铺版"。内容上删去了《作者自传》《关于〈毁灭〉》《代序》和《后记》等项，仅保留 6 幅插图。鲁迅对此颇不满意，即用大江书铺纸型，以"三闲书屋"之名，自费印行 500 册，同年 10 月出版。封面厚布纹纸，淡绿色，上中部有一游击队员图（系该书插图之一）。译者名恢复为"鲁迅"。扉页上的书名为鲁迅作的美术字。内容上被删去各项也全部恢复。此书后累经鲁迅全集出版社、华北书店、重庆作家书屋、汉口光明书店、华东人民出版社、人民文学出版社、内蒙古人民出版社多次再版。此外，周文（何谷天）还将鲁迅译本改编为通俗读物，上海光华书局 1933 年出版。

　　收入 1938 年版《鲁迅全集》第 18 卷，1958 年版《鲁迅译文集》第 9 卷，2009 年版《鲁迅著译编年全集》第 13 卷。

《竖琴》与《一天的工作》

鲁迅于 1933 年初，出版了两部苏联作家短篇小说集《竖琴》与《一天的工作》。《竖琴》为"同路人"作家作品；《一天的工作》则为无产阶级作家作品。两书之大部分为鲁迅所译，并由鲁迅担任两书的编辑工作。均由上海良友图书公司作为"良友文学丛书"之二种于 1933 年 1 月和 3 月出版。鲁迅为两书均写有《前记》和《后记》。1936 年 7 月合订一册，改题《苏联作家二十人集》。

 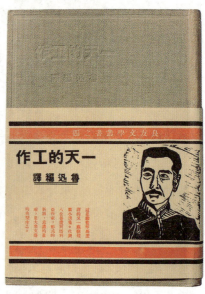

《竖琴》，鲁迅编译，1933 年 1 月上海良友图书印刷公司初版　　《一天的工作》，鲁迅编译，1933 年 3 月上海良友图书印刷公司初版

鲁迅大约在一年之前就有翻译、出版苏联作家短篇小说集的想法，并于 1931 年 10 月 17 日信告曹靖华，"我想译的小说集，已译的有了九篇"（12.278），并开列出目录：伦支（隆茨）的《在沙漠上》；札弥亚于（扎米亚京）的《洞窟》；毕力涅克（皮里尼亚克）的《苦艾》（正式印出时改为《苦蓬》）；理定一篇（未标篇名，后来选定《竖琴》）；淑雪

兼柯（左琴科）的《波兰姑娘》；雅各武莱夫（雅柯夫列夫）的《穷人》（《穷苦的人们》）；绥甫林娜（谢芙琳娜）的《肥料》。但后来《竖琴》正式出版时却有了较大的变化：将《波兰姑娘》撤下，改收柔石所译的同一作家的《老耗子》，并收入柔石所译的凯泰耶夫（卡达耶夫）的《"物事"》；又收入了曹靖华所译的拉甫列涅夫的《星花》；补入了鲁迅本人所译的左祝黎（卓祖利亚）的《亚克与人性》和英培尔的《拉拉的利益》，共10篇作品。而《苦蓬》与《肥料》则移入了另一本短篇小说集《一天的工作》中。

最初，鲁迅并未明确说明所译的是一本"同路人"作家小说集，但上述作品无疑都是"同路人"作家作品。鲁迅后来将《竖琴》作为"同路人"作家小说集，又编译了另一本无产阶级作家短篇小说集——《一天的工作》。《一天的工作》除《苦蓬》和《肥料》外，尚有略悉珂（里亚希柯）《铁的寂静》、聂维洛夫《我要活》、玛拉式庚（马拉什金）《工人》、绥拉菲摩维支《一天的工作》和《岔道夫》、孚尔玛诺夫（富尔曼诺夫）《革命的英雄们》、唆罗呵夫（肖洛霍夫）《父亲》、班菲洛夫（潘菲罗夫）及伊连珂夫（伊利英科夫）《枯煤·人们和耐火砖》。除绥拉菲摩维支的两篇系瞿秋白夫人杨之华所译外，其余皆为鲁迅译。《一天的工作》亦是10篇之数，只不过首二篇是"同路人"作家作品，侵占了无产阶级作家的地盘。

鲁迅对于两书的编校以及封面设计、装帧都甚为关心，亲自参与。《竖琴》为布面道林纸精装本，灰色胶纹布软封面，右下角为钢印农夫播种图案，书名与"鲁迅编译"等字置于左上角，亦为钢印。《一天的工作》封面设计按照鲁迅的要求与《竖琴》完全相同，只不过封面系草黄色胶纹布。

两书由良友公司累次再版，第4版即已累印各8000册，以后又再版两次。1949年后，人民文学出版社又再版两次《竖琴》。

两书均收入1938年版《鲁迅全集》第19卷，1958年版《鲁迅译文集》第8卷（但仅收鲁迅所译各篇），散在2009年版《鲁迅著译编年全集》第13、14卷。

《山民牧唱》

鲁迅 1928—1934 年间翻译了西班牙作家巴罗哈的一些作品。他认为："巴罗哈是一个好手，由我看来，本领在伊巴涅支之上，中国是应该绍介的。"（13.111）这些作品的译文，都曾在报刊上发表，而《放浪者伊利沙辟台》最初则收于上海朝花社印行的"近代世界短篇小说集"之二《在沙漠上》中。这些作品共 7 篇，结集为《山民牧唱》。鲁迅均写有《译者附记》。该书鲁迅生前即已"编定辑录"，但未能出版。收入 1938 年版《鲁迅全集》第 18 卷，1958 年版《鲁迅译文集》第 8 卷，散在 2009 年版《鲁迅著译编年全集》第 9—11、15、17 卷。

《山民牧唱》1953 年 4 月人民文学出版社初版

《坏孩子和别的奇闻》

鲁迅的创作深受契诃夫之影响，他也一直对契诃夫葆有浓烈的兴趣。

从 1934 年 11 月 12 日至 1935 年 9 月 15 日，鲁迅翻译了契诃夫短篇小说 8 篇，结集为《坏孩子和别的奇闻》（但有一版封面书名为《坏孩子和别的小说八篇》），1936 年由联华书局出版。封面画为该书插画之第一幅，书名、作者、译者、出版者则印于画之上下。卷首有契诃夫像，鲁迅写的《前记》；卷末有《译者后记》。书中有苏联版画家玛修丁所作木刻插画 8 幅。鲁迅说他翻译此书，"以绍介木刻的意思为多，并不著重于小说"（10.445）。但这并不意味着鲁迅不看重这些作品，他说："这八篇里面，我以为没有一篇是可以一笑就了的。"（10.445）就传达出这样的信息。

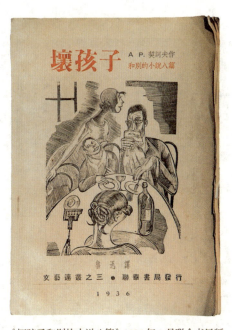

《坏孩子和别的小说八篇》1936 年 9 月联合书局版

本书后经桂林和重庆雅典书屋、人民文学出版社、香港建文书局累次再版。收入 1938 年版《鲁迅全集》第 18 卷，1958 年版《鲁迅译文集》第 4 卷，散在 2009 年版《鲁迅著译编年全集》第 17、18 卷。

《死魂灵》

鲁迅一生最大的译事活动还应说是对于果戈理《死魂灵》的翻译。

果戈理虽说是乌克兰人，但却是俄罗斯现实主义文学的奠基人。其文学创作的思想与艺术对鲁迅深有影响，鲁迅早在 1926 年就萌发了将其代表作《死魂灵》移译华土的愿望。1934 年 6 月，鲁迅即已开始了准备工作，1935 年 2 月 15 日正式开笔。10 月 6 日译完第一部（连同附录）。翌年元月开译第二部残稿前三章，5 月 15 日译讫。鲁迅并不满足于文字译本，还千方百计搜求《死魂灵》插图，自费出版了《死魂灵百图》。

《死魂灵》1935 年 11 月上海文化生活出版社版

鲁迅翻译《死魂灵》期间，身体业已相当虚弱，每每"冷汗不离身"（6.363），而原作又相当难译。他也曾向许寿裳诉苦："这番真弄得头昏眼花，筋疲力尽了。"（《鲁迅回忆录》，专著，上册，第 257 页，北京出版社1999年版）鲁迅译的《死魂灵》第二部第三章发表于1936年10月16日《译文》新2卷第2期，他已经无法亲见了。许寿裳说："鲁迅译果戈理的《死魂灵》，更是一件艰苦的奇功，不朽的绝笔。"（同上）

译作曾在《世界文库》和《译文》连载。单行本（第一部）于1935年11月由上海文化生活出版社作为《译文丛书》之一出版。该书分精、平装两种。平装本为米色封面，书名置于上部居右，长方形黑底白文。精装本系米色布料硬封面，作者名俄文原文印于左上方，字母为棕色。后经上海文化生活出版社再版16次（初未含第二部残稿，后增入），人民文学出版社再版5次。《死魂灵百图》以三闲书屋名义出版，其中纸面1000册，绸面500册。

收入1938年版《鲁迅全集》第20卷，1958年版《鲁迅译文集》第9卷，第一部和第二部分别收入2009年版《鲁迅著译编年全集》第19、20卷。